낄낄,
쌀

질병, 낙인

무균사회와 한센인의 강제격리

김재형 지음

2021년 11월 19일 초판 1쇄 발행

펴낸이 한철희 | 펴낸곳 돌베개 | 등록 1979년 8월 25일 제406-2003-000018호
주소 10881 경기도 파주시 회동길 77-20 (문발동)
전화 031-955-5020 | 팩스 031-955-5050
홈페이지 www.dolbegae.co.kr | 전자우편 book@dolbegae.co.kr
블로그 blog.naver.com/imdol79 | 페이스북 /dolbegae | 트위터 @Dolbegae79

편집 윤현아
표지디자인 민진기 | 본문디자인 이은정·이연경
마케팅 심찬식·고운성·한광재 | 제작·관리 윤국중·이수민·한누리
인쇄·제본 상지사 P&B

ISBN 979-11-91438-43-7 (03300)

질병, 낙인

무균사회와　　　　한센인의　　　　강제격리　　　김재형 지음

돌베개

일러두기

1. 맞춤법과 외래어 표기법은 국립국어원의 용례를 따랐다. 다만 국내에서 이미 굳어진 인명과 지명의 경우에는 익숙한 표기를 썼다.

2. 단행본·정기간행물·신문·박사논문에는 겹낫표(『 』)를, 시·소논문·석사논문·신문기사·법률에는 홑낫표(「 」)를, 노래에는 홑화살괄호(〈 〉)를 표기했다.

3. 인명의 원어는 문맥을 이해하는 데 도움이 된다고 판단한 경우 병기했다. 부득이 전체 이름을 알 수 없을 때는 파악한 범위 내에서 표기했다.

1

과거 '문둥병', '나병'이라고도 불렸던 한센병은 현재 신환자가 거의 발생하지 않는 만성감염병이다. 기원전 간행된 중국의 전통 의학서『황제내경』黃帝內經에서 그 기록을 찾을 수 있을 만큼 역사가 깊다. 1873년 노르웨이의 의사 아르메우에르 게르하르 헨리크 한센Armauer Gerhard Henrik Hansen이 원인균인 한센병균M. leprae을 발견한 이후 한센병은 세균으로 감염되는 '감염병'이라는 인식이 확고해졌다.

한센병균은 주로 신체 말단의 신경을 공격하고, 결국 해당 부위의 감각을 잃게 한다. 여기에다 한센병 환자 자신도 모르는 사이 감각을 상실한 부위에 상처가 생기는데, 환자들은 대개 회복력이 더디기에 상처는 궤양으로 발전하고 만다. 제때 적절한 치료를 받기 어렵던 시절에는 상처 부위가 썩어서 떨어져 나가 신체 변형을 일으키기도 했고, 탈모와 만성피로 등 다양한 증상을 동반하기도 했다.

또한 한센병은 감염병이지만 감염력이 상당히 약해 감염자와 얼마나 오래 반복적으로 접촉하느냐에 따라 발병률이 달라진다. 면역력도 중요한 요인이어서 한센병균 감염이 반드시 발병으로 이어지지는 않는다. 면역력이 강하면 감염되더라도 발병하지 않을 수 있고, 소수 사례지만 발병하더라도 자연치유 되는 사람도 있다. 이러한 특성으로 인해 한센병은 주로 가족 안에서 감염되는 경우가 잦았고, 감염병이 아닌 유전병이라고 여긴 시기도 있었다. 밀집도가 높은 가족 구성원 안에서 연장자가 환자일 경우 면역력이 약한 연소자에게 전파되는 경향을 보였기 때문이다. 한센병을 유전병으로 보느냐, 전염병으로 보느냐는 대응방식에 차이를 가져오므로 한센병의 병인을 밝히는 일은 매우 중요할 수밖에 없었다.

20세기에 들어서면서 근대적 치료제가 개발되고 위생 환경과 영양 상태가 개선되면서 완치도 가능해졌다. 심지어 결핵 치료제이기도 한 리팜피신rifampicin을 1회 복용하는 것만으로도 전염성을 거의 제거할 수 있다. 그럼에도 한센병에 걸리면 강한 통증과 장애를 넘어 낙인과 차별로 인한 사회적 고통까지 감당해야 한다는 점은 시대를 불문하고 변함없었다. 전염병 예방을 목적으로 삼은 근대 방역체계가 등장하면서부터는 한센병 환자의 시민권을 박탈하고 사회적으로 배제하는 것이 정책적으로 가능해지기도 했다. 환자들은 종국에 격리시설에 갇혀 '벌거벗은' 신체의 삶을 살거나 보이지 않는 벽에 갇혀 지낼 수밖에 없었던 것이다.

현재 한국사회에 등록되어 있는 한센인은 2020년 말 기준 8,965명이며 이들의 평균 연령은 79세로 매우 고령화된 집단이다. 여기서 '한센인'은 현재 한센병을 앓는 이들과 과거 한센

6

병을 앓았지만 완치된 이들을 모두 포함한다. 다시 말해 8,965명의 한센인 거의 대다수는 한센병 환자가 아닌 셈이다. 신환자가 거의 나오지 않은 상황이 이어진다면 20년 내로 국내에서 한센인은 보기 어려워지리라 예상된다.

2

나처럼 1970년대 후반 이후에 태어난 세대에게 한센병은 매우 낯선 질병일 것이다. 2005년 국가인권위원회에서 실시한 '한센인 인권 실태조사'에 참여하면서 처음으로 한센인을 만났다. 그리고 그동안 그들과 관계를 맺을 기회도 잠시 마주할 일도 없었던 이유는 대다수 한센인이 시설에서 지내거나 외딴곳에 위치한 그들만의 마을에서 살아가기 때문임을 알게 됐다. 도시에 사는 한센인도 있었으나 그들도 대개 낙인과 차별을 피하기 위해 자신의 병력을 철저히 숨긴 채 살았다. 1980년대 2만 7,000여 명에 달했던 한센인 그리고 십만 명이 넘었을 한센인 가족의 모습은 우리 세대의 일상생활 영역에서 마법처럼 사라져 있었던 것이다.

2005년 한센인 정착마을을 방문했을 때의 기억은 '냄새'로 남아 있다. 숨을 쉴 수 없을 정도로 고약한 악취가 마을에 들어가기 전부터 대기를 짓눌렀다. 일상생활을 하는 거주지와 닭이나 돼지를 키우는 축사가 붙어 있었고, 축사에서 나오는 오물은 제대로 처리되지 않았으며 지독한 파리 떼가 거침없이 날

아다녔다. 그럼에도 당시 정부와 한센인 관계자들 사이에서는 대한민국의 한센병 정책이 성공했다는 평가가 지배적이었다. 철저한 관리 정책을 통해 국내 한센병 유병률이 감소했을 뿐 아니라 국가가 사회복귀 정책을 시행한 결과 많은 한센인이 정착마을에 성공적으로 안착했다고 여겼다. 무엇보다 그들은 사회적으로 버림받은 이들을 치료하고 돌봤다는 데 자부심을 느끼고 있었다.

한센병 정책의 성공신화는 국가인권위원회 조사팀이 수집하고 정리한 폭행·학살·강제격리·단종과 같은 수많은 사건들 앞에서 빛이 바랬다. 이와 더불어 다양한 사회운동, 입법화 과정 그리고 소송을 통해 점차 공론화됐다. 그 결과 2007년 한센인 피해사건 조사와 생활 지원을 명시한 「한센인사건법」이 통과됐고, 이로써 한국의 한센인의 인권 문제는 모두 해결된 것처럼 보였다.

그러나 피해를 인정했다고 해서 한센인을 둘러싼 구조적인 문제가 모두 해결된 것은 아니었다. 심지어 한센인 문제를 해결하는 과정에서 국가가 시행했던 격리 정책들은 공론화되지 못했을 뿐만 아니라 격리는 한센병 치료와 한센인 돌봄이라는 의료복지 차원에서 여전히 긍정적인 평가를 받기도 한다. 이러한 이유로 과거 시행됐던 정책을 제대로 평가하고, 한센인에 대한 사회적 배제와 격리라는 문제의 원인을 찾기 위해서는 추가 작업이 필요하다고 판단했다.

나는 한국사회에서 일어나는 한센인에 대한 차별 및 배제와 격리의 원인, 그리고 그 메커니즘에 대한 실마리를 질병과 낙인의 관계를 논하는 이론들에서 찾았다. 사회학자 탤컷 파슨스Talccot Parsons는 질병을 한 사회가 정상적으로 유지하는 데 방해가 되는 '일탈'deviance로 정의 내리고, 근대 의료는 일탈로서의 질병을 통제해 근대체계를 유지하는 역할을 담당한다고 보았다. 일탈로서의 질병은 사회구성원이 정상적으로 역할을 수행하는 데 문제를 일으킨다고 여긴 것이다. 그럼에도 파슨스는 질병이 걸리는 것은 우연으로, 도덕적으로 비난할 만한 일은 아니라고 덧붙였다.

반면 사회학자 어빙 고프면Erving Goffman은 '낙인'stigma으로서의 질병에 주목했다. 고프면은 특정 질병이나 신체적 특징을 지닌 사회구성원이 비정상적인 대상으로 내몰리다가 점차 사회적으로 배제되는 과정에 주목했다. 그는 낙인찍힌 사람들이 자신을 낙인찍는 정상성normalization을 내면화하는 과정에서 경험하는 심리적 고통과 왜곡되는 자아 그리고 이에 대한 다양한 전략을 구체적으로 묘사했다. 고프면에 따르면 근대 의료는 낙인을 형성하고 낙인찍힌 이들을 차별하는 성격을 갖는다고 볼 수 있다.

이렇게 상반되는 두 이론은 한센병에 모두 적용 가능하다. 한센병에 걸린 환자는 돌봄과 치료를 받고 회복해야 하는 존재이자, 동시에 비정상적인 대상으로 낙인찍혀 차별받고 배제해야 하는 존재로 볼 수 있기 때문이다. 한센병을 통제하기 위한 근대 의료는 질병을 통제해 사회를 유지하려는 사회적 영역인 동시에 환자를 위험한 대상으로 낙인찍어 사회적으로 배제하고 격리하려는 사회적 구조다. 다시 말해 낙인은 한 사회가 기

대고 있는 근대적이고 합리적인 정상성과 규범에 근거해 형성
된다고 할 수 있다. 또한 반대로 낙인은 한 사회의 정상성과 규
범의 폭력성을 보여주는 증상이나 징후라고 할 수도 있다.

이 책『질병, 낙인』은 이러한 관점을 따르며 한센병이라는
특정 질병이 사회의 정상성과 규범에 근거해 낙인화되는 과정,
낙인화 이후에 한센병에 걸린 이들이 차별받고 사회적으로 배
제당하며 종국에 강제격리되는 과정, 더 나아가 이러한 메커니
즘이 어떻게 변화하는 동시에 유지됐는지를 역사사회학적으
로 연구한 결과물이다.

3

이 책은 먼저 사회적 산물로서의 의료 지식에 주목했다. 근대
이후 사회와 의학은 깊은 관계를 맺으며 상호적으로 구성해왔
다. 인종주의와 제국주의뿐만 아니라 건강한 인구 만들기와 같
은 목표가 한센병에 관한 의학지식과 제도가 형성되는 데 영향
을 줬고, 이는 다시 한센병과 한센인을 바라보는 사회적 시선
을 바꿨다는 점을 보여주고 싶었다.

또한 낙인화의 결과로서 어떠한 사회적 배제와 격리가 일
어났는지 주목해보려고 했다. 낙인화된 집단이 사회적으로 배
제되는 일 자체는 보편적인 사회현상이라고 할 수 있지만 근대
로 넘어오면서 '격리'라는 독특한 형태를 동반했다.

사회적 배제는 일반적으로 불평등 연구에서 발전한 개념

으로, 다양한 사회적 자원에 접근할 기회가 박탈되는 동시에 사회와의 연대감이 약해지는 상태다. 여기서 특이할 만한 점은 근대사회에서 사회적으로 배제당하는 집단은 사회적 포섭의 대상이 되기도 한다는 것이다. 한센병의 경우 발병하면 시민으로서의 권리를 상실하고 모든 사회적 관계를 잃었지만, 동시에 한센병 환자로 인정받으면서 돌봄과 치료의 권리를 얻었다. 근대사회에서 이러한 사회적 배제와 포섭이 동시에 극단적으로 나타는 장소가 바로 격리 공간이었다. '한센병 요양소'leprosarium, '한센병 병원'leprosy hospital, 나병원 등 다양한 이름으로 불렸던 한센인 격리시설에는 처벌과 보호 및 치료 그리고 예방의 역할을 모두 수행하는 복합 공간으로서의 특징이 공존한다. 시간이 흐르면서 이러한 격리 시설은 한센인 정착마을이라는 또 다른 격리 공간으로 변화하기도 했다.

결국 『질병, 낙인』은 한센병과 한센인을 둘러싸고 정상성과 의학지식, 사회적 배제와 격리가 복합적으로 상호작용하는 과정을 묘사해보려는 시도다. 질병과 질병에 걸린 환자에 대한 태도가 조선시대부터 일제강점기를 거쳐 현재까지 어떻게 변화했는지를 담기도 했다. 기본적으로는 한센병과 한센인에 대한 이야기지만 이 책을 접한 분들이 다양한 질병과 관련된 낙인과 차별, 더 나아가 한국사회에 만연한 혐오 문제에 대해 고민할 수 있는 계기가 되기를 바란다. 특히 코로나바이러스감염증-19COVID-19, 코로나19과 같은 신종감염병이 창궐한 시대의 한복판에 있는 지금, 우리는 앞으로도 질병과 함께 더불어 살아갈 수밖에 없음을 인정해야 한다. 질병을 위험하다고 인지하고 이에 대처하는 공동체의 경각심은 매우 중요한 감각이지만, 이 과정에서 언제라도 내 곁에 있는 이웃을 쉽게 낙인찍을 수 있다는 단순한 진리를 이 책이 전할 수 있다면 좋겠다.

차
례

1

세균설·인종주의·강제격리

소록도에 다리가 놓이기 전 이곳을 방문하는 유일한 방법은 전라남도 고흥의 녹동항에서 배를 타는 것이었다. 소록도는 녹동항 바로 앞에 있어 배로 건너는 데 불과 5분여밖에 걸리지 않지만, 과거 소록도에 격리됐던 어떤 한센인에게는 죽어서도 건널 수 없는 거리였다. 수많은 한센인이 질병에 걸렸다는 이유로 소록도에 들어와 세상을 떠날 때까지 녹동항 앞바다를 건너 고향과 집으로 돌아가지 못했다. 소록도에는 1916년 병원 건립이 시작됐고, 완공 후 1917년 4월부터 한센병 환자를 받기 시작했다. 당시는 한센인에 대한 강제격리법이 시행되기 전이었지만 완치해야만 퇴원할 수 있었기에 강제격리나 다름없었다. 이러한 이유로 한센병과 한센인에 대해 공부하기 시작할 무렵 내게 소록도는 세계로부터 완전히 단절된 공간으로 여겨졌다. 한반도의 가장 남단에 위치한 고흥군의 끄트머리에 붙어 있는 녹동 그리고 그곳에서도 바다를 건너야 들어갈 수 있는 고립된 섬, 소록도.

하지만 시간이 흐르면서 이러한 생각은 반은 맞고 반은 틀렸음을 깨달았다. 한센병과 관련한 의학지식이 어떻게 발전했는지 연구하면서 소록도는 오랫동안 한반도의 그 어떤 곳보다 세계와 밀접히 연결된, 개방된 공간이었음을 알게 된 것이다. 한센병과 관련한 최신의 의학지식, 치료기술, 의료시설이 가장 먼저 들어온 곳 중 하나가 바로 소록도였다. 19세기 말 서구에서 발전한 최신의 의학 이

론이었던 세균설에 근거한 보건 정책이 소록도에 '소록도자혜의원'
이라는 이름으로 구현됐다. 외국에서 개발된 가장 최신의 치료제들
도 소록도에 들어왔다. 세계적인 의학자와 보건 정책가들이 방문하
기도 했다. 소록도가 한센인에게 고립된 공간이었다면, 의학지식과
기술뿐 아니라 의료인에게는 그 어떤 곳보다 개방된 공간이었던 셈
이다.

　따라서 소록도에 어떻게, 언제부터 격리시설이 들어서게 됐는
지 그리고 소록도에서 한센인이 어떻게 살아갔는지 좀 더 깊게 들
여다보기 위해서는 국제적인 의료 네트워크를 이해하는 과정이 필
요하다. 먼저 19세기 세계 여러 곳에서 한센병에 대한 지식이 어떻
게 발전했으며, 이와 맞물려 어떠한 강제격리 정책과 시설이 등장
했는지 살펴봐야 한다.

　한센병은 역사가 긴 질병이지만, 한센병의 병인이 밝혀진 것
은 19세기 중반 유럽에서였다. 이를 계기로 오랜 기간 불확실했던
한센병에 대해 명확히 정리하는 게 가능해졌다. 한마디로 한센병은
병을 발병시키는 '세균'이 사람을 통해 전염되는 '전염병'이라는 아
주 명쾌한 의학지식이 지배하게 된 것이다.

　이 지식은 우여곡절 끝에 정치적이고 사회적인 힘도 가졌다.
전염병 확산을 막기 위해 한센병에 걸린 시민을 색출하고 고립시키
거나 격리시키는 근대 프로젝트가 시작됐다. 당시 세계 곳곳에서는

한센병에 걸린 피식민지인들을 격리시키는 제국주의적이고 인종주의적 시도가 확산 중이었다. 열등한 질병에 걸린 열등한 피식민지인은 지배자인 식민지인과 건강한 피식민지인 노동자를 보호한다는 목적 아래 추방, 격리돼야만 했다. 여기에다 합리적이고 이성적인 의학지식과 비이성적이고 편견에 근거한 정치적 이데올로기가 제국주의적 국제 정치 질서 속에서 결합했다. 인종주의는 의학지식에 숨어 식민지인을 보호하고 근대화와 발전을 위한다는 명목 하에 제도화됐다.

소록도자혜의원은 한편으로는 과학의 눈부신 발전의 결과이자, 다른 한편으로는 인종주의라는 이데올로기의 결과임을 이해하는 것이 중요하다. 또한 격리된 한센병 환자는 근대 의학의 치료와 돌봄을 받는 대상인 동시에 인종차별의 대상이라는 모순적 존재임을 이해하는 일도 필요하다.

1장에서는 소록도의 기원을 찾아보기 위해 노르웨이, 미국 루이지애나, 하와이, 호주, 일본 등에서 한센병에 대한 지식과 강제격리 제도와 시설이 어떻게 변화했는지 살펴보겠다.

노르웨이 그리고 '유전병'에서 '전염병'으로

북유럽의 노르웨이는 복지제도가 잘 갖춰진, 세계에서 가장 살기 좋은 국가 중 하나로 알려져 있다. 하지만 내게 노르웨이는 최초로 한센병균*을 발견하고 한센병** 환자에 대한 강제격리 정책을 고안해낸 한센의 나라다.

노르웨이의 옛 수도였던 베르겐에서 시작된 한센병의 세균설germ theory of disease에 근거한 한센병 환자에 대한 강제격리 정책이 전 세계로 퍼져나갔고, 1916년에는 한반도의 남단 전라남도 고흥에 위치한 소록도에도 한센병 환자 격리시설을 설립하는 데 이르렀다.

19세기 베르겐은 전 세계에서 한센병 연구가 가장 발전한 도시였다. 19세기 초 노르웨이 시골 지역에 한센병 환자가 급격히 증가한다는 것이 밝혀지면서 한센병은 국가적인 중대한 공중보건 문제로 자리 잡았다. 이에 노르웨이 정부는 한센

---

*   **한센병균·세균·박테리아** 기본적으로 같은 대상을 지칭하나, 이 책에서는 본문의 맥락에 따라 그리고 참조한 자료에 담긴 저자의 의도를 살리기 위해 구분했다. '한센병균'은 한센병의 원인을 강조하는 경우, '세균'은 세균설에 대해 서술하거나 미생물임을 강조하는 경우, '박테리아'는 의학과 관련해 전문적인 의미로 쓰이는 경우로 나눠 썼다.
** **한센병·한센균·한센인** 이 책에서는 2000년 「전염병예방법」이 개정되면서 공식 용어가 된 '한센병'과 '한센균', '한센인'으로 통칭한다. 다만 그 이전에 쓰였던 '나병원', '나요양소', '국제나회의'와 같이 대명사로 굳어진 경우 그리고 인용한 문헌에서 '나'와 '나병'으로 언급한 경우에는 그대로 썼다.

병 조사와 연구에 지원을 아끼지 않았다. 노르웨이 보건당국은 1836년, 1845년 그리고 1852년에 전국적으로 역학조사를 실시해 노르웨이 전역의 한센병 실태를 파악했고, 1849년에는 한센병의 병인을 연구하기 위한 목적으로 베르겐에 한센병 연구센터인 융거가르드Jungegaard 병원을 세웠다. 그리고 한센병 연구의 최고 권위자인 다니엘 다니엘센Daniel Cornelius Danielssen이 융거가르드 병원의 연구 책임자를 맡았다.[1] 7년 후인 1856년, 지역에서 수집한 한센병 환자에 대한 정보를 모두 저장 및 통계화하며 분석하는 기구인 한센병 등록소를 설치했다.

다니엘센은 1847년 발표한 논문에서 동료인 칼 부크Carl Boeck와 함께 한센병에 대한 임상결과를 발표하고 열악한 주거환경, 영양부족, 옴, 천벌 등 여러 병인설을 소개하면서도 이 질병이 유전병일 가능성이 높다고 결론지었다. 한센병은 만성감염병으로 전염성이 약하지만, 오랫동안 같이 생활하는 가족 중에서도 면역력이 약한 어린이에게 전염이 잘 되는 경향이 있다. 한센병균이 아직 발견되기 전 가족 내 연장자가 한센병에 걸렸다면 그 자녀도 걸릴 확률이 높기 때문에 학자들은 이 질병을 유전병이라고 본 것이다. 연구를 통해 밝혀진 질병의 원인은 그 질병을 통제하기 위한 공중보건 정책의 중요한 과학적 근거가 된다. 다니엘센과 부크의 논문은 전 유럽에서 주목 및 인정받았다. 이 질병이 세대를 건너 유전된다는 과학적 '사실'은 한센병 확산을 막기 위해서는 한센병 환자뿐 아니라 그들 자녀까지도 성행위와 결혼을 금해야 한다는 생각으로 이어졌다. 결국 이를 목표로 삼은 요양소 설립과 결혼 금지 주장이 담긴 정

성 외르겐 병원의 내부

노르웨이의 옛 수도 베르겐에 위치한 성 외르겐(St. Jørgen's) 병원은 1411년경에 설립되어 19세기부터 노르웨이 서부의 한센병 치료 및 연구의 중심 시설이었다가, 노르웨이에 한센병 환자가 사라지면서 1946년 문을 닫았다. 현재는 한센병 박물관으로 운영 중인데 남아 있는 건물은 18세기 초에 건설된 목조 병원과 교회다. 이곳과 관련된 자료는 모두 베르겐 시립 아카이브에 저장되어 있다. 목조 병원 건물 내부에는 노르웨이의 한센병 학자였던 다니엘 다니엘센이 사용했던 연구실이 있다. 다니엘센은 이 연구실에서 근대 한센병 연구의 기틀을 닦았다.

성 외르겐 병원은 외딴곳에 위치했던 다른 한센병 요양소와 달리 베르겐 시내에 있었다. 또한 이곳 환자들은 상대적으로 자유롭게 외출할 수 있었고 방문자도 쉽게 환자를 면회할 수 있었다. 병원 1층은 복도를 중심으로 양쪽에 병실이 줄지어 있는 구조였으며, 2층은 복도 없이 병실만 있었다. 1층의 내부 구조는 당시 유행했던 격리형 감옥과 유사한 것으로, 한국의 서대문 형무소를 떠올리면 된다. 이러한 구조는 환자를 치료 대상인 동시에 감시와 통제 대상으로 여겼던 당시 병원의 입장을 보여준다. 병실에는 침대와 기도를 위한 조그만 탁자만 있어서 환자들은 복도에 배치된 의자에 앉아 다른 환자들과 담소를 나누며 시간을 보냈다고 한다.

부 의료위원회의 보고서가 의회에 제출됐다. 광범위한 논쟁 끝에 병인을 확정하기에는 아직 질병에 대한 이해가 부족하며, 결혼 금지는 매우 중대한 사안이라는 의견이 조금 더 우세해 이 법안은 폐기됐다.

다니엘센과 부크의 논문이 발표되고 26년 후, 30대 초반의 젊은 의사였던 한센이 한센병의 병인은 유전이 아닌 세균임을 밝혔다. 한센은 환자 피부에 돌기처럼 생기는 결절에서 떼어낸 피부조직을 현미경으로 관찰하던 1873년, 특정 박테리아가 환자들에게 공통으로 존재한다는 것을 발견했다. 그는 이를 근거로 1874년 출판한 논문에서 이 박테리아가 한센병의 원인균이라고 주장했다. 논문이 설득력 있게 받아들여지면서 한센은 노르웨이의 한센병 연구에서 가장 중요한 인물이 됐고, 1875년에는 노르웨이 한센병 의료 총책임자에 임명됐다. 그는 한센병이 박테리아로 전염된다는 과학적 '사실'과 노르웨이에서 주기적으로 시행됐던 한센병 '역학조사결과'를 근거로 한센병 환자를 병원에 격리하는 지역에서 신환자가 감소한다면서[2] 이를 바탕으로 격리제도가 필요하다고 주장했다.

그러나 이번에도 너무 과격한 공중보건 정책은 그 법안을 바로 통과시키는 게 쉽지 않았다. 때문에 환자 격리법은 사회에서 가장 약한 이들을 먼저 공략했다. 1877년 「가난한 한센병 환자 등을 위한 지원에 관한 법」Act for the maintenance of Poor Lepers, etc이 통과됐다. 당시 노르웨이에는 경제적으로 자립할 수 없는 사람들에게 지역 공동체에서 일자리를 제공하는 방식으로 도와주는 전통적 사회부조제도가 있었는데, 이 법은 사회부조제도에

게르하르트 한센과 한센의 연구실

한센은 성 외르겐 병원에서 200미터 정도 떨어진 프라이어스티프슨(Pleiestiftelsen for Spedalske Nr 1) 병원에서 치료와 연구에 매진했다. 1841년 베르겐에서 태어난 한센이 오슬로 등에서 의사로 활동하다가 다시 베르겐의 프라이어스티프슨 병원으로 돌아온 것이 1868년이다. 당시 한센은 세균설을 본격적으로 받아들였고, 현미경을 통해 한센병의 원인균을 발견할 수 있다고 생각했다. 한센은 1973년 마침내 한센병의 원인균을 발견했는데, 이는 만성병의 원인균을 발견한 세계 최초의 사례다.

1857년에 설립된 프라이어스티프슨 병원은 성 외르겐 병원과 달리 현대적인 병원의 모습에 가깝다. 병원은 중앙을 기준으로 한쪽은 남성 병동, 다른 한쪽은 여성 병동으로 구분됐다. 현재 프라이어스티프슨 병원 건물 내에는 한센의 연구실과 사무실이 그대로 보존되어 있으며 연구실에는 한센과 그의 후임자가 사용했던 각종 도구, 약병, 지도 등이 전시 중이다.

서 한센병 환자를 배제시키는 내용을 담고 있었다. 그 결과 공동체의 지원을 받을 수 없게 된 가난한 한센병 환자들은 가족과 마을을 떠나 한센병 격리병원에 입원할 수밖에 없었다. 강제격리법을 통과시키지 않고도 강제격리의 길이 열린 것이다. 1877년 법은 별다른 반대 없이 통과되어 시행됐다.

1877년 법이 사회에 안착하자, 더욱 강력한 강제격리법이 도입됐다. 1885년「한센병 환자 등을 고립시키는 법」Act of Isolation of Lepers, etc이 의회에서 통과된 것이다. 1885년 법에는 그 이름이 직접 드러내듯 한센병 환자는 자신의 집에서 건강한 가족과 분리된 방에 머물러야 하며, 격리할 수 없는 경우 병원에 강제로 입원해야 한다는 내용이 담겼다. 이 법안은 1877년 법과 달리 시민의 자유권을 박탈했기에 의회에서 격렬한 논쟁이 일었으나 결국 통과됐다.[3] 게다가 당시는 환자들이 자발적으로 한센병 요양소에 들어가는 상황이어서 경찰력이 개입하는 경우도 거의 없었다.

문제는 1877년 법과 1885년 법이 환자를 가족에게 경제적으로 부담스러운 존재로 받아들이는 계기가 됐다는 점이다. 1877년 법은 가난한 환자가 노동할 수 없게 했다. 더 나아가 1885년 법은 애초에 서로 독립된 방 없이 공동 공간에서 생활하던 하층 가족에게 따를 수 없는 요구를 한 것이나 다름없었다. 결국 한센병 환자는 가족을 위해 집과 마을을 떠나 스스로 격리시설로 들어가는 길을 선택했다. 환자 입장에서 격리시설에 수용되는 것은 전염병 때문이기도 했지만, 자신의 가난 때문이기도 했던 것이었다.

그렇다면 당시 노르웨이는 왜 한센병에 관심을 가졌던 걸까? 중세 유럽에서 유행했던 한센병이 17세기에 들어서면서 완전히 사라졌다고 알려져 있었는데 말이다. 미셸 푸코Michel Foucault는 한센병 환자가 소멸하자 그들이 머물렀던 수용소에 광인이 수용되기 시작했다고 주장하기도 했다. 그러나 유럽에서 한센병 환자가 사라졌다는 것은 신화였다. 19세기 서유럽 몇 개국을 제외한 나머지 유럽 지역에서는 여전히 한센병 환자가 존재했고, 특히 북유럽의 빈곤국인 노르웨이에서는 나폴레옹전쟁*으로 인한 불황과 기아 때문에 가난한 농촌을 중심으로 한센병이 조용히 확산되는 중이었다. 근대 민족국가로 탈바꿈해가던 노르웨이의 입장에서는 건강한 시민을 확보하는 일이 매우 중요했으니, 그런 점에서 한센병은 꼭 해결해야 할 공중보건학적 과제였던 것이다. 19세기 초 한센병 조사를 위해 농촌에 파견됐던 의사나 학자들은 한센병이 가난한 농촌의 농민을 통해 주로 확산된다는 이유를 들어 가난한 자의 질병이라고 주장했다. 불결한 주거환경, 불충분한 영양상태, 과도한 노동 등이 한센병의 원인이라고 생각하는 사람들도 있었다.

그러나 한센이 박테리아를 발견한 순간 사회경제적 요인이나 위생 문제에 관심을 갖던 사람들의 주장은 힘을 잃었다. 주로 가난한 농민이었던 한센병 환자들은 자신을 강제격리시

• **나폴레옹전쟁** 1797~1815년 프랑스혁명 당시 프랑스가 나폴레옹 1세의 지휘하에 유럽의 여러 나라와 싸운 전쟁을 통틀어 지칭한다. 처음에는 프랑스혁명을 방위하는 성격을 띠다가 점차 침략적으로 변하면서 나폴레옹은 유럽 제국과 60회 이상의 싸움을 벌였다. '제2차 백년전쟁'이라고도 한다.

키려는 과학의 힘 앞에서 저항할 능력이 없었다. 그렇게 사회
적 약자인 환자들은 배제되기 시작했다.

식민지의 한센병

노르웨이에서 한센병이 중요한 공중보건학 문제로 부상하던
19세기에는 식민지 지역에서 발발하던 한센병도 주목할 수밖
에 없었다. 당시 유럽계 백인들은 식민지 토착민의 열등한 신
체를 업신여겼다. 자신들이 가져온 매독이나 천연두와 같은 전
염병에 적응하지 못한 채 수많은 토착민이 죽어가는 것을 보며
그들의 열등한 신체와 비위생적인 문화를 비웃었다.[4] 이러한
인종주의적 시각은 한센병에도 적용됐다. 한센병은 아시아와
아프리카에서는 오래된 풍토병이었지만, 미대륙과 호주에서
는 낯선 질병이었다. 미대륙과 호주에 한센병을 전파시킨 것은
백인들이 데려온 아프리카와 아시아의 노예와 노동자였다. 미
국 남부 지역, 특히 루이지애나에 거주했던 백인들에게 한센병
은 흑인 노예의 신체적 특징에서 비롯한 질병으로 인식됐다.[5]
실제로 18세기 후반 미국 남부의 유명한 정치인이자 의사였던
벤저민 러시Benjamin Rush는 두터운 입술, 납작한 코, 곱슬머리 그
리고 짙은 피부와 같은 흑인의 '열등한 신체'가 한센병 환자에
게서 나타나는 특징과 유사하다고 주장하기도 했다.[6] 이에 루
이지애나를 통치하던 스페인 총독은 도시 바깥으로 모든 한센
병 환자를 추방하겠다는 계획을 세웠으나 재원 부족 등의 이유

로 실패했다.[7]

　아프리카, 호주, 하와이 등에서는 백인들이 노동력을 위해 이주시킨 중국인 등 아시아계 노동자들이 한센병을 전파시켰다. 하와이의 경우 이미 유럽인을 통해 들어온 매독, 결핵, 디프테리아, 장티푸스, 간염, 소아마비 등 수많은 질병으로 인해 토착민이 급감하는 중이었다. 그러나 유럽계 백인들은 토착민이 감소한 원인을 그들의 문화, 예를 들어 무분별한 성행위, 폭음, 유아살해 등으로 돌렸다.[8] 플랜테이션 농업에 필요한 노동력을 위해 이주해왔던 중국인과 일본인은 대개 당시 전 세계적으로 한센병 유병률이 가장 높은 지역 출신이기도 했다. 하와이에 한센병이 점차 확산되자 백인 지주들은 노동력이 저하될까 봐 우려하며 하와이 왕국의 왕에게 한센병 환자를 격리해달라고 요구했다. 그 결과 하와이 의회는 1865년 1월 3일 한센병환자를 강제 종생격리하는 법안을 통과시켰고, 이 법에 근거해환자들은 하와이의 몰로카이섬Moroka'i Island에 있는 칼라우파파Kalaupapa로 추방·격리됐다. 정치적인 목소리를 갖지 못했을 뿐아니라 건강하지도 못한 아시아계 노동자들을 강제격리시키는 법을 두고 별다른 저항은 일어나지 않았다.[9]

　영국 식민지였던 아프리카의 케이프Cape 지역에서도 이와비슷한 상황이 벌어졌다. 유럽계 백인 역시 한센병이 흑인의비위생적인 문화와 비정상적인 신체 특성에서 비롯된다고 여겼다. 케이프의 백인들도 한센병으로 인한 노동력 감소를 걱정했다. 결국 한센병 환자는 케이프타운 항구 건너편에 있는 로벤섬Robben Island에 격리되기 시작했다. 로벤섬은 남아프리카공

화국 대통령이었던 넬슨 만델라Nelson Mandela가 20여 년간 감옥 생활을 했던 정치범 수용소가 있는 곳으로, 이전에는 한센병 시설로 사용했다. 케이프의 한센병 문제는 1870년대 중국인 노동자들이 대거 건너오면서 더욱 심각해졌다. 케이프는 이를 해결하기 위해 한센병 환자를 강제격리시키는 법을 통과시켰다. 비슷한 일은 호주에서도 벌어졌다. 호주의 백인들은 중국 인 노동자들을 통해 들어온 한센병을 매우 심각한 문제로 받아들였고, 결국 한센병에 걸린 중국인 노동자들을 무인도로 추방하기 시작했다. 그곳에서 환자들은 대부분 굶어 죽었다.

노르웨이와 식민지는 한센병을 관리하는 데 큰 차이가 있었다. 노르웨이는 한센병 환자를 도시에 있는 시설에 수용한 반면, 식민지에서는 육지와 분리된 섬과 같은 고립된 지역에 추방했다. 시설에 수용된 환자는 지속적인 관리와 치료를 받을 수 있었으나, 섬에 추방된 유색인 환자는 경작 등을 통해 스스로 먹을 것을 구해야 했을 뿐 아니라 체계적인 치료도 받기 어려웠다. 이는 노르웨이 환자는 여전히 권리를 갖는 시민이었지만 섬에 추방된 환자는 권리 없는 피식민지인이라는 차이에서 비롯된 것이다.

제국주의 시대 인종주의적 시각에서 한센병은 문명적으로나 신체적으로 열등한 유색인종이 걸리는 질병으로 여겨졌다. 우수한 문명과 신체를 소유한 백인은 한센병에 걸리지 않는다고 믿었다. 그러나 시간이 흐르면서 식민지의 백인 중에서도 한센병 환자가 빈번하게 발생했다. 인종과 상관없이 전염병은 누구에게나 전염될 수 있다는 당연한 사실에 백인들은 충격

말레이시아 제레작섬의 성당 유적

대영제국은 1786년 말레이반도의 페낭(Penang)섬을 시작으로 1819년에는 싱가포르, 1824년에는 말라카(Malacca)까지 점령함으로써 페낭부터 싱가포르로 이어지는 해협을 통치했다. 해협식민지 개발에 필요한 노동력을 수급하기 위해 영국은 중국 남부로부터 노동자들을 말레이반도로이주시켰다. 노동자들이 이주해온 복건성, 광동성은 한센병 유병률이 높은 지역이었고, 이로 인해 말레이반도에 점차 한센병이 퍼지기 시작했다. 1871년부터는 페낭섬에 있던 한센병 환자를 인근의 제레작(Jerejak)섬에 수용했다. 이때만 해도 환자에 대한 강제격리법은 통과되지 않았지만, 1897년에 열린 제1차 국제나회의의 영향을 받아 1888년 강제격리법은 통과됐다. 그 결과 한센병환자들은 제레작섬에 강제격리되기 시작했고, 이는 1930년까지 이어졌다. 이후 쿠알라룸프에 순가이부로(Sungai Buloh) 요양소가 설립되면서 점차 격리 환자가 줄어들다가 1960년대에는 아예문을 닫았다. 위 사진은 1896년에 설립된 '한센병 요양소 성당'의 모습이다. 제레작섬 수용소가 폐쇄되면서 이 성당도 버려졌다.

을 받았다. 특히 1889년 몰로카이섬에서 오랫동안 사역을 해오던 벨기에 출신 다미앵 드 뵈스테르Damien de Veuster 신부가 한센병에 걸려 사망한 사실은 유럽에 엄청난 공포를 가져왔다. 이제 유럽인들은 식민지에서 유럽으로 곧 한센병이 몰아닥칠지도 모른다는 망상에 사로잡혔다. 식민지의 한센병 문제는 곧 유럽의 문제가 됐고, 한센병의 침공으로부터 유럽을 보호해야 하는 일을 중요하게 받아들였다.

영국 성공회의 교구목사였던 헨리 라이트Henry Wirght가 1889년에 출간한 『나병, 제국의 위험』Leprosy, Imperial Danger에는 당시 유럽인이 느꼈던 공포가 담겨 있다. 라이트는 이 책에서 대영제국이 한센병이라는 큰 위험에 노출되어 있는데, 이를 막기 위해서는 식민지의 한센병 환자를 격리해야 할 뿐 아니라 식민지인이 영국으로 이민 가는 것도 금해야 한다고 주장했다. 이러한 두려움은 영국이 퇴화될지도 모른다는 걱정에서 비롯된 것이었다. 산업혁명의 부작용인 빈곤, 범죄 등의 사회문제로 영국인의 신체나 정신이 점차 퇴화되어 간다는 우생학적 생각이 한센병에 대한 걱정에 더해져 있었다.

인종주의와 과학의 결합

한센병에 대해 백인들이 가졌던 인종주의적 시각은 한센이 발견한 과학적 사실과 결합하기 시작했다. 열등한 문명을 상징하는 한센병으로부터 문명의 보고인 유럽과 미국을 보호하기 위해서는 식민지 한센병 환자에 대한 철저한 강제격리 정책이 필요하다는 생각이 백인 과학자들 사이에서 힘을 얻은 것이다. 프랑스의 의학자이자 포르투갈의 마데이라Madeira제도의 푼샬 Funchal에 위치한 한센병 요양소의 원장이었던 줄리어스 골드슈미트Julius Goldschmidt는 1894년 전 세계의 한센병 실태를 조사한 보고서를 근거로 특히 아시아에 한센병을 통제하는 일이 시급하다고 발표했다. 그는 전 세계적으로 한센병이 유행하는 요인으로 중국을 지목하면서 미국의 중국인 이민배제 정책이 정당하다고 주장했다. 중국인 노동자인 쿨리Coolie*는 영원히 문명화되지 않을 존재이므로 한센병 등과 같은 중국의 풍토병으로부터 미국을 보호하기 위해서는 이민을 막아야만 한다는 것이었다.[10] 그는 인도 역시 한센병 문제의 원인국이기에 한센병 환자와 그들 가족 역시 강제격리해야 하고 이민도 제한해야 하며, 심지어 모든 사회적 참여를 박탈해야 한다고 주장했다. 중국과 인도 지역을 철저히 통제해야 유럽과 미국의 건강을 지킬 수 있다는 골드슈미트의 의견에 공감하는 과학자와 의사들이 점차 늘어났다. 미국의 한센병 학자인 알버트 애쉬미드Albert Ashmead 역시 노르웨이, 일본, 중국, 하와이의 한센병이 미국 본토로 건너오지 못하도록 한센병 방역선을 세워야 한다고 주장했다.[11]

* **쿨리** 19세기부터 20세기 초까지 존재했던 인도, 중국과 같은 아시아계 계약 노동자로 주로 플렌테이션 농업이나 광업 또는 항구의 일용직에 종사했다. 중국계 쿨리는 싱가포르, 뉴사우스웨일즈주, 자메이카, 말레이반도, 케이프 등 대영제국의 식민지나 페루, 쿠바, 미국 등으로 건너갔다. 이들은 대개 해방된 흑인의 역할을 대체했고, 가혹한 노동과 저임금을 강요받았다. 지역마다 차이가 있지만 열악한 환경에서 노예와 비슷한 생활을 하는 이들도 많았다.

심지어 골드슈미트와 애쉬미드는 모든 국가가 모여서 한센병 확산을 통제할 수 있는 국제회의를 개최해야 한다는 데 의견을 모았다. 이들은 당시 국제 한센병 학계에서 가장 중요한 인물이었던 한센에게 국제회의의 필요성을 강조하는 편지를 보냈다. 한센은 곧 이들의 주장에 동의한다고 회신했다.

1897년 독일의 베를린에서 제1차 국제나회의가 열렸다. 독일에서 회의가 열렸던 이유는 당시 노르웨이가 회의를 개체할 만한 여건을 갖추지 못했기 때문이다. 초대장은 각국 정부와 전문가들에게 보내졌는데, 여기에는 한센뿐만 아니라 독일의 미생물학자인 로베르트 코흐Robert Koch와 피부학자인 오스카 라사르Oscar Lassar가 서명했다. 이 회의는 복잡한 국제과학정치의 결과물로 다양한 갈등을 안고 있었다. 첫 번째 갈등은 한센병 환자가 식민지뿐만 아니라 유럽에도 있었다는 사실에서 비롯됐다. 미국을 한센병으로부터 보호해야 한다는 인종주의적 발언을 서슴지 않았던 애쉬미드는 중국인뿐 아니라 노르웨이인, 스웨덴인도 미국 이민을 제한해야 한다고 주장했다. 그러나 '노르웨이인' 한센의 입장에서는 애쉬미드가 주장한 노르웨이인과 스웨덴인은 미국 영사관에서 한센병 검사를 받아야만 하며, 미국에 입국한 후에도 7년간 감시 속에 살아야 하고, 어느 때라도 한센병에 걸렸다는 것이 드러나면 즉시 추방당한다는 내용을 받아들이기 어려웠다. 당시 가난한 국가였던 노르웨이에서는 많은 사람이 미국으로 이민 갔기에 애쉬미드의 주장이 현실화될 경우 노르웨이의 국제적 이미지에 큰 타격을 받는 게 확실했기 때문이다. 한센은 애쉬미드의 생각에 반대했

고, 결국 애쉬미드는 제1차 국제나회의에 참석하지 못했다.[12]

제1차 국제나회의는 성공적이었다. 180명에 달하는 한센병 학자, 피부학자 등과 30여 명의 정부 대표가 참석했다. 이때 한센은 노르웨이의 사례를 발표했다. 노르웨이는 세균설에 근거한 강제격리 모델을 도입해 한센병 확산을 막는 데 성공했으며, 그 결과 한센병 환자가 크게 줄었고, 20세기 초가 되면 노르웨이에서 한센병은 사라질 것이라는 게 주 내용이었다. 그는 다른 나라도 노르웨이의 경험을 받아들여야만 한센병을 빨리 소멸시킬 수 있다고 했다. 한센의 주장과 노르웨이의 성공 사례는 참석자들에게 깊은 인상을 남겼다. 한센병 환자에 대한 강제격리는 피할 수 없는 과학적 조치이자 미국과 유럽을 지키기 위한 필수적인 조치로 여겨졌다. 독일의 유명한 의학자인 루돌프 피르호Rudolf Virchow가 회장으로 추대됐는데, 그는 이 회의에서 세균설의 승리를 선언했다. 그리고 회의에서 다음과 같은 결의안이 채택됐다.[13]

1. 한센병의 진원지이거나 광범위하게 퍼져 있는 국가에서는 고립isolation이 한센병의 확산을 예방하는 데 최선의 수단이다.

2. 노르웨이에서 실행됐던 강제 등록, 감시 그리고 고립 제도는 독립된 정부와 충분한 의사가 있는 모든 국가에 권고된다.

3. 각 국가의 법 당국은 의료 당국과의 협의로 자신의 특수한 사회적 조건에 적용 가능한 정책들을 만들어야 한다.

결의안 채택은 노르웨이의 성공에 근거한 합리적인 결정으로 보인다. 그러나 이 안에는 한센병 전문가들이 갖는 인종주의적 시각이 보이지 않게 스며들어 있었다. 제1차 국제나회의는 처음부터 식민지로부터 유럽과 미국을 보호하려는 인종주의적 목적을 가지고 개최됐다. 이 과정에서 유럽에 이미 존재했던 한센병은 의도적으로 무시됐다. 더욱 큰 문제는 이 때문에 한센병에 대한 과학적인 논의가 제대로 이뤄지지 않았다는 것이다.

한센병은 박테리아가 인간을 매개로 전염되는 질병이라는 세균학적 설명은 단순하지만 엄청난 위력을 가졌다. 그러나 여전히 이 질병에 대해 알려지지 않은 것들이 너무 많았다. 영국의 피부학자인 피니스 아브라함Phineas Abraham은 한센병이 전염병은 맞지만 병인론은 아직 완벽하게 논리를 갖추지 않았기에 공중보건 정책이 그러한 지식에 교조적으로 근거하는 일은 위험하다고 주장하기도 했다.[14] 프랑스를 대표하는 피부학자 에르네스트 베스니에Ernest Besnier 역시 한센병이 전염병임을 인정하면서도 전염성은 매우 약하다고 주장했다. 한센병이 박테리아에 의해 발병한다는 점에 동의한다고 해도 전염성이 약하므로 여러 사회·경제·문화적 환경과 환자의 영양상태, 면역력을 고려해야 한다는 입장은 베스니에뿐 아니라 영국과 프랑스의 많은 학자가 갖고 있던 입장이었다. 만약 불충분한 과학적 지식에 근거해 환자들을 강제격리한다면 여러 문제를 불러일으킬 게 뻔했다.

게다가 영국은 이미 케이프에서 강제격리의 실패를 경험

했다. 강제격리 정책이 시행되면서 한센병 환자와 그 가족이 한센병을 은폐하는 일이 늘어나자 질병이 더욱 확산됐던 것이다. 낙인찍힌다는 두려움 때문에 환자들이 자신의 질병을 감추면서 초기 환자를 발견하는 게 어려워졌고, 대개 병이 한참 진행된 후에야 알려졌다. 병이 상당히 진행된 환자가 늘어난다는 것은 한센병을 관리하는 비용도 그만큼 증가한다는 점에서 경제적인 부담을 안기는 동시에 질병이 계속 확산되고 있음을 뜻했다. 이는 환자 개인에게도 비극이지만 국가적으로도 중대 사안이었다. 인도처럼 광활한 지역에 수만에 달할지도 모르는 한센병 환자를 격리시킨다는 것도 불가능한 일이었다. 더군다나 1890년대 대영제국의 가장 큰 공중보건 문제는 흑사병이었다. 한편 법적으로 시민인 한센병 환자를 격리시키는 것은 가혹한 행위로, 환자는 일반 병원에서 충분히 치료할 수 있다는 입장도 공존했다.

이러한 생각을 가졌던 영국과 프랑스의 학자와 정부 관리들은 제1차 국제나회의에 참석하지 않았다. 결국 한센병 환자에 대한 강제격리는 예정대로 흘러갔고, 한센의 과학적 발견과 노르웨이의 사례는 이를 정당화해주는 증거로 쓰였다. 이렇게 인종주의와 과학은 결합했고, 그 결과 전 세계의 수많은 한센병 환자의 비극이 시작됐다.

전 세계에서 가장 혹독한 강제격리국, 일본

제1회 국제나회의에는 2명의 일본인 학자도 대표로 참석했다. 한 사람은 코흐의 제자였던 세균학자인 기타사토 시바사브로北里紫三郎였고, 다른 한 사람은 피부학자인 토히 게이조土肥慶藏였다. 이들은 회의에서 결의된 인종주의적 세균설과 강제격리 정책을 일본에 소개했다. 한센병 환자에 대한 인종주의적 시각은 당시 일본에 그대로 전해졌고 한편으로는 더욱 강화됐다. 탈아입구脱亜入欧를 꿈꾸는 일본에게 한센병 유병률이 세계에서 가장 높다는 것은 국치(국가적 수치)였기 때문이다.[15] 제1차 국제나회의가 개최된 지 2년 후인 1899년, 일본 국회에서 한센병 문제에 대한 논의가 시작됐다. 「나병환자 및 걸인 단속에 관한 질문」癩病患者及乞食取締ニ関スル質問을 통해 한센병 환자가 일본제국의 위세를 떨어뜨리는 중대한 사안이라는 주장도 제기됐다. 이어 1902년에는 「나병환자 단속에 관한 건의안」癩病患者取締ニ関スル建議案*이 제출됐으나 통과되지 못했다. 그러다 1906년 법의학자이자 중의원 의원이었던 야마네 마사츠쿠山根正次가 「나예방법안」癩豫防法安을 제출했고, 수정해 1907년 「나예방에 관한 건」이라는 이름으로 통과됐다.[16] 이 법을 근거로 부랑 한센병 환자를 강제격리하는 5개의 격리시설이 전국에 세워졌으며, 1909년부터는 강제격리가 시작됐다.[17] 이 법에는 퇴소에 관한 규정이 없었

• **일본의 '나'** 일본에서는 '나'를 '癩' 혹은 'らい'로 표기하며, 표기법의 차이로 법안을 구분하기도 한다.

13세기 일본 한센병 환자를 묘사한 삽화

미국의 한센병 학자인 알버트 애쉬미드는 노르웨이, 일본, 중국, 하와이에서 발병한 한센병이 미국 본토로 건너오는 것을 두려워하며 이 국가들로부터 미국을 지키는 방역선을 만들 필요가 있다고 주장했다. 애쉬미드는 자신과 비슷한 생각을 갖고 있는 학자들과 국제회의를 계획했는데, 이들이 처음 떠올린 회의명은 '완전한 한센병 통제를 위한 국제회의'(International Congress for Considering the Entire Suppression of Lerpsoy)였다고 한다. 애쉬미드는 1897년 출판한 『나병의 통제와 예방』(Suppression and Prevention of Leprosy)에서 노르웨이, 일본, 중국, 하와이의 매우 심각한 한센병 상황을 묘사하기도 했다.

위 삽화는 13세기 일본 한센병 환자를 묘사한 그림인데 애쉬미드는 이 그림을 자신의 저서에서 19세기 말 일본 거리에서 흔하게 볼 수 있었던 한센병 환자를 묘사하는 부분에 실었다. 당시 서양 의사들이 일본을 위험한 국가이자 국제사회에서 통제해야 하는 국가로 여겼음을 알 수 있는 부분으로 일본은 이러한 평가에 대해 매우 수치스러워 했다.

기에 격리된 부랑 한센병 환자에 대한 종생격리도 가능해졌다.

한센병 환자에 대한 강제격리가 제도화되어 환자들이 격리되기 시작하자, 자신의 의지에 반해 강제격리된 환자들의 불만을 억누르고 통제하기 위한 법과 제도도 만들어졌다. 1915년 공립나요양소인 전생원全生院의 원장 미츠다 겐스케光田健輔는 결혼을 원하는 환자들에게 단종수술을 시행했으며, 이는 전국으로 퍼져나갔다.[18] 1916년 개정된「나예방에 관한 건」은 나요양소 원장에게 환자들에 대한 징계검속권*을 부여했다. 소장의 명령이나 규칙을 따르지 않는 환자는 시설 내 감금이나 감식 등의 처벌을 받았다. 또한 예산 절감을 위해 환자들에게 노동이 부과됐다.[19] 부랑 한센병 환자에게만 실시됐던 강제격리는 1931년「나예방법」らい予防法이 개정되면서 그 대상이 모든 한센병 환자로 확대됐다. 동시에 일본 정부는 한센병 환자 절대격리라는 이념을 전 사회에 침투시키는 작업을 본격화하면서 1936년 내무부는 '한센병 20년 근절계획'을 수립하고 '무라현운동'無癩県運動, 즉 한센병 환자 없는 마을 만들기 운동을 시작했다.[20] 이 정책은 1952년「(신)나예방법」이 제정되기 전까지 지속됐다.

20세기 전반 일본의 한센병 환자들은 자신에 대한 강력한 통제 정책에 조직적으로 저항할 수 없었다. 국가의 공권력뿐만 아니라 의료지식에 저항할 수 있는 능력이 한센병 환자들

• **징계검속권** 환자가 요양소 당국의 명령이나 규칙을 따르지 않을 때 요양소 원장이 형법이 아닌 요양소의 규칙으로 처벌할 수 있는 권한을 말한다.

에게 부재했기 때문이다. 게다가 시설에서 개인적으로 저항하는 일 역시 원장의 징계검속권에 따라 효과적으로 제어됐다. 징계검속권을 가진 요양소 소장들은 불만을 갖는 환자를 대중을 선동하는 사회주의자로 몰아갔다. 불온한 선동가로 낙인찍힌 환자는 해발 1,000m의 고원에 설치된 특별 병실로 보내졌는데, 이곳에 수감된 환자 중 다수가 동사, 쇠약사하거나 자살로 생을 마감했다.[21] 한센병 환자에 대한 강압적이고 적대적인 강제격리 정책과 사회 분위기는 1945년 태평양전쟁이 끝난 후에도 미군정의 묵인 아래 일본에서 그대로 유지됐다. 심지어 1948년 「우생보호법」이 제정되면서 한센병 환자에 대한 단종수술이 법제화됐으며, 그 배우자까지 단종수술하는 것이 가능해졌다.[22] 1953년에도 「나예방법」은 징계검속권만 사라진 채 그대로 유지됐고, 강제격리는 1996년 「나예방법」이 폐지될 때까지 이어졌다.

조선에 들어선 소록도자혜의원

일본에서 시행된 한센병 관리 정책은 비슷한 시기 다른 국가와 비교했을 때 매우 가혹했다. 시설 통제 역시 다른 국가들은 시간이 흐를수록 더욱 약화된 반면, 일본은 점차 강화되어갔다. 한센병 환자를 시설에 수용하는 과정에서 폭력적인 방식으로 공권력도 투입됐다. 치료기간 동안 환자를 강제격리하는 일은 다른 국가에서도 흔했지만, 환자에게 강제 단종수술과 낙태수술을 자행한다거나 규정을 따르지 않을 경우 죽음에 이를 정도로 과도한 처벌을 하는 국가는 일본이 유일했다. 이러한 일본의 한센병 관리 정책은 1910년 한일병합 이후 식민지 조선에 점진적으로 이식됐다. 일본의 한센병 환자 강제격리 정책을 주도했으며, 「나예방법안」을 입안했던 야마네가 1910년 4월 조선총독부 위생국 고문으로 부임하면서 식민지 조선에 근대적 한센병 관리체계를 도입하기 위한 준비를 시작했다.[23] 그는 1911년 조선의 한센병 상황을 시찰하고[24], 이에 대한 보고서를 1912년 『조선의학회잡지』 2호에 '나병환자 요양소 설치' 라는 제목으로 발표하기도 했다.

한편 1913년 11월에는 TLM^The Leprosy Mission의 창립자이자 회장인 웨슬리 베일리^Wellesley Bailey가 광주, 부산, 대구 나병원을 방문한 후 경성으로 올라와 당국에 한센병 사업을 시작하라고 촉구했다. TLM은 1874년 당시 아일랜드 선교사였던 베일리가 인도에서 설립한 것으로, 인도에서 한센병 사업에 대성공을 거둔 후 아시아 지역으로 확대됐다. 1891년에는 버마로 사업을 확장했고, 1905년에는 아시아 지역에 TLM이 만들거나 지원한 한센병 시설과 마을이 63개에 이르렀다. 이곳들에 총 5,803명의 환자와 317명의 자녀가 분리되어 수용됐다.[25] 1909년 TLM은 조선에 있던 북장로교 선교사들을 지원해 경상남도 동래군 서면 감만리에 나병원을 설립할 수 있었다.[26] 1911년 전라남도 광주군 효천면 봉선리에 설립된 나병원과 1913년 경상남도 달성군 달서면 내당동에 설립된 나병원 역시 TLM의 지원을 받았다.[27] 베일리는 자원 및 환자의 접근성, 통제의 용이성 등을

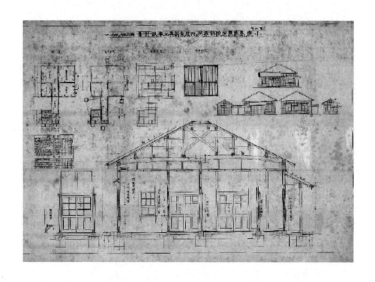

소록도자혜의원 진료소와 부속 건물의 신축공사 설계도
조선총독부는 전라남도 고흥군 소록도에 한센병 치료 및 격리시설인 자혜의원을 설치하기로 결정
하고, 1916년경 소록도자혜의원 진료소 및 부속 건물의 설계도를 제작했다. 노르웨이에 위치했던
한센병 병원과 달리 소록도자혜의원은 치료를 담당하는 진료소와 환자들의 공간이 분리된 것이
특징이다. 위 설계도를 보면 모든 건물이 단순하게 설계되어 있음을 알 수 있다. 진료소는 누름대
비늘판벽으로 마감된 서양풍 단층 목조 건물로 설계됐고, 진료소 내부에는 원장실, 사무실, 진료
실, 제제실이 있었다. 진료소와 부속 건물은 회랑(回廊)으로 연결됐는데, 부속 건물은 창고로 사용
됐다고 추정한다. 소록도자혜의원 진료소는 지금도 남아 있지만 부속 건물은 오래전에 사라졌다.

이유로 한 곳의 대형 한센병 시설이 아닌 소규모의 여러 한센병 환자 보호소를 설립해야 한다고 주장했다.[28] 이미 그는 광주, 부산, 대구에 나병원 설립을 지원했기 때문에 조선총독부도 같은 방식으로 각 도시에 나병원을 설립하기를 희망했다. 그러나 그의 주장은 총독부에 받아들여지지 않았다. 총독부 역시 1913년 시행된 조사결과를 바탕으로 외모만으로도 증상이 확인되는 환자가 이미 3,000명이 넘는다며 대책을 세워야 한다고 판단한 상황이었다.[29] 이에 따라 위생국 고문 야마네도 그해 10월에 조선의 한센병 환자를 격리수용해야 한다고 주장했다.[30]

조선총독 테라우치 마사타케寺內正毅는 제생원 기금 일부를 사용해 부랑 한센병 환자를 수용하겠다는 계획을 세운 후, 총독부의원 원장인 요시가 에이지로芳賀榮次郎에게 부지를 선정하도록 했다. 1915년 조사단을 파견해 조선 남쪽을 조사한 결과 기후가 온화해 한센병 치료에 도움이 되며 격리수용을 하기에도 적절한 장소로 전라남도 고흥군 남단에 위치한 소록도가 선정됐다. 조선총독부는 1910년 9월 29일 「조선총독부지방관관제(조선총독부칙령 제357호)」를 제정하고 전국을 13개 도로 구분해 각 도에 자혜의원을 세우고, 이어 1912년 5월 6일에는 자혜의원을 제주, 안동, 강릉, 초산, 회령 5곳에 추가 건립했다. 조선총독부는 자혜의원체제에 소록도 한센병 시설을 포함시키고자 했다. 이에 1916년 조선총독부령 제7호로 소록도자혜의원 설립이 결정되어 소록도 서편에 약 30만 평과 민가 10동을 매수했다. 그리고 1917년 2월에는 소록도자혜의원의 병원 건물을 준공했고, 4월에는 병사를 만들어 각 도에서 이송된

서생리 병사

소록도자혜의원 진료소 바로 앞에는 소록도에 가장 먼저 생긴 마을 중 하나인 서생리의 유적들이 남아 있다. 애초에 이곳은 직원들의 관사 지역이었으나 1933년 소록도에 제1차 확장 공사가 진행되면서 직원 지역이 소록도의 동쪽으로 이전했고, 이곳은 환자 마을인 서생리가 됐다. 이후 소록도 병원에 한센인이 감소하면서 서생리 마을도 1990년 폐쇄됐다. 당연히 서생리의 건물 중 상당수가 붕괴됐고, 남아 있는 건물은 풀과 나무로 뒤덮였다. 그러다 2010년대 중반 이 지역을 보존하기 위한 목적 아래 '소록도 서생리 마을 옛터 사업'이 시작되면서 건물들이 더는 무너지지 않도록 지지 작업도 진행됐다.

환자들을 수용했다. 조선총독부는 「나환자 수용에 관한 건」癩患者收容ニ関スル件에 따라 각 도의 경무부에 "노상이나 시장 등에서 배회하는 병독전파의 우려가 있는" 한센병 환자를 수용하라는 조회문을 보냈다.[31] 최초의 강제격리 대상자는 병독, 즉 세균을 퍼트릴 가능성이 높다고 총독부가 인식한 '부랑' 한센병 환자들이었던 것이다. 그러나 소록도자혜의원의 최초 수용 인원은 100명이었으며, 실제 수용 환자는 90명에 불과했다.

2

식민지 조선과 한센병

한센병과 한센인은 질병 때문에 낙인찍히고 차별받는 대표 사례라고 할 수 있다. 한센병에 걸린 환자는 병을 방치하거나 적절한 치료를 받지 않으면, 피부에 우둘투둘한 결절이 생기고 신체 말단이 떨어져 나가기도 한다. 이러한 외모 변형은 매우 인상적이기 때문에 여기에서 비롯되는 시각적 혐오감이 '정상적인' 외모와 구분되는 '비정상적인' 외모에 따른 낙인과 차별을 불러일으킨다는 인식이 오랫동안 팽배했다. 이는 분명 한센인을 대하는 비한센인의 태도에 영향을 줄 수밖에 없었다. 비한센인은 한센인을 기피하거나 친구, 동료, 부부와 같은 친밀한 관계를 맺는 데 주저했다. 한센인 역시 종종 수치감을 느끼며 신체를 가리거나 타인과의 접촉을 더욱 꺼리는 일이 잦았다. 한센인에 대한 고정된 인식은 오랫동안 이어졌을 것이다. 하지만 한센병에 대한 지식이 쌓이고, 한센병 환자를 국제적으로 강제격리하기 시작하면서 낙인과 차별의 성격도 바뀌어갔다.

조선시대에도 한센병이 전염된다고 여겼지만, 이는 미신과 결합한 것에 가까웠다. 조선 초기에서 중기까지는 한센병의 병인을 눈에 보이지 않지만 우주에서 떠도는 사악한 기운인 '대풍'으로 여겼다. 1610년에 편찬된 『동의보감』에서 처음으로 한센병의 병인으로 전염이 언급됐으나 이것은 풍수와 결합한 유전설에 가까웠다. 조상이나 가족 내 연장자 중 누군가가 풍수나 금기를 위반했을 때

후손이 한센병에 걸린다는 것이었다. 이는 가족 내 연장자에서 연소자로 내려오며 감염되는 한센병의 특징을 당시의 합리성으로 결론 낸 것으로, 노르웨이의 다니엘슨이 한센병을 유전이라고 생각했던 논리와 유사하다. 병인의 원인을 풍수나 금기 위반으로 여기면 환자를 도덕적으로 비난할 수는 있지만, 그들을 가족이나 마을 등의 공동체에서 추방하거나 격리시킬 필요는 사라진다.

그러나 한센병의 원인이 눈에 보이지 않는 병균이며, 이 병균은 환자를 통해 전염된다는 지식이 조선에 유입되면서 한센병을 근본적으로 다르게 바라보기 시작했다. 여기에다 질병을 둘러싼 혐오, 수치, 비난에 전염에 대한 공포가 더해지자 한센인을 대하는 태도도 바뀠다. 한센병은 환자를 통해 병균이 전염된 후 발병되는 질병이므로, 환자와 접촉한다는 것은 곧 질병에 걸릴 가능성이 높아진다는 뜻이었다. 더군다나 세균설은 한센병이 병균에 의해 발병한다는 것만 밝혀냈지, 그 병균이 어떻게 전염되는지에 대한 메커니즘뿐 아니라 전염력에 대해서는 설명하지 못했다. 그럼에도 당대 사람들은 과학적 지식이 불확실하므로 신중히 받아들이기보다는 애초에 환자를 가족과 사회에서 배제시키는 방식으로 불확실성을 해결하고자 했다.

이러한 인식과 태도는 제도를 통해 더욱 강화됐다. 환자에 대한 격리시설과 정책은 한센병은 위험하며, 한센병을 통제하는 유일한 방법은 그들을 사회에서 배제하고 격리하는 것임을 강화 및 내면화했다. 더군다나 한센병 환자를 배제하고 격리하는 방식은 제국의 통치자들이 인종주의에 근거해서 고안한 것이었기에 훨씬 가혹했다. 하지만 식민지 조선인들은 격리시설과 정책이 서구에서 시행된 이후 일본을 거쳐 조선에 들어왔다는 것을 알 수 없었으므로 그저 합리적이고 과학적이며 문명적인 방역 대책이라 여겼다. 결과적으로 이 시도는 한센병 문제를 해결하는 데 실패했으며, 오히려 더큰 사회문제를 불러일으켰다. 풍토병인 한센병을 앓는 환자들을 모두 격리할 수 있는 능력이 없는 상황에서 지나친 낙인과 차별 때문에 환자들이 집과 마을에서 추방당해 대도시를 중심으로 전국을 떠도는 일이 급증하기 시작한 것이다.

2장에서는 강제격리 제도가 도입된 조선의 상황을 구체적으로 묘사해보려고 한다. 그러면서 한센인에 대한 근대적 낙인과 차별이 어떻게 형성됐는지 살펴보겠다. 이 작업은 이후 한센인에 대한 각종 차별이 왜 그렇게 오랫동안 지속됐으며, 수많은 시도가 있었음에도 결국 실패로 돌아갈 수밖에 없었는지를 이해하는 데 필요하기 때문이다.

늘어나는 부랑 한센병 환자

1917년 부랑 한센병 환자에 대한 강제격리가 시행되자 예상하지 못한 현상이 발생했다. 1920년대 초반부터 부랑 한센병 환자가 급증하기 시작한 것이다. 특히 부랑 한센병 환자는 광주, 부산, 대구 등 남부 도시에 집중적으로 모여들었다. 동시에 그 인근 지역에 괴이한 소문이 퍼졌다. 가령 1922년 6월에는 광주 나병원에서 한센병 환자 수백에서 수천 명을 광주 바깥으로 쫓아내 장성역에 하차시켰다는 소문이 인근에 있는 담양 읍내에 퍼져 담양 시민들을 공포에 떨게 했다.[1] 이는 곧 허무맹랑한 유언비어로 밝혀졌지만, 소문이 돈 데는 이유가 있었다.

1909년 미국 북장로교의 지원을 받아 경상남도 동래군 서면 감만리에 최초의 서양식 나병원이 설립된 이후, 1911년 2월에는 전라남도 광주군 효천면 봉선리에 나병원이 설립됐다. 이곳은 다음 해인 1912년 수용 환자가 45명에 불과했지만, 1913년 TLM의 창립자 베일리가 방문해 지원을 결정한 이후 시설을 확장해 1914년에는 100여 명의 한센병 환자를 수용했다.[2] 도시의 나병원에 많은 환자가 몰리면서 어쩔 수 없이 이들을 돌려보내야 하자 결국 나병원에 입원하지 못한 환자들은 그 주변에 거주하며 입원을 기다렸다.

도시에서 집단으로 생활하던 한센병 환자 집단은 전통사

회에서는 볼 수 없던, 식민지 조선에 등장한 매우 근대적인 현상이었다. 한센병으로 인해 변형된 외모는 사람들에게 불편하고 불쾌한 감정을 유발하기에 조선시대에도 환자들은 집과 공동체에서 쫓겨나 사람들의 눈을 피해 모여 살면서 구걸로 생계를 이어갔으리라는 믿음이 널리 퍼져 있었다.[3] 『동의보감』에도 당시 한센병 환자들이 부랑하거나 자신만의 마을을 이뤄 살았다고 묘사된다. 그러나 조선시대에 부랑했던 한센병 환자 집단에 대한 기록은 아직 발견된 바 없다. 1장에서 언급한 것처럼 1880년대부터 식민지에서 한센병이 건너올지도 모른다는 두려움에 떨던 영국은 전 세계 한센병 실태조사를 시행했고 이때 아시아, 태평양, 오세아니아 지역은 홍콩에서 활동하던 영국 의사인 제임스 칸틀리James Cantlie가 책임을 맡았다. 그리고 그 결과는 「1894년에 수집된 중국, 인도차이나, 말라야, 태평양 군도와 오세아니아에서의 나병 발생 상황에 대한 보고서」Report On The Conditions Under Which Leprosy Occurs In China, Indo-China, Malaya, The Archipelago, And Oceania: complied chiefly during 1894로 1897년에 발표됐다.

이 보고서에는 1890년대 조선의 한센병 상황이 기록되어 있다. 당시 조선의 부산, 원산, 한성에 있던 선교 의사 5명과 영국 관리가 칸틀리의 설문조사에 응답하고 회신했다. 오랫동안 조선에 머물며 활동했던 이들은 모두 자신이 거주하던 시기 조선은 다른 국가에 비해 한센병 상황이 심각하지 않다고 답했다. 한센병 환자에 대한 낙인과 차별 역시 극심한 편은 아니어서 환자는 가족과 함께 살았으며 이동하는 데도 큰 어려움을 겪지 않았다고 했다. 한센병에 걸렸다는 이유로 특정 장소에 격

제임스 칸틀리와 1897년 보고서

칸틀리는 다재다능한 의사였다. 응급처치의 선구자로도 유명하지만, 1888년 홍콩으로 건너가 의학을 가르치고 조사했던 인물로도 알려져 있다. 그는 홍콩대학교의 전신인 홍콩화인서의서원(香港華人西醫書院)을 공동 창립하기도 했고, 광둥 지역의 한센병 및 열대질병을 연구하는 데도 앞장섰다. 중국 혁명의 지도자인 쑨원(孫文)이 그의 제자이기도 하다.

칸틀리가 발표한 보고서는 1890년 후반 조선시대의 한센병 상황을 짐작할 수 있게 하는 귀중한 자료다.

리당하거나, 마을을 형성하지도 않았다는 것이다. 다만 노비 slave의 경우 한센병에 걸리면 때때로 집에서 쫓겨나 구걸하며 마을을 돌아다녔다는 기록은 있다. 즉 조선시대에 마을을 부랑하던 한센병 환자 집단은 볼 수 없었지만 1910년대 후반에 이르면 도시에서 부랑하는 한센병 환자 집단은 도시의 일상 풍경이었던 것이다.

1922년 담양에서 떠돌던 괴소문에는 광주 나병원과 인근에 모여 살던 한센병 환자 집단이라는 새로운 현상이 반영됐다고 여겨진다. 같은 질병에 걸려 비슷한 외모를 한 수십 명의 한센병 환자 집단이 도시를 배회하는 이미지는 사람들에게 어떤 방식으로든 각인됐을 것이다. 실제로 비슷한 시기 비슷한 내용의 소문이 충청남도 강경에도 돌기 시작했다. 천여 명의 한센병 환자가 강경을 침습한다는 유언비어였다. 일본에서 세 척의 배로 1,000여 명의 한센병 환자가 군산항에 내렸고 선봉은 이미 가까운 함열역에 진을 치고 있는데 곧 강경으로 침습한다는 내용이었다. 담양의 경우 인근 도시에 나병원이 있었으나 강경은 그렇지 않았기에 일본이라는 '미지의 공간'에서 한센병 환자들이 쫓겨왔다는 이미지가 만들어졌다.

담양과 강경에서 소문으로만 존재했던 도시의 한센병 환자 집단이 실제로 사회문제로 자리 잡은 도시가 점차 늘어갔다. 도시민들은 한센병 환자의 급증과 집단화에 부정적인 반응을 보였다. 1924년 6월경 마산 시민들은 당면한 도시 문제를 해결하기 위한 신민대회를 열었는데, 이 회의에는 유곽과 형무소를 시외로 이전하는 안건, 도시의 공장 매연을 해결하는 방법과 함께 부랑 한센병 환자 문제가 의제로 올랐다.[4] 당시 한센병 환자들이 목욕탕과 음식점 등을 마음대로 출입하고, 많은 시민이 이용하는 우물인 몽고정의 물을 마시면서 마산 시민들에게 커다란 위생상의 위협으로 다가왔기 때문이다. 신민대회를 통해 실행위원을 선정한 후 총독부 이하 각 관청과 교섭하기로 하고 먼저 경찰서장에게 한센병 환자 문제를 해결해달라고 요구했다. 실행위원단이 마산 경찰서장에게 "문둥병자를 시가지 내 함부로 있게 함이 불가하니 이를 처치해달라"고 요청하자, 일본인 경찰서장은 "이것이 해가 되는 줄 알거든 시민들이 자위로 할 것이다"라고 냉정하게 답해 시민들의 공분을 샀다. 경찰은 이 문제에 개입할 계획이 없으니 조선인이 알아서 해결하라는 의미였다.

　해당 관청에서 손을 놓고 있는 사이 도시의 한센병 환자는 계속 늘어만 갔다. 당시 신문기사는 도시에 한센병 환자가 증가하는 현상을 꾸준히 기사로 내보냈다. 『매일신보』에서는 1924년 7월 1일 대구 시내를 배회하는 환자들이 급증하고 있다는 내용을, 같은 해 11월 17일에는 경성시에서도 "나병걸인"이 점차 증가하고 있다는 내용을 보도했다. 도시의 한센병 환자 집중 현상은 1927년경부터 도시의 심각한 문제로 대두됐다. 이 당시 마산 시내에는 500여 명의 부랑 한센병 환자가 있었다고 추정하는데, 그들은 주로 바닷가나 강가 등을 메워서 땅으로 만든 매축지 등지에 움막을 지어 거주했다. 경찰이 거주지를 습격해 움막을 철거하고 몰아내도 그들은 인근 지역에 또다시 움막을 짓고 생활했다. 게다가 쫓겨나는 한센병 환자 중에는 경찰에게 매달려 "다만 죽여 달라"고 눈물만 흘리는 경우도 있어 경찰도 더는 어쩔 수 없는 상황이기도 했다.[5] 경찰에서는 격리시설이 없는 상태에서는 다른 방책이 없다며 손을 놓았다.

비슷한 시기 부산에서도 큰 집단을 형성한 한센병 환자가 사회문제로 떠올랐다. 부산 나병원에 입원하러 왔다가 정원 때문에 들어가지 못한 채 부랑하던 한센병 환자들이 부산진역 근처 거리와 개천 혹은 교량 아래에 흩어져 생활했던 것이다. 이들은 집단을 이루고 구걸 등으로 생계를 이어 나갔다.[6] 유사한 상황이 김해에서도 발생했으며, 대구와 전라남도 지역에도 한센병 환자가 늘어나면서 이에 따른 여러 사안이 심각한 도시 문제로 인식되기 시작했다.[7]

그러다 1930년을 기점으로 주로 조선의 남부 지방에 집중됐던 도시의 한센병 환자 문제가 점차 북쪽으로 확장되기 시작했다. 1930년 10월에는 이전에 한센병 환자를 볼 수 없던 강원도 춘천에 음식을 구걸하는 환자 집단이 등장했다. 이들은 남부 지역에서 쫓겨다니다가 이곳까지 오게 된 것이었다.[8] 1932년에는 강릉에도 한센병 환자 '걸인' 집단이 도시를 배회하고 구걸과 금품을 강요한 일이 있었다.[9] 1936년에는 철원뿐만 아니라,[10] 평안남도 심지어는 함경남도에서도 발견됐다.[11] 1940년에 이르러서는 연길에도 한센병 환자들이 배회한다는 기사가 보도됐다.[12] 이들은 곧 잡혀서 한센병 시설로 보내졌다. 당시 만주에서도 일본과 조선의 이민자들이 물밀 듯 들어오며 한센병 환자가 점차 늘어났는데, 이들을 격리시키기 위해 만주

한센병 환자를 둘러싼 사회문제를 다룬 1920~1930년대의 신문기사들
1920년대부터 부랑 한센병 환자의 증가, 이들에 대한 단속 및 살해 그리고 격리가 식민지 조선 각지에서 일상화됐음을 보여준다.
위 기사의 제목은 다음과 같다. 「담양 괴설, 문둥병자 사천 명이 돌아다닌다고 야단」(『매일신보』 1922년 6월 17일), 「대구나병환자 고향으로 추송, 나병원에도 만원, 대구서에서 단행」(『매일신보』 1928년 6월 19일), 「나병에 걸린 기처를 살해, 차라리 죽이는 것이 낫겠다고 병처를 강에 던져」 (『매일신보』, 1930년 10월 30일), 「180명의 나병환자들이 진정, 의지할 곳 없는 병자 각관청에 진정했다」(『시대일보』, 1924년 12월 7일).

국국립나병요양소동강원満州国国立癩病療養所 同康院이 1939년 철령鐵嶺에 세워졌다. 일본인, 중국인, 조선인 환자가 수용됐으며, 이 중 조선인 환자가 가장 많았다. 한일병합 이전 조선에서 한센병은 주로 경상도, 전라도와 같은 남부 지역에서 유행했다. 충청도나 강원도 남부 지역까지 일부 확산되기는 했으나 경기도와 강원도 북부 이북에서는 거의 찾아볼 수 없었다. 그러던 것이 1930년대에 이르면 평안도와 함경도, 심지어는 연길까지 환자가 확산된 것이다.

병원이 있는 대도시나 인구가 많은 지역에 집중됐던 한센병 환자들이 1932년경부터 점차 소도시나 읍과 면 단위의 지역으로 퍼지는 현상도 나타났다. 1932년 5월에는 예천 시내에 나병 걸인이 운집했고,[13] 같은 해 10월에는 의성에,[14] 다음 해인 1933년 3월에는 해남에 집단을 이뤄 구걸했다.[15] 결국 한센병 환자들이 진주, 밀양, 고성, 통영, 고성, 순창, 대동, 상주, 제주, 강진, 구례, 오수, 인천 등 식민지 조선 남부 지역을 휩쓸고 다니면서 전국 문제로 제기됐다. 집단을 이룬 채 대도시를 중심으로 전국을 떠돌던 환자들이 지역민에게 심각한 위협으로 여겨지는 것은 당연했다.

부랑 한센병 환자의 급증과 이로 인해 발생하는 여러 사회 문제는 모두 1917년 부랑 한센병 환자에 대한 강제격리가 시작된 이후 만들어진 근대적 산물이었다. 그러나 식민지기에는 그 누구도 강제격리와 부랑 한센병 환자의 관계에 대해 생각하지 못했다. 이들이 집과 고향을 떠나 도시로 몰리는 이유가 무엇인지에 대해 진지하게 고민하지 않은 채 급증하는 부랑 한센병 환자를 해결할 수 있는 유일한 방법은 이들을 모두 보이지 않는 곳으로 추방하거나 소록도와 같은 섬에다 격리하는 것뿐이라고 판단했다. 가끔 이들의 처지를 안타깝게 여기는 시선도 있었으나 사회의 위생과 안전을 위해서는 가혹하지만 격리할 수밖에 없지 않느냐는 것이 당시 사회적 통념이었다. 그 누구도 부랑 한센병 환자 문제를 해결할 수 있는 다른 대안에 대해 생각하지 못했던 시기였다.

목숨을 끊고 버림받으며

그렇다면 식민지기 한센병 환자들은 왜 이전과 달리 가족과 마을을 떠나 부랑생활을 해야만 했을까? 이 질문에 답하기 위해서는 한센병 환자들이 가족 안에서 어떠한 위치에 있었는지 살펴봐야 한다. 그러나 가족이라는 사적인 공간에서 일상적으로 벌어진 일들은 기록으로 거의 남아 있지 않기에 충분히 알기 어렵다. 자신이 환자라는 것뿐 아니라 가족 중 환자가 있다는 것은 수치스러운 일이었으므로 대개 기록을 남기지 않은 것이다. 게다가 식민지기에는 한센병을 다룬 엄청난 수의 기사가 쏟아졌지만 한센병 환자에 대한 일상적인 무시, 모욕, 비난 등의 차별행위는 거의 다뤄지지 않았다. 자료상의 한계를 해결하기 위해 당시 신문에 실렸던 한센병 환자의 자살과 살해를 기사화한 자료를 찾아봤다. 실제로 한센병 환자의 자살 사건과 한센병 환자가 가족에 의해 살해당한 사건은 쉽게 찾을 수 있었다. 기사에 실린 환자의 사망 이유를 통해 당시 이들을 죽음으로 몰고 간 낙인과 차별의 정도를 짐작해보는 것도 가능했다.

　신문지상에 최초로 등장하는 한센병 환자의 자살은 1926년 8월 13일자 『동아일보』에 실려 있다. 1926년 8월 8일 동래군에서 한센병에 걸린 30대 초반의 한 여성이 갑자기 사망했다.[16] 사건 직후 지역민들은 이 여성이 한센병에 걸렸다는 이유로 남편이나 가족에 의해 살해당한 것으로 의심했다. 동래 지역의 공의公醫와 동래병원의 의사가 이 여성을 검시했는데, 그 결과 알코올중독자로 판명됐다. 알코올중독과 자살 사이에 어떠한 인과관계가 있는지 현재로서는 알 수 없지만, 의사는 여성의 사인을 알코올중독에 의한 자살로 결론 내렸다. 여기서 한센병 환자에 대한 낙인과 차별과 관련해 주목할 만한 점은 지역민들이 보였던 태도다. 그녀의 죽음을 가족에 의한 타살로 의심했다는 것은 1920년대 중반 한센병에 걸리면 최소한 동래 지역에서는 가족에 의해 살해당할 수도 있다고 여겼음을 알려주기 때문이다.

　이 기사를 시작으로 한센병 환자 자살 사건에 관한 보도는 점점 늘어났다. 이전에도 한센병 환자가 자살한 경우가 있었겠지만 중요한 점은 이들의 자살이 사회의 관심을 끌고 사회문제가 되어갔다는 것이다. 1926년 11월경 충청남도 모산역지금의 배방역 근처에서도 한센병 환자가 자살하는 일이 있었다.[17] 이 환자는 가족이 치료도 해주지 않을 뿐더러 쫓아내기까지 하자 이를 비관하고 달리는 열차에 뛰어들어 자살을 감행했다. 환자는 두 개골이 깨지고 허리가 꺾여 바로 사망했다. 기사만으로는 가족이 왜 그를 쫓아냈는지 알 수 없지만, 가족으로부터 버림받았다는 것이 환자 개인에게 감당할 수 없는 충격이었음은 명확해 보인다.

1927년 8월에 벌어진 또 다른 자살 사건을 다룬 기사를 보면, 환자 가족이 왜 환자를 꺼리고 심지어 집에서 쫓아냈는지 짐작해볼 수 있다. 1927년 8월 21일 광주 양림동에 있는 나병원 앞 소나무 숲속에서 목을 매고 자살한 30세 남성이 발견됐다.[18] 조사결과 이 남성은 1920년경 한센병이 발병하자 바로 광주 나병원에 입원해 치료받기 시작했다. 1910년대 후반부터 서양 나병원에서는 당시 개발된 지 얼마 되지 않은 한센병 치료제인 대풍자유 혼합제로 치료했으므로, 이 남성도 대풍자유 치료를 받았을 것이다. 초기 환자의 경우 대풍자유 혼합제를 장기간 잘 사용하면 완치가 가능했기 때문에, 이 남성도 20대에 들어와 7년간 치료를 잘 받은 결과 1927년 6월 완쾌 판정을 받을 수 있었다. 병원을 나온 그는 다시 태어난 기분으로 고향인 고흥으로 향했다.

그러나 그를 기다리고 있던 것은 가족의 따뜻한 환대가 아니라 기피와 냉대였다. 새어머니와 동생들이 접근조차 못하게 하자, 남성은 결국 집을 떠나기로 했다. 달리 갈 곳이 없었던 그는 7년간 지냈던 광주 나병원을 다시 찾아갔다. 당시 광주 나병원은 한센병 환자뿐만 아니라 나병원 자체에 거부감이 컸던 지역사회의 압력을 견디지 못하고 여수로 이전 중이어서 재입원하기가 어려웠다. 광주 나병원이 광주를 가로지르는 하천의 상류에 있었기에 광주 시민들은 환자들이 하천을 통해 병을 전염 64

시킬지 모른다고 크게 우려했고 환자들이 도시를 배회하는 것에 대해서도 불만이 높아 결국 병원 이전까지 요구한 상황이었다.[19] 이러한 이유로 이제 더는 갈 곳이 없었던 그는 병원 주변을 며칠 맴돌다가 스스로 목숨을 끊었다.

환자들이 자살하는 비극적인 사건들은 왜 발생한 것일까? 가족은 왜 환자를 기피하고 냉대했는가? 대풍자유 덕분에 초기 환자들은 완치가 가능했고, 그렇지 않더라도 대풍자유를 꾸준히 복용하면 증상이 더 진행되지 않는 관리 가능한 질병이 되어 있었는데 말이다. 그러나 1920년대 중반 이후에도 여전히 한센병은 전염력이 크며, 한번 걸리면 치료되지 않는 불치병일 뿐이었다. 특히 언론에서 한센병을 불치병으로 묘사했을 뿐 아니라 서양 나병원에서 치료받고 완치된 환자 사례에 대해서는 기사화하지도 않았다. 그러니 광주 나병원 앞에서 자살한 남성의 가족이 병원에서 완치 판정을 받았음에도 믿지 않고, 혹여나 자신에게 전염될까 봐 우려하며 피한 것은 당연했다. 한센병 환자를 격리시키는 제도, 그로 인해 생긴 한센병에 대한 두려움과 불치병이라는 통념이 치료제의 발전을 비가시화시켰던 것이다. 이외에도 1927년 4월에는 경상남도 산청군 단성면에서 30세 남성이 한센병에 걸려 고통을 겪는 중에 넉넉지 못한 가정형편으로 치료도 제대로 받지 못해 목을 매고 자살한 사건이 벌어지기도 했다.[20]

1926년부터 1939년까지 13년 동안 한센병 환자 자살을 다룬 기사는 총 19건이다. 자살자 19명 중에는 11명이 남성이고 8명이 여성으로, 남성의 비율이 더 높다. 그러나 한센병이 여성보다는 주로 남성에게 발병한다는 통계로 봤을 때 여성 환자의 자살률이 남성 환자에 비해 훨씬 높았다고 할 수 있다. 1935년 8월 소록도갱생원*에서 조사한 내용에 따르면 2,693명의 한센병 환자 중 남성은 2,017명, 여성은 676명으로 남성이 약 75%, 여성이 약 25%를 차지했다. 이러한 불균등한 성비는 식민지 내내 비슷하게 지속됐다. 자살자의 연령은 불명인 두 사람을 제외한 17명 중 10대가 1명, 20대가 8명, 30대가 5명, 40대 2명, 50대 1명 순으로 젊은 층이 압도적이다. 자살 방법은 성별로 구분했을 때 상당히 특이한데 남성은 달리는 기차에 몸을 던져 자살하는 방법을 선택하는 경우가, 여성은 목을 매거나 물에 뛰어든 경우가 많았다.

기사에 따르면, 한센병 환자들이 자살한 주된 이유는 가족과의 불화 때문이었다. 앞서 소개한 사례처럼 한센병에 걸렸거나 걸린 적이 있는 사람들이 가족의 따돌림을 견디지 못하다가 극단적인 선택을 한 경우가 대부분이었고, 한센병에 걸렸다는 이유로 이혼당한 경우, 가족이 져야 할 부담을 걱정해 스스로 목숨을 끊은 경우도 있었다. 다시 말해 한센병에 걸린다는 것은 가족이 해체되거나, 해체 위협에 놓일 수 있음을 의미했다. 한센병으로 인한 가족 해체는 전염의 두려움과 불치병이라는

• **소록도자혜의원의 명칭 변경** 1917년 준공된 '소록도자혜의원'은 한센병 관리 정책의 변화에 따라 지금까지 총 일곱 차례 명칭이 변경됐다. 가장 먼저 1934년 '소록도갱생원'으로 개칭됐다가, 1949년 '중앙나요양소로', 1951년 '갱생원'으로, 1957년 다시 '소록도갱생원'으로, 1960년 '국립소록도병원'으로, 1968년 '국립나병원'으로 바뀌었다. 1982년 마지막으로 '국립소록도병원'으로 개칭된 이래 지금까지 불린다. 이 책에서는 변화가 환기시키는 의미가 크다고 판단해 통칭하지 않고, 각 시기에 불렸던 이름을 그대로 썼다.

통념에서 비롯하기도 했지만, 경제적인 부담도 크게 작용했다. 위중한 질병에 걸렸을 때 발생하는 막대한 치료비 때문에 경제적으로 큰 곤란을 겪거나 심지어 파산에 이르는 사례는 현대에도 드물지 않다. 그러나 전염병, 특히 한센병 같은 만성전염병 환자의 경우는 한층 더 심각한 경제적 문제에 맞닥뜨릴 수밖에 없었다.

　1915년 6월 5일에 제정된 「전염병예방령」(조선총독부제령 제2호)은 식민지기 최초의 전염병과 관련된 법으로, 콜레라·홍역·장티푸스 등 급성전염병의 예방·치료·통제를 목적으로 제정됐다. 이 법은 급성전염병에 한정되나, 관련 법이 없던 한센병이나 결핵, 성병 등에도 근거로 적용 및 관리됐다. 「전염병예방령」에는 환자의 격리에 대한 조항은 있지만, 환자의 경제생활을 금지한다는 내용이 없다. 그러나 제10조에는 "전염병의 병독에 오염되거나 오염이 의심되는 물건은 당해 이원의 허가를 받지 아니하면 사용·수수·이전·유기 또는 세척할 수 없다"고 써 있다. 이는 세균이 묻어 있어 전염 가능성이 있는 물건을 규제한다는 것으로, 환자가 생산한 물건은 판매를 금지할 수 있다는 의미였다. 「전염병예방령」은 1924년 2월 개정됐는데, 이때 제8조 2항에 "전염병 환자는 업태상 병독전파의 우려가 있는 업무에 종사할 수 없다"고 명시해 전염병 환자의 경제활동을 제한하는 내용을 포함시켰다. 급성전염병과 관련한 법이었음에도 환자가 만진 물건을 통해 세균이 전파될 수 있다는 입장은 한센병 환자를 대하는 태도에 당연히 영향을 줄 수밖에 없었다.

더군다나 한센병이 한센병균에 의해 전파되고 발병한다는 것은 알려졌지만, 이 균이 어떠한 경로로 전파되는지에 대해서는 오랫동안 밝혀지지 않은 상황이었다. 한센병균의 감염 경로에 대한 무지는 감염과 관계 있다고 의심되는 모든 것들을 규제, 거부하는 식으로 이어졌다. 결국 한센병 환자들이 채소나 술 등을 생산하고 판매하는 일이 큰 사회문제로 대두했다.[21] 환자와 환자 가족이 마을 공동 우물이나 하천을 사용하는 것도 거론됐다. 이러한 상황에서 경제적으로 여유 있는 가정의 경우 식구 중 한 사람이 생산활동에 참여하지 않더라도 큰 문제가 되지 않지만, 그렇지 않은 경우 환자는 집에서 경제적으로 부담스러운 존재로 여겨졌을 것이다.

게다가 한센병 환자에 대한 낙인과 차별이 환자의 가족에게까지 확대되는 일이 잦았다. 한센병을 앓는 가족이 있으면 가족 전체가 낙인찍히고 공동체에서 배제당할 수 있었다. 실제로 가족 중 한 사람이 한센병에 걸린 후 건강했던 가족 구성원이 자살한 사건도 두 건이나 기사화됐다. 1937년 9월 하동에 살던 한 20대 여성이 강물에 투신해 사망한 일이 그렇다.[22] 당국의 조사결과에 따르면, 이 여성은 자신의 오빠가 "불치의 병"인 한센병에 걸린 것을 비관하고 자살한 것으로 밝혀졌다. 오빠가 한센병에 걸려 추한 외모를 한 채 마을을 돌아다니며 여러 사람에게 불쾌감을 주는 모습을 보고 극도로 절망했다는 것이다. 가족 내 한센병 환자가 있으면 마을에서 집단적인 따돌림을 겪다가 종국에는 신고당해 경찰에 의해 소록도로 끌려간 일도 있었다. 이러한 경험은 식민지기 한센병 환자에게 일반적이었다. 1920년대부터 한센병 환자들이 가족과 고향을 떠나 병을 치료하기 위해 도시로 몰리는 현상이 늘어난 점을 보면, 자살을 선택한 이들의 경우에는 차마 집과 고향을 떠나지 못하다 그러한 비극이 벌어졌음을 알 수 있다.

살해당하는 여성들

한센병을 앓았음에도 집을 떠나 부랑하거나 자살과 같은 극단적인 선택을 하지 않은 한센병 환자는 가족 내에서 어떻게 살아갔을까? 한센병 환자에 대한 낙인과 차별이 더욱 심해진 1930년경에는 신문지상에 가족에게 살해당하는 환자에 대한 기사가 등장하기 시작한다.

　1930년 10월 전라남도 함평군에서 50세 남성이 아내를 살해했다가 발각되어 체포됐다.[23] 경찰 조사결과 그는 몇 년 전 부랑하던 25세 여성과 우연히 만나 결혼해 잘 살고 있었는데 어느 날 아내에게 한센병이 발병했음을 알았다. 처음에 남편은 아내의 병을 치료하기 위해 부단히 노력했으나 전혀 차도를 보지 못했다. 서양 나병원에서 치료받는 경우 대풍자유 혼합제를 통해 초기 환자가 완치되기도 했으나, 세간에서는 여전히 불치병으로 여겨졌기에 남편은 치료를 포기할 수밖에 없었던 것이다. 게다가 가까운 광주에 나병원이 있었다면 치료받으러 갈 수도 있었겠지만, 당시 광주 나병원은 쫓겨나 머나먼 여수로 이전한 상태였다. 그는 결국 아내를 함평천에 빠트려 살해하는 극단적인 일을 벌였다.

1931년 9월 경상남도 고성군에서도 비슷한 일이 있었다. 서로 친척이던 64세와 32세의 두 남성이 친지이자 한센병 환자인 49세 여성을 불에 태워 살해한 것이다.[24] 경찰 조사결과 두 남성은 여성의 어머니가 사망해 장례식을 지내던 중 고인의 의복 등을 태울 때 갑자기 여성을 들어 그 불에 던졌다고 한다. 기사에서 살해 이유는 언급하지 않았지만 가해자들이 한센병에 걸린 친척을 매우 부담스럽고 못마땅하게 여겼음은 충분히 짐작할 수 있다.

다음 해인 1932년 5월 30일에는 경상남도 함안군에서 한 여성이 한센병에 걸렸다는 이유로 남편에게 학대받고 이혼당해 마을 천변에서 홀로 머물다가 어쩔 수 없이 친정으로 왔는데, 그 부모가 독약인 부자附子를 죽에 타서 먹였다고 한다. 사망하지 않자 다시 떡에 쥐약을 섞어 먹여 독살한 후 근처 연못에 시체를 버린 일도 있었다.[25] 1935년에는 함경남도 이원군에서 8년 전 한센병에 걸린 숙모를 조카가 병원에 모시고 간다고 속인 후 사람을 써서 강물에 빠트려 죽인 사건이 들통나기도 했다.[26] 식민지기 한센병 환자 살해와 관련된 기사는 대부분 가족 구성원에 의해 벌어진 것이었다. 가족이 한센병 환자를 살해한 사건은 많지 않지만, 환자에게 가해졌던 낙인과 차별의 강도가 그만큼 심각했음을 반증한다.

사회적 낙인과 차별이 자녀 세대로 이어질지도 모른다는 두려움은 자식 살해를 낳기도 했다. 1916년 경기도 양주군에서는 33세의 한 여성이 남편이 한센병으로 사망한 직후 딸을 낳았으나 "(다른 사람들이) 문둥이 자식이라고 조소를 하며 배척을 할 터이니 아이를 살려두었다가는 남부끄럽기만 하다"고 판단해 아이를 죽이고 밭에 버렸다가 발각됐다.[27] 1931년 12월에도 경상북도 의성군 다인면에 살던 41세 여성이 딸을 출산했는데, 남편이 한센병 환자이기에 자식의 장래를 생각해 살해했다가 검거됐다.[28]

1933년에 발생한 또 다른 사건은 기사에 자녀 살해의 동기와 과정이 구체적으로 묘사된다. 경상남도 합천군에 살던 27세 남성은 자신과 아내 모두 한센병 환자에다가 가계가 매우 빈곤해 구걸로 생활을 연명하면서 어린 아들을 키우고 있었다. 결국 아내가 집을 나간 후 자녀를 여동생에게 맡겼는데, 구박이 심하자 "병신의 자식으로 태어나서 장래에 행복은 고사하고 강보에서부터 이다지 불행하게 되니 차라리 이 자식을 진즉 죽여주는 것이 아비된 자로서 자식에게 행복을 주는 것"이라고 결심하고 자녀의 목을 잘라 살해했다.[29] 이 세 사건은 부모가 한센병 환자면, 자식 역시 부모가 당하는 낙인과 차별을 같이 겪어야 했던 당시 상황을 보여준다.

그러나 가족 내에서 일어난 살인사건은 모든 가족 구성원에게 동일한 방식으로 벌어지지 않았다. 일반적으로 연장자가 연소자를 살해하는 경향을 보이며, 피해자는 모두 여성이었다. 즉 유교적 질서가 강한 가부장제 사회에서 한센병 환자에 대한 낙인과 차별은 가족 내에서 지위가 더 낮은 쪽에 강하게 작용했다. 이러한 상황에서 환자 당사자가 선택할 수 있는 방법은 제한적이었을 것이다. 첫째, 가족의 이해를 받고 집에 숨어 있는 것. 둘째, 가족의 양해를 구하지 못할 경우 집을 떠나 부랑생활을 하는 것.[30] 두 가지조차 선택할 수 없는 경우 셋째, 자신의 목숨을 스스로 끊는 것. 여기서 더 나아가 스스로 목숨을 끊는 것도 어렵고 가족 내 위계질서 중 하층에 놓인 어린이나 여성은 가족 구성원에 의해 살해당하는 비극이 초래됐다.

문명국의 장애물, 도시의 방해물

앞서 살펴봤듯이 식민지 조선의 도시민은 한센병 환자에게 호의적이지 않았다. 환자들이 도시로 몰려드는 것을 심각한 위생문제로 여겼고, 경제활동에서 배제된 그들이 구걸을 통해 생존하는 것도 위협으로 받아들였다. 한센병 환자 집단을 사회문제화시키면서 어떻게든 추방하고자 했다. 또한 관리에 무성의한 식민지 당국을 비판하고 원망했다. 1923년 7월 26일 『동아일보』에 실린 사설 「나병자와 모히 중독자에 대해, 무성의한 당국의 태도」에는 당시 도시민이 가졌던 심경이 담겨 있다.[31]

현대 의술로는 가위 불가능한 처지에 있을지라도 구제시설 여하에 의해서는 나병을 전멸할 수 있는 병이니 일차 이 병에 걸리면 일평생을 무의한 비애 중에서 폐인으로 허송하는 개인적 불행과 국가적 손실을 그대로 방임하는 것은 합당하지 못할 뿐 아니라 인도적 견지로 보아서도 과학이 발달한 현대인의 일대 치욕이라고 아니할 수 없다. (…) 이러한 전율할 악질에 대하야 등한히 하는 것은 국민위생 문제라고 하는 것보다도 인도 문제로 도저히 묵인하지 못할 일이다.

사설에서 확인되듯 1920년대 초반 조선사회는 한센병을 "현대인의 일대 치욕"으로 받아들이며 문명 문제로 이해했고, 야만국에서 문명국으로 나아가기 위해서는 한센병 문제를 꼭 해결해야 한다고 여겼다. 또한 조선총독부의 적극성이 필요하다고 강조하면서 한센병 환자를 격리시켜 이 "악질"을 근절시켜야 한다고 주장했다. 4여 년이 흐른 뒤에도 이 상황은 크게 달라지지 않았다. 『동아일보』의 1927년 1월 15일에 실린 사설 「위생사상과 기관」을 보자.[32]

질병은 비과학적으로 생활하는 자에게 오는 천벌이오 더구나 전염병은 그러하니 질병을 가짐은 큰 수치다. 어떤 국토에 전염병이 있다 하면 그는 그 국토 주민의 최대한 수치라 함은 조금도 과장한 말이 아니다. 우리는 불행히 전염병 있는 국토의 주민이거니와 혹은 전염병 성질병에 대한 연구기관 혹은 예방설비 혹은 치료설비 혹은 위생사상 선전기관을 완비하야 조선의 국토에서 모든 전염성 질병을 구축하기를 육력해야 할 것이다.

문명국으로 가는 길에 질병, 특히 전염병은 "수치"이자 큰 장애이므로 모든 전염성 질병을 조선에서 몰아내자는 주장이 여전히 드러나 있다. 시간이 갈수록 도시민은 한센병 환자에 대한 불안감과 적개심을 점점 더 감추지 않았다. 예를 들어 지역 언론은 한센병 환자가 도시에서 직업을 갖는 것도 용납하지 않았다. 1926년 부산진 일신여학교 교장이었던 위대서律大恕*는 기숙사와 교사에 한센병 환자를 고용해 일을 시켰는데, 이를 두고 기숙사에서 생활하던 학생과 학부모뿐만 아니라 지역 언론으로부터 항의와 비난을 받았다.[33]

한센병 환자에 대한 혐오는 심지어 한센병과 비슷한 증상을 겪는 사람을 공격하는 일로 이어졌다. 1928년에는 눈썹이 적은 사람이 한센병 환자로 오인받아 집단 구타를 당했으며, 1936년에는 화상을 입은 어린이가 한센병 환자로 몰려 사망하는 사건도 있었다.[34] 1928년 6월 부산에서는 남성 한센병 환자 2명이 일반인 남성을 부산경찰서에 상해절도로 고소를 제기한 일도 벌어졌다. 이 남성이 두 환자에게 보리를 줄 테니 따라오라고 했고, 환자들이 따라갔더니 갑자기 부근에 있던 십여 명이 나타나 구타하기 시작했던 것이다. 이들은 "문둥이"를 잡아가면 관청에서 오 원씩 상금을 준다기에 폭행해 제압하려다가, 환자 중 1명의 지갑이 땅에 떨어지자 처음 이들을 유인했던 남성이 지갑을 가지고 가버렸다.[35]

당시 조선사회는 한쪽에서는 위와 같이 개인이 개별적으로 겪은 차별이 있었고, 또 한쪽에는 도시에 집중되는 한센병 환자의 문제가 있었다. 후자의 경우에는 '사회문제'라고 인식했기에, 이를 해결하기 위해 시민들이 직접 나서기도 했다.

• 위대서 호주 선교부에서 파견된 여성 선교사인 위터스(M. Withers)의 한국 이름이다.

1924년경부터 도시민들은 한센병 환자들이 도시에 모여들자 조선총독부 및 각 관청에 진정을 제출하며 수습해달라고 요청하기 시작했다. 1924년 5월경 마산에서는 조선인들이 도시 문제를 안건으로 삼아 대회를 열고 실행위원을 선정해 각 기관장과 만남을 가졌다. 이때 가장 중요하게 다뤄졌던 문제가 마산 시내에 점차 증가하고 있는 한센병 환자에 대한 것이었다.[36]

한편 일본인은 조선인보다 더욱 직접적이고 적극적으로 관청에 요구할 수 있었다. 1927년 8월 23일 조선에 거주하는 일본인으로 구성된 부산상업회의소는 긴급 회의를 열고 도시 내 한센병 환자 증가에 관해 논의했다.[37] 이때 용두산 대정공원 밑 해안의 초량정 근방에 총 천여 명에 달하는 한센병 환자가 마을 하나를 형성해 밤낮을 가리지 않고 구걸하면서 치안과 위생에 대한 문제가 시급하다는 주장이 제기됐다. 논의 끝에 이들을 모두 적당한 무인도에 강제수용해야 한다는 진정서를 경남도지사에게 제출하자고 결의했다. 결국 8월 29일 대표자들은 와다 준和田純 경상남도 지사를 방문해 한센병 환자에 대한 단속을 청원했고, 도지사도 이에 동의해 엄중히 처리하겠다고 답했다.[38]

1927년 대구상업회의소도 도경찰부에 한센병 환자의 단속을 요구해 경찰이 이를 실행했다. 부산직업소개소도 같은 해 11월 12일 부산사회사업연구회를 개최해 한센병 환자 처리에 대한 구체적인 연구결과를 발표했다. 첫째, 조선의 한센병 박멸을 위해 유력한 전 조선의 단체들을 규합하고, 둘째, 미국인 선교사 매켄지가 운영하는 부산 나병원을 국비로 운영하도록 하며 시 바깥으로 확장 이전하자고 결의했다.[39] 1930년 3월 17일에는 경남밀양동인회에서 집행위원회를 개최해 도평의원 후보자 선거 문제, 전등료 인하, 우편소 문제, 시구 개정 문제와 더불어 한센병 환자 처치 문제 등을 논의했다.[40] 이어 1930년 7월 25일에는 경상남도 평의원 이시하라 겐자부로石原源三郎가 일반 상인 대표로 부산상업회의소에 방문해 부랑 한센병 환자는 공중위생상 위험하고 또한 경제적으로도 위협이 심대해 더는 묵과할 수 없는 문제라며 환자 처리를 논의하기 위한 회의 개최를 요구했다.[41] 이에 따라 7월 28일 사회부회의를 열어 한센병 환자 정리에 대한 내용을 협의하고 아래와 같이 결의했다.[42]

1. 나병환자의 시내를 배회함이 갈수록 증가하야 전자煎子시장, 식량품시장, 부평정시장 등을 중심으로 추악한 귀면을 유일한 무기로 부정의 행위를 감행하는 자가 많어 공중위생상의 위협에만 불지하고 산업경제적의 피해까지 빈번함으로 차에 철저적 정리 취체 방을 당국에 극력 요망할 것.
2. 회의소로서는 기관적 성질이 직접 차등의 처리에 당하기는 불가능함으로 일체의 사정을 구하야 도청 또는 부청에 요망할 것.
3. 부협의회 그리고 상업회의소 평의원 대동으로 도지사에게 진정할 것.

위와 같은 결의와 요청에 대해 관련 기관들은 일시적으로

단속을 강화하는 정도였을 뿐 새로운 격리시설을 짓거나 소록
도자혜의원을 당장 대폭 확장하는 결단까지는 내리지 못했다.

1932년 3월 11일 『중앙일보』에 실린 「동래의 문둥이촌 나
병자연맹제창」은 부산시에 위치한 "문둥이촌"이 형성된 상황
에 대해 자세히 묘사한다.[43] 당시 이 마을에서는 470명의 주민
중 330명가량이 구걸로 생계를 꾸려가고 있었다. 이들은 도시
민에게 위생과 치안 면에서 위험한 존재로 여겨졌다. 특히 이
들과 일상적으로 접촉하다가 전염될 수도 있다는 가능성, 즉
'병독'(세균)의 전파 문제는 도시민에게 가장 큰 위협이었다.[44]
한센병은 전염병이지만 그 전파 경로가 명확히 알려지지 않았
기에, 환자나 그들이 만졌던 물건에 접촉했다는 그 자체만으로
도 세균이 전파될 수 있다는 공포를 느꼈던 것이다. 1930년경
『동아일보』에서 개최한 '주요도시순회좌담'에서 진주의 농민
조합장 조우제는 다음과 같이 말하기도 했다.[45]

위생 문제는 과연 한량이 없습니다. 나병자 같은 걸인에게 흔
히 동전을 주는데 또 소아에게도 동전을 주게 되면 그 동전에
병균의 부착이 절대 없다고 보증할 수 있습니까. 그런데 소아
들은 돈을 주면 그것을 입에 넣기가 일수인즉 그것을 생각할
때에 참으로 위험천만이외다.

이 좌담에 참석한 순천의원의 병원장 박찬병 역시 한센병
환자가 집단으로 인가에 출입하기 때문에 전파 위험이 크다고
지적했다. 『동아일보』의 1925년 5월 24일 사설 「다시 한센병

1912년의 광주 나병원 모습과 당시 로버트 윌슨 원장의 사택

1909년 미국 선교사 윌리 포사이트(Wiley Forsythe)가 한센병 환자를 광주 제중원에서 치료한 것을 계기로 광주에서 치료가 시작됐다. 광주 제중원의 원장이었던 로버트 윌슨은 1911년 2월 광주군 봉선리에 나병원을 설립하고 환자들을 입원시켰다. 광주 나병원은 1912년 100여 명의 환자를 수용할 수 있는 시설로 확장했고, 11월에는 조선총독부에 정식으로 설립허가를 받았다. 광주 나병원은 운영하는 데 있어 TLM의 재정적 원조와 신도들의 기부금에 의존했으며 경비의 일부는 환자들이 자급자족으로 충당했다. 광주 나병원은 기본적으로 무료로 치료했으나 재력이 있는 환자에게는 의식비에 필요한 비용을 징수하기도 했다. 윌슨 원장의 사택은 1920년대에 나병원과 조금 떨어진 곳에 2층 벽돌 건물로 설립됐는데, 이곳은 현재 '윌슨영성센터'로 활용되고 있으며 광주광역시 기념물 15호이기도 하다.

자와 시설에 대하야」에서도 한센병의 전파 예방이 시급함을 역설했다.[46] 한센병 환자의 구걸은 한센병 환자와 건강인이 일상적으로 접촉한다는 점에서 세균의 전파 가능성이 사회문제화된 것이었다.[47]

1920년대 이래 남부 도시민에게는 다음과 같은 도식이 그려졌다. 병균의 전파 가능성을 높이는 한센병 환자 집단의 일상적인 구걸은 모순되게도 한센병 환자를 치료하고 질병을 예방하기 위해 설립된 도시의 나병원 때문이라고 여긴 것이다. 즉 한센병 환자를 치료하고 질병 확산을 방지하기 위해 설립된 나병원이 오히려 구걸하는 한센병 환자를 늘리고 있을 뿐 아니라 도시라는 제한된 공간에 환자를 집중시켜 전염률의 가능성을 높인다고 도시민이 생각하게 됐다.

도시민이 보기에 한센병 문제를 해결하려면 나병원을 도시 밖으로 이전시키는 것밖에 없었다. 1925년 7월 26일 『시대일보』에 실린 사설 「나병원을 이전하라」는 처음으로 이러한 주장이 언론에 등장한 사례다.[48] 사설은 광주 나병원이 불러 모으는 "나병 환자로 인해 광주의 시가에는 일종의 불안과 공포의 공기가 흐른다"고 묘사했다. 결론에 이르면 나병원의 의의에는 찬성하고 감사하지만 나병원의 경영방법이 너무나 불철저하고 비위생적이기 때문에, 사람이 살지 않는 무인도 같은 곳으로 병원을 이전하라고 호소한다. 이후에도 도시의 나병원은 지속적으로 도시의 위생 문제를 일으키는 곳으로 묘사되면서 나병원을 교외로 이전시키려는 노력도 계속됐다. 1927년에 열린 부산상업회의소 긴급사회부 회의, 대구상업회의소 회의 그

리고 지역좌담에서 지속적으로 나병원을 교외로 이전하는 것에 대해 논의했다.[49]

광주 나병원이 설립된 지 약 16년 만인 1927년에 전라남도 여수군 율촌면으로 이전한 것도 이러한 사회적 압력의 결과였다.[50] 광주 시민들은 나병원이 광주천의 상류에 위치해 여름철에는 환자가 개천물을 오염시키며 겨울철에는 시가로 돌아다니는 환자가 급증해 병원 이전이 꼭 필요하다고 병원장인 로버트 윌슨Robert Wilson에게 요청했다. 이에 광주 나병원은 이전을 결정하고 국고보조 1만 5,000원, 지방비보조 4,000원, 지방민 기부금 3,000원을 합한 총 2만 2,000원과 해외 기부금으로 여수반도에 4만 평을 매수해 수용 가능한 인원을 600명에서 900명으로 늘려 설립했다.[51] 하지만 여수와 인접한 지역인 순천에도 광주에서 발생했던 문제가 반복해 벌어지면서 여수와 순천의 시민들은 다시 나병원의 이전을 촉구하는 등 비슷한 문제가 식민지기 내내 이어졌다.[52] 반면 대구와 부산의 나병원은 이전 없이 버틸 수 있었다.

도시민들은 나병원 이전을 요구하는 동시에 도시를 배회하며 구걸하는 한센병 환자들을 도시에서 몰아내야 한다고 주장했다. 이에 지속적으로 식민지 정부에 한센병 환자 단속 및 추방을 요구하는 진정서와 요청서를 제출하며 적극적으로 자신의 목소리를 냈다. 1924년 마산 시민이 경찰서장에게 한센병 환자들을 시가지에 있지 못하도록 요구한 것을 시작으로[53] 여러 도시에서 식민지 당국에 한센병 환자 단속과 추방을 요구했던 것이다. 언론 역시 한목소리로 식민지 정부에 도시 위생을 위해 이들을 단속해달라고 밝혔다.[54] 앞서 언급했듯이 조선 사회에서 한센병 통제는 근대 국가가 성취해야 할 당연한 목표 였다. 조선사회는 구미의 사례와 일본에서 시행된 철저한 한센 병 관리 정책을 근거로 총독부에 한센병 환자 단속을 철저히 해 줄 것을 거듭, 강력하게 외쳤다.

여기에다 한센병 환자를 둘러싼 문제에 대해 조선총독부 가 소극적으로 대응하면서 역설적으로 조선사회에 적극적인 행동을 불러일으켰다. 기독교계 민족 엘리트층은 식민지 정부 의 미지근한 정책 때문에 조선사회가 위기에 처했다고 여겼다. 또한 조선에는 서양 선교사들이 설립한 나병원 세 곳과 조선총 독부가 설립한 소록도자혜의원이 있지만 조선인이 세운 나시 설은 없음을 안타깝게 여겼다. 이에 더 많은 한센병 환자를 수 용할 수 있는 한센병 시설을 설립하자는 목적으로 1931년 9월 24일 조선나병근절책연구회*를 창립했다.[55]

조선나병근절책연구회가 창립되는 과정에는 전라남도 지

---

* **조선나병근절책연구회** 창립 이후 신문기사들은 이 단체의 이름을 다양하게 기록했다. 처음에는 '조선나병환자구제회'로 소개했다가, 이후에는 '조선나병환자구제연구회'로 그 이후에는 '조선나병근절책연구회'로 명칭이 바뀐다. 대한나관리협회가 1988년 편찬한 『한국나병사』에는 '조선나병근절책연구회'로 언급되는데 단체의 장정과 취지서를 작성하 는 과정에서 조선나병근절책연구회로 확정했다고 여겨진다. 이 책에서도 통일성을 위해 '조선나병근절책연구회'로 통칭했다.

조선나병환자구제연구회와 조선나병근절책연구회가 명칭에서 전혀 다른 지향점을 내포 한다는 점은 짚고갈 필요가 있다고 생각한다. 특히 명칭의 변화는 이 단체의 주요 참여자 가 바뀌는 점과 관련이 있다. 최흥종 목사가 처음 여수 나병원의 환자상조회와 함께 이 단 체를 설립하려고 했을 때는 환자들에 대한 구제책을 목표로 삼았기에 단체명에도 '구제' 라는 단어를 썼다. 이후 유지들이 이 단체의 핵심 구성원이 되자 목표를 구제에서 '근절'로 변경한 것으로 보인다. 그러나 이때도 한센병의 근절뿐만 아니라 한센병 환자의 구제도 취지문에 포함시키며 환자들을 상황을 개선하려는 노력은 일관됐다.

역에서 한센병 사업에 종사했던 최흥종 목사가 핵심 역할을 했다.[56] 연구회의 첫 번째 사업은 경성부 내외에 있는 한센병 환자 20여 명을 여수 나병원에 이송하는 데 필요한 경비 약 1,000원을 모금하는 일이었다. 이를 위해 1932년 1월 19일 경성 중앙기독청년회과에서 긴급총회를 개최한 후에 백관수, 김병로, 최흥종이 실행위원을 맡아 모금운동을 벌이기로 결의했다.[57] 또한 연구회는 이 자리에서 대구 나병원장 아치볼드 플레처Archiba-ld Fletcher 박사의 「경북 한센병 환자 20년 근절안」을 토대로 만든 「전조선 환자 20년 근절안」을 회의에 상정하고 토의해 더욱 연구·발전시키기로 결정했다.[58] 그리고 단체의 취지서를 수만 매인쇄해 각 방면에 배포하며 단체 및 단체의 활동에 대해 홍보했다.[59]

앞서 언급했듯이 조선나근절책연구회의 궁극적인 목표는 조선인이 경영하는 한센병 시설을 설립하고, 그곳에 한센병 환자들을 강제격리시키는 것이었다. 이를 위한 방안 중 하나로 연구회는 각지에서 기부금을 받기 시작했다. 1932년 5월 연구회가 받은 동정금 내역은 다음과 같다.

금일봉 우가키 가즈시게宇垣一成 총독, 금일봉 이마이다 기요노리今井田淸德 정무총감, 금일봉 한이왕 장관, 금일봉 니시키 산케이西龜三圭, 경무국 위생과 기사, 금일봉 송본성, 이백 원 윤치호, 금일봉 가토 게이자부로加藤敬三郞, 금일봉 박영철, 백 원 김연수, 백 원 동일은행, 오십 원 무명씨.[60]

이를 통해 확인할 수 있듯이 일본 총독, 정무총감 등 조선총독부에서도 조선나근절책연구회의 활동에 찬동을 보냈다. 한센병 환자를 격리시켜야 한다는 조선사회의 요구가 거세졌음에도 예산상의 문제로 적극적으로 대처하지 못하던 총독부 입장에서도 민간이 스스로 자금을 마련하고 한센병 시설을 설립하겠다는 계획은 매력적이었을 것이다. 그러나 1932년 후반에 이르면서 연구회의 활동은 총독부에 부정적으로 받아들여지기 시작했다.[61]

조선총독부는 자신이 십수 년 동안 하지 못했던 사업을 조선의 엘리트들이 이루려 하고, 또 실제로 성과를 낼 수 있는 역량을 보여주자 위협으로 받아들였다. 조선나병근절책연구회는 조선총독부가 설립하고 운영했던 소록도자혜의원이 아닌 서양 선교사들이 설립하고 운영하던 대구·부산·여수의 나병원들과 긴밀히 협의하면서 조선인 스스로 한센병 관리를 하려고 시도했다. 이는 총독부 입장에서 민족 엘리트를 견제하고 방해할 또 다른 이유였다. 당시 조선사회는 확산 일로에 있었던 부랑 한센병 환자 문제를 해결해달라고 오랫동안 총독부에 요구하고 있었기 때문에, 이 문제를 조선인 민족 엘리트들이 서양 선교사들과 손잡고 해결할 경우 통치의 정당성이 흔들릴 수도 있다는 위기감을 느낀 것이다. 결국 총독부는 조선나병근절책연구회의 사업에 필요한 경비를 위한 모금활동을 허가하지 않는 방식으로 방해했고, 결국 이 단체는 1932년 6월 3일 결의에 의해 완전히 해산됐으며, 주요 인사들은 총독부 주도로 설립된 단체에 흡수됐다.[62]

3

———

생존과 치료를 향해

한센인에 관한 연구를 처음 시작할 때 가장 어려웠던 부분이 '질병으로서의 한센병'과 '병을 치료하는 의료'를 이해하는 문제였다. 한센병과 관련한 의료는 질병의 메커니즘과 치료에 대한 지식과 기술, 질병을 예방하고 치료하기 위한 제도, 이를 실행하는 인력과 그들이 있는 공간과 시설로 구성된다.

1장에서 언급했듯이 한센병 방역 정책의 일종인 강제격리는 제국주의 시대의 인종주의에 의해 오염됐다. 그렇다면 한센병에 대한 지식과 치료법도 인종주의적 이데올로기와 관계가 있을까? 정치적인 것과 무관하며 객관적이라 여겨지는 치료법과 같은 의료지식에도 문제가 있는 건 아닐까? 신체적 고통을 경감하거나 제거하는 치료법으로서의 의료는 환자들이 겪는 사회적 고통에 책임이 없을까? 이러한 질문들은 한센인에 대한 낙인과 차별 그리고 강제격리는 비판할 수 있지만, 한센병을 치료하는 병원이기도 한 소록도의 역할은 인정해야 하지 않느냐는 많은 의료 전문가의 주장을 어떻게 받아들여야 할지 고민하던 과정에서 비롯됐다.

나는 답을 찾기 위해 오랜 시간을 보냈다. 먼저 한센병에 대한 근대 지식이 어떻게 변화했는지 이해할 필요가 있었다. 한센병은 그 시작을 고대의 기록에서 찾을 수 있을 만큼 역사가 길지만 한센병의 증상과 환자가 받는 생물학적 고통은 시대가 변해도 크게 달라지지 않았다. 반면 한센병에 대한 지식과 태도는 조금씩 변화했는데, 가장 큰 계기는 세균설에 의해서였다. 한센병균이 발견되자 질병의 예방뿐만 아니라 진단, 치료, 완치 기준 등 모든 게 바뀌었다. 한센병을 둘러싼 사안들이 원인균인 한센병균을 기준으로 정의되기 시작한 것이다. 일례로 과거에 한센병은 피부 등에 나타나는 결절, 반점이나 궤양, 피부의 무감각 등 증상에 근거해 진단을 내렸다. 하지만 한센병의 다양한 증상 중 일부는 신경섬유종증, 매독 등의 증상과 비슷하기에 증상만으로 한센병을 진단하기는 어려웠는데다 오진이 나오는 경우도 적지 않았다. 그런 점에서 근대 의학으로 한센병을 진단할 때 신체 내부에 한센병균이 존재하는지 여부는 단순하지만 강력한 기준이었다.

또한 치료의 목적도 달라졌다. 과거에는 환자의 신체에서 발생하는 증상을 경감시키거나 사라지게 하는 것이 중요했다면, 근대 의학에서는 신체 내부의 한센병균을 소멸시키는 게 치료의 궁극적이고 가장 중요한 목표였다. 이를 위해 질병에 걸린 이를 '사회적 몸'에서 '유순한 몸'으로 변화시키고, 치료 과정 중에 발생하는 사회적이고 신체적인 고통은 감내해야만 하는 것으로 여겼다. 여기에다 세균설은 완치 기준도 바꿨다. 과거에는 몸에서 증상이 사라지고 병에 걸리기 전의 몸으로 돌아가면 완치라고 여겨 일상생활을 영위할 수 있었다. 하지만 근대 의학에서 완치 기준은 증상이 사라진 것과 무관하게 신체 내부에서 병균이 완전히 제거됐느냐에 있었다.

변화 과정은 의도치 않은 결과를 불러일으켰다. 역설적이게도 치료법과 의학 이론이 발전하며 사회적 힘을 가질수록 완치가 더욱 힘들어진 것이다. 다시 말해 한센병은 나을 수 있는 질병이 아닌 치료가 어려운 질병이라는 인식이 점차 확산됐다. 신체 내부에 병균의 잔해가 조금이라도 남아 있으면 여전히 환자로 분류됐기에 이러한 엄격한 기준하에서 완치란 거의 불가능했던 것이다. 이는 질병을 바라보는 사회의 태도에도 영향을 줬다. 조선사회에서 한센병은 불치병이 됐고, 그 결과 한센병 환자를 소록도와 같은 시설에 보내 격리시킨 후 치료하는 게 더 낫다는 입장이 더욱 공고해졌다.

3장에서는 의료지식, 치료법의 발전이 질병에 대한 인식과 태도를 어떻게 변화시켰는지에 대해 살펴보려고 한다.

대풍자유의 등장

식민지기 한센병 환자에 대한 낙인과 차별이 강화된 데는 한
센병은 치료가 불가능하다는 인식이 중요하게 자리했다. 그렇
다면 식민지기에 한센병은 정말 치료가 어려웠는지 반문해볼
수 있다. 서양의 근대 의학이 조선에 들어온 지 수십 년이 지난
1910년대 중반까지도 조선에는 한센병을 치료할 수 있는 효과
적인 치료법이 부재한 상황이었다. 전통 의학서에 한센병 치료
법이 기록되어 있긴 했지만 실제로 효과를 보기는 힘들었다.
치료법의 부재는 한센병 치료와 관련된 속설과 미신이 난무한
쪽으로 이어졌다.

　　민간의 속설에는 주로 뱀이 한센병 치료제로 알려져 있었
다. 뱀은 한센병 약제로『동의보감』에도 등장했는데 민간에서
는 이를 다르게 사용했다.[1]『동의보감』은 백화사환白花蛇丸과 백
화사주白花蛇酒를 치료제로 제시했지만, 민간에서는 구하기 쉽고
만들기가 보다 용이한 방식으로 치료제를 변용한 것으로 보인
다. 하지만 치료효과는 거의 없었다. 사람의 고기나 장기가 치
료에 효과가 있다는 속설도 돌았다. 실제로 조선시대에는 거의
기록되지 않았던 한센병 환자의 인육 섭취는 1920년대 말부터
심각한 사회문제로 대두됐다.[2] 다행히 1910년대 후반부터 효
과가 입증된, 최신 치료제였던 대풍자유 혼합제가 들어오면서

90

서양 나병원과 소록도자혜의원 모두 이를 사용하기 시작했다.

대풍자유에 대해서는 좀 더 설명이 필요해 보인다. 대풍자유는 대풍자나무의 열매인 대풍자 속에 있는 씨앗에서 추출한 기름으로, 고대부터 인도와 버마 등지에서 일반적인 피부병에 쓰였다. 그러다 1857년경 인도 벵갈 지역에서 활동하던 의사 모넷Monat이 대풍자유로 한센병 환자를 치료한 결과 좋은 효과가 있다는 보고서를 발표하면서 유럽에도 알려졌다. 보고서를 근거로 유럽 곳곳의 의사들도 대풍자유가 효과가 높다고 보고하기 시작했다. 그러나 의사마다 대풍자유 사용법이 달랐으며 효과에 대한 기준 역시 제각각이었다. 대풍자유의 원료인 대풍자 열매가 정확히 어떤 나무종에서 생산되는지도 유럽 의사들은 잘 알지 못했다. 1901년 인도식물조사Botanical Survey of India를 통해 대풍자가 몇 가지 다른 나무에서 생산된다는 것이 알려졌고, 이 나무들에서 같은 효과를 내는 기름을 모두 대풍자 계열 기름Chaulmoogra-group oil이라고 부르게 됐다. 이후 1904년 파워power와 고날Gornall이 대풍자 열매의 구성성분을 분석했으며, 그 결과 한센병에 치료효과를 갖는 성분이 대풍자산Chaulmoogra acid임을 밝혀냈다.[3]

대풍자유 치료제는 초기에 환자가 입으로 복용했는데 특유의 악취와 자극으로 인한 복통 때문에 구토하는 일이 자주 발생했다. 이에 연구자들은 두 가지 방식으로 대풍자유 치료제를 개발했다. 하나는 효과를 높이기 위해 원유의 화학적 성격을 변화시킨 방법이었고, 다른 하나는 원유의 자극을 줄이는 다른 물질과 혼합하는 방법이었다. 다양한 시도 끝에 결국 후자를

대풍자나무, 대풍자 열매, 대풍자 씨앗

인도차이나, 인도네시아, 말레이시아 그리고 필리핀 등 열대지방에서 주로 자라는 대풍자나무는 주로 8월에서 9월 사이에 열매를 맺는다. 열매는 무르익으면 바닥으로 떨어지는데 이 열매 안에는 보통 40여 개 정도의 대풍자 씨앗이 들어 있다. 말레이시아 순가이부로 요양소, 필리핀 쿨리온 요양소, 대만과 일본의 일부 요양소에 대풍자나무가 있으며, 한반도에는 기후 때문에 대풍자나무가 자라지 않는다. 그래서 일제강점기 소록도갱생원이나 서양 나병원은 모두 대풍자유를 수입해서 사용할 수밖에 없었다. 위 사진은 모두 순가이부로 요양소에 있는 대풍자나무, 열매, 씨앗이다.

92

활용한 방식의 대풍자유 치료제가 등장했다. 특히 독일과 이집 트에서 활동했던 엔젤 베이Engel Bey 박사는 원유의 자극을 줄이 는 에틸 에스테르ethyl ester와 혼합한 대풍자유 치료제를 개발해 주사로 주입했다. 그리고 이 방법을 제약회사인 베이어사Bayer and Company가 도입해 1908년부터는 한센병 치료제로 안티레프 롤Antiprol을 제조해 판매하기 시작했다. 1919년 해리 홀먼Harry Hollmann과 아서 딘Arthur Lyman Dean이 대규모 임상시험을 통해 대풍 자유 주사법의 효과를 입증한 이후에는 전 세계적으로 에틸 에 스테르 대풍자유를 사용하는 방식이 급속히 늘어났다.

조선에서는 개발된 대풍자유가 1915년 무렵부터 본격적 으로 쓰인 것으로 보인다. 이와 관련된 최초의 자료는 부산 나 병원 원장이었던 제임스 매켄지James Mackenzie가 남긴 기록이다. 매켄지는 광주 나병원 원장인 윌슨이 대풍자유와 장뇌camphor 혼합물을 한센병 치료제로 사용했는데 입원 환자 중 약 75%가 호전됐으며, 이 중 상당수가 현저히 호전됐다는 광주 나병원 의 1915년 연례보고서를 읽은 후 윌슨의 치료제를 1916년 부 산 나병원에 도입했다고 서술했다. 매켄지는 환자가 시기를 놓 치지 않고 치료받으면 병이 발전하는 것을 손쉽게 저지할 수 있 다고 했다.[4] 이는 당시 한센병 연구자들의 견해와 일치한다. 연 구자들은 한센병 초기 단계에서 대풍자유로 적극적인 치료를 하면 완치할 수 있다고 판단했다. 매켄지는 1921년 보고서에 서 4년여 전인 1917년까지 부산 나병원 환자의 사망률은 연평 균 25%였지만, 1921년에는 대풍자유를 사용해 중환자만 받는 상황에서도 사망률이 7%로 감소했으며, 1922년에는 2.5%로

대풍자유

대풍자는 고대부터 한센병 치료에 사용했다고 한다. 1596년 출판된 『본초강목』(本草綱目)에 한센병 치료제로 기록되며, 1613년 출판된 『동의보감』에도 등장한다. 전통적인 동양 의사들과 달리 20세기 서양 의사들은 대풍자 씨앗의 성분을 분석했고, 이 성분 중 한센병에 효과가 있는 것이 대풍자산임을 밝혀냈다. 더 나아가 이들은 대풍자산을 추출하고 효과를 극대화하며 부작용을 줄이는 방법을 개선하기 위해 노력했다. 그 결과 다양한 종류의 대풍자유가 개발되어 1910년대 후반부터 전 세계적으로 사용되기 시작했다.

위 사진은 노르웨이에 위치한 한센의 연구실에 전시되어 있는 대풍자유 약병이다. 대풍자유와 에스테르가 혼합된 치료제로 제품명은 'Moogrol'이다. 영국 런던에서 생산됐으며 뉴욕, 몬트리올, 시드니, 밀란, 상하이, 부에노스아이레스 등 세계 각국으로 수출됐다.

떨어졌는데 이 중 절반은 열병으로 인한 사망자라고 기록했다. 또한 매켄지는 이미 9명의 완치 환자를 퇴원시켰다고도 덧붙였다.

소록도자혜의원에서는 1921년경부터 대풍자유를 한센병 치료에 사용했다. 당시 남만주철도중앙시험소 소장이었던 케이마츠慶松勝左衛門 박사가 1920년 에틸 에스테르 대풍자유를 만드는 데 성공했고, 조선에서는 이 방법으로 경성의학전문학교의 가쿠 텐민加來天民이 치료제를 생산했다. 이렇게 만들어진 에틸 에스테르 대풍자유는 1921년에 소록도자혜의원으로 보내져 쓰였다. 조선총독부는 에틸 에스테르 대풍자유를 무료로 서양 나병원에 분배했다. 그러나 소록도자혜의원에서는 에틸 에스테르 대풍자유 한 종류만 쓴 것은 아니었고, 다양하게 조제된 대풍자유를 사용하면서 그 효과를 비교했으며 그 결과, 효과가 상당히 좋았다고 한다. 1921년 하나이 젠이키花井善吉 원장은 에틸 에스테르 대풍자유나 옥도 함유 에틸 에스테르 대풍자유를 한센병 치료에 사용했는데 큰 효과가 있었다면서 특히 얼굴 결절이 심한 환자도 비교적 단시일에 결절이 가라앉았다고 기록했다. 체중과 영양 상태 역시 좋아졌다고 한다. 시가 기요시志賀潔도 소록도자혜의원에서 에틸 에스테르 대풍자유를 사용하면서 1917년부터 1930년까지 퇴원 환자가 100여 명에 달했다고 기록했다.[5]

이에 대해 표로 정리한 자료가 있다. 〈그림 1〉은 1917년부터 1937년까지 21년간 소록도자혜의원(소록도갱생원)의 수용 환자, 퇴원자, 사망자 등을 담고 있다. 1921년부터 1930년까

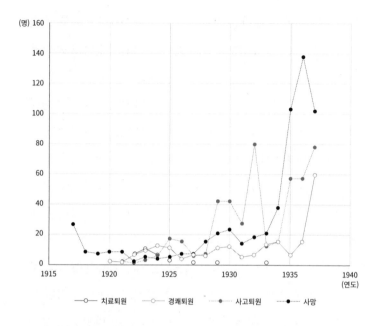

(명) 160

140

120

100

80

60

40

20

1915　　1920　　1925　　1930　　1935　　1940
(연도)

⟶◯⟶ 치료퇴원　　⟶◯⟶ 경쾌퇴원　　⟶●⟶ 사고퇴원　　⟶●⟶ 사망

〈그림1〉 1917년부터 1937년까지 소록도자혜의원(소록도갱생원)의 퇴원 환자와 사망자

지 10년을 기록한 소록도자혜의원 연보에 따르면 시가의 주장처럼 이 기간에 치료퇴원 29명, 경쾌퇴원 77명으로 총 106명이 퇴원했다. 그렇다면 퇴원 환자 100명이라는 숫자는 치료효과가 좋다는 주장의 근거가 될 수 있을까? 전체 수용 환자 대비 퇴원율을 살펴보면 이 기간 평균 치료퇴원율은 0.6%, 평균 경쾌퇴원율은 1.48%에 불과하다. 이처럼 낮은 퇴원율로 보았을 때 소록도에서 사용된 대풍자유 치료제가 효과가 있었다고 주장하기는 어렵다. 물론 에틸 에스테르 대풍자유가 도입되기 이전인 1917년부터 1920년까지 4년간 경쾌퇴원 환자가 2명에 불과했던 것에 비하면 퇴원자가 증가했지만, 이것이 치료제의 효

과를 입증해주지는 못한다.

　　사망률로는 다른 해석이 가능하다. 1917년 소록도자혜의원에서 환자 사망률은 17%로, 전체 수용 환자인 99명 중 26명이었다. 1917년 개원 직후 준비가 제대로 갖춰지지 못한 상황이었기에 사망률이 높았다고 설명할 수 있겠지만, 1918년부터 1921년까지도 사망률은 7.15%로 여전히 상당히 높았다. 1921년 에틸 에스테르 대풍자유가 소록도에서 사용되기 시작하자 1922년부터 사망자와 사망률이 극적으로 낮아졌는데, 1922년부터 1930년까지 평균 사망률은 2.25%로 이전의 7.15%에 비해 크게 감소한 것이었다. 대풍자유 치료제가 쓰이면서 부산 나병원의 1922년 사망률이 2.5%로 감소한 점으로 보아, 대풍자유 치료제가 사망률을 급격히 낮춘 것은 확실하다. 이러한 치료 성적은 에틸 에스테르 대풍자유가 환자를 퇴원시킬 수 있을 정도로 효과가 있다고 보기는 어렵더라도 병이 더 위중해지지 않도록 막는 효과는 확실했음을 보여준다. 대풍자유 치료제의 등장으로 적절한 치료와 관리를 받을 경우 일상생활이 가능해지는 시대가 열린 것이다.

완치와 불치

서양 선교사들은 조선총독부에서 생산해 무료로 공급하던 에틸 에스테르 대풍자유가 장뇌 대풍자유와 비교했을 때 효과가 낮다고 평가했다. 부산 나병원의 매켄지는 1926년에 발표한 보고서에서 총독부에서 받은 에틸 에스테르 대풍자유는 자극 때문에 환자에게 통증을 유발하므로 기대보다 효능이 적어 실망스럽다고 기록하기도 했다. 광주 나병원의 윌슨 역시 장뇌 대풍자유가 에틸 에스테르 대풍자유보다 치료 성적이 더 낮아 에틸 에스테르 치료법을 포기했다고 남겼다.

그렇다면 실제로 서양 선교사들이 사용하던 장뇌 대풍자유는 소록도자혜의원에서 사용한 에틸 에스테르 대풍자유보다 효과가 더 좋았을까? 치료 성적만으로 두 치료제를 직접 비교하기는 어렵다. 왜냐하면 환자 치료에는 대풍자유뿐 아니라 충분한 영양, 휴식 등과 일반적인 건강상태의 증진, 환자가 장기간의 치료를 안정적으로 받을 수 있는 여러 요인에 대한 고려가 필요하기 때문이다. 또한 수년씩 걸리는 치료를 환자가 견디기 위해서는 무엇보다 정신적인 치료가 수반되어야 효과적이라는 연구결과도 있었다. 여기서 중요한 것은 서양 선교사들이 운영했던 나병원과 소록도자혜의원 모두 대풍자유를 쓰면서 사망률이 크게 감소했다는 점이다. 이는 에틸 에스테르 대풍자유나 장뇌 대풍자유 모두 나름의 효과가 있음을 의미한다. 실제로 필리핀 쿨리온에서 활동했던 세계적인 한센병 학자 에른스트 뮤어Ernest Muir는 양쪽 의견을 모두 검토했을 때 에틸 에스테르 대풍자유와 장뇌 대풍자유는 효과가 거의 유사하다고 기록했다.[6]

그러나 완치 기준에 대해서는 나병원과 소록도자혜의원의 입장이 크게 달랐다. 소록도자혜의원은 퇴원율이 극히 낮았던 반면 나병원은 정확한 기록이 남아 있지 않지만 상당히 많은 환자가 완치 후 퇴원한 것으로 보인다. 게다가 부산 나병원의 경우 완치되어 퇴원했지만 돌아갈 곳이 마땅치 않아 나병원 근처에 마을을 이뤄 사는 사람들이 수백이었다고 한다.* 이러한 이유로 서양 나병원과 소록도에서의 완치자 수 차이를 설명하기 위해서는 치료제의 효과보다는 완치 기준에 초점을 맞출 필요가 있다.

근대적인 대풍자유 치료제가 발전하면서 완치 환자가 늘어나자 과연 이들이 정말로 완치됐는가에 대한 논쟁이 임상의와 세균학자 사이에 벌어졌다. 세균학자는 주로 세균 유무로 완치 개념을 쓴 반면, 임상의는 기능적 건강으로의 회복을 완치 기준으로 삼았다. 즉 임상의는 환자가 다시 사회에서 정상적인 일원으로서 시작할 수 있는지를 중요하게 여긴 것이다. 그러면서 세균학자가 주장하던 완치 기준에 반대하며, 세균의 유무를 판단하는 데 있어 다른 용어를 쓰라고 요구했다. 실제로 1909년 노르웨이 베르겐에서 개최된 제2차 국제나회의에서는 한센병에 대한 임상실험결과 현재 특정한 치료법은 없지만, 계속 치료법을 찾는다면 치료가 불가능하지 않다고 결의했다. 완치에 대한 임상의와 세균학자 간의 차이는 환자의 심리적인 상태와도 관련이 있었다. 당시 치료법으로는 도달하기 어려운, 몸 안에 세균이 하나도 없는 상태를 기준으로 삼을 경우

• **나병원 퇴원 후 주의사항** 광주 나병원의 윌슨은 퇴원자에게 퇴원 후 주의사항을 가르쳤다. 대략 이러한 내용이었다. 환자는 퇴원 후 첫째, 다른 이들과 분리해서 생활해야 하며 다른 이들에게 해를 가하지 말아야 한다. 둘째, 개인위생을 철저히 한다. 셋째, 병이 재발할 때의 증상을 유심히 살펴야 한다. 마지막으로 스스로 건강을 돌봐야 한다.

완치는 극히 어려워지는데, 이는 환자뿐 아니라 일반인에게도 한센병이 치료 불가능한 질병이라는 전제를 갖게 한다. 그 결과 환자는 적극적으로 치료에 임하지 않을 가능성이 높아질 뿐더러 근대 의학의 치료법을 따르기보다는 대안적인 전통 의학이나 미신으로 눈을 돌리기 쉬워진다. 사회적으로도 한센병이 불치병으로 알려지면 일반 병원에서 치료하거나 치료된 환자를 재사회화하는 방안을 더 찾는 대신 시설에 격리시키는 것이 낫다는 판단을 할 가능성이 높아진다.[7]

그러나 세균학자에게도 충분한 근거가 있었다. 상당히 오랫동안 정확한 세균검사 방법이 개발되지 않았기에 세균학자는 임상적 증상이 없는 환자의 경우에도 몸속 깊은 곳에 여전히 한센병균이 존재할 가능성이 있다고 여긴 것이다. 특히 임상적 증상이 사라져 완치판정을 받은 환자 중에도 재발되는 경우가 종종 발생한다는 사실은 세균학자의 주장에 중요한 근거가 됐다. 완치 환자에게도 세균이 존재할 수 있다는 가능성은 해당 환자를 통해 건강한 사람도 전염될 수 있다는 두려움으로 이어졌고, 자연스럽게 한센병 환자를 계속 격리해야 한다는 입장으로 굳어졌다. 실제로 저명한 한센병 학자이자 당시 필리핀 보건부 나치료소 감독관이던 조세 로드리게즈José Rodriguez는 1930년대에 진행한 소규모 연구조사에서 위생, 음식, 행동 그리고 한센병 치료 모두 이상적인 조건하에서 퇴원한 '음성'negative 환자 5명 중 4명이 4개월에서 3년 이내에 재발했다고 보고했다.[8]

완치에 대한 임상의와 세균학자 사이의 논쟁은 서양 나병원과 소록도자혜의원의 완치 환자 수를 설명하는 데 더 유용해 보인다. 서양 나병원은 어느 정도 임상적 증상이 사라지면 퇴원하도록 결정한 반면, 소록도자혜의원은 세균학적 검사결과를 완치 기준으로 삼아 더욱 까다롭게 환자의 퇴원을 결정했다. 즉 두 곳의 차이는 치료제에서 비롯된 것이 아닌 완치 기준에 따른 차이로 이해하는 게 합리적이다. 대풍자유의 효과에 대한 논쟁이 있었음에도 불구하고, 식민지기 한센병 환자가 근대의학에 대해 가졌던 믿음은 상당히 높았다. 근대 의학의 치료를 받기 위해 나병원에 입원하기를 희망했고, 수용능력의 한계로 나병원 주변은 항상 입원을 기다리는 환자들이 가득했다. 서양 나병원에서는 대풍자유로 치료해 완치 판정을 받은 환자가 등장했으며, 치료할 때도 노동 치료와 마사지 그리고 충분한 영양공급 등 다양한 방식을 사용했기 때문에 환자가 안정적으로 임할 수 있었다.

여수 나병원의 윌슨은 『국제나학회지』International Journal of Leprosy에 「709명의 환자에 대한 통계적 자료」라는 논문을 실었는데, 여기서 그는 1933년 여수 나병원에서 수용된 709명의 나병환자에 대한 다양한 정보를 남겼다. 이에 따르면 일정 기간 입원한 환자 중 513명(72%)이 "상당히 치료됐다"much improved, 105명(14%)이 "약간 치료됐다"only slight improvement 그리고 30명(4%)이 "그대로"the same이며 불과 17명(2%)만이 "더 악화됐다"worse라고 답했다고 한다. 그러나 한센병 치료가 발전하고 그 효과가 입증됐음에도 사회 내에서 한센병이 완치할 수 있다는 인식은 약화됐다. 1920년대 초반 나병원에서 한센병 환자가 완치됐다는 기사가 몇 번 소개된 것이 전부로, 1920년대 중반 이후로는 치료가 가능하다는 기사를 보기 어렵다는 점이 이를 대변한다.

예를 들어 1923년 『동아일보』는 한센병 환자가 퇴원할 때마다 이를 기사화했다. 1923년 8월에는 환자 5명이, 그리고 9월에는 3명이, 11월에는 다시 2명이 소록도자혜의원에서 퇴원했다. 주목할 만한 점은 퇴원 환자를 『동아일보』는 "전치"全治, 즉 완전히 치료됐다고 묘사한 것이다. 1923년 11월 17일 기사에는 전치된 환자 2명의 이름뿐만 아니라 주소, 나이, 병형, 입원일까지 소개했다. 1923년 8월에는 『매일신보』 기자가 소록도를 방문해 에틸 에스테르 대풍자유 덕분에 이미 20여 명의 환자가 전치됐다고 전한 일도 있었다. 또한 1924년 6월 6일에는 『매일신보』가 한센병 환자 한 사람이 입원한 지 '불과' 20개월만에 전치됐다는 사실을 기사로 내보냈다. 이 기사들은 소록도 자혜의원에서 한센병 치료가 적절히 진행되며, 그 결과 완치 환자들이 등장한다는 점을 알리는 역할을 했다. 그러나 소록도에서 환자가 전치됐다는 기사는 1924년 6월 6일 『매일신보』를 마지막으로 더는 보기 어려워졌다.

반면 여수 나병원에서 전치된 환자에 대한 기사는 1933년 3월 3일 『매일신보』에도 등장한다. 이에 따르면 도시에 있던 부랑 한센병 환자를 여수 나병원에서 수용해 치료한 결과 20명이 넘는 환자들이 전치됐다고 한다. 하지만 1920년대 중반 이후에는 한센병이 치료 불가능한 질병으로 묘사되기 시작했다. 1926년 12월 4일 『중외일보』는 「가공할 천형병」이라는 논설에서 한센병을 "악병"惡病, "천형병"天刑病 등으로 묘사했다. 1936년『조선중앙일보』역시 「요동안 세상을 시끄럽게 하는 문둥병의 치료법(하)」에서 한센병 치료제로 다양한 대풍자유 혼합제를 소개하면서도 이 약들이 일시적 효과만 있을 뿐 근치되지는 않고 더구나 말기에는 아무런 효과가 없다고 밝혔다.

무엇보다 한센병의 치료 불가능성에 대한 대중적 인식이 강화되면서 '나병원'이라는 명칭도 변화를 맞았다. 한센병 치료가 진행되는 공간을 의미하던 나병원을 점차 다르게 부르기 시작한 것이다. 서양 나병원이 계속 병원이라는 명칭을 유지하고 있었음에도 1930년대부터 언론에서는 나병원을 '요양소'(요양원)나 '수용소'로 썼다. 소록도자혜의원이 1934년 9월 29일 「조선총독령 제98호」에 의해 명칭이 '소록도갱생원'으로 변경된 것도 비슷한 맥락이다. 사회가 한센병을 치료 가능한 질병으로 인식했을 때는 해당 시설을 병원이나 의원으로 여겼지만, 치료 불가능하다는 인식이 보편화되면서 같은 공간을 치료하는 곳이 아닌 불치병에 걸린 이들을 그저 가둬놓는 요양소나 수용소로 간주한 것이다. 그리고 한센병의 치료 불가능성은 한센병 환자의 강제격리를 정당화하는 근거로 활용됐다.

살아남기 위한 조직화

만성감염병인 한센병은 두창, 콜레라, 흑사병과 같은 급성감염병과 달리 발병되더라도 바로 생사를 넘나드는 치명적인 질병

한센병 환자들의 단체사진
1933년 3월 3일 『매일신보』에는 조선나병근절책연구회의 모금을 통해 여수 나병원에 새로 수용
된 한센병 환자들이 치료를 잘 받은 결과, 대부분의 거의 전치(全治)됐다는 소식을 전하고 있다. 이
기사는 '치료받는 한센병 환자'라는 제목 아래 당시 여수 나병원에서 치료받는 환자들의 모습이 담
긴 사진도 함께 소개했다.

은 아니다. 그러나 사회적 측면에서 보면, 식민지 조선에서 한센병에 걸린다는 것은 곧 죽음에 이를 수 있는 병이었다. 먼저 한센병 환자는 경제 및 사회활동에서 배제됐다. 심지어 한센병 환자는 자신이 생산한 농산물조차 판매할 수 없었다.[9] 결국 그들은 집에서 숨어 지내거나 가족에 의해 살해당하거나 스스로 목숨을 끊는 극단적인 선택을 했다. 집을 떠나 부랑생활을 하는 경우도 있었지만 낙인과 차별에 시달리고 살해당한다는 점에서는 차이가 없었다. 1930년 4월경 함경북도 경성군 주을온천 부근 빈집에서 발견된, 30세 정도로 보이는 남성 시신은 부랑생활에 지쳐 사망한 한센병 환자였다.[10] 부랑생활 중 겪는 다양한 어려움에 공동 대응하기 위해 한센병 환자들은 점차 집단화하는 양상을 보였다.

한센병 환자가 집단을 이룬 것에 대해 처음으로 기록한 것은 1914년 6월 25일 『매일신보』에 실린 「나병단장, 회원은 문둥이 삼십여 명」에서다. 기사는 진주군 반성면 답천리의 한 마을에 35명 정도로 구성된 한센병 환자 단체가 결성되어 여름에는 마을들을 돌아다니며 구걸하고 겨울에는 모여 지낸다는 내용을 소개했다. 이 단체의 회장인 조인화는 40세 정도의 건강인으로, 근처 마을에서 상당한 신용을 얻고 있었고 자신이 주변에 신세를 많이 진다며 부근 사람들을 불러 큰 잔치를 베풀기도 했다. 기사는 이 단체에 대해 "사람인데도 완전한 사람의 행세를 못 하고 평생 고질에 신고하는 문둥이 병자의 회라 함은 말만 들어도 진정으로 불쌍한 일이오 또한 이전에 듣지 못한 이상한 일이더라"고 평했다. 1910년대 중반만 해도 한센병 환자

단체는 흔치 않은 사례였는데 무엇보다 이들에 대한 사회적 태도는 동정적이었다.

본격적인 한센병 환자 단체는 1923년경부터 만들어지기 시작했다. 1920년대는 부랑 한센병 환자가 점차 도시에 있는 나병원으로 모이면서 나병원에 수용되지 못한 환자들이 도시를 부랑하는 일이 잦아지는 시기였다. 부랑 한센병 환자의 증가 속도가 나병원의 수용 능력을 훨씬 넘어서자 환자들은 입원을 기다리며 생존하기 위해 구걸하면서 도시에 거주했다. 점차 그 수가 늘어나자 도시민의 불만이 커졌고, 당국이 대응해주기를 요구하는 목소리도 높아졌다.[11] 적대적인 도시 분위기 속에서 한센병 환자들은 보호와 생존을 위해 단체를 만들어가기 시작했다.

먼저 1923년 12월경 경북 달성군에 '대구나병환자상조회'가 결성됐다.[12] 한 기사에 따르면 "조선에는 이만여 명의 문둥병 환자가 있"는데 한센병 환자 수용소 세 곳과 소록도의 수용소에 "1,000여 명의 환자를 수용하고 그 외 1만 9,000여 명의 환자는 어찌할 길이 없어서 (…) 이에 문둥병 환자들은 자기들이 자기들끼리 단결해 살길을 찾고자 요사이 대구나병환자상조회라는 것을 설립했다"며 단체의 설립 이유를 설명했다. 주요 활동은 돈을 모아 치료제를 구매해 병을 치료하는 데 힘쓰고, 행동을 삼가 타인에게 전염되지 않도록 예방하는 것이었다. 대구 나병원 인근에 모여 살면서 단체를 설립했기 때문에 병원에서 사용하는 치료제를 구매할 수 있었을 것이다. 또한 대구의 관계 관청과 총독부에까지 치료제를 지원해달라는 내

용의 진정서를 제출하기도 했다.[13]

한편 이들은 자신을 질병의 매개체로 여기고 비난하는 사회의 시선을 잘 알고 있어서 낙인을 줄여보기 위해 직접 규칙을 만들기도 했다. 그러다 보니 단체 설립에 대해서는 대부분 환영하는 분위기였다. 통영해동병원의 김상용 원장은 "병자가 병자를 구제하며 위로하며 구호코저하며 또 자신의 병독의 전염을 염려하며 예방코저 상조회를 조직했음을 구주에서도 상금 미문했노라"[14]며 이 환자 단체의 설립을 축하했고, 1927년에는 2,000만 원을 기부하기도 했다.[15] 질병의 전염을 막기 위해 환자가 스스로 노력한다는 소식은 일반인에게도 큰 감명을 준 것으로 보인다.

여기서 대구나병환자상조회가 1927년 1월 조선총독부에 발표한 진정서를 주목할 필요가 있다. 총독부 의원에서 주사약이라는 "은혜"를 내려준 데 대해 감사하다는 것과 대구에서 구걸로 생활을 이어가는 한센병 환자들에게 경찰이 너무 심하게 단속한다는 내용이었다. 특히 경찰에게는 인명보호의 책임이 있으나 자신들을 "축생동양"처럼 대하며 생존을 위협하고 있다고 불만을 제기했다.[16] 같은 해 3월에는 경상북도평의회에 진정서와 탄원서를 제출했는데, 여기에는 총독부에서 제공하는 주사약으로 간신히 삶을 지탱하고 있지만 의식주가 부족하다며 이에 대한 지원을 요구하는 내용을 담았다.[17] 구걸하는 자신들을 민간에서도 추방하고 경찰도 심하게 단속하는 상황 속에서 구제의 방책을 강구해달라고도 했다. 대구나병환자상조회는 당국에 치료제를 요구하겠다는 목표로 시작했으나 시간이 지나면서 구걸을 지나치게 단속하는 경찰활동을 완화해주고 의식주를 지원해달라는 것으로 그 내용이 확대됐다.

나를 소록도로 보내주시오

대구나병환자상조회의 활동은 다른 지역에 단체가 등장하는데 역할을 했다. 1925년에는 동래군 서면 호곡리에서 '나병환자상조회'가 만들어졌다.[18] 호곡리에서 얼마 떨어지지 않은 곳에 부산 나병원이 있었는데, 상조회를 만든 이들은 부산 나병원에 입원하기를 희망했으나 정원 때문에 거부당한 한센병 환자들이었다. 단체에 가입하는 환자가 점차 증가해 1926년 7월경에는 회원이 무려 300명 이상 달했다고 한다. 이 단체 역시 대구나병환자상조회와 마찬가지로 치료에 전념하고 전염을 예방하는 것이 목표였다. 동래의 나병환자상조회는 부산 나병원등으로부터 치료제를 지원받았다. 부산 나병원을 설립한 얼빈 C.H.Irvin 선교사는 나병환자상조회에 매일 7~8원인 약품을 제공했고, 환자 중 일부에게는 한 사람당 50원을 지원해 부산 나병원에 입원시켰다.[19] 대구 나병원이 1928년 5월 1일부터 진료소를 설립해 외래 환자를 치료했고, 동산기독병원뿐만 아니라 성주나 경주까지 의사들을 파견해 환자들을 치료했다는 기록이 있다는 점에서[20] 대구나병환자상조회 역시 대구 나병원으로부터 치료제를 지원받았다고 보인다. 마지막으로 앞서 2장에서 살펴봤던 것처럼 1930년 여수 나병원 근처에서 생활하던 한센병 환자들이 '조선나병환자공제회'라는 이름으로 환자 단체를 조직했다.[21] 환자 단체들은 규모가 점차 커져 1933년에 이르면 대구나병환자상조회와 부산의 나병환자상조회는 각각 700여 명 그리고 여수의 조선나병환자공제회는 480여 명의 환자들이 소속됐다.[22]

1930년부터 대구, 부산, 여수에서 만들어진 한센병 환자 단체가 연합해 전국 단위로 활동하기 시작했다. 1930년 5월에는 각지의 한센병 환자 단체의 이름으로 충북도지사에게 진정서를 제출했다.[23] 전 조선 촌락과 도시에 유리걸식하는 한센병 환자를 사회에서 "위생상 방독이라고 방축"만 하지 말고 다 같이 사회에서 "구제"해 살려 달라고 간청하는 것이 주 내용이었다. 진정서에는 요구사항 네 가지를 제시했다.

첫째, 충청북도에 유리걸식하는 한센병 환자에게 대풍자유를 제공하고, 둘째, 충청북도 내에 한센병 환자가 입원할 수 있는 시설을 설치하며, 셋째, 격리된 환자에게는 구제금을 제공하고, 마지막으로 조선 각지에서 쫓겨 다니는 환자들을 모두 입원시켜 달라는 것이었다. 흥미로운 것은 한센병 환자들이 한센병 치료 시설이 없는 지역에 나병원을 설립하고, 먼저 나서서 자신들을 소록도를 비롯한 한센병 시설에 입원시켜 달라고 요구했다는 점이다. 일반적으로 식민지기 일제의 강제격리 정책에 의해 환자들이 강제로 격리당했다는 인식이 강하다. 그러나 실제로는 낙인과 차별이 너무 심하고 치료뿐만 아니라 의식주의 문제로 생존에 위협을 느끼던 환자들에게 한센병 시설은 매력적인 공간으로 보였을 것이다. 더군다나 1930년대 초 소록도자혜의원은 확장 공사가 시작된 1930년대 중반 이후와 비교했을 때 내부 환경이 그렇게 나쁘지 않은 상황이었다.

1932년 6월 조선나병근절책연구회가 해산되고 1932년 7월 1일 조선총독부에 의해 조선나예방협회가 창설된 이후에도 한센병 환자 단체들은 적극적으로 총독부에 도움을 요구했다. 1933년 3월 15일에는 부산에서 각 환자 단체 대표자 20여 명이 모여서 '전조선나병단체연합회'를 조직했다.[24] 이 단체는 집행부를 구성한 후 임시 집행부를 대구로 결정하고, 일반인 고문으로 조선나병근절책연구회 회원이었던 윤치호, 송진우, 안재홍, 오금선, 신흥우, 현동완, 최흥종을 임명했다. 그리고 6개 항의 진정서를 작성해 4월 10일 고문인 최흥종 목사가 니시키 산케이西龜三圭 경무국 위생과장을 만나 제출했다.[25]

진정서의 내용은 크게 여섯 가지였다. 첫째, 갈 곳도 돌봐줄 사람도 없는 병세가 위중한 환자들을 먼저 한센병 시설에 수용해달라는 것이었다. 경찰이 환자를 단속하고 소록도로 이송하는 대상은 주로 부랑 한센병 환자였기에, 돌봐줄 사람이 없는 위중한 사람들은 단속과 이송에서 배제됐던 것이다. 둘째, 이들은 환자 수용 모집 과정을 한센병 환자 단체에 맡겨달라고 요구했다. 경찰에 의한 단속과 이송은 상당히 폭력적인 방식이고, 입원이 먼저 필요한 사람에 대한 고려가 없었으므로 한센병뿐만 아니라 환자에 대해서도 잘 알고 있는 자신들에게 모집을 맡겨달라는 의미로 보인다. 셋째, 아직 수용되지 않은 환자들에게 의식주와 치료를 계속 제공해달라고 요구했다. 넷째, 시설이나 시설 바깥에서 환자가 환자를 치료할 수 있도록 해달라고 했는데, 환자 입장에서는 일반인보다 환자에게 치료받는 것이 마음이 편하고 치료 업무를 통해 수입이 생길 수 있으리라 기대했던 것 같다. 다섯째, 환자 자녀 중 아직 한센병이 발병되지 않은 경우 전염되지 않도록 부모와 분리해서 보호해줄 것을 요구했다. 마지막으로 가정생활 환자와 독신생활 환자를 구별 수용해달라고 했다.

한편 소록도자혜의원 확장이 발표된 1933년부터는 시설에 수용해달라고 요청하는 환자들의 활동이 격렬해졌다.[26] 소록도에 입소를 원하는 환자들이 전라남도에 몰려들었다. 1933년 8월 14일에는 광주군 효천면 방림리에 거주하는 50여 명의 한센병 환자 중 10여 명이 광주경찰서에 몰려가 자신들을 바로 소록도에 보내달라고 했다.[27] 이에 경찰서나 도청의 담당 직원들은 처음 있는 일이기도 하고 별다른 해결책이 없었기에 골머리를 앓았다. 환자들은 요청이 받아들여지지 않자 9월 2일 다시 광주경찰서에 몰려가 항의했으며, 다음 해인 1934년 5월에도 전남도청에 몰려가 소록도로 보내달라고 했다.[28] 전남도청 역시 준비가 되어야만 수용할 수 있었기에 돌아다니지 말고 일단 본적지로 가서 기다리라며 이들을 해산시켰다.

비슷한 시기 부산에서도 환자들을 수용했다는 소문을 듣고 몰려든 한센병 환자 20~30명이 매일 부산경찰서에 몰려가 소록도에 보내달라고 요구했으나 관계자는 이미 정원이 찼기 때문에 도움을 줄 수 없다고 답했다.[29] 1934년 9월 10일에도 한센병 환자 60여 명이 경기도 위생과를 방문해 "우리들의 낙천지 소록도"로 보내달라고 외치다 한강 백사장으로 쫓겨나기도 했다.[30] 이렇듯 1930년대에 이르면 한센병 환자들은 사회적 학대 속에서 치료는커녕 굶어 죽을 위기에 봉착하면서 자신이 생존할 수 있는 공간은 조선 전역 중 소록도밖에 없다고 여겼다. 한센병 환자들이 소록도에 격리되기를 희망하며 관련 기관에 가서 항의하는 일은 지속됐다.[31]

4

———

소록도, 절멸의 수용소

식민지기 소록도에 거주했던 경험이 있는 한센인들의 증언을 듣거나 읽는 일은 너무 고통스럽다. 끝없이 이어지는 강도 높은 노동과 일본인 직원의 폭력, 죽음이 일상화된 생활을 무덤덤하게 이야기하다가 불쑥 눈물을 주룩 흘리는 할아버지와 할머니. 그래서일까. 식민지기 소록도를 생각하면 죽음의 이미지가 가장 먼저 떠오른다.

식민지기를 경험한, 현재 생존해 있는 고령의 한센인 대다수는 1930년대 소록도가 확장되면서 수용된 경우다. 그러다 보니 1920년대에 대한 증언은 찾기가 어려운데, 1930년대 소록도가 처했던 극한 상황을 이해하기 위해서는 이전과 비교할 필요가 있다.

1920년대 소록도의 한센인들은 사회로부터 고립되는 고통을 겪었겠지만 소록도 안에서는 상당히 안정된 생활을 했다고 알려져 있다. 환자 정원은 시설의 수용능력에 맞게 엄격히 지켜졌고, 실제로 환자의 사망률도 낮았으며, 견디다 못해 탈출하는 사람들도 거의 없었다. 하지만 이 기간은 그리 길지 않았다. 1930년대 들어 소록도의 격리시설을 확장하면서 소록도의 내부 환경이 크게 악화됐던 것이다.

그 사이에 무슨 일이 있었던 것일까? 소록도가 변화를 맞게 된 계기는 다양하다. 먼저 1930년대 일본의 파시즘적 분위기와 우생학의 유행 그리고 전쟁의 시작으로 인한 물자 부족 등 일본 제국의 변화가 소록도에 준 영향을 들 수 있다. 일본의 '수치'인 한센병 환자를 사회에서 남김없이 잡아들여 사망할 때까지 시설에 가둬놓고 종국에는 한센병 환자의 절멸을 이뤄 일본 민족을 정화시켜야 한다는 생각이 강력한 정치적 힘을 갖기 시작했던 것이다. 이로 인해 일본의 한센병 환자는 물론이거니와 대만의 한센병 환자도 격리의 피해자가 됐으며, 일본의 경우 요양소 내부에서 폭동과 저항이 일기도 했다. 이와 마찬가지로 조선의 환자도 강제노동과 억압적인 통제로 고통받았다. 그런 점에서 1930년대 조선, 일본, 대만의 한센인은 유사한 상황 속에서 비슷한 경험을 했다고 볼 수 있다.

하지만 동시대에 소록도가 맞았던 변화를 당시 일본 제국의 상황 때문만으로 설명하기는 어렵다. 앞서 언급했던 1930년대 식민지 조선에서 시행됐던 절대종생격리라는 관리 정책이나 소록도에서 벌어졌던 가혹한 일들은 사실 조선사회의 책임도 작지 않다. 1920년대 조선에서 발생한 한센병 환자에 대한 낙인과 차별 그리고 이들을 추방하고 격리하라는 요구 역시 소록도의 상황을 악화시키는 데 일조했다. 여기에다 1930년대 식민지 조선에서는 우생학이 크게 유행하면서, 열성 인자를 가진 한센병 환자를 단종수술을 통해 종국에는 사회에서 없애야 한다는 주장이 공공연하게 신문에 실리기도 했다. 결국 일본 제국의 내부 변화와 더불어 조선사회에서 불거졌던 여러 요구가 결합해 대규모로 확장된 '소록도갱생원'

의 탄생으로 이어졌다.

　문제적 대상으로 여겼던 한센병 환자는 한번 소록도갱생원에 수용되면 대개 사람들의 기억에서 사라졌다. 수용과 동시에 조선사회는 더는 그들에 대해 관심을 두지 않았다. 가혹한 강제노동 등으로 한 해에 수백 명이 사망해도 신문에 기사 한 줄 실리지 않았고, 소록도에서 어떤 생활을 하고 있는지도 알려지지 않았다. 나와 가까운 곳에서 어떤 문제가 일어나기 전까지 그들은 존재하지 않는 사람으로 여겨진 것과 다름없었다.

　당시 조선총독부가 한센병과 관련해 설정했던 1차 목표는 더 많은 환자를 저비용으로 소록도에 수용해 조선사회의 불만을 잠재우는 데 있었다. 외부의 관심과 감시가 없는 상황에서 사회적 소수자를 저비용으로 시설에 수용한다는 것은 다르게 말하면, 그곳에 엄격한 통제와 강도 높은 노동, 폭력이 존재했음을 의미한다.

　4장에서는 1930년대 이후 소록도가 변화한 원인과 그 과정을 세밀하게 살펴보려고 한다. 또한 이러한 변화 속에서 소록도에 수용됐던 한센병 환자들이 무엇을 경험했고, 어떻게 저항했는지도 함께 이야기해보겠다.

죽어서도 나올 수 없는 곳

앞서 언급했듯이 1920년대 부랑 한센병 환자가 증가 및 확산되면서 여러 사회문제를 만들자 조선사회는 조선총독부에 이를 해결해달라고 지속적으로 요구했다. 이에 총독부는 예산 등의 이유로 소극적으로 대응했다가 심지어 1930년대에 들어서면서부터는 부랑 한센병 환자 문제를 대하는 총독부의 태도가 이전보다 훨씬 강경해졌다. 총독부의 태도가 변화한 이유는 한편으로 조선에서의 부랑 한센병 환자 문제가 지속적으로 악화됐기 때문이지만, 다른 한편으로 당시 일본의 한센병 정책이 변화한 점에서 기인한 것이기도 했다. 일본은 1907년 「나예방에 관한 건」癩予防ニ関スル件을 제정하고 1909년부터 부랑 한센병 환자를 강제격리하기 시작했다. 그리고 이 법이 1931년 「나예방법」으로 개정되면서, 강제격리 대상이 부랑 한센병 환자에서 모든 한센병 환자로 확대됐다. 일본의 한센병 연구자인 후지노 유타카藤野豊는 이러한 상황에 대해 1930년대 일본이 파시즘체제로 전환되는 과정에서 사회적 소수자인 한센병 환자를 '국가의 수치'로 낙인찍고, 한센병 환자를 사회에서 1명도 남김없이 한센병 시설에 격리시키겠다는 생각이 확고해진 결과라고 설명했다.[1]

　'민족적 수치'인 한센병 환자를 사회에서 제거해 '민족 정화'를 달성해야 한다는 우생학적이고 파시즘적 사고가 일본사회를 지배하면서 일본에서는 실제로 거의 모든 환자들이 시설에 격리됐다. 더 많은 환자를 격리하기 위해 1930년 11월에는 나가시마에 일본 최초의 국립 한센병 격리시설인 애생원愛生園을 설립했고, 같은 해 12월에는 일본 식민지인 대만에서도 국립 한센병 격리시설인 낙생원樂生院을 설립해 환자들을 격리하기 시작했다. 이 시기, 그러니까 1930년대 초반은 일본과 일본 식민지에서 한센병 관리 정책이 강화되어 절대종생격리 정책으로 전환되던 때였다.[2] 절대종생격리 정책이란 모든 한센병 환자를 시설에서 죽을 때까지 격리하는 것을 의미했다. 이전에는 부랑 한센병 환자에 한정해서 강제격리를 했고, 완치 기준이 높아 퇴원이 힘들긴 했지만 퇴원 자체가 불가능하지는 않았던 반면 절대종생격리 정책이 시행되면서부터는 한센병에 걸리면 죽을 때까지 자신의 모든 일생을 좁은 시설에 갇혀 지내야 했던 것이다.

1932년 12월 2일 조선총독부는 재단법인 조선나예방협회를 출범시키고, 조선나근절책연구회의 조선인 엘리트들을 흡수시켜 활동하도록 했다. 조선나예방협회는 우가키 가즈시게宇坦一成 총독을 비롯해 이마이다 기요노리今井田淸德 정무총감, 니시키 산케이 경무국 외생과장 등이 제창해 12월 23일 발기인 대회를 갖고 12월 27일 설립인가를 받았다.[3] 조선나예방협회의 창립 목적은 한센병 환자 격리시설을 확충하는 데 필요한 재정을 모으는 것이었다. 회장은 이마이다 정무총감이, 부회장은 이케다池田淸 경무국장이, 이사는 니시키 외생과장이 맡는 등

관방 조직의 성격이 강했다. 단체는 먼저 부랑 한센병 환자 약 2,000명을 추가 수용할 수 있는 병원을 설립하고, 이에 필요한 경비를 모금하기로 했다. 조선총독부가 모금을 주도했기에 모금액은 당초 계획했던 것보다 훨씬 더 성공적이었다.『매일신보』는 주기적으로 각 도별 모금액을 발표했으며, 관리들에게는 급료를 떼고 일반 주민부터 학생과 죄수에게까지 기부금을 내도록 강제했다.[4] 예상보다 많은 기부금이 걷히자 총독부는 당초 계획했던 수용 환자에서 1,000명을 증원해 총 3,000명을 수용하는 시설을 만들기로 계획을 변경했다. 뒤에서 자세히 살펴보겠지만 소록도자혜의원은 조선나예방협회의 모금액으로 총 3차에 걸친 확장 공사 끝에 6,000명이 넘는 환자를 수용할 수 있게 됐다.

제1차 확장 공사 중이던 1934년 9월 14일, 칙령 제260호 「조선총독부 나요양소관제」가 공포되면서 지방 관제에 속해 있던 소록도자혜의원은 조선총독부 소속의 나요양소 관제로 재편 및 승격됐다. 즉 도립이었던 소록도자혜의원이 국립나요양소가 되면서 조직을 크게 확장한 것이다. 같은 해 9월 29일 '소록도갱생원'으로 명칭을 변경한 후에는 의사 및 직원을 점차 늘려나갔다. 1935년 4월 20일에는 제령 제4호로 「조선나예방령」을 공포했는데, 이 법에 의해 조선의 한센병 관리 정책은 부랑 한센병 환자 격리 정책에서 모든 한센병 환자에 대한 절대종신격리 정책으로 전환됐다. 이 법은 1931년 제정된 일본의 「나예방법」의 내용을 모방을 한 것으로, 시설 내 환자의 통제를 용이하게 하기 위해 소록도갱생원 원장에게 징계검속권을 부여했다. 갱생원의 규정을 어긴 환자는 금식, 감금 등의 처벌을 받았다.

「조선나예방령」은 한센병 환자가 사회생활을 할 수 없도록 했다. 이미 조선사회에서 한센병 환자는 낙인 때문에 사회적으로 배제됐으며, 「전염병예방령」 등의 법률에 근거해 어떠한 활동도 하기 어려운 상황이었다. 그런 점에서 「조선나예방령」은 사후적으로 한센병 환자들에 대한 차별을 승인한 것으로 볼 수 있지만, 그 내용을 보면 통제 수준을 한층 강화했음을 알 수 있다. 한센병 환자가 업무상 병독(세균) 전파의 우려가 있는 직업에 종사하는 것을 금지했으며, 시장과 극장을 비롯해 사람들이 많이 모이는 곳에도 출입하지 못하게 했다. 한센병 환자들이 만졌던 모든 물건은 매매 및 접수를 금한다는 내용도 있었다. 이제 한센병 환자는 경제활동을 하기 어려워졌을 뿐만 아니라 많은 사람이 모여 있는 곳에 가서 구걸하는 것도 불가능해졌다. 법을 어긴 사람은 100원 이하의 벌금 또는 과료를 내야 했기에 강제력이 높을 수밖에 없었다. 결국 그들이 선택할 수 있는 것은 스스로 한센병 시설에 들어가 격리당하거나 경제력이 뒷받침되고 병을 이해해주는 가족이 있다면 집에서 숨어 지내는 일뿐이었다.

강제노동 속으로

1916년 소록도자혜의원 설립을 위한 공사가 시작될 때만 해도 소록도 전체가 자혜의원 부지였던 것은 아니다. 섬의 서쪽 일부만이 자혜의원으로 쓰였고, 나머지에는 일반 주민이 거주했다. 자혜의원은 1927년 한차례 확장하면서 100여 명이던 수용환자가 800명 이상으로 늘어났다. 1933년 조선나예방협회가 한센인 격리시설을 확장하기 위한 모금활동을 마친 후, 조선총독부는 소록도 전체를 격리시설로 사용하기로 결정했다. 조선총독부로부터 모든 것을 위임받은 전라남도 지사는 같은 해 3월 17일부터 3월 28일까지 소록도의 실측과 조사를 완료하고, 주민과 교섭을 시작했다. 4월 5일 주민과 매수계약을 체결한 후 6월 말에는 모든 주민이 퇴거 및 이전을 끝냈다. 앞서 자혜의원을 세우고 확장하는 과정에서 원주민의 저항으로 어려움을 겪었던 것에 비하면 부지를 접수하는 과정은 매우 빠르고 매끄러웠다.[5]

부지매수를 완료한 조선총독부에 남은 과제는 시설 확장 공사와 이에 동원될 노동력을 모으는 일이었다. 조선나예방협회 부회장이었던 이케다 경무국장은 공사에 환자들을 동원한다면 경비를 절약할 수 있을 거라고 여겼다. 이는 3,000명에 달하는 신규 환자를 수용할 수 있을 만큼 큰 시설을 확장하는 데드는 비용과 추후 관리 비용을 최대한 모금액을 통해 해결함으로써 국고의 부담을 줄이려는 계획 속에 함께 있었다. 그러나 총독부는 이미 처음부터 일본의 한센병 시설보다 수용시설 및 기타 시설을 건설하는 데 훨씬 낮은 예산을 책정해놓은 상황이었다. 시설을 유지하는 데 필요한 예산도 일본의 한센병 시설보다 적었다. 이는 애초에 환자들을 공사에 강제동원하겠다고 계획했음을 의미한다. 한편 확장 공사가 착수되고 얼마 지나지 않은 8월 26일, 야자와 준이치로失澤俊一郎 원장이 면직되고, 9월 1일에 스오 마사스에周防正季가 부임했다.

스오는 원장으로 부임하기 전 경기도 위생과장과 조선나예방협회 이사를 맡고 있었고, 한센병 사업에도 관심이 많았다. 그는 당시 전라남도 위생과장이었던 요시오카吉岡貞藏에게 소록도자혜의원의 확장 공사를 자신이 맡고 싶으니 조선총독부에 자신을 추천해달라고 부탁했다고 한다. 이에 요시오카는 전라남도 지사 야지마矢島彬造 등 관계 당국에 적극 건의해 스오가 소록도자혜의원 원장으로 부임할 수 있도록 했다고 전해진다.[6] 스오는 부임하자마자 환자들을 운동장에 집합시킨 후 "원의 제1목표는 확장 사업이며 소록도자혜의원을 세계 제1의 나요양소로 만들겠다"고 말했다. 스오가 말하던 세계 제1의 나요양소는 무엇을 의미했을까? 그는 제1의 나요양소가 무엇인지 행동으로 보여줬다. 바로 가능한 많은 환자를 수용하는 것, 가장 거대한 규모의 시설을 만드는 것, 한센병 환자들을 환자가 아닌 노동력으로 취급하는 것이었다.

조선나예방협회와 스오는 소록도자혜의원을 설립하는 데 있어 비용 절감이 가장 중요하다고 여겼다. 이에 건축양식은 요양에 편리하고 장래 수리비가 들지 않는 내구력이 있는 자재를 사용하며, 특수한 공사 이외에는 환자의 노동력을 동원하고, 원자재 중 원토와 모래는 섬 내의 것을 이용하며 벽돌도 소록도 내에서 제조하기로 계획했다.[7] 1933년 9월 20일 소록도자혜의원의 확장 공사가 시작됐는데, 이날부터 한센병 환자의

1935년 10월 21일, 제1차 확장 공사를 마치고 열린 낙성식의 전야와 낙성식 단체사진

고난도 함께 열렸다. 환자들은 먼저 벽돌공장을 만드는 데 투입됐고, 벽돌공장이 완공되자 벽돌을 찍고 원토 및 벽돌을 운반해야 했다. 1934년 1월부터는 선착장과 도로, 잔교 및 하역장 설치를 맡았다. 도로와 인접한 매립 공사 등에 동원된 환자들도 있었는데, 여기서 주목할 점은 일반 직원이 거주하는 지역은 외부 인부를 고용했으나, 환자들이 거주하는 병사 지역은 환자가 맡았다는 것이다. 이외에도 추가 환자를 수용하기 위한 병사와 환자 자녀들을 위한 수용소도 신축했다. 환자 자녀의 수용소는 감염이 안 된 자녀가 있는 환자가 입소할 때, 자녀를 부모로부터 분리해 별도로 양육하기 위해서였다.

2년여에 걸친 공사 끝에 1935년 9월 제1차 확장 공사가 마무리됐고, 10월 21일 낙성식을 개최했다. 신규 환자들도 격리되기 시작해 같은 해 12월에는 수용 환자가 3,770명에 이르렀다. 그리고 1926년 12월부터 소록도갱생원은 제2차 확장 공사를 시작했다. 조선나예방협회의 모금액은 제1차 확장 공사 때 상당 부분 소진됐기에 제2차 확장 공사를 앞두고 예산 문제에 봉착했다. 이에 수오 원장은 환자들을 더욱 가혹하게 동원하기로 결정했다. 효과적인 동원과 통제를 위해 환자 고문을 임명하고, 간호장을 책임자로 둔 통제조직도 만들었다. 간호장에는 치료에 적합한 간호 인력이 아닌 환자 지휘에 적합한 순사나 헌병 경험이 있는 일본인이 임명됐다. 그들이 환자들을 가혹하게 지휘하면서 환자들의 불만도 함께 높아져 갔다. 직원 관사 및 숙사 42개 동, 병사·창고 등 건물 149개 동과 납골당·등대 등을 건설하는 데 환자들이 동원됐으니 불만은 당연한 결과였다.

제2차 확장 공사와 등대

제2차 확장 공사 중에 소록도 남단의 남생리 언덕 위에 등대를 세우기 시작했다. 등대 공사는 1937년 7월에 발발한 중일전쟁 직전에 시작해 9월 중순에 끝났다. 등대는 녹동항으로 가는 배들의 길잡이 노릇을 위한 것으로 소록도 환자들의 삶과 무관했지만 환자들의 강제노동을 기반으로 진행됐다. 결국 완성된 등대는 체신국에 기부한 후 10월 1일부터 가동하기 시작했는데 현재는 사용하지 않는다. 등대는 백색 원형의 벽돌 구조물로 높이는 7.5m, 수면부터 높이는 47.5m다. 2004년 2월 6일 국가등록문화재 제72호로 지정됐다.

제2차 확장 공사 중이던 1937년 7월 중일전쟁이 발발하면서 소록도갱생원은 예산 문제에 또다시 크게 봉착했다. 수오 원장은 이때도 환자를 더욱 착취하는 방식으로 방안을 찾았다. 부족한 예산을 메운다는 명목으로 환자들에게 '헌금'이라는 이름 아래 강제 모금을 했고, 사은갱생작업이라고 일컬으며 더욱 더 노동력을 착취했다. 여기에다 예산이 부족하다는 이유를 들어 환자들의 배급량까지 줄였다. 이러한 상황에 불만을 갖고 항의하거나 명령에 따르지 않는 환자들은 감금실에 3개월에서 6개월 동안 구금됐다. 1938년 1월 제2차 확장 공사가 마무리됐는데, 공사 중에도 환자는 계속 증가해 1937년 말에는 4,783명에 이르렀다.[8]

한번 불붙은 확장 공사는 환자들이 받는 고통에도 아랑곳하지 않고 계속 이어졌다. 결국 1939년 1월 12일 제3차 확장 공사가 시작됐다. 새로운 선착장과 그로 인해 이어진 도로 공사에 환자들은 또 다시 동원됐다. 게다가 다시 마을별로 할당된 벽돌도 생산해야 했는데, 이 벽돌은 소록도 확장 공사에만 사용한 것이 아니라 전라남도 여러 지역에 판매하기 위한 목적으로 생산됐다. 이 공사는 소록도갱생원 확장 공사 이래 최대의 토목 공사였음에도 간호장들의 가혹한 통제 아래 3개월이라는 비교적 짧은 기간에 완료됐다. 간호장들은 환자들에게 자신이 맡은 일을 완수하는 것이 국가에 대한 책임이자 후방 국민의 의무라는 내용의 정신 교육을 하며 노동을 강요했다. 선착장 공사가 끝나자 환자들은 다시 직원 관사, 병사, 창고 등 250개 동의 건물을 건설하는 일에 보내졌고, 1939년 10월 23일 모든 공

미나미 지로의 소록도 방문
사이토(齋藤實)와 우가키 총독에 이어 1938년 8월 15일 미나미 지로(南次郎)가 총독으로는 세 번째로 소록도에 방문했다. 1938년 소록도는 이전 해인 1937년 제2차 확장 공사가 끝나 이전보다 1,000명의 환자가 늘어나 4,783명이 수용된 상황이었다. 또한 1938년 4월 공포된 「국가총동원법」으로 인해 소록도에는 중일전쟁에 필요한 전쟁물자를 환자들이 생산하기 시작했다. 미나미는 중앙운동장에 3,700여 명의 환자들을 모아놓고 "여러분은 황국신민이다"라고 말하며 "황은을 입은 자로서 일본을 위해 충성을 해야 한다"는 요지의 연설을 했다.

사가 완료되면서 제3차 확장 공사는 종료됐다. 제3차 확장 공사로 소록도의 수용 능력이 대폭 증가하자, 경찰은 다시 적극적으로 한센병 환자 단속에 나섰고, 그 결과 1939년 말 환자는 6,000여 명에 이르렀다. 그리고 소록도에는 세계 최대 규모의 한센인 수용시설이 탄생하게 됐다.[9]

한센병균은 말초신경을 공격하기 때문에 감각이 무뎌진 환자들의 손발은 상처를 입기 쉽다. 게다가 한번 상처가 나면 잘 낫지 않아서 궤양으로 발전하는 경우가 많다. 이렇게 몸이 약하고 취약한 한센병 환자들에게 소록도 당국은 예산 부족을 만회하면서 세계 제1의 수용소를 만들기 위한 노동을 강요했던 것이다. 적지 않은 환자들이 손발에 쉽게 상처를 입었고, 예산 부족을 이유로 식량뿐 아니라 의약품도 충분히 공급되지 않았기에 제대로 된 치료조차 받지 못했다. 그 결과 환자들의 상처는 궤양으로 발전했으며, 염증으로 인한 다양한 문제가 발생했고 결국 장애가 생기는 상황까지 벌어졌다. 게다가 식량이 줄어들면서 충분한 영양 섭취가 불가능해지자 환자들은 점점 더 쇠약해져갔다. 이제 소록도는 환자들을 치료하는 병원이 아닌 감옥이자 노동교화소이자 수용소가 됐다.

환자들은 확장 공사가 종료됨과 동시에 가혹한 강제노동도 끝나길 바랐지만, 기대와 달리 바로 전쟁물자 생산에 동원됐다. 벽돌 굽기, 송진 수집, 숯 굽기 등의 노역이 이어졌다.[10] 전쟁물자 생산을 위한 노동에는 심지어 중환자까지 참여해야 했다. 숯의 연간 생산량 목표를 달성하기 위해 환자들은 고흥군 포두면과 금산면 등의 험준한 산악지대까지 나가 원목을 벌채

소록도자혜의원 동쪽 해안에 도착한 400명의 환자

1933년 소록도자혜의원에 도착한 환자들이 해안가에 앉아 있는 사진이다. 환자들 앞에는 흰색 옷을 입은 의료진과 검은색 옷을 입은 직원들이 서 있다. 사진 상단에는 〈환영가〉의 가사가 적혀 있는데, 소록도학원 학생들이 지은 것이라 써 있다. 가사는 다음과 같다. "반가운 친구여 눈물을 닦고, 드넓은 하늘의 자애의 (갱생)원. 진정한 복지가 되어, 진정한 낙원을 찾는 사람아, 이제야 왔구나. 우리 신천지를 어서 개척하자."

130

했고, 이 과정에서 많은 환자들이 사망했다.[11] 일제강점하 강제 동원 피해진상 규명 위원회는 2005년 소록도 환자들의 강제노 동을 조사한 결과 적정 임금이 지불되지 않은 점, 본인의 의사 와 관계없이 폭력적으로 노동이 강요된 점 그리고 이 모든 노동 이 침략전쟁에 활용하기 위한 물자 생산을 위한 것이었다는 점 에서 강제동원이었다고 판단했다.[12] 1930년대 소록도는 더 이 상 치료를 위한 병원으로 부를 수 없는, 노동교화소나 강제노 역소에 가까웠다. 즉 '자혜의원'이라는 치료를 목적으로 하는 병원이 부랑인 한센병 환자의 노동을 통해 새로운 사람으로 재 탄생시키는 것을 목적으로 삼는 '갱생원'으로 변화한 것이다. 그러나 이름과 달리 그곳에서 재탄생은 일어나지 않았고, 수많 은 죽음만이 이어졌을 뿐이었다.

죽음의 섬

1933년 소록도자혜의원이 확장되던 시기는 한센병 환자들이 스스로 소록도에 입소하겠다고 요구하던 때와 맞물린다. 소록 도가 확장 공사를 이어가던 당시, 소록도에 입소하는 환자들 중에는 경찰의 단속에 의해 입소한 사람들도 있었지만 스스로 입소를 선택한 사람들도 있었다. 그러는 중에도 언론은 소록도 를 "불행아의 낙원" 또는 "별천지" 등으로 표현하며 환자들이 즐겁게 치료받을 수 있는 곳으로 묘사했다.[13] 소록도를 한센병 환자들의 이상향으로 그리는 기사는 특히 1933년 확장 공사가

동생리 선착 공사 작업
1939년 1월 시작된 제3차 소록도 확장 공사는 동생리 선착 공사로 시작됐다. 제3차 확장 공사는
역대 가장 규모가 큰 토목 공사여서 거의 모든 환자들이 투입되어 밤낮없이 일했다. 일본인 직원
들이 가혹한 폭력으로 강제해 동생리 선착 공사는 3개월 만에 끝났다.

시작되면서 더욱 빈번하게 등장했다. 심지어 소록도 한센병 환자들의 강제노동으로 만들어진 건물, 발전소, 공장 등은 모두 이 섬이 근대적 시설이며 "문명의 혜택"을 입은 공간이라는 점을 강조하는 근거로 쓰였다. 물론 이러한 기사 어디에도 환자들이 받던 고통은 발견할 수 없었다.

그러나 제1차 확장 공사 이후 소록도는 기사 속 모습과 달리 죽음의 섬으로 변해가고 있었다. 강제노동이 점차 강화되고 식량과 의약비가 줄어드는 중에도 한센병 환자가 계속 늘어나면서 소록도 환자의 생활수준은 급격하게 악화됐다. 특히 수용 환자가 늘어나면서 환자들에게 다양한 신체적 문제가 나타났다. 이를 가장 극명하게 볼 수 있는 것이 사망자와 사망률의 증가다. 소록도자혜의원이 100여 명의 환자를 받기 시작했던 1917년 사망자가 26명에 달했던 것을 제외하고, 1927년까지 사망자는 매년 10명을 넘지 않았다. 1917년 사망자가 많았던 것은 아직 제대로 된 시설과 시스템이 갖춰지기 전에 환자들의 격리가 시작된 데다 환자의 숙소가 다다미로 만들어졌기에 추운 겨울을 버티기 어려웠던 점에서 기인한다. 소록도자혜의원이 어느 정도 안정을 찾고, 대풍자유를 도입해 적절한 치료가 가능해지면서 환자 사망률은 급격히 감소했다.

그러다 1927년 270명이던 환자가 1928년 490명으로 220명이나 늘어났고, 사망자가 이전에 7명이었던 것에서 15명으로 2배 이상 늘어났다. 1929년에는 수용 환자가 다시 811명으로 321명이나 증가했으며, 사망자 역시 15명에서 21명으로 소폭 증가했다가 이듬해부터 다시 안정됐다. 그러나 제1차 확장 공사가 시작되면서 사망자와 사망률은 급증하기 시작했다.

1936년에 이르면 사망율은 3.6%까지 치솟았다. 제1차 확장 공사가 마무리되자 감소했던 사망률은 제2차 확장 공사 후 다시 증가하기 시작했고, 제3차 확장 공사가 완료된 1939년에 이르면 4.7%까지 올랐다. 확장 공사 후 바로 전쟁물자 생산에 환자들이 동원되자 이는 사망률 급증으로 이어졌다. 1941년 무려 7.2%까지 오른 것이다. 1942년부터 1943년 2년간 다시 사망자와 사망률이 감소하는데, 이는 다른 요인 때문이다. 바로 환자들의 저항이다. 이에 대해서는 뒤에서 좀 더 집중적으로 소개하겠다.

적합한 예산 없이 진행된 수록도의 수용 환자 증가와 맞물려 있던 강제노동, 식량 배급의 감소와 헌금 명목으로 걷어진 갈취는 소록도 환자들의 삶을 극단적인 상황까지 몰아넣었다. 사실 조선총독부는 1928년과 1929년의 경험을 통해 이러한 결과가 초래되리라는 것을 충분히 예측했다. 그러나 수용 인원을 늘리겠다는 목표만을 앞세웠고, 그 결과 매년 엄청난 수의 환자들이 소록도에서 죽어갔다.

단종수술과 낙태수술

1935년 제1차 확장 공사가 마무리된 다음 해인 1936년 4월부터 소록도에서는 환자들에게 단종수술(정관절제수술)과 낙태수술(인공중절수술)*을 가했다. 그러나 모든 환자에게 무분별하게 이뤄졌던 것은 아니다. 먼저 부부생활을 원하는 환자들이 자녀를 낳을 수 없도록 정관절제수술을 시행했다. 소록도는 오랫동안 남자 병사와 여자 병사를 분리해 환자들을 수용했는데, 제1차 확장 공사 후 수용 환자가 늘어나면서 이에 대한 환자들의 불만이 커졌다. 이에 소록도갱생원은 호적상의 부부, 호적상의 부부는 아니지만 정식 혼인을 치른 사람, 수용 전 연인이었고 다른 이들이 이 관계를 인정한 경우, 연인임을 각 병사의 대표 및 기타 유력자가 인정한 경우 부부생활을 허용하기로 결정했다. 그러나 여기에는 다시 두 가지 조건이 붙었다. 하나는 이들 중 동거를 신청하고 각 병사의 대표나 기타 유력자가 인정해 다른 이들의 이의가 없는 경우, 또 하나는 단종수술을 받은 경우에 한해서만 동거를 허락하기로 한 것이다.

열악한 환경 속 다수가 생활하는 상황에서 부부가 독립적으로 생활할 수 있는 공간을 얻는다는 것은 큰 특혜였다. 처음에 환자들은 자녀를 포기한다는 것을 꺼림칙하게 여겼으나 점점 단종수술을 받아들이는 쪽으로 기울었다. 이에 수술이 시작된 이듬해인 1937년에는 동거를 시작한 부부가 총 711쌍에 이르렀다. 그러나 소록도갱생원의 이와 같은 조치는 환자를 위한 인도주의적 목적으로 시행된 것이 아니었다.

환자가 급증하자 소록도 내부에서는 환자를 관리하고 통

• **단종수술·낙태수술** 이 책에서는 '단종수술'과 '낙태수술'이 일반적으로 쓰인다는 점을 고려해 동일하게 칭한다. 다만 의료적으로는 각각 '정관절제수술'과 '인공중절수술'이 좀 더 정확한 표현이라고 생각한다. 특히 단종수술은 방식이 여러 가지로, 한센인에게는 정관을 끊는 식으로 시행됐기에 '정관절제수술'이라고 지칭하는 것이 정확하다.

제하는 일이 중요해졌다. 소록도갱생원에 감금실이 설치된 것도 이 시기다. 규칙을 따르지 않거나 저항하는 환자들을 통제하기 위한 규정과 제도도 들어섰다. 그러나 좁은 공간에서 수많은 환자가 모여 있을 때 발생하는 스트레스와 긴장은 억압만으로는 누르기 어려웠다. 그리하여 한편으로는 처벌로 환자를 억압적으로 통제하고, 다른 한편으로는 단종을 조건으로 두고 부부생활을 허락함으로써 환자의 성욕을 해소시키고 정서적 안정감을 줌으로써 환자를 관리하려고 했던 것이다. 이렇듯 단종수술을 전제로 한 부부생활의 허용은 확장 공사 이후 소록도 내 환자 관리 및 통제의 수단으로 도입됐다고 할 수 있다.

그러나 단종수술이 바로 시행된 것은 아니다. 단종수술을 정당화하는 사회 분위기가 선행될 필요가 있었기 때문이다. 내과의사, 세균학자이자 경성제국대학 총장까지 역임한 기요시는 1927년 『동아일보』에 발표한 「나병근절은 거세외 무도리-거세로써 유전방지」에서 다음과 같이 주장했다.[14]

나병환자 절멸책에 대해서는 예전부터 연구도 하고 상당한 의견이 있으나 가장 좋은 방법은 거세를 해 유전을 못하게 하는 것이다. 그러나 이것은 인도상 문제이니 쉽게 채용할 수는 없으나 그렇다고 현재 조선인에 삼만 명가량의 환자가 있을 뿐만 아니라 더욱 증가되는 상황이니 거세의 법률이라도 제정해 근멸하지 않으면 장래에 무서운 결과가 올 것이다.

시가는 조선의 한센병 문제를 해결하기 위한 시급한 방법으로 단종을 주장했다. 그런데 세균학자였던 시가는 분명 한센병이 한센병균에 의해 전염된다는 것을 알았음에도 왜 한센병을 유전병이라고 했으며 한센병 환자를 절멸하기 위해 단종법을 제정해야 한다고 주장했을까?

그 이유를 설명하려면 당시 일본의 상황을 살펴볼 필요가 있다. 1909년 공립나요양소인 전생원 원장으로 부임한 미츠다 겐스케는 한센병 환자의 절멸을 주장하면서, 1915년 남성 환자들에게 단종수술을 했다. 미츠다는 한센병이 전염병임을 알고 있었으나 다음과 같은 이유로 단종수술이 필요하다고 주장했다.[15] 첫째, 이미 신체가 약해져 있는 여성 한센병 환자가 임신 및 출산을 하면 병이 더욱 악화될 것이다. 둘째, 한센병 환자 부모에게 잉태되고 태어난 어린이는 한센병에 전염될 위험이 높다. 한센병 환자를 부모로 둔 어린이는 면역력이 약한 어린 시절부터 한센병균에 노출되기에 건강한 부모를 둔 어린이보다 전염될 확률이 현격히 높아진다. 게다가 한센병 환자의 자녀는 병에 걸린 부모의 "병적 정자"를 잉태한 채 출산됐기에 그렇지 않은 어린이보다 허약해질 가능성이 크다. 셋째, 한센병 환자는 신체적·정신적으로 어린이를 양육할 능력이 없을 뿐 아니라, 한센병 환자 수용시설 역시 이 어린이들을 보호하고 양육할 만한 능력이 없다. 넷째, 한센병 및 한센병 환자는 일본 민족을 정화하는 데 커다란 장애물이므로 환자의 혈통은 근절되어야 한다.

미츠다의 이러한 주장은 의학적 근거에 의한 것이 아니라 일본 민족의 정화라는 인종주의적이고 우생학적 이데올로기

해부대

소록도자혜의원에서 사망한 환자의 시체는 예외 없이 해부됐다. 시체 해부는 소록도자혜의원의 「입원환자심득」 27항에 "환자가 사망한 경우에는 필요에 의해 학술연구를 위해 시체 해부를 할 수 있다"고 명시한 것에 근거했다. 사진은 일제강점기에 소록도에서 사용되던 목재 해부대로, 구멍이 있는 아래쪽으로 미세하게 기울어져 있어 해부대를 둘러싸고 있는 홈을 따라 피가 흘러내려 구멍으로 빠질 수 있도록 만들어져 있다. 광복 이후에는 「수용 환자 준수사항」에 근거해 역시 거의 모든 환자 시체가 해부됐다.

에 근거했다. 한센병에 걸린 여성에게 임신과 출산은 병을 악화시키는 계기가 된다는 것, 한센병 환자의 혈통은 한센병에 걸릴 가능성이 더 높다는 것 등과 같은 주장은 과학적으로 증명된 바가 없었다. 그럼에도 단종수술이 자행됐다는 것은 처음부터 환자 절멸을 목적으로 삼았음을 알 수 있다. 근거가 빈약했음에도 1915년부터 단종수술은 시작됐으며, 심지어 그는 일본 의회에 나가 한센병 환자에 대한 단종법 제정을 주장하기도 했다. 그의 주장은 1947년 7월 「우생보호법」이 제정되기 전까지 법제화되지 않았다. 그럼에도 당시는 우생사상의 유행 아래 법제화와 상관없이 한센병 시설 내에서 단종수술과 낙태수술이 매우 빈번하게 시행됐다.

문명국이 되기 위해 한센병은 절멸되어야 하며, 이러한 목표를 달성하기 위해 단종수술이 필요하다는 미츠다의 주장을 시가도 공유하고 있었다. 그리고 이는 조선인에게도 확산됐다. 조선인 의사 정석태는 잡지 『별곤건』에 「의학상으로 본 산아제한방법론」이라는 글을 실었다. 그는 여기에서 "대개 악질인 유전성 질환, 즉 나병·정신병·매독·결핵 등 질병이 있는 자" 중 남성은 거세 및 수정관절제법, 여성은 나팔관결자법, 난소적출 또는 X광선으로서 난소·고환 파괴 등의 방법이 있다고 주장했다.[16] 그러나 당시 조선인들도 한센병이 전염병임을 알고 있었으며, 조선나병근절책연구회에서는 세균설에 근거해 한센병 환자를 격리하자고 맞섰다. 그렇다면 한센병의 유전설과 단종수술에 대한 합리화는 어떻게 가능했던 것일까?

이를 이해하기 위해서는 1920년대와 1930년대 조선에서 유행했던 우생학과 우생사상에 대해 살펴봐야 한다. 1920년대 초반부터 언론에 소개됐던 우생학은 이미 1920년대 조선사회, 특히 개화 지식인들 사이에서 광범위하게 알려져 있었다.[17] 그러다 1930년을 기점으로 사회 전반에 퍼지면서 질병 문제를 개인의 차원을 넘어 사회질서, 더 나아가서는 국가 차원의 문제로 인식하기 시작했다. 1930년대 중반에는 당시 일본에서 논의되던 「국민우생법」이 조선사회에 소개됐고, 이에 따라 조선에도 이러한 법이 필요하다는 주장이 등장했다. 1933년에는 윤치호 등의 민족지식인이 조선우생협회를 설립하면서 우생학과 우생사상이 더욱 빠르게 확산되고 강화됐다. 이에 따라 우생학의 영향을 받은 의료 전문가들이 국가와 사회 그리고 "민족발전"을 위해 열성인자를 가지고 있는 정신병, 결핵, 매독, 한센병을 앓는 악성질환 환자에게 단종수술을 실시해야 한다고 주장했다.[18] 이들은 미국과 독일 나치가 행한 단종법을 조선도 모델로 삼아 받아들여야 한다는 입장이었다.

이러한 사회 분위기 속에서 한센병 환자에게 단종수술을 가장 먼저 시행한 곳은 소록도가 아니라 여수 애양원이었다. 여수 애양원은 소록도보다 3년 앞선 1933년 부부생활을 원하는 남성 환자들에게 단종수술을 실시했다. 여수 애양원에는 소록도와 같은 수준의 강제노동은 존재하지 않았고 치료도 잘 이루어지는 상황이었으나, 제한된 공간에 많은 사람이 모여 살고 있어서 환자들의 심리상태가 불안정했고 이로 인해 다툼이나 소란이 자주 발생했다. 여수 애양원은 엄격한 규율을 통해 문제들을 통제하고자 했으나, 쉽지 않았다. 당시 원장이었던 윌

슨은 단종을 전제한 부부생활을 허락함으로써 환자의 불만을
잠재우고 관리를 용이하게 하려고 했다. 그는 조선인에게 가족
이 매우 중요하다고 여기고, 가족을 꾸릴 수 있게 해줌으로써
심리적으로 안정시키고자 했던 것이다. 단종을 전제로 부부생
활이 가능해졌을 뿐 아니라 동시에 고아를 입양할 수도 있었는
데 윌슨은 1935년에 발표한 보고서에서 이러한 조치가 환자들
을 안정시키고 치료하는 데 도움이 됐다고 주장했다.

그러나 윌슨의 조치는 당시 일본을 제외하고는 세계 어느
곳에서도 시행된 적이 없었다. 영국에서 설립한 요양소인 말
레이시아의 순가이부로Sungai Buloh에서도, 미국에서 설립한 필
리핀의 쿨리온에서도 환자에게 단종수술을 하지 않았다. 오
직 일본에서만 그리고 식민지 조선에서만 취해진 것이다. 특히
1933년 여수 애양원에는 환자에 대한 단종수술을 가장 먼저 시
행한 미츠다가 방문했고, 그 직후 단종수술이 시작됐다는 점에
주목할 필요가 있다. 당시 미츠다와 윌슨 사이에 어떠한 이야
기가 오갔는지 알 수 없지만, 여수 애양원에서 단종수술이 시
작한 것이 우생사상의 영향 때문이었다는 점은 확실해 보인다.

앞서 언급했듯 1936년 소록도에서 단종수술이 시작됐다.
그리고 이는 남성뿐만 아니라 임신한 여성도 해당됐다. 병원
당국은 허락한 부부를 제외한 남성과 여성의 교류를 엄격히 금
했지만, 환자들은 당국의 감시를 피해 교제하는 경우가 흔했
다. 부부이지만 단종수술을 하고 싶지 않았던 남녀는 당국 몰
래 관계를 유지하기도 했다. 종종 임신한 여성이 있었는데, 이
들의 출산을 방지하기 위해 당국에서는 가임기의 여성들을 더

욱 면밀히 감시했다. 임신 사실이 발각된 여성들은 강제로 낙태수술을 받아야만 했으며, 적출된 태아는 포르말린 유리병에 담겨 전시됐다. 유리병은 주별 순서로 전시했는데 환자들은 이 광경을 볼 때마다 극도의 공포를 느꼈다고 한다. 임신한 여성의 경우 임신 사실을 최대한 숨기려 했기에 보통 임신이 상당히 진행된 후, 다시 말해 불러오른 배를 숨길 수 없을 때에 이르러서야 발각되는 일이 많았다. 이때는 많은 경우 중절수술 중에 사망했다고 한다. 수용 환자에 대한 단종수술과 낙태수술은 1930년대 중반 이후 소록도갱생원이 더 이상 병원이 아니라 환자의 절멸을 위한 공간이었음을 정확하게 보여준다.

스오 마사스에 그리고 이춘상

1935년 4월 20일 「조선나예방령」 제정에 이어 6월 1일 시행된 「조선나예방령 시행규칙」 제8조는 소록도갱생원 원장에게 환자에 대한 징계검속권을 부여하는 내용이다. 환자의 저항을 억누르고 보다 효과적으로 통제하기 위해 조선총독부는 원장에게 환자에 대한 판결과 징벌할 수 있는 절대권력을 부여했다. 징벌은 환자가 규칙을 어기는 수준에 따라 다양했는데 견책, 30일 이내의 근신, 7일 이내의 2분의 1까지의 감식, 30일 이내의 감금 등이었다. 그리고 30일 감금은 60일까지 연장 가능했다. 그러나 이러한 징벌 외에도 직원들이 환자에게 가하는 폭행 등이 일상적으로 빌어졌다. 단종수술 역시 징벌로 자주 사용됐는데, 감금실에 감금됐다가 풀려날 때 환자들은 강제적으로 단종수술을 당해야만 했다. 또한 감금실에서 배고픔과 폭행으로 사망에 이르는 환자도 부지기수였다. 환자들 사이에서는 감금실에서 죽은 이들 가운데 생체 실험으로 사망한 일도 있다는 소문이 퍼졌다. 대다수의 환자들은 견디기 힘든 고통 속에 있으면서도 저항의 대가가 너무 컸기 때문에 대개 불만이 있어도 참고 견딜 수밖에 없었다.

그럼에도 일부는 목숨을 건 탈출을 감행했다. 1933년 이전까지 거의 기록되지 않았던 '도주자'가 1934년에는 9명이 되더니, 1935년에는 67명으로 급증했다. 해가 갈수록 탈출 환자가 증가해 1941년 한 해에는 86명까지 늘어났다. 소록도는 섬이지만 가장 가까운 육지인 녹동항과는 불과 350여 미터밖에 떨어져 있지 않았다. 하지만 소록도와 가까운 곳은 직원 지역으로, 이곳에 가기 위해서는 경계선과 감시소를 지나야 했기에 환자 지대에서 탈출할 수밖에 없었다. 환자 지대에서 육지까지는 최소 1km 넘게 떨어져 있어서 맨몸으로 헤엄쳐 건너는 게 쉽지 않았다. 게다가 섬과 육지 사이는 해류가 빨라지기 때문에 끝까지 건너지 못하고 익사한 사람들도 많았다고 한다. 그래서 일부 환자들은 숨어 있다가 지나가는 어선을 매수해 도망치기도 했다. 탈출하는 사람이 늘어나자 소록도갱생원은 이를 막기 위해 1937년 소록도 환자 지대 북쪽, 육지가 보이는 곳에 해안선을 따라 4km의 순찰로를 만들기 시작해 1938년 1월에 완공했다. 그러나 이러한 감시에도 불구하고 탈출 환자는 계속

증가했다.

탈출이 소극적인 저항이었다면 보다 적극적인 저항도 있었다. 1937년 평소 환자들을 괴롭혔던 조선인 직원에 불만을 품은 환자 김병환, 손재헌, 박홍주, 김계술 등이 해당 직원을 살해하기로 계획한 것이다. 이들은 매복해 있다가 지나가는 직원을 습격해 구타하기 시작했다. 구타당하던 직원이 겨우 몸을 피해 도망치기 시작하자 환자들은 그를 쫓았다. 쫓고 쫓기는 와중에 떠들썩한 소리를 듣고 몰려든 환자들에게 추격자들은 노루사냥 중이라고 답했다고 한다. 결국 직원은 환자들을 피해 도망에 성공했고, 곧 습격에 가담했던 환자들은 모두 체포되어 소록도형무소에서 3개월에서 6개월까지 복역했다.

1941년에는 환자가 환자를 살해하는 사건이 발생했다. 환자 이길용이 평소 소록도갱생원 당국에 협력하고 환자들의 강제노동을 적극적으로 지지해 원성을 샀던, 역시 환자인 박순주를 살해한 것이다. 이길용은 사건 직후 자수해 재판을 받았는데, 그는 재판정에서 살해 이유를 "피살자가 상관에게 붙어 환자들에게 강제노동을 시켜 그로 인해 죽어간 환자가 수도 없이 많았"기 때문에 "6,000여 환우의 원한을 풀기 위한 것이라" 항변했다. 그러나 재판정은 소록도갱생원의 잘못은 지적하지 않은 채 이길용은 사형을 선고받고 소록도형무소에 수감했다. 그는 형무소에서 사형이 집행되기 전 스스로 목숨을 끊었다. 환자들이 목숨을 걸고 저항했음에도 소록도갱생원의 상황은 별반 나아지지 않았다.

그러다 1942년 6월 20일 환자 이춘상이 원장 스오를 칼로 찔러 죽이는 사건이 발생했다. 사건 당일은 스오의 보은감사

일이었다. 당시 소록도갱생원에서는 매달 20일 아침, 환자들이 중앙공원에 모두 모여 원장에게 감사드려야 하는 행사가 열렸다. 스오는 원장으로 부임한 직후부터 소록도갱생원 확장 공사에 전력을 다했고, 결국 세계 최고의 한센인 격리시설을 만드는 데 성공했다. 1939년 11월 25일 성대한 낙성식이 거행됐는데 이 성과를 대내외에 과시하기 위해 탁무대신대리 스에須江 사무관, 후생대신대리 오오하시大橋 기사와 각국 나요양소 원장 및 대만 낙생원 원장 대리 가와무라河村 등과 국내외 미츠하시 조선나예방협회이사장(경무국장), 니시키 나예방협회이사(총독부위생과장), 신카이新貝 전남지사, 후쿠다福田 대구지방법원검사정, 이마무라今村 경성제대 의학부장, 오이카와及川 평양의전 교장, 야마네山根 대구의전 교장, 각도 경찰부장, 동 위생과장, 대구·부산·여수의 나병원장 및 기타 관민유지 200여 명이 참석했다. 참석자들은 낙성식 이후에는 환자 지대로 이동해 정명황후 어가비 제막식에 참여했다.

스오는 자신의 업적에 도취했는지 이 무렵 자신의 동상 건설 계획을 세웠다. 이에 후에 살해당한 박순주 등이 앞장서서 건설취지서를 작성하고 건설기성회를 조직한 후, 환자들에게 동상 건설을 위한 모금을 받기 시작했다. 환자들은 모아둔 작업갱생비를 강탈당하거나 집에서 받은 송금액을 빼앗겼고, 아예 돈이 없는 환자들은 3개월분의 노임을 헌납하도록 강요받았다. 장애가 심하거나 중병을 앓고 있는 환자들은 자신의 배급 식량이나 의복을 팔아서라도 모금에 참여해야 했다. 이를 통해 기금 9,000원이 모이자 스오의 동상 건립이 시작됐다. 이

사토 간호장과 환자들
환자들이 운반하는 암석 위에서 감시하고 있는 사토 간호장의 모습으로 1940년 사진이다. 사토는
환자들을 잔인하고 혹독하게 다룬 대표적인 인물로, 대부분의 환자들에게 그는 두려움의 대상이
었다.

무렵 소록도 당국은 원장 동상이 세워질 곳에 공원도 함께 조성하기로 결정했다. 중앙공원의 설계는 일본 교토 야마시나山科에 있는 종교봉사단체인 일등원—燈園의 호리키리堀切가 담당했고, 조경은 역시 교토의 유명한 원예사인 마츠오松尾가 책임을 맡았다. 이에 환자들은 공원 조성공사에 동원됐다. 무자비한 폭력 속에서 조경에 쓰일 거대한 바위와 나무들을 메고 나르는 일이 시작된 것이다.

가혹한 노동에 환자들이 쓰러지면 채찍질이 날아왔고, 겨우 일어나 일을 하다가 다시 쓰러지면 어김없이 다시 채찍질을 당했다. 가혹한 노동과 매질에 사망하는 사람들이 생겨났으나 소록도 당국은 대안 없이 더욱 가혹하게 노동을 강요할 뿐이었다. 결국 견디다 못해 자살하는 환자도, 물로 뛰어 들어 도망치다가 물에 빠져 죽는 환자도 있었다. 이 중 가장 가혹했던 이가 사토佐藤三代治 간호장이었다. 그는 큰 암석들 위에 올라타 환자들에게 채찍을 휘두르며 작업을 감시하고 통제했다. 그 결과 중앙공원에는 소록도 각지에서 발굴한 기암괴석이 놓였고, 일본과 대만 등지에서 가져온 열대식물이 심어졌으며, 각종 물고기가 헤엄치는 연못이 공원 귀퉁이에 자리 잡았다.

7만 평의 거대한 중앙공원은 아이러니하게도 매우 아름답게 건설됐고, 5개월의 작업 끝에 1940년 4월 1일 완공됐다. 그리고 중앙공원 상단에 원장의 동상이 세워졌다. 동상은 교토 일등원에서 높이 3.3m 규모로 제작됐는데, 밑단까지 포함하면 9.6m였다. 1940년 8월 20일 스오의 동상 제막식은 정명태후의 시의관 니시카와 요시에西川義方와 조선총독부 니시키 산케이

위생과장이 참석한 가운데 전 직원과 수천 명의 환자들 앞에서 치러졌다. 스오는 제3차 확장 공사와 중앙공원까지 마무리 짓자 '자신의' 소록도를 일본의 한센병 학계에도 소개하고 싶어했다. 그리하여 동상 제막식 보름 후인 9월 4일부터 3일간 소록도에서 제14회 일본나학회를 개최했다. 이 학회에는 일본과 조선 그리고 만주의 대학과 연구소에서 활약하던 관련자 150여 명이 참석했고, 참석자들은 소록도갱생원의 규모와 정돈된 모습, 중앙공원의 아름다움 그리고 스오의 능력에 탄복하고 돌아갔다.

중앙공원과 그곳에 세워진 자신의 동상은 스오가 이룬 업적의 화룡정점이었다. 1942년 6월 20일 아침도 원장 동상에 참배하기 위해 환자들이 마을별로 줄을 서 있었다. 스오는 관사로부터 차를 타고 중앙공원 앞에서 내렸다. 그가 중앙공원에 나타나자 모든 환자 및 직원은 허리를 숙여 인사했다. 그 앞을 원장이 수행원과 함께 지나갈 때, 갑자기 대열 뒤쪽에 서 있던 한 환자가 뛰어들어 고함을 지르며 스오의 가슴을 칼로 몇 차례 찌르는 일이 벌어졌다. 워낙 순식간의 일이었기에 허리를 숙이고 있던 환자와 직원들은 이 장면을 목격하지 못했다. 칼이 가슴에 박힌 스오가 쓰러지자 그때야 상황파악을 한 이들이 찌른 이를 포박하고, 원장을 차로 관사에 옮겨졌으나 그날 저녁 사망했다.

스오를 칼로 찔러 살해한 사람은 이춘상이었다. 이춘상에 대해서는 1915년 경북 성주에서 태어났다는 것 외에는 다른 과거는 잘 알려져 있지 않다. 다만 1939년 봄 경성에서 체포

되어 서대문형무소에서 복역했을 당시 쓰인 기록에 따르면, 그
는 한센병에 걸려 대구 나병원에서 치료를 받아 완치된 적이 있
고, 대구·부산·경성 등지에서 잡화행상 등으로 생활을 꾸려가
던 중 절도교사와 장물수수죄로 징역 1년, 벌금 50원을 선고받
았다. 형무소 복역 당시 한센병이 재발하자 같은 해 6월 소록도
형무소로 이감되어 사건 전까지 약 3년을 소록도에서 지냈다.
이춘상은 형무소에서 약 8개월 복역한 후 1940년 5월부터 소
록도에서 생활하기 시작했는데, 당시 그에 대한 환자들의 증언
이 남아 있다. 이춘상은 유도와 가라데 유단자이며, 그가 벽돌
을 손으로 쳐서 깨뜨리는 것을 봤다는 증언도 있고, 원장 동상
제막 기념으로 연극공연을 하기로 했는데, 이춘상이 칼춤 추는
역할을 맡게 해달라고 위협했다는 증언도 있다. 이춘상은 칼춤
공연을 빙자해 긴 나무칼을 만들어 전봇대 찌르는 연습을 한 달
이상했다고 한다. 이춘상이 밤마다 칼로 찌르는 연습을 했다는
다른 증언도 있는 것을 보면 그가 원장을 살해하기 위해 짧지
않게 준비했음을 짐작할 수 있다. 자신과 같은 방을 썼던 다른
환자에게 "스오 원장을 살해해야 한다"고 말했다는 증언도 보
인다.

　원장 살해에 성공한 이춘상은 소록도 중앙공회당에 마련
된 임시 재판정에서 재판을 받았고, 같은 해 8월 20일 사형선고
를 받았다. 이춘상은 바로 항소했는데 1942년 10월 2일 대구
복심병원에서도 사형선고를 받았고, 다시 항소했으나 고등법
원에서 상고가 기각되어 사형이 확정됐다. 그리고 1943년 2월
19일 대구형무소에서 사형당했다. 이춘상은 강제격리와 노역,

이춘상 의사 6·20 의거 기념조형물

이춘상은 비록 형장의 이슬로 사라졌지만, 이춘상의 정신은 한센인의 마음에 깊게 남아 2021년 10월 소록도에 조형물을 세우는 것으로 이어졌다. 1948년 소록도의 한센인들이 그를 기리는 다음과 같은 한시를 공동 창작하기도 했다.

節候春相年年綠 人間春相豈不歸
계절은 봄 돌아와 해마다 푸른데 인간 춘상은 어찌 돌아오지 않는가.

또한 이들은 이춘상을 기리는 기념비를 설립하려 했으나 소록도 직원들이 '소록도의 아버지를 죽인 자의 기념비를 세울 수 없다'며 이를 막았다. 이후 오랫동안 이춘상 의거는 역사가 되지 못하고 구전으로만 전승됐다. 그럼에도 저항정신의 상징으로서의 위치는 변함없었다. 그 결과 2002년 이춘상을 기리려는 목적으로 한센인과 시민들이 힘을 합쳐 '이춘상선생기념사업회'를 결성했다. 이 단체는 이후 세 차례에 걸쳐 보훈처에 이춘상을 독립유공자로 인정해달라고 요청했으나 모두 기각당했다. 서울대 정근식 교수(현 진실과화해위원회 위원장)는 이러한 결과에 대해 보훈처가 여전히 한센인에 대한 편견에 사로잡혀 있다며 비판했다. 2019년 이춘상 기념사업회는 더 많은 사회 각계의 인사를 참여시키며 조직을 재정비했고, 첫 번째 사업으로 소록도에 이춘상 의사 6·20 의거 상징조형물을 설치하기로 결의했다. 그리고 2021년 10월 스오가 만들었던 중앙공원에 이춘상 의사 상징조형물이 세워졌다. 조형물 설립으로 소록도의 과거사 청산 노력이 하나의 결실을 보게 됐다.

단종수술과 낙태수술, 생체실험, 무리한 배급 감량 등으로 죽거나 고통받은 6,000여 명의 환자를 대표해 원장을 살해함으로써 일제의 한센병 통제 정책에 항의했다. 일본에서 미츠다는 스오의 살해 소식에 한탄하며 "이토[히로부미] 공은 하얼빈에서 '무지의 흉한' 안중근에게 거꾸러졌고, 스오 원장도 '흉한'에 의해 목숨을 잃었다"고 적었다.

일제강점기는 민족적 억압뿐만 아니라 근대적 폭력성이 이식되고 안착되던 시기다. 근대적으로 보이는 제도에 의해 전통적이고 억압적인 질서가 해체됐다고 여겨지지만 실상은 그대로 지속되는 경우가 많았고, 다른 한편으로는 여성·고아·백정·부랑인·환자 등 전통적 소수자에 대한 다른 방식의 폭력성이 뿌리 내리기 시작했다. 이들에 대한 근대적 폭력의 한 형태가 '격리'였고, 이에 대한 희생자가 '한센병 환자' 그리고 '부랑아(인)'이었다. 즉 이 시기에는 민족적 억압뿐만 아니라 제국이 가져온 폭력성에 이중으로 억압받던 소수자가 존재했던 것이다. 그리고 이들은 근대적 폭압성에 저항했다. 그 대표적인 인물이 이춘상이었다. 이춘상은 일제에 맞서 민족적 측면에서 저항했을 뿐만 아니라 근대가 지닌 폭력성에 대해서도 저항했던 것이다. 그러나 이춘상의 의거는 소록도와 한센인을 제외하고는 대한민국 역사 속에서 오랫동안 철저히 망각됐다.

1942년 8월 1일 총독부 위생과장이었던 니시키가 소록도갱생원에 부임했다. 니시키는 부임하자마자 환자들에게 원성의 대상이었던 사토를 바로 면직하고, 원장 동상에 대한 참배를 중지시킴으로써 소록도갱생원의 질서를 되찾고자 했다. 대신 그는 환자들에게 신사참배와 궁성요배를 더욱 엄격히 시켰으며, 점호 때마다「황국신민서사」를 외우도록 하는 등 사상교육에 집중했다. 이전보다 강제노동의 강도는 조금 낮췄던 것으로 보이는데 그 결과가 1942년과 1943년 사망률의 감소였다. 그러나 당시는 태평양전쟁 중이었기에 환자의 식량사정이 여전히 좋지 않았으며, 전쟁물자를 생산하는 데 지속적으로 동원되던 상황이라 1944년부터 다시 사망률은 증가했다. 전쟁물자가 부족해지자 소록도의 금속은 모두 군수용으로 헌납됐는데, 이때 스오 동상도 포함됐다.

5

―

해방된 조국, 해방되지 못한 사람들

1945년 8월 15일 소록도는 여느 날과 다름없었다고 한다. 사회와 격리되어 있었기에 소록도 바깥에서 조선인이 '대한민국 만세'를 외치며 독립의 기쁨을 표현하는 순간에도 이들은 벽돌과 숯을 굽고 나무를 베는 등 강제노동에 동원됐다. 광복 소식은 8월 17일에서야 소록도의 환자들에게 알려졌다. 본국으로 철수할 계획을 세운 이후 소록도갱생원 원장이 일본의 패전 소식을 전한 것이다. 이는 강제격리와 가혹한 강제노동 그리고 굶주림에 고통받던 환자들에게 그러한 삶에서 벗어날 수 있으리라는 희망을 품게 했다. 광복된 새로운 나라는 그들에게 자유와 같은 인간으로서 기본적으로 누려야 할 권리를 돌려줄 거라고 기대했던 것이다. 한편에서는 '대한민국 만세'를 외치거나 애국가를 부르면서 뛰어다녔고, 다른 한편에서는 수많은 환자가 죽어갔던 감금실로 무리를 지어 들어가 기물을 부수고 신사를 파괴했다. 또 배를 타고 육지로 나가 그리웠던 고향과 가족으로 돌아간 환자도 있었다. 환자들은 꿈에도 그리던 자유를 마음껏 만끽했다.

당시를 묘사하는 한센인들의 글을 읽으면 그들이 육지에 살던 그 누구보다 광복을 반겼음을 느낄 수 있다. 식민지배 그리고 사회적 배제와 강제격리라는 다중의 통제에 신음하던 이들에게 광복은 다양한 모순으로부터의 해방을 의미했다. 광복을 맞이한 소록도 환자들은 단순히 자유를 누리는 데 그치지 않고, 새로운 독립국가를 세우고 새로운 소록도를 만드는 일을 상상하며 이를 현실화하기 위해 움직였다. 환자들은 정치 지도자들의 이름을 거론했고, 그들의 이름을 벽에다 붙였다. 또 환자 중 지식인들은 이미 8월 15일 일본 패망에 대한 정보를 입수하고 비밀리에 환자 단체를 조직하기 시작했다. 절충위원회가 만들어졌고 총수·재정담당·서무담당·보도담당·조직실무 등으로 구성된 집행부가 꾸려졌으며, 교회 청년 및 부락 보국대 등 하위 조직까지 만들어졌다. 총수 이경도는 일본 와세다대학 재학 때 2·8 독립선언운동에 참여했다고 알려졌다. 그는 졸업 후 귀국했으나 한센병에 걸려 소록도에 들어온, 당시 소록도에서 가장 학력이 좋은 지식인이자 소록도 교회 발전에 중요한 역할을 했던 존경받는 인물이었다. 다른 집행부에 속한 이들도 대부분 학력이 높고 능력을 갖췄다. 이들은 환자가 주인이 되는 새로운 소록도를 꿈꿨다.

그러나 민족적 숙원이었던 광복에서 한센인은 제외됐다. 남한 사회는 한센인을 새로운 국가 건설의 일원으로 인정하지 않았다. 자유민주주의와 사회주의와 같은 이념적 집단에서도, 민족주의 집단에서도 이들이 참여할 곳은 존재하지 않았다. 독립된 국가 남한 사회에서 이들에게 허락된 공간은 차디찬 길거리나 일제가 세우고 운영했던 한센인 격리시설뿐이었다. 소록도에서의 상황도 비슷했다. 식민지기 일본인 관리자 밑에서 일했던 조선인 의사와 직원이 소록도의 통제권을 가져갔고 운영 면에서도 환자는 배제됐다. 게다가 그 방식은 너무나도 폭력적이어서 그 과정에서 해방을 꿈꾸던 수많은 환자가 살해당했다. 소록도와 남한사회는 한센인을 철저히 무능력한 사회적 타자로 만든 후 일제강점기보다 더욱 철저하게 그들을 격리하기 시작한 것이다.

5장은 남한사회에서 최초로 발생했던 학살사건인 소록도 84인 학살사건으로부터 시작한다. 그리고 한센인들이 어떻게 다시 사회적 타자가 되는지, 그 방식은 일제강점기와 비교했을 때 어떤 차이가 있는지 살펴보려고 한다.

84인 학살사건

일제강점기 35년을 한센병에 대한 관리 정책을 중심으로 이야기해본다면 어떤 내용이 나올까? 일제는 한센병 통제를 위해 1917년 소록도자혜의원을 설립하고 강제격리 정책을 도입했다. 그러나 결과적으로 일제의 한센병 박멸 사업은 완전히 실패했고, 오히려 한센병 환자의 증가와 확산이라는 예상치 못한 사회문제까지 발생시켰다. 게다가 효율적으로 한센병을 관리하기 위해 환자가 위험하다는 점을 과도하게 강조하면서 이들에게 가해진 낙인과 차별이 돌이킬 수 없을 정도로 심각해졌다. 그 결과 낙인과 차별은 식민지 조선에서 한센병을 통제하는 데 있어 가장 큰 장애가 됐다. 나는 이러한 점에서 강제격리를 통한 한센병 절멸은 실패했다고 본다. 그러나 전염병 통제를 위한 목적으로 환자를 강제격리해 절멸시키는 게 문명적이라는 사고방식을 식민지 민중에게 내면화하는 것이 식민지 근대화의 목적이었다면, 이 부분에서는 완전히 성공했다고 평가하고 싶다.

나의 이러한 생각은 1945년 광복 이후 남한사회 곳곳에서 발생한 한센인에게 가해진 폭력이 뒷받침해준다. 일본의 패망과 조국의 광복은 일제강점기에 만연했던 한센병 환자에 대한 낙인과 차별의 문제를 성찰하는 계기가 되지 못했다. 광복 후 남한사회는 강제격리를 통한 한센병 박멸이라는 미완의 기획을 더욱 완벽하게 가다듬어 목표를 달성하려는 욕망을 거침없이 드러냈다. 일제는 한센병 환자에게 가해지던 낙인을 강화하면서도, 이로 인해 부랑 한센병 환자 문제가 심각해지자 조선인을 중심으로 이를 논의하고 대응하는 일이 불가능하도록 최대한 억눌렀다. 광복은 조선사회에서 한센병 환자에게 가해지던 폭력성을 제어할 통치자가 사라졌음을 의미했다. 한센병 환자의 입장에서 광복이라는 사건은 또 다른 시련이 시작되는 첫날과 다름없었다. 광복 이후 한센병 환자에게 가장 먼저 발생한 비극은 소록도 '84인 학살사건'이다.

광복 이후 소록도에서 일본인 관리자의 통제력이 사라지자, 한국인 의사와 직원 사이에 소록도의 운영권을 놓고 다툼이 발생했다. 의사 석사학은 역대 원장이 모두 의사였으므로 의사가 운영권을 가져야 한다고 주장했지만, 간호장 오순재와 간호주임 송회갑은 직원이 소록도를 운영해야 한다고 주장했다. 이들은 모두 식민지기 일본인 원장 밑에서 한센병 환자를 관리한 경험이 있었다. 논쟁 끝에 직원들의 투표로 소록도 운영권자를 뽑기로 했는데, 투표 결과 위원장에 오순재가 부위원장에 송회갑이 선출됐다. 석사학은 투표에서 패하자 환자들을 자신 편으로 삼아 주도권을 되찾고자 했다. 그는 8월 20일 환자들에게 접근해 직원들이 소록도의 식량, 약품 등 물자를 밀반출하려 하니 이를 막아야 한다고 말했다. 거의 모든 물자를 소록도 외부에 의존하고 있는 상황에서, 물자가 반출된다는 것은 환자에게 생존과 관련된 위급한 사안이었다.

환자들은 대표를 앞세워 직원들에게 항의하고 물품 확인을 요구하며 직원 지대로 나아갔다. 직원들은 환자들이 직원 지대로 몰려들자 위협을 느꼈다. 이러한 상황은 이전에 상상도 못할 일이었다. 오순재는 서생리 대표인 신정석에게 다음 날 모여 협의하자고 제안했지만, 환자들은 즉시 확인해달라며 직원 지대로 돌진했다. 이에 직원들이 경고 사격을 했으나, 환자들이 이를 무시하자 바로 사격을 가했다. 그 자리에서 환자 8명이 바로 사망했고 나머지 환자들은 환자 지대로 물러났다. 이후 오순재 위원장과 환자 대표 이경도는 다음 날 협상을 통해 이 문제와 소록도 운영 방법을 논의 후 합의하기로 하고 헤어졌다. 환자들은 협상을 위해 각 마을별로 간부 경험이 있는 대표를 7~9명씩 선출했다.

8월 21일 환자 대표들이 협상을 위해 모였으나, 직원 측에서는 환자 대표 전원이 모이지 않았다는 이유로 협상을 다시 다음 날로 미뤘다. 사실 직원들의 협상 제안은 환자들을 기만하기 위한 전략에 불과했다. 직원들은 환자들의 요구를 자신에 대한 위협으로 간주하고 이들을 제압하기 위해 고흥과 여수의 치안대에 지원을 요청했다. 협상을 연기한 것은 치안대가 소록도에 입도하는 데 필요한 시간을 벌기 위해서였다. 8월 22일 40~50명의 환자 대표들이 협상 장소에 도착하자 무장하고 있던 직원과 치안대가 이들을 모두 체포했다. 치안대는 환자 대표를 모두 묶은 후 총살했다. 뒤이어 도착한 대표들도 모두 이들에게 살해당했고, 이후에는 마을을 돌며 대표자급 환자들을 색출해 사살했다. 그리고 환자들에게 구덩이를 파게 해 시신과 아직 살아 있는 부상자까지 그곳에 몰아넣은 후 일제강점기에 환자들이 송진을 채취해 모아뒀던 송탄유를 부어 불로 태웠다. 심지어 외부에서 작업을 마치고 소록도로 돌아오는 환자들까지 해변에 일렬로 세워 총살한 후 시신을 바다로 밀어 넣었다.[1] 이날 소록도 전체는 피비린내와 시체 태우는 냄새로 뒤덮였고 환자들 중 그 누구도 바깥으로 나오지 못한 채 방에서 벌벌 떨 수밖에 없었다. 이렇게 환자들의 광복은 실패했다. 학살을 목격했던 한센인 김창원은 당시 심경을 다음과 같이 묘사했다.[2]

> 이것이었던가. 그렇게도 고대했던 자유의 대가를 꼭 이렇게 값비싸게 치러야 했는가. 이 참사를 맞이하기 위해 해방을 그토록 감격스럽게 맞이했었던가. 우리 나환자들에게는 이렇게 짙은 아픔의 삶만이 주어져 있는가. 해방을 맞은 기쁨의 흔적이 채 사라지기도 전에 차마 울어버릴 수도 없는 엄청난 비극을 무뎌진 오감으로 받아들일 수밖에 없었다.

'84인 학살사건'은 광복 이후 최초로 발생한 집단 학살사건이다. 광복 이후 한반도에서는 이념 대립으로 백만 명이 넘는 민간인들이 학살됐는데, 한센인에 대한 학살은 이념에서 비롯된 것이 아니었기에 다른 학살과 차이가 있었지만, 새로운 민족국가가 형성되는 과정에서 발생했다는 공통점이 있다.

그렇다면 왜 사건이 발생한 것이며, 이를 어떻게 해석할 수 있을까? 광복 이후 소록도의 환자들은 광복의 기쁨을 누리면서 '새로운 시대'를 꿈꾸기 시작했다. 새로운 시대란 소록도

84인 학살사건 피해자 유골 발굴 현장과 추모비

1945년 8월에 발생한 84인 학살사건 당시 암매장을 당한 피해 한센인들의 유골이 56년 만인 2001년 12월 8일 유골 발굴 작업으로 세상에 드러났다. 2001년 1월 창립한 시민단체인 '소록도를 사랑하는 사람들의 모임'은 소록도의 인권 문제를 제기했고, 소록도자치회와 함께 84인 학살사건을 해결하기 위한 노력의 일환으로 유골 발굴을 계획한 것이다. 그리고 2002년 8월 22일에는 소록도병원 본관 앞에 희생된 84명을 추모하기 위해 '애한의 추모비'가 세워졌다.

운영에 환자들이 참여해 진정으로 환자들을 위한 소록도를 만드는 것을 의미했다. 이 과정은 결코 평화롭지 않았다. 오히려 그동안 억눌렸던 분노가 폭력적으로 표출되기도 했다. 환자들은 이승만, 김구, 조만식 등 정치 지도자의 이름을 부르기도 했고 신사와 기물을 부수기도 했으며, 자신을 괴롭혔던 일본인 직원들에게 보복하기도 했다. 이때 환자들을 가혹하게 다뤘던 조선인 직원 한 사람이 환자들의 폭행으로 사망한 일도 있었다. 그러나 이 소동은 곧 가라앉았고, 환자들은 스스로를 통제하고 소록도 운영에 개입하기 위해 절충위원회를 조직했다.

절충위원회는 학교 교장직에 있던 환자 이경도가 대표를 맡았고, 각 마을의 보국대 대장과 교회 청년들이 가입했다. 8월 19일에는 각 마을마다 주임, 서무서기, 배급서기 작업반장 등의 간부들을 선출해 환자를 대표하는 조직으로 발돋움하는 기반을 세웠다. 또한 이날 위원회는 직원들에게 처우 개선 및 생활환경 개선 등 20여 개의 요구사항을 전달하고, 환자의 자치를 인정해달라고 요구했다. 환자들의 이러한 요구는 합리적이고 이성적인 것이었다. 그러나 식민지기 일본인 직원 밑에서 환자들을 인간 이하의 존재로 여겼던 한국인 직원들에게 환자들은 협상 대상이 아니었다. 직원들은 환자들의 요구를 즉각 거부했다. 이렇듯 84인 학살사건은 한 의사에 의해 촉발된 것처럼 보이지만, 실제로는 환자들의 조직화에 대한 직원들의 거부감이 비중 있게 자리했다.

고흥에서 온 치안대는 왜 이러한 학살에 가담한 것인가? 소록도갱생원의 조선인 직원 중 상당수가 소록도 인근 지역 출신이기 때문에 지역 관계망을 통해 치안대를 불러들였을 가능성이 크다. 그러나 다수의 사람을 학살하는 것은 다른 차원의 문제다. 나는 고흥 지역민이 당시 갖고 있던 한센병 환자에 대한 인식이 중요한 원인이었다고 생각한다. 식민지기 환자의 증가와 확산은 고흥에서도 중대한 사회문제였다.[3] 특히 1930년대 환자들이 도시에서 지방으로 확산되는 상황에서, 소록도갱생원의 확장과 수용인원의 증가 소식은 더 많은 부랑 한센병 환자들이 소록도가 있는 고흥으로 몰리게 하는 계기가 됐다. 지역민 입장에서는 소록도 당국이 통제력을 잃어 환자가 집단행동을 하거나, 다수의 환자가 소록도 바깥으로 나오는 일이 상당한 위협으로 느껴졌을 것이다. 소록도에서 요청이 있은 지 불과 이틀 만에 이러한 대규모 학살사건에 치안대가 가담한 데는 식민지기 조선에 보편화됐던 한센병 환자에 대한 적개심이 존재했기 때문이다. 다시 정리하면 84인 학살사건은 식민지기에 형성, 누적돼온 한센병 환자에 대한 낙인과 적개심이 정치적으로 혼란한 상황에서 터진 것이다. 게다가 한센인에 대한 학살사건은 이것이 마지막이 아니었다.

처치해야 할 '문둥이'

광복 이후 소록도는 혼란 그 자체였다. 식민지기 억압적인 생활과 강제노동 등으로 고통받던 환자들에게 소록도는 지옥과 같았다. 광복 직후에 벌어진 84인 학살사건뿐 아니라 해방 공간에서 자신들만 해방되지 못했다고 느끼는 박탈감은 환자들에게 매우 부당하게 느껴졌을 것이다. 조선인 직원들은 여전히 억압적이었으며, 물자 반입이 어려워지자 심각한 식량난에 직면했다. 소록도는 더는 환자들이 남아 있을 수 있는 공간이 아니었다. 수많은 환자가 소록도를 탈출하기 시작했고 그 결과 1940년 6,136명에 달했던 소록도의 환자는 1945년 12월에 이르면 4,416명으로 급격히 감소했다. 즉 광복 직후 4개월간 1,700여 명의 환자가 소록도에서 탈출한 것이다. 탈출 환자 중 일부는 고향으로 돌아갔겠지만, 환자 대다수는 도시에서 다시 부랑을 시작했다.

소록도 환자들이 탈출해 도시에서 무리 지어 배회하면서 부랑 한센병 환자가 다시 전국적인 사회문제로 자리 잡았다. 도시민은 부랑 한센병 환자 문제에 적극적으로 대응하기 시작했다. 1945년 12월경 서울의 사회유지들은 도시에 등장한 환자들을 다시 소록도로 보내기 위한 방안을 논의했으며,[4] 1946년 초에는 경기·인천·개성 지역에 많은 환자가 부랑하자 도시민이 "국민 보건상 우려"가 커졌다고 발표하기도 했다.[5] 1947년에도 상황은 비슷했는데, 수백 명의 환자들이 도시에 부랑하고 있다며 인천 시민들이 보건당국에 이들의 단속과 격리를 지속적으로 요구했으나 당국은 해결하지 못했다.[6] 같은 시기 서울에서도 부랑 한센병 환자가 점차 증가해 300명이 넘는 환자 집단이 부랑하기 시작했고, 이는 도시민을 자극했다.[7]

한국사회는 이 문제를 해결할 수 있는 유일한 방법이 강제 격리라는, 식민지기에 형성된 인식을 그대로 갖고 있었다. 이

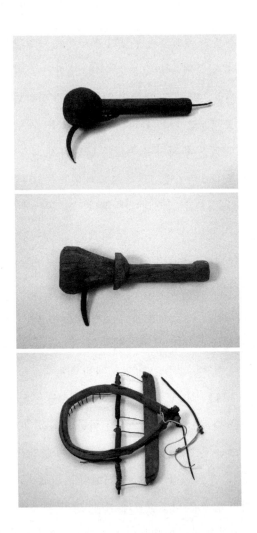

굴까개와 꿩틀
육지로부터 고립되어 있는 소록도는 환자들에게 필요한 식량을 생산할 수 있는 땅이 절대적으로 부족했다. 더군다나 좁은 섬에 너무 많은 환자가 수용되었고, 정부로부터 충분한 예산과 식량을 받지 못한 상황에서 환자들은 생존을 위해 식량을 구해야만 했다. 다행히 소록도의 갯벌은 굴이나 조개 등 다양한 식량이 풍부했다. 이에 환자들은 굴을 캐는 데 쓰는 굴까개와 꿩을 잡을 때 쓰는 꿩틀을 직접 만들기도 했다.

에 도시 근교에 임시수용소를 만들어 환자들을 격리하거나 소록도에 보내기 위해 노력했다. 그러나 광복 후 혼란스러운 상황에서 강제격리를 위한 예산을 확보하기란 쉽지 않았다. 식민지기 조선총독부 역시 강제격리에 들어가는 예산을 부담스러워 했고, 강제 모금을 통해 겨우 소록도를 확장시킬 수 있었을 뿐이다. 임시수용소에 갇혔던 환자들은 식량 등 물자 부족에 허덕이다 결국 그곳을 탈출할 수밖에 없었다. 부산 나병원역시 광복 후 다시 환자들을 받기 시작해 1947년 5월에는 700명이 넘는 환자를 수용했으나, 이들을 치료할 의사나 치료제도 없는 데다 식량도 부족한 실정이었다.[8] 같은 해 9월 소록도 역시 식량난으로 환자 수용이 어려워졌다.[9]

소록도의 식량난으로 환자들이 탈출하고 전라남도 각지에 부랑 한센병 환자들이 증가하자 도지사 회의에서 이 문제의 심각성을 제기하고, 당해 미곡 반출량 19만 석 중 3,000석을 소록도로 수송하기로 결정했다.[10] 그러나 각 도시에서 보내는 환자들로 소록도는 곧 만원이 됐고, 식량난도 해결되지 않아 다시 환자들은 소록도를 탈출하는 일이 벌어졌다.[11] 시민들은 문제를 해결하지 못하는 당국에 불만이 점차 커져만 갔고, 무능한 당국을 강하게 비판했다.[12] 이러한 상황에서 언론은 부랑 한센병 환자들이 도시에서 저지르는 각종 범죄에 집중했다.

특히 인천 지방지인 『대중일보』는 환자들이 저지르는 범죄를 자주 기사화했다. 1947년 7월 26일 「문둥이 절도단」에서 부랑 한센인 환자들이 인천 시내에서 절도 등의 범죄를 저지른다고 보도했으며,[13] 8월 12일에는 인천의 공원들이 '문둥이'로

全南에「문둥이」沙汰
食糧難으로 小鹿島收容不能

문둥이 橫行

서울에 五百餘名
문둥病患者
市서 一掃코저 準備中

癩病환자 수용에
具보건부장관담화

'문둥이'에 대해 다룬 신문기사들

1946년부터 1950년까지 신문에 실렸던 '문둥이' 관련 기사 중에 주목해볼 만한 것들이다. 기사 체목은 다음과 같다. 「문둥이 횡행」(『대동신문』 1946년 4월 2일), 「전남에 문둥이 사태, 식량난으로 소록도 수용 불능」(『독립신보』 1947년 9월 29일), 「서울에 오백여 명, 문둥병 환자 도시서 일소코저 준비 중」(『한성일보』 1948년 6월 6일), 「나병환자 수용에, 구보건부장관 담화」(『부인신문』 1950년 2월 16일).

가득 차 있다고 비판했고,[14] 8월 24일에는 다시 '문둥이'들이
절도와 강간 등의 범죄를 저지르고 있다며 자극적인 단어를 썼
다.[15] 한편 『부인신보』는 1947년 10월 「문둥이들을 처치해주
오」에서 당시 서울의 부랑 한센인 환자 문제에 대해 다음과 같
이 묘사했다.[16]

> 수도 서울을 깨끗이 하기 위해 한때 서울 시내 거지를 트럭에
> 실어 멀리 벽촌으로 보냈다고 하더니 이 거지들은 언제 돌아
> 왔는지 아직도 시내에 와글와글하고 있거니와 그중에는 '문
> 둥'병이 걸려 이즈러진 무서운 얼굴에 원통 눈만을 반들거리
> 며 가정으로 달려들어 부녀자의 비명을 사고 있다. 일반 시민
> 은 관계당국에 급속히 문둥병 환자만은 처치해주기를 절실
> 히 갈망하고 있다.

이 신문기사를 통해 부랑 한센병 환자들이 도시에서 특히
여성들에게 주는 공포감이 상당했음을 짐작해볼 수 있다. 당
시 일반 부랑인 문제가 더 심각했음에도, 부랑 한센병 환자 문
제를 먼저 해결해줄 것을 요구하는 것으로 보아, 이는 당시 도
시민에게 가장 중요한 사회문제였다는 점도 짐작 가능하다. 그
러나 다음 해인 1948년에도 이 문제는 해결되지 않아, 서울시
에서 배회하는 환자가 500명으로 늘었다는 보고까지 나왔다.[17]
이런 와중에 1948년 7월 27일에는 환자가 식인을 한 사건이 발
생해 전국이 떠들썩했다.[18] 비슷한 시기 서울 시내에서 환자가
음식점을 경영하다가 발각되어 한바탕 소동이 벌어지는 일도

있었다.[19] 증가하는 부랑 한센병 환자의 문제와 이들이 일으키는 범죄는 1950년대까지 해결되지 않았고, 이들에 대한 냉담하고 강경한 사회 분위기는 점차 강화됐다.

넘쳐나는 환자와 미군정의 개입

미군정은 1945년 11월경 부랑 한센병 환자 문제의 심각성을 인지하고 환자 재격리 활동에 관여했다. 1945년 11월 17일에 작성된 미군정의「주간군정활동보고서」Weekly Military Occupational Activities Report에는 "모든 지역에서〔한센병 환자〕조사가 이루어지고 있으며, 한센병 환자들이 등록되고 있다. 서울에서 승인이 떨어지면 환자들을 모아 소록도에 있는 국립나요양소로 보낼 것이다"라고 기록한다.[20] 미군정은 먼저 도시에서 부랑하는 환자들을 단속해 소록도에 보내기 전까지 격리할 수 있는 임시수용소를 1945년 12월 부산에 설치했다. 그리고 지역 위생 당국 및 경찰과 협력해 부산에 부랑하는 환자들을 단속·수용하다가 소록도로 보냈다.[21]

경기·인천·개성 지역에서는 1946년 4월경부터 미군정이 임시수용소를 설치하고 부랑 한센병 환자를 수용하기 시작했다. 미군정은 서울시 신당정에 위치한 마약중독자 수용소를 부랑 한센병 환자 임시수용소로 바꿔 환자를 단속해 수용하다가 소록도로 보냈다.[22] 같은 해 10월에는 인천 위생과에서 경찰청 및 미군정과 협력해 환자 집단 거주지를 습격하고 환자 26명을 단속해 그날 바로 소록도로 보내기도 했다.[23] 서울시 보건위생국에서는 1947년 1월경 환자 300명을 "소록도 수용소"에 보낼 배가 인천에 도착하니 모든 환자를 신고하라고 발표했다.[24] 신고로 단속된 환자들은 다음 달인 2월 20일경 인천까지 열차로 보내졌고, 인천에서 소록도까지는 배편으로 수송됐다.[25] 1930년대 소록도로 보내달라고 요구했던 한센병 환자들은 지옥과 같은 소록도 생활을 경험하면서 소록도로 가는 것을 기피했다. 이러한 이유에서 미군정과 보건당국은 일반인의 신고 등을 활용해 환자들을 급습하는 방식으로 단속했다.

미군정과 보건당국 그리고 경찰의 단속 결과, 1945년 말 4,416명이었던 소록도 수용 환자는 1946년 말에 이르면 5,748명으로 증가했다. 1년간 1,332명의 환자가 단속을 통해 소록도로 보내진 것인데, 이것은 단속 수준이 매우 강했음을 의미한다. 수용 환자는 1947년 다시 6,254명으로 증가해 식민지기 최대 수용 환자 수보다 무려 100명이나 더 많은, 소록도 역사상 최대를 이뤘다. 광복 이후 불안정한 사회 분위기와 정치 상황 속에서도 미군정과 보건당은 부랑 한센병 환자를 가장 시급한 사회문제로 여기고 환자들을 단속·수용하는 데 상당한 노력을 기울였다. 그러나 미군정의 노력에도 불구하고 해결은 요원했다. 사회는 더 철저한 단속을 통해 도시 지역에서 환자들을 완전히 없애줄 것을 요구했다.[26]

문제는 1947년 소록도가 이미 정원을 훨씬 넘는 환자들로 가득 찼다는 것이었다. 경상남도 지사 대리였던 펜톤은 기자단과의 간담회에서 부내에 있는 수용소뿐 아니라 소록도 역시 포화 상태라 부랑 한센병 환자와 관련한 대책에 어려움을 겪고 있다고 설명했다.[27] 1947년 가을에 이르러 미군정과 보건당국은 소록도에 모든 환자를 수용하는 것이 불가능함을 깨닫고 문제를 해결할 수 있는 대안을 제시했다.

바로 1947년 11월 미군정 보건후생부가 각 도에서 경영했던 여수·대구·부산 나병원을 1948년부터 국영으로 전환한 후 철저히 관리하겠다고 발표한 것이다.[28] 그 결과 여수 애양원은 1,200명, 대구 애락원은 730명, 부산 상애원은 800명의 환자를 수용할 수 있게 됐다. 1948년 2월 11일에는 보건후생부장 이용설 박사가 한센병을 근멸시키기 위해 경북 영천과 충북 청주에 한센병 환자를 수용할 마을을 신설해 남한의 '나병촌'이 7개가 됐다고 밝혔다.[29] 이용설은 이 나병촌에 현대적인 치료를 할 수 있는 시약소를 설치해 1947년 8,000명에 달하는 환자를 치료했고, 1948년 영천과 청주에 2개 마을을 새롭게 만들어 약 1만 명의 환자를 치료하는 게 가능하다고 주장했다.[30] 즉 식민지기부터 1946년까지 소록도와 몇 개의 민간 나병원 중심이었던 국가 한센병 환자 강제격리 정책은 1947년경부터 지역 분산 정책으로 점차 변화하기 시작했다.

전국으로 확대된 한센병 수용소

한센병 환자를 각 지역에 분산해 수용하는 과정은 매끄럽지 않았다. 1948년 8월 15일 대한민국 정부 수립 이후 들어선 보건부는 1949년 '나병박멸'이 가장 중요하고 시급한 정책이라고 선포하며, 이를 위해 국가가 취할 정책은 강제격리가 유일하다고 여겼다. 구영숙 초대 보건부 장관은 1949년 7월 취임사에서 국가 보건 정책의 방향을 제시하고, 소록도와 같은 섬에 새로운 수용소를 건설할 계획에 있으며, 이갑수 보건부 차관이 실태조사 중이라고 발표했다.[31] 구영숙의 발표는 사회적으로 환영받을 만한 일이었지만, 실제로는 한센병 환자의 지역분산 격리 정책의 흐름에 반하는 것이었다. 이미 존재하는 나환자촌을 버리고 섬에 새로운 수용소를 짓는다는 것은 부족한 예산에 허덕이던 당시 보건부 입장에서 큰 부담이었다. 더군다나 구영숙의 계획은 각 지역 수용소에 있던 한센병 환자들의 격렬한 저항에 직면했다.[32] 환자들이 정부의 계획에 반대한 이유는 섬에 만들어질 새로운 수용소가 소록도를 연상시켰기 때문이다. 게다가 한센병 환자 마을이 이미 자리 잡은 터라 다른 곳으로 이주하는 것을 원하지 않았다. 식민지 조선에는 1927년 경상남도 함안에 득성농장이, 1938년 소아농장 등 나환자촌이 형성됐다.[33] 그러나 식민지 후반에 이르면 상당히 많은 나환자촌이 전국적으로 생겨났다고 보인다. 앞에서 언급한 것처럼 부산 나병원은 부산 인근의 경상남도 지역에 흩어져 있던 다양한 나환자촌에 정기적으로 치료를 나갔다. 그리고 광복 이후 한센병 환자에 대한 보건당국의 통제력이 약해진 틈을 타 시설에서 많은 환자가 나왔을 때 더 많은 한센병 환자 마을이 설립된 것으로 여겨진다.[34]

결국 예산의 압박과 한센병 환자의 저항에 부딪혀 정부는 원계획을 3개월 만에 수정했다. 1949년 10월 구영숙은 기자간 담회에서 남한에 5개의 국립나병환자 수용소를 설치할 것이며, 산재해 있는 환자를 이곳에 집중시켜 관리하겠다고 밝혔다.[35] 비록 폐기됐지만 모든 환자를 섬에 격리시키겠다는 원 계획은 정부가 한센병과 한센병 환자를 어떻게 인식하고 있었는지 보여준다. 정부 당국의 입장에서는 식민지기 소록도와 같은 폐쇄적 공간에 많은 환자를 격리시켰을 때 발생할 수 있는 억압이나 다양한 인권침해, 사망률의 급증과 같은 문제점은 격리 장소를 선정하는 데 중요한 요인이 아니었다. 사회에서 한센병 환자를 완전히 비가시화하는 것만이 수용소 입지 선정에 가장 중시됐다. 그리고 한센병 환자를 지역에 분산시켜 수용하겠다는 계획은 환자의 인권 등을 고려해서라기보다는 효율적인 통제를 위해 중앙정부와 지역사회가 합의한 결과였을 뿐이었다.

국립 한센병 환자 수용소는 소록도를 비롯해 대구, 부산의 나병원과 전라북도 전주 그리고 경기도 부평의 관리 상태가 좋은 한센병 환자 마을로 선정됐다. 산재되어 수용됐던 한센병 환자들을 국립 수용소에 옮기는 작업은 1950년 초부터 시작됐다. 예를 들어 1950년 1월에는 서울시 망우리에 수용되어 있던 200여 명의 환자가 부평으로 이송·격리됐는데 이때 서울 시민은 이를 매우 환영했다고 한다.[36] 부평 수용소는 인근 지역과 상당히 떨어져 있었는데다 산으로 둘러쌓여 있어서 인근 주민의 반대도 덜했다. 그러나 다른 지역은 지역민의 반대 때문에 수용소 설치가 쉽지 않았다. 경상남도의 경우 보건부가 부산시에서 24킬로 정도 떨어져 있는 반송동에 수용소를 설치하려 하자 인근 주민들이 격렬히 반대하기 시작했다. 지역민은 대표단을 조직한 후 1950년 1월 16일 보건부와 국회 등을 방문해 수용소 설치 계획을 철폐해달라는 진정서를 제출했다.[37] 구영숙은 "국민의 보건과 민족의 복리증강"을 위해 진행하는 환자 수용이 일부 주민의 한센병에 대한 무지로 인한 반대, 진정 또는 운동으로 지장받는다고 밝히면서, 정부는 확고부동하게 계획을 실현하겠다고 발표했다.[38] 그러나 결국 반송동에 수용소를 설치하려는 계획은 지역민의 조직적인 반대로 무산됐다.

한편 1949년 '중앙나요양소'로 개칭됐던 소록도갱생원은 1951년 9월 29일 '나요양소' 직제로 변경하면서 명칭을 다시 '갱생원'으로 바꿨다. 중앙나요양소에서 나요양소로의 직제 변경은 1950년 진행된 5개의 국립 수용소체제를 법적으로 보장하기 위함이었다. 중앙 나요양소체제가 유일한 국립나요양소인 소록도를 중심으로 사립나요양소나 한센병 환자 마을 관리를 목적으로 삼았다면, 나요양소체제는 5개의 국립나요양소를 모두 국립으로 인정하고 국가가 관리하는 것이 목적이었다. 즉 1949년 소록도에 환자를 집중 격리하는 한센병 관리체제에서 환자를 전국에 분산시켜 격리하는 체제로 변환하는 것이 정책적으로 결정됐고, 1950년부터 1951년까지 진행된 후, 1951년 직제 변경으로 '지역 분산 격리체제'가 완성됐다.

한편 비슷한 시기에는 종교단체가 설립한 새로운 한센병 환자 요양소도 설립됐다. 부평에 있는 성혜원이 설립될 때 그곳에 이주하기를 거부하는 천주교인 환자들을 위해 가톨릭 국제구제협의회NCWC 조지 캐롤George Carroll 주교가 1950년 6월 2일

성라자로 마을
국내 최초로 가톨릭단체의 주도 아래 설립된 한센병 요양소다. 1951년 현재 위치인 경기도 의왕시
오전동으로 이전해 지금까지 70년 넘게 한센인의 사회복귀 및 자활을 위해 운영된다.

광명시 신기촌에 성라자로 마을을 만든 것이다.[39] 성라자로 마을은 1951년 지금의 경기도 의왕시로 이전했고, 1952년 초대 원장으로 이경재 신부가 부임했다. 종교단체가 세운 한센병 환자 요양소는 이곳 외에도 1953년 3월 28일 안동에 설립된 성좌원이 있다. 이곳은 개신교 선교회에서 안동시 시유지를 제공받은 것이었다. 1959년에는 천주교 프란치스코회 소속 이탈리아 신부들이 경상남도 산청에 성심인애병원을 세웠다. 이곳은 처음에 텐트를 이용해 한센병 환자 60여 명을 수용하기 시작했는데, 1965년경부터 외과·내과·치과·피부과·검사실·물리치료실·X-Ray실을 설치 및 운영했으며, 1980년대 이르면 한센병 환자 400명에 이르는 대형 한센병 시설로 성장했다.[40] 이렇게 해서 1947년경부터 시작된 한센병 환자 수용소의 전국화가 제도적으로 자리 잡았다.

「전염병예방법」의 제정과 한센병 정책

한센병 환자에 대한 철저한 격리를 요구하는 여론이 거세지면서 국회에서도 논의가 시작됐다. 한국전쟁 중이던 1951년 5월에 개회한 정기회의에서 부산 시내에 횡행하고 있는 부랑 한센병 환자들을 육지와 외떨어진 섬이나 특수 지역에 수용하자는 의견이 나왔다.[41] 1951년 5월 2일 당시 무소속이었던 권중돈 의원은 전날인 5월 1일, 충무로 광장 담 밑에서 환자가 어린이 3명을 잡아먹은 것을 경찰이 발견했다고 주장하면서, 사회보건위원회와 내무위원회가 정부와 연락해서 부산 시내뿐만 아니라 38선 이남 전역에 있는 한센병 환자들을 전부 즉각 수용하라고 주장했다. 권중돈의 이러한 주장은 상당히 많은 의원의 지지를 받았다. 반면 대한국민당 소속 오성환 의원은 보건부 장관에게 확인한 바 한센병 환자가 어린이를 잡아먹은 사실이 없다고 지적했다. 미군정기 보건후생부장을 역임했던 무소속 이용설 의원 역시 예산 문제 때문에 모든 환자들을 즉각적으로 수용하자는 주장이 현실성이 없다고 말했다.

결국 사회보건 위원장이었던 박영출 의원이 관계 당국에 확인한 결과 이 사건은 사실이 아니라고 밝혔다.[42] 전쟁 중임에도 한센병 환자가 어린이를 잡아먹었다는 소문이 국회에서 논의될 정도로 당시 한센병 환자에 대한 사회적 우려와 공포는 대단했다. 한센병 환자에 대한 부정적 인식은, 소문이 발생하면 정확한 사실관계를 파악하기도 전에 사실로 받아들여지게 했으며, 이들을 모두 추방하고 격리하라는 주장이 국회에서 공식적으로 제기될 정도로 강력했다.

한국사회의 한센병 환자에 대한 강제격리에 대한 '열망'은 1954년 2월 2일 제정되고 1957년 2월 28일부터 시행한「전염병예방법」(법률 제308호)에도 반영됐다.「전염병예방법」은 전염병의 발생과 유행을 방지하기 위한 법으로서 식민지기 전염병과 관련한 여러 법을 하나로 통합시켜 제정했다. 이 법에서 한센병은 결핵이나 성병과 같은 만성전염병으로 분류되어 제3종 전염병으로 지정됐으나, 환자 관리에 있어서는 급성전염병 중 콜레라나 페스트 등과 같이 중대한 질병으로 분류되는 제1종 전염병과 같은 지위에 있었다. 그리하여 의사는 한센병 환자가 발견되면 정부에 의무적으로 신고해야만 했으며(4조), 퇴원, 이사, 사망 등 환자의 이동과 관련한 모든 사안도 정부에 신고해야만 했다(6조). 즉 한 번 한센병 환자가 되면 모든 이동에 있어 정부의 통제를 받았다. 이는 한센병 환자가 사망한 후에도 마찬가지였는데 한센병 환자의 시체는 허가 없이는 이동할 수 없었으며(34조), 시체는 무조건 화장해야만 했다(35조).

또한 「전염병예방법」은 「조선나예방령」과 동일하게 한센병 환자를 격리시킬 시설을 설치하도록 했고(24조), 모든 한센병 환자를 이 시설에 격리시키도록 했다(29조, 42조). 더 나아가 격리된 환자를 통제할 권한을 격리시설 원장에게 부여했다(26조). 원장에게 질서유지를 위한 권한을 부여한 것은 「조선나예방령」의 징계검속권을 그대로 수용한 것으로 보아야 한다. 다수의 한센병 환자들을 강제로 열악하고 좁은 시설에서 생활하게 만들고 강제노동을 시킬 때 발생하는 불만을 억누르기 위해서 원장에게 부여한 처벌권 때문에 일제강점기 수많은 환자가 감금실에서 죽어갔다. 그런데 이 처벌권의 내용이 「전염병예방법」에 포함된 것이다. 예상대로 소록도병원 등의 한센병 시설에서 원장들은 감금실 등을 사용해 환자를 처벌하며 이들을 통제했다.

더 나아가 「전염병예방법」은 환자의 취업을 금지했고(30조), 공공장소에 출입할 수 없게 했으며(31조), 취학을 금지시켰고(32조), 허가 없이 이동하는 것조차 막았다(34조). 그 결과 한센병 환자는 모든 사회생활에서 배제됐다. 급성전염병은 비교적 짧은 기간에 병에 걸렸다 낫는 데 반해 만성전염병인 한센병은 완치되는 데 수년이 걸렸기에 한센병 환자들은 모든 사회생활을 금지하고 격리했던 「조선나예방령」과 내용 면에서 크게 다르지 않은 상황에 처했다. 또한 한센병 격리시설에서는 화폐 유통을 금지 또는 제한하고 시설 내 태환전표를 발행하도록 했다. 시설로부터 일정한 거리 내에 인마나 선차가 접근하는 것도 금지 혹은 제한했으며, 시설 내에서 가족이 동거하는 것 역시 제한했다(41조).

한편 제1종전염병환자뿐만 아니라 한센병 환자를 국가에 신고하지 않는 의사는 만 환█* 이하의 벌금 또는 과료에 처하고, 한센병 환자를 취업시키거나 이동시키거나 이를 방조한 사람들에게는 2만 환 이하의 벌금에 처했다. 또한 수용소를 탈출하거나 탈출을 방조한 경우 또한 이들을 은닉한 자들 역시 2만 환 이하의 벌금을 내야 했다.

새로운 독립국가에서 한센병 환자를 제거하려는 한국사회의 열망은 일제의 「조선나예방령」의 내용을 그대로 담은 「전염병예방법」 제정으로 이어졌고, 그 결과 법적으로도 식민지기와 거의 동일한 한센병 강제격리체제가 완성됐다. 독립된 조국에서 한센병 환자들만 광복을 맞이하지 못한 채 식민지와 다르지 않은 법과 제도로 통제받게 된 것이다.

• **환** 1901년 2월 공포된 화폐단위로, 금화폐의 순금 양목을 2푼(750mg)으로써 가격의 단위로 정하고 이를 '환'이라 불렀다. 만 환은 현재 시세로 약 4만 원이다.

6

—

개혁과 반동의 시간

특정 세균이 만들어내는 질병은 인간의 몸에 증상을 발현시킬 뿐 아니라 고통을 유발한다는 점에서 순수하게 생물학적으로 보인다. 하지만 몸을 가진 인간은 사회 내에 위치하기에, 질병에 걸린다는 것은 생물학적인 동시에 복합적인 사회적 의미도 갖는다. '책을 열며'에서도 언급했듯이 사회학자 파슨스는 질병에 걸리는 일을 생물학적 과정이자 아픈 개인이 사회적 역할을 수행하는 데 장애를 가져오는 '일탈'로 정의하면서 질병에 걸리면 사회로부터 권리와 의무를 부여받는다고 봤다. 그리고 이를 '아픈 역할'이라 칭했다. 아픈 사람은 먼저 기존의 정상적인 사회 역할을 면제받으며 이에 대해 책임지지 않는다. 대신 반드시 치료받아 정상적인 사회 역할에 복귀하기 위해 노력해야 한다. 이를 위해 반드시 전문적이고 적당한 도움을 요청해야 하며 의사의 명령에 충실이 따르고 협조해야 한다. 하지만 파슨스가 제시한 사회적 일탈로서의 질병에 대한 설명은 급성질환에는 잘 들어맞지만 만성질환이나 장애에는 그렇지 않다. 만성질환이나 장애는 치료가 아예 불가능하거나 완치까지 오랜 시간이 걸리므로, 정상적인 사회 역할과 환자 역할을 동시에 수행할 수밖에 없기 때문이다.

한센병 환자 역시 질병에 걸리는 즉시 이러한 사회적 과정을 밟아야만 했다. 환자들은 모든 사회 역할에서 배제되며, 치료를 받은 후 정상적으로 복귀하기 위해 의사의 명령에 복종하기를 기대받

앉다. 하지만 한센병은 만성질환이기에 환자들은 장시간에 걸쳐 사회 역할로부터 배제된 채 부랑하거나 환자로서의 의무를 부여받은 데서 비롯되는 다양한 편견을 안고 살아야 했다. 가장 먼저 전염병 환자이므로 위험하다는 인식, 다음으로 부랑자는 몸이 약한 환자이기에 무능력하고 독립할 수 없으므로 관리자의 통제를 받아야 한다는 인식이다. 질병에 걸린다는 것은 신체에 장애가 생겼다는 의미지만 질병 그 자체가 인간의 사회성이나 사회적 기능까지 제거하지는 않는다. 그럼에도 환자는 무능하며 자신의 삶을 독립적으로 선택하고 꾸려나갈 수 없으리라는 편견이 사회의 주류 문화가 됐으며 더 나아가 제도에까지 반영된 것이다.

하지만 환자들은 자신을 둘러싼 편견을 순순히 받아들이는 데 머물지 않고, 싸워나갔다. 일제강점기 소록도에서 소수의 한센인이 목숨을 던져 저항했던 것과 다르게 광복 이후 소록도에서는 한센인들이 조직적으로 자신의 권리를 되찾기 위해 시도했다. 84인의 한센인을 학살한 사건이 있었음에도 공포에 억눌리지 않고 저항해나간 것이다. 그들은 무능하지 않았으며 자신의 삶을 독립적으로 살아나갈 의지도 충만했다.

한편 모든 이들이 한센인에 대해 편견을 가졌던 것은 아니다. 그리고 그러한 이가 소록도의 원장이 되는 순간, 소록도는 새로운 가능성의 공간으로 변화했다. 소록도에서 오랫동안 환자는 '금치산자'禁治産者 취급을 받으며 돌봐야 할 존재로 여겨졌기에 시설의 행정에는 절대 개입할 수 없었지만, 1945년 9월 부임한 김형태 원장은 소록도를 한센인에게 돌려줘야 한다는 생각이 강했다. 동시에 소록도에는 환자들의 자치제라는 실험이 시작됐다. 그러나 소록도의 변화를 한국사회는 따라가지 못했다. 새로운 시도는 한국사회에 만연했던 낙인과 차별, 우생학에 의해 얼마 못 가 실패로 돌아갔다. 그럼에도 소록도의 한센인에게 제한적이지만 소록도의 행정에 개입했던 경험은 큰 영향을 남겼다. 소록도가 일제강점기로 퇴보되는 상황에서 환자들이 적극적으로 맞서는 시간이기도 했다.

6장에서는 소록도의 새로운 변화와 퇴보 사이에서 환자들이 겪어야 했던 좌절, 그에 맞섰던 저항의 과정을 구체적으로 묘사해보고자 한다.

소록도의 르네상스

84인 학살사건 이후 혼란에 빠져 있는 소록도에 1945년 9월 21일 김형태가 원장으로 부임했다. 김형태는 1917년 소록도가 개원한 이래 최초의 한국인 원장이었다. 그는 부임하자마자 자신의 운영 방침 두 가지를 밝혔다. 첫째는 〔환자의〕 자유와 생명을 보호하겠다는 것이고, 둘째는 박애와 봉사정신을 실천하겠다는 것이었다. 김형태는 병사지대를 방문해 환자를 직접 치료했을 뿐 아니라 환자들이 원장에게 의견이나 요구를 제출할 수 있도록 했고, 가능한 그것을 수용하려 했다고 한다. 이에 환자들은 새로운 한국인 원장의 방침을 반기고 기대했지만, 오랫동안 일본인 원장의 강압적인 운영방식에 익숙했던 직원들은 불만을 품었다. 그는 기존의 절차를 따르기보다는 환자에게 필요한 것들을 즉각 해결하려 했는데, 이러한 태도 역시 소록도 직원들에게 반감을 샀다.

당시 환자들은 소록도에 초등교육 과정만 있는데 젊은이들의 미래를 위해서는 더욱 수준 높은 교육이 필요하다고 여겼다. 이에 환자 김학수와 김창원이 김형태를 찾아가 중학교 설립을 허가해주고, 학교 건물도 마련해달라고 요청했다. 김형태는 이를 바로 받아들여 건물 중 하나를 임시교사로 제공했으며 학교 개설을 위한 과정도 일사천리로 처리했다. 학교 이름은 '녹산중학교'로 붙여졌다. 초대 교장에는 이호순李虎瞬 총무과장이, 초대 교감에는 김학수가 임명됐다. 녹산중학교는 1946년 9월 17일 개교해 17세부터 24세 이하의 31명이 신입생으로 입학했다. 초창기에는 병원 직원이나 환자 중 일부가 교사를 대체했으나, 잦은 결강으로 교육이 제대로 진행되지 않았다. 첫해에는 시설이 미비하고 교사가 부족했지만 병원과 환자가 함께 노력하며 이러한 문제를 차례로 해결해갔고, 다음 해인 1947년 7월부터 내실 있는 교육이 가능해졌다. 녹산중학교에서는 국어·공민·역사·지리·수학·이과·생리·영어·음악·미술 등의 교과목을 가르쳤다.[1]

　　1947년 9월에는 2대 교장으로 손정수가 취임하면서 교칙, 교훈, 교가 그리고 교복을 마련했다. 밴드부나 운동부를 두어 학생들이 여가를 즐기게 했으며, 교지 『불사조』를 창간하기도 했다. 학생 중 절반 이상은 부모 없이 부랑하다가 소록도에 들어와 노동만 했기에, 학교생활을 통해 공부와 여가활동을 한다는 것 자체가 이들에게 큰 의미가 있었다. 비록 소록도 내부에서 이동하는 것이었지만 소풍을 가기도 했고, 국민학교와 중학교 졸업반은 육지로 수학여행을 떠나기도 했다.[2] 소록도에서 중등교육이 본격적으로 시작되자 미래가 불투명했던 젊은이들에게 꿈이 생겼다. 한센병이 발병해 집에 숨어 있거나 부랑생활을 하거나 시설에 격리되면서 교육받을 기회를 상실했던 젊은이들이 소록도 이후의 삶을 꿈꿀 수 있게 된 것이다.

　　또한 김형태는 당시 소록도 환자의 최대 숙원이었던 84인 학살사건의 책임자에 대한 처벌을 점진적으로 처리해갔다. 84

녹산국민학교 졸업사진
녹산국민학교의 전신인 '갱생원학원'에서 1936년 3월 23일에 열린 제1회 졸업기념 사진과 1962
년 2월 17일에 열린 녹산초등학교 제26회 졸업기념 사진이다. 학생 수가 늘어난 것이 눈에 띈다.

명의 환자가 무고하게 희생당했던 사건임에도 책임자에 대한 어떠한 사법적 처벌이나 행정적 처리도 내려지지 않은 상황이었다. 김형태는 진상조사에 착수했고, 어느 정도 정황이 밝혀지자 책임자를 조치하기 시작했다. 부임 이듬해인 1946년 1월 15일에는 84인 학살사건의 책임자 중 한 사람인 간호주임 송희갑을 면직했고, 또 한 달 뒤인 2월 13일에는 다른 책임자인 직원 대표이자 간호장인 오순재를 면직했다.[3] 이는 사법처벌은 아니었기에 한계가 명백했지만, 당시 소록도의 억압적 분위기와 한센병 환자의 생명을 경시하던 분위기 속에서 원장이 할 수 있는 최대한의 조치였다고 판단된다. 이어 1947년 1월 31일에는 직원 57명이 대량으로 면직됐다. 정확한 면직 이유는 밝혀지지 않았지만, 84인 학살사건에 대한 책임 추궁과 억압적인 소록도의 분위기를 바꾸기 위한 원장의 고육지책이 아닐까 생각한다. 더 나아가 김형태는 소록도의 운영을 환자들에게 맡기려는 계획에 대해 다음과 같이 발표했다.[4]

> 여러분의 소록도를 여러분에게 넘겨버릴 계획도 가지고 있습니다. 건강한 직원은 많이 둘 필요 없으며 대외 연락 사무소에 필요한 직원 몇 명과 의료 관계 직원만 있으면 족하고 건강한 직원은 녹동으로 철거하고 거기서 매일 출근하도록 할 것입니다. 그런 계획 아래 점차적으로 실천할 작정입니다.

김형태의 부임 이후 보다 자유로운 분위기가 형성되자 환자들은 몇 가지 안건을 내놓기도 했다. 먼저 원장에게 마을 대

1958년 5월 10일 발행

녹산중학교의 학생들과 『불사조』

1959년 3월 4일에 남긴 졸업 기념사진으로 학생들이 모두 정복에 모자를 착용한 모습이 인상적
이다. 녹산중학교에서는 『불사조』를 발행하기도 했는데, 1958년에 발행된 잡지에는 녹산중학교 1
학년 이남식 학생의 「그리운 어머님 생각」이라는 시가 실렸다.

저산 넘고 또 산 넘어 먼 고향/ 하늘엔/ 그리운 어머님 살고 계시련만 외로운 타향 세월 보내며/ 어
머님 생각에 눈물 지어요/ 어릴 적 어머님 품안을 떠나/ 멀고 머 타향에 세월 보내며/ 저 멀리 넘어
가는 초생달에도/ 따뜻한 그 품안이 그리워져요/ 이 해는 새약 먹고 새 정신 가져/ 보고픈 어머니
계신 곳 찾아가려고/ 고히 고히 마음 가져/ 손꼽아 기두려요.

190

표를 과거처럼 병원에서 임명하는 것이 아니라 환자들이 직접 선출할 수 있도록 제안했다. 또한 병원 당국이 모든 것을 통제하는 방식에서 벗어나 환자들이 어느 정도 자율적으로 생활할 수 있도록 자치제를 허용해달라고 했다. 김형태는 이를 받아들여 환자 자치제를 도입했다. 1947년 5월 소록도 환자자치위원회를 구성하기 위한 총선거를 실시해 위원장에 김민옥, 부위원장에 김학수, 서기장에 장규진, 서무과장에 김형주, 의료부장에 강은수, 공안부장에 최일봉, 공장장에 김남두를 선출했다.[5] 이렇게 만들어진 자치회는 환자의 일상생활과 관련한 모든 권한을 병원으로 위임받지는 않았지만, 제한적이나마 환자가 병원 행정에 참여할 수 있었을 뿐 아니라 최초로 자율권을 갖게 됐다는 점에서 의미가 크다. 식민지기에도 환자 조직이 있었지만, 병원 당국의 명령을 효과적으로 수행하기 위해 만들어진 것으로 자치회와는 성격이 전혀 달랐다.

환자자치제가 시작되자 환자의 일상생활에 대한 병원 당국의 통제가 느슨해지면서 이전에 보이지 않던 현상도 나타났다. 예를 들어 당국의 허가 없이 도벌하거나 금지된 술을 마시는 환자들이 등장한 것이다. 이전까지 금지했던 남녀간 교제도 점차 늘어났다. 음주나 연애가 일반 사회에서는 자연스러운 일이었지만 소록도라는 폐쇄된 공간에서는 계속 금지됐기에 직원뿐만 아니라 환자들 스스로도 문제적으로 느꼈다. 게다가 환자들은 이러한 행위가 더욱 빈번해지면 어렵게 얻은 자치권을 뺏길지도 모른다고 걱정하기 시작했다.

이에 환자들은 소록도 내 질서를 스스로 유지하기 위해

원생자치회 간판과 환자자치위원회 기구표

1947년 만들어진 소록도 환자자치위원회는 '원생자치회'로 이름을 바꿔 지금까지 명맥을 이어오고 있다. 오른쪽은 1950년에 만들어진 '환자자치위원회 기구표'다. 기구표를 보면 최고결정기구로 총회가 있음을 알 수 있는데, 이것은 이 조직이 민주적으로 구성됐음을 증거한다. 집행부에는 위원장, 부위원장, 서기장이 있고, 그 아래 식량부, 의료부, 문교부, 공안부, 후생부, 총무부가 있다. 식량부는 당시 가장 중요한 일이었던 식량을 확보하고 배분하는 업무를 맡았으며, 의료부는 치료 보조 업무를 맡았다. 문교부는 환자의 교육과 각종 활동을, 공안부는 환자 공동체의 유지 활동을 맡았다. 후생부 아래는 각 공장이 배치됐으며, 그 밑에 장안리, 남생리, 중앙리, 동생리, 서생리, 신생리, 구북리의 총 7개 마을이 배치됐다.

1947년 6월 '녹산청년동맹'을 결성했다. 자치회 소속이었던 이 단체는 환자 지대의 질서를 유지하고 환자들의 역량을 높이는 활동을 하기 위해 문교주임 김창원을 중심으로 청년 70여 명이 결성했다. 같은 해 7월부터는 자치회 기관지인 『소록』도 발간해 환자들이 쓴 수필이나 시 등의 작품을 실었다. 환자들은 소록도에서 지내는 동안 느꼈던 다양한 감정뿐 아니라 치료에 대한 희망 등을 문학작품으로 표현했다. 자치회는 체육행사, 문예행사 등을 개최해 환자들에게 여가활동의 기회를 제공하기도 했다. 연극단을 꾸려 한센병 환자 수용시설인 여수 애양원, 부산 상애원, 대구 애락원에 순회공연도 다녔다.[6] 연극 공연은 무료한 일상에서 활력을 가져다줬을 뿐 아니라 정서적 안정감을 주기도 했다. 더군다나 환자들은 순회공연을 통해 바깥세상을 구경할 수 있는 기회를 얻었으며, 다른 시설의 환자들을 만나기도 했다. 이러한 활동은 소록도에서 무료하고 단조로운 생활을 하며 무력해진 환자들에게 생기를 불어넣었다. 실제로 당시 불치병으로 여겨지던 한센병에 걸려 정상적인 생활에 대한 기대를 포기하고 억압적인 소록도의 분위기에 억눌려 있던 환자들이 자치회나 문예, 체육 활동 등을 통해 자존감과 자신감을 점차 되찾아가는 게 눈에 띄게 보였다. 심지어 이러한 개혁조치에 감복한 환자들은 김형태를 '민주民主 원장'이라 부르고, 이 시기를 '민주왕국의 르네상스'라 평가하기도 했다.[7]

그런데 김형태의 부임과 함께 시작된 개혁으로 소록도 내부는 분위기가 보다 자유로워진 반면, 소록도 외부는 한센병 환자에 대한 적개심이 점점 더 심해졌다. 1946년부터 본격적으로 시작된 부랑 한센병 환자 단속과 이송으로 인해 소록도 갱생원에 수용된 환자가 다시 늘어난 것이다. 1946년 한 해 수백 명의 사망자와 도망자가 발생했음에도 수용 환자는 1,332명이나 증가했다. 1947년에도 높은 사망률과 도망자가 나왔으나 수용 환자는 다시 506명이나 늘었다. 그 결과 1947년 말 수용 환자는 6,254명에 달했는데, 이 숫자는 소록도병원 역대 최다였다. 김형태는 증가하는 환자들을 수용하기 위해 환자 거주 공간을 마련해야만 했다. 기존의 환자 지대로는 부족했기에 경계선을 직원 지대 쪽으로 옮기고, 새로운 공간에 환자 마을 두 곳을 추가로 건설했다. 이로 인해 환자 마을은 6개에서 8개로 늘어났다.

새로운 마을의 이름은 각각 '장안리'長安里와 '태화리'泰和里로 칭해졌다. 장안리라는 이름은 원래 '서울'이라 불렸던 직원 지대에 마을이 생겼다고 해서 붙여진 것이었다. 태화리라는 이름은 당시 환자들에게 인기가 많았던 원장 김형태의 이름에서 '태泰'를 가져오고, 원장 덕분에 소록도가 평화롭게 됐다는 의미에서 '화和'를 붙인 것이었다. 당시 소록도의 분위기 덕분에 새롭게 생긴 두 마을은 환자들에 의해 이름이 붙여졌다는 점에서 주목할 만하다. 또한 새롭게 환자 지대가 된 지역에 있던 직원들을 위한 건물들을 폐쇄하거나 직원 지대로 이전함으로써 환자들을 위한 공간을 확대했다는 점도 기록할 필요가 있다.[8]

그러나 불행히도 환자들을 위한 르네상스 시대는 오래가지 못했다. 김형태의 개혁조치에 반감을 품던 직원들이 중앙 정부에 원장이 부정과 착복을 했다는 투서를 보낸 것이다. 투서 내용을 확인하기 위해 1947년 7월 중앙 정부의 조사관이 소록도를 방문했다. 조사결과 장부상 기재된 물품과 재고량이 불일치한다는 점이 드러나면서 김형태는 1947년 12월 13일 해임됐고, 횡령 혐의로 1948년 7월 4일 경찰에 체포됐다.[9] 환자들은 불만을 가진 직원들에게 원장이 모함당했으며, 원장이 환자들을 진료하면서 약품 사용을 제대로 기입하지 않았기 때문에 발생했다고 생각했다.[10] 김형태의 해임으로 2년여에 걸친 소록도의 개혁은 막을 내렸다.

1947년 12월 13일 후임으로 강대헌이 원장으로 부임했다. 강대헌은 여수 애양원 원장이었던 윌슨이 양성한 인물로, 1946년 한국에 돌아와 미군정의 자문관으로 활약하던 윌슨의 추천을 받아 소록도의 새 원장이 된 것으로 보인다. 강대헌 역시 김형태와 비슷하게 환자들을 위한 정책을 이어나갔는데, 부임 4개월 만에 갑자기 해임돼 소록도를 떠나야만 했다. 강대헌의 후임으로, 김상태가 1948년 4월 15일 신임 원장으로 부임했다. 당시 광주의대 교수였던 김상태는 1938년 소록도갱생원에 부임한 최초의 조선인 의관이었다. 소록도갱생원 직제상 의관은 원장 다음으로, 소록도 내에서 상당히 높은 직급이었다. 그는 소록도에서 1938년부터 1941년까지 약 3년간 근무했는데,

근무 당시 원장인 스오의 총애를 받았다고 알려져 있다.[11] 일제의 한센병 환자에 대한 엄격한 관리 방식을 터득한 김상태는 부임 직후 김형태가 시행했던 개혁조치 대부분을 이전 상태로 돌려버렸다.

먼저 태화리를 폐쇄했다. 이에 태화리에서 거주하던 환자들을 다시 환자 지대로 돌려보내고 건물은 직원 관사로 사용했으며, 인근으로 옮겨온 형무소와 보육소 역시 환자 지대로 다시 이전했다. 그러나 환자 지대는 여전히 포화상태였기에 장안리는 그대로 유지했다. 면직됐던 직원 상당수를 복직시켰으며, 직원 지대와 병사 지대의 이름을 무독 지대無毒地帶와 유독 지대有毒地帶로 바꾸고 그 경계선을 엄격히 구분했다. 경계에 철조망을 치고 다시 아카시아 나무를 심었으며, 무독 지대와 유독 지대를 연결하는 도로 입구에 건물 두 채를 지어 감시소와 면회실을 신설했다. 김상태가 시행한 식민지 정책으로의 회귀는 한센병과 한센병 환자에 대한 그의 인식에 근거한 것이었지만, 동시에 당시 사회 분위기를 반영한 것이기도 했다. 한센병 환자에 대해 적대적인 분위기와 물자 공급이 제대로 되지 않는 상태에서 늘어나는 소록도의 환자들을 강압적으로 통제하기 위함이었다.

실제로 김상태가 원장으로 부임한 1947년은 앞서 언급했듯이 소록도의 한센병 환자가 6,254명에 달해 역대 최다 수용자를 기록한 해다. 식량 문제도 해결되지 않았기에 환자들의 영양실조 역시 심각한 상태였다.[12] 이미 소록도의 환자들은 1946년 식량 문제를 해결해달라고 미군정 사령관 존 리드 하

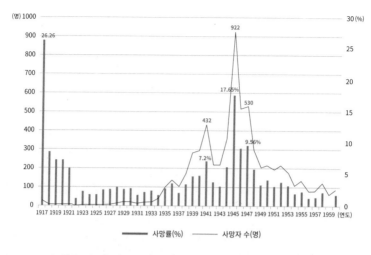

〈그림2〉 1917년부터 1960년까지 소록도의 수용 환자 사망자 수와 사망률 추이

지John Reed Hodge와 전라남도 지사에게까지 진정서를 제출한 상황이었다. 그러나 이러한 청원에도 불구하고 그들에게 돌아온 것은 충분한 식량이 아니라 더 많은 환자였다. 당시 소록도의 사망자와 사망률은 소록도의 열악한 상황을 극명하게 보여준다. 〈그림2〉에 따르면 1941년 일제의 강제노동과 영양실조 등으로 한 해 432명의 환자가 사망하고 사망률은 7.2%에 달했는데, 1945년 광복 후 혼란 속에서 상황은 더욱 심각해져 한 해 동안 922명의 환자가 사망하고 사망률은 17.65%에 이르렀다. 소록도의 상황이 전반적으로 나아진 1946년과 1947년에도 사망자는 각각 514명, 530명이었다. 전체 환자 대비 사망률은 각각 9.14%, 9.56%로 총력전기 소록도보다 결코 더 낫다고 말할 수 없는 상태였다.

　　　환자 10명 중 거의 1명이 사망하던 극단적인 상황에서 소

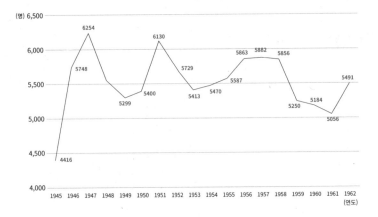

〈그림3〉 1945년부터 1962년까지 소록도의 수용 환자 변화

록도에 있는 이들이 섬을 탈출하는 것은 너무나 당연한 선택이었다. 1945년에는 84인 학살사건과 922명의 환자가 사망한 연이은 일들 속에서 환자들이 너도나도 탈출하면서 환자가 4,416명으로 줄어들었다. 탈출한 환자가 사회에서 눈에 띄기 시작하자 사회와 당국의 재단속에 의해 탈출했던 환자들이 다시 격리됐고, 이에 소록도 환자는 1946년 5,748명, 1947년 6,254명으로 증가했다. 1945년부터 1947년 사이 사망률이 높아진 것과 더불어 1947년 김상태가 부임하며 통제가 강화되면서 다시 환자들이 소록도를 탈출하기 시작했는데, 그 결과 1949년 환자는 5,299명으로 감소했다. 한국사회가 다시 보건당국에 환자 단속과 격리를 요구하자 환자가 증가해 1951년에는 전쟁 중임에도 6,130명에 달했다.

〈그림3〉은 '강제격리 정책의 강화 → 소록도 환자의 증가

198

→ 탈출 환자의 증가'라는 패턴이 반복되고 있음을 보여준다. 1945년부터 1950년대 후반까지 약 세 번에 걸쳐 이러한 패턴이 나타난다. 1950년대 후반 환자가 감소하다가 1961년부터 다시 증가한 것은 새로운 치료제가 등장했기 때문인데, 이는 다른 요인에 의한 것이므로 뒤에서 다시 이야기해보겠다.

결국 정부와 남한사회에 소록도의 한센병 환자가 처한 극도로 열악한 상황은 중요한 사안이 아니었다. 유일한 고려 대상은 사회에서 한센병 환자를 비가시화하는 일뿐이었고, 유일하게 논의되는 것은 어떻게 효과적으로 환자를 격리시킬 수 있느냐였다. 사회는 소록도 등 한센병 시설에서 탈출하는 한센병 환자를 다시 잡아들여 격리시키라고 요구했고, 정부 역시 강제격리 일변도의 정책을 수립했다. 이러한 이유로 당시 소록도갱생원에서 사망한 환자들은 사회와 정부로부터 학살당했다고 표현해도 과장이 아니다. 또한 강경 일변도의 강제격리 정책은 사회의 부랑 한센병 환자 문제에 제대로 대처하지 못했다. 김상태를 중심으로 한 병원 당국은 강력한 규율로 이를 해결하고자 했다. 결국 김형태의 소록도 개혁은 사회와 보건당국의 한센병 환자에 대한 비이성적인 낙인과 차별 그리고 강제격리 분위기 속에서 실패했다고 평가할 수 있다.

저항하는 환자들

김상태에 의해 김형태의 개혁이 좌초되고 환자들에 대한 통제가 강화된 소록도에서는 점자 환자들의 인권을 침해하는 일이 다양한 방식으로 일어났다. 이 중 흉골골수천자 사건은 이 시기 환자들이 병원 당국으로부터 어떠한 취급을 당했는지 잘 보여준다고 할 수 있다. 광복 직후부터 소록도에는 한센병을 연구하기 위한 목적으로 여러 나라의 학자들이 방문해 연구 및 조사를 벌이고 있었다. 소록도는 수천 명에 달하는 환자들이 한곳에 모여 있고 병원 당국에 의해 통제가 잘 되는 상황이었기에 한센병 연구를 하는 데 있어 최적의 공간이었다. 실제로 연구 결과물이 한국나학회지 등을 비롯한 여러 학술지에 실렸다. 이 논문들은 한국 한센병의 특성을 밝히고 치료법 등을 발전시키는 데 매우 중요한 역할을 했다.

그러나 한센병 환자들을 위한다는 목적 아래 환자들의 신체에 심각한 위해를 가하는 일이 발생했는데, 이것이 바로 소록도를 떠들썩하게 했던 흉골골수천자 사건이다. 흉골은 인체의 가슴 중앙에 위치한 세 부분으로 이뤄진 뼈로, 위로는 쇄골과 만나고 중앙으로는 양쪽 갈비뼈와 연결되어 있어 몸통의 장기를 보호하는 중요한 역할을 한다. 흉골골수천자 사건은 말 그대로 이 '흉골'과 관련된 것으로, 의사 최시룡이 인체에서 한센병균을 검출하는 방법을 발전시키려는 의도로 환자의 가슴팍에 있는 흉골을 드릴로 뚫고 골수를 체취한 일을 말한다. 한센병은 한센병균에 의해 발병되는 질병이기에 이를 진단하거나 완치 판정을 하는 데 있어 몸 안에 병균의 존재를 확인해야 했다. 그러나 체내에서 병균을 검출하는 일이 항상 쉽지는 않았다.

임상적 증상이 없더라도 체내에 병균이 잔존할 가능성도 있고, 병균이 많이 모여 있다고 알려진 피부 병변이나 눈썹, 귀, 콧구멍 속에서는 병균이 채취되지 않지만 임상적 증상이 나타나는 경우도 있었기 때문이다. 당시 기술로는 아직 체내의 한센병균 존재 여부를 명확히 판단하는 데 한계가 있었다. 예를 들어 세균검사를 통해 병균이 검출되면 다른 증상이 없더라도 그 사람은 법적으로 한센병 환자가 된다. 또한 세균검사는 확진뿐만 아니라 병형분류, 전염성 판정, 환자의 예후 판정, 치료 효과 판정 및 병의 예방에 중요한 판단 기준이 된다.[13] 세균검사에 가장 많이 사용됐던 웨이드법*은 다른 방법에 비해 환자에게 고통을 덜 주고 일시에 신체의 여러 부위에서 검사할 수 있는 장점이 있었다.[14]

그러나 세균검사법의 결과는 항상 일정하지 않았고, 세균검사자의 숙련도에 따라 결과가 다르게 나오기도 했다.[15] 더 어려운 문제는 치료를 마친 환자에게서 세균검사를 통해 세균이 일정 기간 검출되지 않는 것을 어떻게 해석하느냐였다. 세균검사를 하지 않는 곳에 병균이 존재할 가능성이 있었기 때문이다. 더군다나 초기 환자의 경우 웨이드법과 같은 세균검사로는 세균을 발견하기 어려웠다. 그래서 이러한 한계를 넘어선 검사

• **웨이드법** 필리핀에서 활동한 세계적인 한센병 학자 웨이드(Wade)가 만든 세균검사 방법으로 1935년 발표 이후 전 세계적으로 쓰였다. 웨이드법은 피부의 일부를 절개하는 방식이기 때문에 출혈과 피부에 흉터가 남는 부작용이 있었다. 1957년부터 1963년까지 소록도갱생원에서 근무했던 의사 하용마는 한 인터뷰에서 해방 후 소록도에는 제대로 된 세균검사를 할 수 있는 인력이 없었다고 말했다. 자신 역시 WHO 자문관이었던 로드리게즈의 도움으로 필리핀 쿨리온에 견학을 갔는데, 그곳에서야 세균검사법을 지도받을 수 있었다고 한다.

법을 개발하기 위해 노력했다. 예를 들어 유준 박사와 정민 박사는 1960년 논문을 통해 기존의 웨이드법보다 월등히 나은 '트립신trypsin 소화법'을 개발했다고 주장했다.[16] 트립신 소화법은 병변피부조직을 절취해서 끓인 후 분말화해 트립신 용액으로 소화시키는 방법이었다. 트립신 소화법은 국제나학회지에도 소개됐으나 널리 사용되지는 않은 것으로 보인다.

이러한 상황에서 국내 한센병 학자인 최시룡 박사는 1950년 대 초반, 1940년대 일본 학자들에 의해 개발된 흉골골수천자법이 웨이드법보다 더 나은 세균 검출율을 보인다는 연구결과를 접하고, 소록도 환자들을 상대로 흉골골수천자법을 사용해 세균검사를 시도했다. 최시룡은 자신의 흉골골수천자법이 특정한 병형을 지닌 한센병의 병균을 발견하는 데 탁월하다고 주장했다.[17] 이러한 조사결과에 근거해 흉골골수천자법은 1952년 대구에서 보건부 주최로 열린 나병좌담회와 같은 해 8월 10일 소록도에서 개최된 나병좌담회에서 큰 호평을 받았고, 당시 윤유선 만성병 과장은 이 진단법이 환자 조기진단에 큰 도움이 된다는 보고서를 최재유 보건부 장관에게 제출했다.[18]

그러나 최시룡의 흉골골수천자를 이용한 한센병균 검출방법은 심각한 인권침해 문제가 있었다. 무엇보다 이 방법은 환자에게 상당한 공포와 고통을 안겼고 실제로 큰 상처와 피해를 입혔다. 환자들의 여러 증언에 의하면 허약한 환자들은 흉골골수천자법을 매우 부담스러워했고, 실제로 흉골골수천자법에 의해 가슴에 구멍이 뚫린 환자들 중에는 사망에 이른 경우도 있었다고 한다.[19] 특히 한센병 치료와 직접 관련이 없으며 한센병을 검출하는 다른 방법이 분명히 존재하고, 흉골골수천자법이 절실히 필요한 상황이 아니었음에도 이를 의사의 연구 목적으로 활용한 것은 비난받아 마땅했다.

그러나 당시 소록도에서 의사의 권위는 현재와 비교할 수 없을 정도로 막강했기에 대부분의 환자들은 흉골골수천자법을 거부하기 어려웠다. 게다가 최시룡은 환자들이 반발할 것을 예상해 혹여나 사고가 나더라도 문제가 되지 않을, 소록도에서도 주변부에 있는 환자들만 대상자로 삼았다. 증언에 의하면 한국전쟁 당시 북한의 원산 앞바다에 있던 대도병원에 입원했다가 소록도로 이송된 100여 명의 한센병 환자가 손쉬운 대상자였다. 당시 북한에서 소록도에 왔던 한 한센병 환자는 아래와 같이 말했다고 한다.[20]

[흉골천자는] 뼈에서 구녁을 뚫어갖고 뺀다든가 근다고 그란디. 우리 이북서 온 사람들 거의 다 했어요. 거의 다 했는데, 나는 어리다고 안 했대요. 그런데 우리 온 사람들 거의 다 했대요. 그런데 나만 안 했어. 아이고, 그거 해갖고 다 골병들어갖고 결국에는 뭐 폐가 안 좋다든가 결국에는 다 뭐 몸이 안 좋다고 하더라고요.

흉골골수천자법을 받았던 환자들은 대개 소록도에 어떠한 연고도 없었으며, 이제 막 입소해 소록도의 사정을 잘 몰랐기에 제대로 저항하지 못한 채 고통스러운 시술을 받을 수밖에 없었다. 결국 환자들은 흉골골수천자가 한센병을 치료하는 최신 치료법이 아니라 한센병균 검출을 위한 연구라는 사실을 알게 되어 분노했고, 김상태에게 이를 중단하라고 요구했다. 그러나 김상태는 환자의 정당한 요구를 받아들이지 않았고, 흉골골수천자는 계속 이어졌다.

결국 이 사건은 환자들의 조직적인 저항으로 발전하게 되는데, 이때 김형태 재임 시절에 만들어진 환자자치회가 큰 역할을 했다. 소록도의 열악한 상황에 더해 원장의 억압적인 통제 방식에 대한 불만, 병원 당국의 비리에 대한 의심이 흉골골수천자를 계기로 폭발한 것이다. 1953년 9월 24일 환자자치위원회 김민옥 위원장은 김상태의 비리를 폭로하는 공개장을 작성해 『동아일보』에 직접 방문제출했으며, 관련 기관장에게도 우편으로 제출했다. 그리고 10월 23일 『동아일보』 광고란에 이 공개장이 게재됐다.[21] 이 광고가 게재된 신문은 다시 소록도 내부로 반입되어 각 병사 사무실에 전달됐다. 광고를 본 소록도 내부 환자들은 원장 해임을 위한 대규모 시위를 계획해, 자치회를 중심으로 각 마을 이장과 주임들에게 시위에 적극 참여하라는 명령을 내렸다. 그러나 환자들의 시위 계획은 김상태에게 탄로나고 말았다.

환자의 대규모 시위 계획을 입수한 김상태는 이를 막기 위해 명령을 내려 10월 25일 자치회 부위원장 서원갑과 전 문교부장 강영섭을 원규위반으로 감금실에 수감했다. 그리고는 환자자치회의 각 임원과 자문위원, 각 마을 주임급 이상의 환자들을 치료본관 2층 강의실로 집합시킨 후, 이 사건을 위원장인 김민옥 개인의 독단적인 행위로 규정하고 여기에 동조하는 환자들은 엄벌시키겠다고 협박했다. 그러나 이미 오랜 기간 억압적인 생활에 불만이 쌓여 있던 환자들은 이에 굴하지 않고 다음날 계획했던 시위를 시작했다. 10월 26일 오전 9시가 지나자 각마을에서 '김상태 물러가라'라는 내용이 담긴 현수막이 하나씩 걸리기 시작했다. 그리고 환자들은 중앙운동장으로 집결해시위를 하려 했다. 이때 소록도 교도과장과 감찰계장이 다시한번 원장을 설득해보겠다고 말해 집회가 중지되고 환자들은해산했다.

자치회는 원장의 불신임과 예산처리를 공개하라는 내용의 공개장을 병원 당국에 제출했다. 그러나 김상태는 이에 대한 어떠한 반응도 하지 않았고, 자치회는 환자들을 다시 집결시켜 시위를 시작했다. 이러한 사건이 소록도 외부에 알려지자보건사회부와 고흥경찰서장이 개입해 조정을 시도했고, 중앙감찰위원회는 소록도를 방문해 감사를 실시했다. 감사결과 김상태의 비리는 무혐의 처리됐고, 원장 해임운동은 실패로 돌아갔다. 이후 환자 공동체는 원장 해임운동의 실패에 책임을 두고 4개월 가까이 내분에 휩싸였다. 이러한 혼란을 잠재우고 다시 자치회를 재건하기 위해 그동안 서울에 숨어 있던 김민옥이 1954년 2월 몰래 소록도로 돌아왔다. 김민옥을 중심으로 자치회는 다시 재건하기 위해 움직였다. 자치회는 환자들을 다시모으기 위해 단체 민보단을 결성하고 그 안에 치안대를 뒀다.자치회는 치안대를 중심으로 환자들을 규율함으로써 통제력을 되찾으려 했다.

그러나 병원 당국과 가까운 관계를 유지하던 환자들이 이

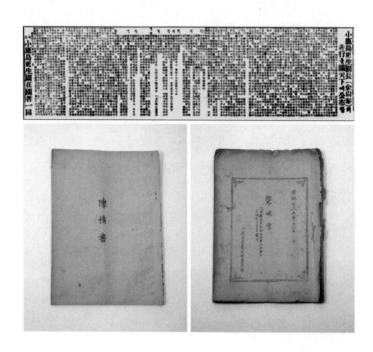

1953년 김상태 원장 퇴임운동과 관련된 자료들

소록도의 환자자치위원회는 김상태의 일제식 억압적 통치방식에 저항하기 시작했다. 위 사진은 환자자치회의 김민옥 위원장이 작성하고 투고해 1953년 10월 23일 『동아일보』에 게재된 '소록도갱생원장 (김상태)의 비행을 만천하에 공포함'이라는 제목의 공개장이다. 아래 왼쪽 사진은 김상태 원장에서 비롯된 문제를 보다 구체적으로 작성해 관계 기관에 보낸 '진정서'다. 그 옆 사진은 1953년 12월에 작성된 '성명서: 「소위 갱생원장 비행사건진상」의 허위보고를 폭로함'이라는 제목의 문서다. 자치회의 폭로로 중앙감찰위원회에서 소록도를 방문해 감사를 실시했으나 김상태가 무혐의 처리되자, 자치회는 다시 이 무혐의에 항의하는 성명서를 발표했던 것이다.

에 반발했고, 환자들의 통행금지를 놓고 두 집단 간에 충돌이 발생했다. 병원 당국은 이를 빌미로 원장 해임운동의 주모자들을 연행해 고흥경찰서에 인계하기 시작했으며, 3월 31일 모든 주모자가 구속됐다. 이에 환자들은 4월 5일부터 다시 시위를 일으켰고, 이는 다음 날인 4월 6일까지 이어졌다. 소록도의 거의 모든 환자가 참여한 대규모 시위였다. 병원 당국은 고흥경찰서에 도움을 청했고, 오전 10시경 고흥경찰이 도착해 공포를 쏘면서 곤봉으로 환자들을 진압했다. 시위를 진압한 경찰과 직원은 시위 주모자뿐만 아니라 가담자까지 색출해 구타하고 체포했다. 이 과정은 1945년 84인 학살사건과 여러 면에서 비슷했는데, 가장 다른 점은 1954년의 시위에서는 사망자가 발생하지 않았다는 것이다. 주모자들은 각지의 다른 한센병 요양소로 분산 수용하기로 결정되어 4월 11일 바로 이송됐다. 한편 김민옥을 비롯한 핵심 주모자 6명은 구속되어 재판에 회부됐다.

이로써 소록도에서 발생한 6개월에 걸친 환자들의 두 번째 저항은 막을 내렸다. 자치회 핵심 인물을 모두 처리한 병원 당국은 자치회를 해산시키고, 병원의 명령을 수행할 조무원 제도를 부활시켰다. 자치회는 억압적인 병원 당국의 통제에 저항할 역량을 만들어 조직적으로 저항했으나, 한센병 환자에 대한 차별적인 사회 분위기와 정부의 태도는 환자운동의 가장 큰 장애물이었다. 환자들은 언론을 이용해 소록도의 문제를 공론화하고자 했지만, 사회는 이를 외면했다. 비리를 이유로 환자 편에 섰던 김형태를 해임한 정부는 김상태의 문제를 무혐의 처리함으로써 환자의 목소리를 외면했다. 즉 국가와 사회가 가졌던 한센병 환자에 대한 낙인과 차별 의식은 곪을 대로 곪은 소록도의 문제를 비가시화하고 말았다. 그러나 환자운동의 성과가 전혀 없었던 것은 아니다. 환자들의 불만을 일정 부분 해소하기 위해 병원 당국은 흉골골수천자뿐 아니라 환자들에게 일률적으로 부여됐던 노역을 중지시키고 이를 대신해 별도의 건설대를 조직했다.

단종과 낙태의 부활

김형태가 원장으로 부임한 이후에는 자유로운 분위기가 유지되면서 식민지기 악명을 떨쳤던 단종수술과 낙태수술도 소록도에서 자취를 감췄다. 이제 환자들은 큰 위험을 감수하고 몰래 연애를 하거나, 단종을 감수한 채로 결혼생활을 할 필요가 없었다. 이는 환자들이 그동안 상실했던 기본 권리를 되찾았다는 의미이기도 했다. 그러나 김상태가 부임하자 강압적인 환자 통제와 더불어 환자에 대한 단종수술도 재개됐다. 김상태는 1949년 소록도갱생원 내 질서를 유지하기 위해 요양소 수용 환자 준수사항을 제정하고, 이에 근거해 환자들을 감시하고 통제하기 위한 교도과를 신설했다. 요양소 수용 환자 준수사항에는 폐지됐던 부부생활 희망자에 대한 단종수술을 강제한다는 내용이 포함됐다(제20조).

광복 이후부터 1948년 사이 소록도에서는 총 200여 명이 태어난 것으로 추정된다. 이는 급증하는 환자로 골머리를 앓던 소록도에 더 큰 골칫거리가 됐을 것이다. 새로운 환자가 입원하고 더불어 자녀가 늘어나면서 관리 비용도 증가했기 때문이다. 환자 자녀는 감염에 취약하기에 부모와 분리된 곳에서 양육할 수 있는 별도의 시설이 필요했고, 이는 곧 추가적인 인력과 비용을 요구했다. 이러한 이유에서 소록도 내부의 인구 정책은 어느 정도 필요할 수밖에 없었다. 그러나 출산 제한은 환자의 선택에 맡겨야 했다. 콘돔 등 다른 방식의 피임수단을 활용할 수도 있었기 때문이다. 그런데도 병원 당국은 환자들의 기본 권리를 무시하고 자신에게 가장 손쉽고 효과적인 방법을 선택했다. 형식적으로는 부부생활을 희망하면 단종수술을 선택할 수 있도록 했지만, 실제로는 부부생활을 원하는 환자들에게 단종을 강요한 것과 다름없었다. 남성들이 받았던 단종수술 역시 큰 문제가 있었다. 수술 과정에서 정관을 묶는 방식을 선택하는 대신 정관을 절단해버려 영구적으로 생식 능력을 상실하게 했기 때문이다.

소록도에서 시행된 단종수술은 매우 철저했다. 출생아가 1945년부터 1948년까지 매년 평균 약 65명 그리고 단종수술이 시작됐던 1949년에는 45명이었던 것에 비해, 1950년에는 단 1명만 태어났다. 특히 김상태가 원장으로 재직하던 당시 강화됐다. 1949년부터 1953년까지 5년간 매년 평균 155건의 단종수술이 진행됐고 그 결과 1950년부터 1953년까지 4년간 매년 평균 3명이 태어났다. 흥미로운 것은 김상태가 1953년 해임당한 후 1954년 동거 부부가 폭발적으로 증가했다는 점이다. 1949년부터 1953년까지 5년간 매년 평균 976쌍의 동거 부부가 유지됐는데, 새 원장이 취임한 뒤 1954년에는 전해보다 337쌍이 증가한 1,333쌍이 기록됐다. 김상태 시기 부부생활을 하고 싶었으나 단종수술 때문에 동거를 미뤘던 환자들이 새 원장이 부임하면서 부부생활을 시작한 것으로 보인다. 그러나 새 원장이 부임한 이후에도 단종수술 시행 건수는 조금 감소한 정도였을 뿐 지속됐다. 다만 그 강도는 조금 약해져 1954년부터 1956년까지 3년간 매년 평균 약 26명이 태어났다.

단종수술은 대개 남성이 받았지만, 임신한 여성 환자가 낙태수술을 받는 경우도 있었다. 소록도에 거주하기 위해 임신을 숨기고 감시를 벗어나 출산하려던 여성들의 경우 병원 당국에 의해 강제로 낙태를 당하기도 했다. 그러나 단종수술과 마찬가지로 낙태수술은 1973년 2월 8일「모자보건법」이 제정되기 전까지 어떠한 법이나 규정도 없는 상태에서 이루어졌다.「모자보건법」에 따라 1973년 9월 6일 보건사회부 예규 315호로 국립소록도병원 운영규정이 개정됐다. 개정된 운영규정에는 재원 환자의 분리수용과 출산의 제한 및 가족 동반 입원을 금지하는 등의 입원절차에 대한 조항, 입원 중 원내에서의 출산 금지가 포함됐다. 이것은 이전에 불법적으로 자행됐던 여성 환자에 대한 강제 낙태를 제도화한 것이다. 하지만 상대적으로 간단한 수술인 단종수술에 비해 낙태수술은 여성의 건강을 심각하게 해칠 수도 있었다. 증언에 의하면 두 수술 모두 의사뿐만 아니라 직원과 환자로 구성된 의료조무원 등 비의료인에 의해 시행됐다. 비전문가에 의한 낙태수술로 인해 사망에 이른 여성 환자도 있었다고 한다.

소록도병원 당국은 임신과 출산을 막기 위해 여성의 몸을 지속적으로 감시했다. 1964년 개최된 나병관리협의회의 결정에 따라 소록도에서는 16세부터 45세까지의 여성들을 임신 가능자로 분류했다. 병원 당국은 매월 1회씩 임신 가능한 여성들을 검진했고, 피임약도 제공했다. 1967년부터는 임신 가능성이 있는 부부에게 단종수술과 함께 자궁내장식 루프 삽입을 권장하기도 했다.[22] 소록도병원 당국에 의해 자행된 단종수술과 낙태수술은 환자들에게 선택의 자유를 주는 것처럼 보였지만 실제로는 협박과 강압에 의해 진행됐다. 환자들은 강제적으로 입소해 장기간 격리되면서 외부와 단절된 데다가 생산능력도 상실한 경우가 많았기에 아무런 준비 없이 병원에서 퇴원당한다는 것은 일종의 사형선고나 다름없었다. 병원 당국은 이러한 환자들의 상황을 이용해 환자에게 자유로운 선택지를 주는 듯하면서 실제로는 강제로 단종과 낙태를 자행한 것이다. 환자들은 어쩔 수 없이 병원에서 강요하는 것을 선택할 수밖에 없었다.[23]

소록도갱생원에서 단종수술이 시행된 이유에는 시설 내부뿐만 아니라 바깥의 상황에서 받은 영향이 자리했다. 1949년 『보건부 정부나병대책 기본 정책 및 사업연차계획』 중 「나환자 이상촌 설치계획안」에도 "배우자가 있고 거세수술을 완료한" 극격증의 한센병 환자에게만 한센인 마을에 입주할 자격을 주어 자녀의 출산을 제한한다고 했다. 또한 1959년 보건사회부에서 수립한 「한국나병관리사업에 관한 계획」에도 산아제한 장려를 기본계획으로 정하며, "계몽교육 또는 의학적 산아제한 방법을 습득하게 해 적극적으로 산아를 제한하게 할 것"이라고 사업 목표를 정했다. 1964년 보건사회부 나병관리협의회에서도 환자가족계획의 일환으로 "임신 가능한 자에 대해서는 단종수술을 적극 장려해 가족계획에 완벽을 기할 것"과 "임신 가능자를 항상 조사 파악해 출산을 최대로 억제토록 할 것"을 주요 사업 목표로 삼았다.

한편 식민지기 수립된 조선우생협회는 1946년 '한국민족우생협회'로 명칭을 바꾸고 활동을 지속하면서 우생법의 입법화를 위해 노력했는데,[24] 이로 인해 정부에서도 한센병 환자에 대한 단종법안 제정이 논의됐다. 1952년 정준모 보건부 차관은 국무총리 비서실에 보내는 보고서에서 보건부는 증가하는 부랑 한센병 환자 및 재가 환자의 문제를 해결하기 위해 관리 시설을 확충함과 동시에 "국민우생법을 제정함으로써 성년 남 환자의 거세를 단행해 생산을 방지하는 대책도 연구" 중에 있다고 밝혔다.[25] 1959년 12월 9일 국회예산결산위원회에서 당시 자유당 국회의원이었던 조광희 의원은 손창환 보건사회부 장관에게 한센병 환자에 대한 단종법안에 대한 계획이 있느냐고 질문했는데, 이에 대해 장관은 단종법안이 필요하다는 데 동의하며 계획을 세우기 위해 외국 사례를 참고하겠다고 대답했다.[26]

손창환이 참고하겠다고 답한 외국 사례는 바로 일본의 것이었다. 일본은 1948년에 「우생보호법」을 제정하면서 산아제한 대상으로 한센병 환자를 포함시켰고, 이로써 한센병 환자에 대한 단종수술이 법제화됐다.[27] 그럼에도 지속된 강제격리 정

212

책에 의해 환자들이 계속 시설에 수용되어 있는 상황에서 관리 비용을 절감시키기 위한 목적으로 단종 정책이 이어졌고, 이는 우생사상에 의해 정당화됐다. 인도의 한센병 정책을 연구했던 역사학자 제인 버킹험Jane Buckingham은 독립 후 인도에서도 일본을 모델로 한센병 환자에 대한 단종수술을 입법화하려는 민족주의적 우생운동이 있었음을 지적했다.[28] 그러나 인도에서는 한센병 환자에 대한 단종수술이 법제화되거나 실행되지는 않았다. 한국에서도 한센병 환자에 대한 우생학적 단종수술로 환자가 자녀를 낳지 못하게 했던 산아제한은 일본처럼 입법화되지 못했다.

단종법안은 통과되지 않았지만 정부와 정치권이 보였던 입장은 소록도뿐만 아니라 각 사립 한센병 시설에서도 단종수술과 낙태수술을 시행하는 데 영향을 줬다. 안동 성좌원에서도 1950년대부터 단종수술과 임신한 여성 환자에 대한 강제유산수술 등이 시작됐는데, 다음은 당시 강제유산수술을 당한 여성의 증언이다.[29]

> 20살 때쯤인 1959년경에 성좌원에 입원했습니다. 거기서 남편과 결혼해서 가정사에 살았습니다. 병원에 입원하고 한 1년 정도 후 (…) 원장이 출산하면 퇴원시키겠다고 하면서 낙태를 하면 계속 입원할 수 있다고 했습니다. 저는 당시에 어디 갈 곳도 없었습니다. 집에서조차 살 수가 없으니 그래서 어쩔 수 없이 했습니다. 성좌원 내 의무실에서 ○○○ 장로가 수술을 했습니다. 수술이 잘못돼서 많이 고생했습니다. 그 사

람은 전문 의사도 아니었습니다.

단종수술과 낙태수술은 여수 애양원에서도 1952년 10월
부터 1975년까지 가정사를 신청하는 조건으로 실시됐다.[30] 소
록도에서와 마찬가지로 전문적인 의사가 아닌 시설 직원이나,
소록도의 의학강습소에서 훈련받은 환자들이 맡았다. 이에 당
연히 상당히 많은 부작용이 따랐다. 한센병 환자들은 사회의
강압적이고 열악한 상황 속에서 최소한의 인권조차 보장받지
못한 것이다.

7

———

죽여도 되는, 죽여야 하는

2005년 대학원 석사과정에 입학한 후 얼마 지나지 않아 국가인권위원회에서 주관하고 지도교수님이 연구책임을 맡은 '한센인 인권 실태조사'에 참여했다. 짧은 기간 동안 수십 년에 걸쳐 자행된 한센인 인권침해 사건을 조사해야 했기에 매 주 전국에 있는 한센인 마을을 방문해 한센인 피해자들을 만나는 게 주된 작업이었다. 당시 나는 직접 인터뷰하는 일이 아닌 녹음이나 영상을 찍거나 메모하는 역할을 맡았지만, 옆에서 피해자들의 증언을 직접 들을 수 있었다.

인터뷰 중에는 특히 학살사건에 관한 내용이 자주 등장했다. 자신이 겪은 이야기도 있었고, 전설처럼 풍문으로 떠도는 이야기도 있었는데 모두 충격적이었다. 대학원에 입학하기 전 광주민중항쟁이나 한국전쟁을 전후한 민간인 학살과 관련한 조사에 참여했을 때도 놀라움의 연속이었으나, 이념 갈등이나 독재체제에 대한 저항이 아니라 질병에 걸렸다는 이유로 수많은 환자가 죽임을 당한 사건은 그때와 비교할 수 없었다. 이후에도 한센인과 관련한 여러 조사를 수행하면서 학살에 관한 이야기를 듣곤 했는데, 그때마다 학살은 한센인의 정체성이 형성되는 데 특히 중요한 부분을 담당한다고 여겨졌다.

전국 곳곳에서 발생했지만 대부분 사건화되지 않았으며, 오랫동안 해결해보려고 노력한 사람조차 없었던 한센인 학살사건들은 다행히 2005년 조사로 공론화됐고 이후 국가에서 정식 조사를 실시해 피해자들에 대한 지원이 가능해졌다. 그럼에도 나는 한센인 학살이 왜 발생했는가에 대한 궁금증을 오랫동안 해소하지 못했다. 국가인권위원회의 조사결과에서는 한센인 학살의 원인으로 일제강점기부터 누적된 한센인에 대한 낙인과 차별을 지목했고, 2011년에 제출된 진상규명위원회 보고서는 여기에 좌우익의 대립과 갈등이 맞물려 있다고 보았다. 그러나 두 결과 모두 학살사건을 구체적으로 묘사하지만, 낙인과 차별이 정치적 불안 속에서 학살로 발전하게 되는 메커니즘에 관해서는 설명하지 못했다.

일제강점기에 과도하게 강조됐던 한센병에 대한 위험은 부랑한센병 환자라는 사회문제를 발생시켰고, 그 결과 조선사회에 낙인과 차별이 극단화되는 것으로 이어졌다. 광복 이후에도 낙인과 차별은 사라지지 않았을 뿐 아니라 정부와 사회는 일제강점기보다 더욱 강하게 한센인을 사회에서 제거하기 위해 노력했다. 이것은 마치 조선총독부가 실패한 근대적 보건 프로젝트를 성공시켜 스스로를 증명하기 위한 시도로 보이기도 했다. 즉 사회에서 질병을 발생시키는 병균을 없애는 일은 새로운 국민국가의 성공을 보여주는 지표로 여겨진 것이다. 이러한 이유로 사회에서 한센병과 한센인을 제거하는 일 역시 좌우 이념을 뛰어넘는 민족 공동체가 공유하는 절체절명의 목표와 같았다. 미군정과 대한민국이라는 신생 독립국은 가용한 거의 모든 자원을 사용해 한센인을 사회에서 제거했고 이 과정에서 환자는 완벽한 사회적 타자가 되어갔다. 하지만 이러한 근대 프로젝트는 애초에 달성 불가능한 목표였기에 국가와 사회 모두 피로감을 느꼈으며, 그럴수록 한센인은 국가와 사회에 부담스러운 존재가 될 수밖에 없었다.

보건당국의 한센병 정책도 오락가락했다. 처음에는 한센인 모두를 무인도에 격리하겠다고 공언하다가 실현이 어렵다는 것을 깨닫고, 지역에 분산하기로 정책을 전환했다. 하지만 이 역시 쉽지 않았다. 결국 한센인들이 이리저리 쫓겨 다니는 상황이 초래됐다. 당시는 도시의 임시 격리시설뿐 아니라 소록도의 상황도 열악해서 환자들은 머물 곳을 찾아 도시와 농촌, 산속으로 옮겨 다녔는데, 그때마다 지역민과 갈등이 벌어졌다. 지역민 입장에서는 정부가 한센인을 처리하지 못하는 것 자체가 큰 불만이었다. 격리시설을 자신이 사는 지역 근처에 세우려는 계획도 마찬가지였다. 지역민은 적극적으로 정부에 항의했으나 정부는 이러한 충돌에 대응하지 않았고, 심지어는 지역 유지나 정치인이 개입해 더 큰 갈등을 조장하기도 했다. 이 과정에서 한센인은 죽여도 되는 또는 죽여야만 하는 존재가 됐다. 7장에서는 이 모든 과정을 다뤄보려고 한다.

재정 부족과 모금운동

광복 이후 남한사회는 마치 그동안 억눌렸던 한센병 환자에 대한 분노를 폭발시키려는 듯 일제강점기보다 더욱 철저하게 이들을 사회에서 배제하려 했다. 그러나 남한사회는 조선총독부가 한센병 환자 격리체제를 만드는 데 필요한 자원을 동원하는 것을 얼마나 어려워했는지를 잊었다. 조선사회가 지속해서 요청했음에도 조선총독부는 10여 년간 부랑 한센병 환자에 대해 특별 조치를 내리지 못했으며, 조선사회에서 주도적으로 움직이기 시작한 이후에야 강도 높은 격리 정책을 도입했다. 게다가 조선총독부는 소록도갱생원을 확장하는 데 소요되는 막대한 비용을 조선총독부의 예산이 아닌, 민간에서 강제로 모은 것으로 해결했다. 철저한 강제격리 정책은 곧 막대한 예산 부담을 의미했으나, 이제 막 광복한 신생 독립국이 그러한 돈을 마련하기란 쉽지 않았다. 당시 남한사회 내부에서는 강제격리에 대한 열망이 어느 때보다 강한 상황이었지만 이를 현실화할 수 있는 자원은 부족했던 것이다.

　실제로 1945년 말부터 강제격리 정책이 강화되면서 미군정과 남한 보건당국은 심각한 예산 문제에 직면했다. 남한의 한센병 전문가들은 이를 타결하기 위해 1947년 9월 대한나예방협회를 조직했다. 대한나예방협회는 1931년 창립된 조선나병근절책연구회를 모델로 삼은 것으로, 가두모금 등을 통한 기금으로 부랑 한센병 환자를 수용할 수 있는 집단 수용소를 설립하겠다는 계획을 세웠다. 또한 이들은 사회가 한센병에 대해 올바로 인식할 수 있도록 돕는 계몽사업도 병행했다. 그러나 광복 이후 어수선한 사회 분위기 속에서 모금운동은 지지부진했고, 기대와 달리 특별한 성과를 거두지 못했다.[1] 예산이 부족함에도 미군정과 보건당국은 강제격리 정책을 강화하고 한센병 환자를 수용하기 위한 시설을 확충하는 사업을 지속해갔다. 1948년 10월 사회부 의정국에서는 「문둥병 방지에 관한 영구대책」을 세우고 격리부락인 '나병촌'을 만들기 위해 그해 10월부터 1949년 3월까지 필요한 예산 1억 4,775만 원을 국무위원회와 기획처 등에 요청했다. 한편 소록도 등 한센병 환자 격리시설들에서도 1949년 11월부터 1949년 3월까지의 운영비 1억 6,348만 원가량을 기획처에 요청했다.[2]

예산 확보에 어려움을 겪는 중에 설립된 나병촌은 심각한 재정난을 겪을 수밖에 없었다. 게다가 예산 대부분이 격리 공간을 확보하고 시설을 만들어 환자들을 단속·수용하는 데 쓰였고, 환자들의 생활에 필요한 부분은 제대로 책정되지 않았다. 예를 들어 1948년 10월경 인천부 후생과는 인천 각 지역에 분산되어 있던 한센병 환자들을 단속해 간석동 산골에 격리 및 수용했다. 그러나 격리 환자를 위한 식량과 부식 등은 정부 예산이 아닌 각 지역 동장의 찬조로 충당했다. 이는 한두 번은 가능했지만 지속할 수는 없는 일이었기에, 격리 환자들은 계속 식량부족이라는 어려움에 부딪쳐야 했다.[3]

이러한 상황은 서울시 교외에 있던 망우리 수용소도 비슷했다. 이곳은 1948년 9월에 세워졌고, 당시 약 300명의 환자가 수용되어 있었다. 지역 유지의 기부로 운영됐으며 서울시에서는 구호물자와 식량을 간헐적으로 지원할 뿐이었다. 결국 설립된 지 약 4개월이 지난 1949년 1월경에 이르러 심각한 예산난에 직면했고, 심각한 허기를 이기지 못한 환자들이 탈출하는 일이 벌어졌다.[4]

정부의 한센병 관리 정책이 격리에만 초점을 맞추면서 환자들에게 치료제를 충당하는 일도 어려워졌다. 1948년 1월 당시 소록도 등 4곳의 격리시설에 약 9,000명의 환자가 수용되어 있었다. 환자가 적지 않았으므로 많은 치료제가 필요했으나 대풍자유, 다이아손, 프로민Promin 등과 같은 한센병 치료제는 외국에서 수입해오는 것이었기에 가격이 상당히 비싸 재정상 이를 구입할 형편이 안 됐다.[5] 이러한 이유로 경찰 등에 단속된 이후 시설에 수용됐던 환자들도 더는 머무르기 어려워졌다.

그럼에도 미군정과 보건당국의 강제격리 정책은 변화할 기미가 보이지 않았다. 여기에는 남한사회에 자리했던 한센병과 한센병 환자에 대한 깊은 공포가 깔려 있었다. 이는 '통계'라고 하는 과학적 지식에 근거했다. 당시 신설된 대한나예방협회의 전문가들은 남한의 한센병 환자를 추산해 1948년 1월에 발표했다. 이에 따르면 남한에는 당시 4만여 명의 한센병 환자가 있었다.[6] 한센병은 발병까지 잠복기가 길어 보균자 수를 파악하기 힘들고, 낙인 때문에 초기 환자는 집에 숨어 지내는 경우가 많아 정확히 집계하는 게 불가능하다. 따라서 일제강점기에는 조사로 밝혀진 것보다 두세 배 많은 환자가 있다고 여겼다. 이에 조선총독부는 조선사회 전체에 적게는 8,000명에서 많게는 1만 5,000명의 한센병 환자가 있을 것으로 추정했다. 그런데 광복 이후 남한에만 4만 명의 한센병 환자가 존재한다고 대한나예방협회가 발표했으니, 이는 남한사회에 상당한 충격을 안길 수밖에 없었다. 보건당국은 당시 소록도 등 4곳의 격리시설에 약 9,000명의 환자가 수용됐으며, 기타 수용시설이나 나병촌 등에 약 만 명의 환자가 있다고 파악했는데, 만약 남한에 4만 명의 환자가 있다면, 여전히 2만 명이 넘는 환자가 부랑생활을 하거나 집에 숨어 있었던 것으로 볼 수 있다.[7] 2만 명이 넘는 환자가 당국에 파악되지도, 관리되지도 않는 상황은 공중보건에 큰 위협으로 여겨졌다. 이에 근거해 미군정과 보건당국, 남한사회는 강제격리에 더욱 집중했다. 그러나 여전히 예산 부족이 문제였다.

한편 대한나예방협회에서 실시한 모금운동은 충분한 예산을 마련하는 데 실패했을 뿐 아니라 한센병 환자에 대한 낙인을 더욱 강화하는 쪽으로 흘러갔다. 대한나예방협회 경북지부와 경상북도 사회국 그리고 대구부 3자는 공동 주최로 한센병 환자의 강제집단 수용을 위해 천만 원을 마련하겠다는 목표를 세웠다. 500만 원은 대구 시내 각 기업체에 그리고 나머지 500만 원은 각 노동회에 1매에 100원 하는 '문둥이 구축권'을 발행해 할당했다. 천만 원으로 우선 대구 애락원에 150명을 수용할 건물을 세웠고, 대구 시내에 있는 한센병 환자를 모두 단속해 이곳에 격리시킬 계획을 수립했다. 그러나 계획만큼 충분히 모금되지 않자, 한센병 환자에 대한 공포심을 이용하는 전통적인 방법을 택했다. 즉 문둥이 구축권을 구입한 가정은 집 앞에 구축권을 붙이도록 하고, 구축권을 구매할 능력이 있다고 판단되나 사지 않는 가정에는 직접 '문둥이'가 방문해 구매를 종용하게 한 것이다.[8] 1949년 2월 15일 『조선중앙일보』는 「문둥이 수용에 신전술, 대구서 구축권을 발행」이라는 단신 기사에서 대구의 보건문제를 해결하기 위해 한센병 환자를 강제 집단수용시키는 데 필요한 비용을 마련하기 위해 고안된 신전술을 이렇게 소개했다. "문둥이 구축권을 구입하는 가정은 문간에 '구축권'을 부치게 하고, 구축권을 능히 구입할 수 있을 만한 가정으로서 협조치 않을 때는 부득이 직접 문둥이가 방문하게 될 것이라 한다."

　정부는 모든 한센병 환자를 강제격리시키는 계획을 현실화하려 했으나, 이는 예산상 불가능한 목표였다. 정부는 사회 각 단체와 손잡고 예산 문제를 해결하려 했지만 모금운동은 제대로 진행되지 않았으며, 환자에 대한 공포심만 강화했을 뿐이다. 더 큰 문제는 보건당국이 한센병 환자에 대한 강제격리에만 지나치게 매달리면서 다른 보건 문제를 상대적으로 소홀히 했다는 점이다. 이는 당시 보건 관련 정부 예산 중 한센병 통제에 책정된 것이 비정상적으로 많다는 것에서 알 수 있다.

　〈표1〉에서 확인할 수 있는 것처럼 보건사회부 예산 전체에서 한센병 통제에 들어가는 금액은 매우 많았다. 1948년 보건사회부 총예산의 12.8%가 보건비였는데, 보건비 절반 이상인 57.8%가 한센병을 통제하는 데 쓰인 것이다. 1958년까지

	보건사회부 총예산(환)	보건사회부 총예산 중 보건비(%)	보건비 중 한센병 관리비(%)
1948년	1,059,686,000	12.8	57.8
1953년	2,969,849,000	12.1	54.8
1958년	17,067,650,000	12.6	50.2
1963년	2,904,206,000	30.6	16.7
1968년	7,145,396,000	21.1	21.0

〈표1〉 1948년부터 1968년까지 보건사회부의 한센병 관리 예산

보건비 중 한센병 관리에 들어가는 예산은 50%를 상회했고
1963년에 가서야 16.7%로 떨어졌다. 그러나 전체 보건사회부
의 예산 중 16.7%나 썼다는 것 역시 특정 전염병 통제에 지나치
게 많은 예산이 투입됐다고 해석할 수 있다. 이러한 상황은 대
한민국 정부 수립 이후 최소 1958년까지 국가 보건시책에 있
어 한센병 통제가 국가적으로 매우 중요한 사업이었으며, 동시
에 신생 독립국이 가졌던 한센병 환자 강제격리에 대한 집착이
거의 광적이었음을 의미한다. 문제는 이렇게 막대한 예산을 투
입했음에도 모든 한센병 환자를 격리시키는 게 애초에 불가능
했다는 점이다. 더 나아가 과도한 예산을 썼음에도 문제를 해
결하기가 어려워진 상황은 한센병 환자를 절멸시켜야 한다는
논리를 정당화하는 쪽으로 흘러갔다.

초대 보건부 차관이었던 이갑수는 1957년 『동아일보』와
진행한 인터뷰에서 한센병 관리에 필요한 예산이 부족한 상황
과 한센병 환자를 우생학적 견지에서 바라보는 시각을 다음과

같이 연결시켰다.⁹

　이[갑수]씨는 한때 보건부 차관을 역임한 바도 있는데 그는
지금도 차관 당시 '우생법령'을 제정하지 못한 것을 후회하고
있다. 우리 민족이 '후진'이라는 오명을 벗고 우수한 민족이
되려면 우리가 결혼 때부터 우생학적인 견지에서 해야 한다
는 것이다. (…) 자기가 차관 당시 '보건부' 예산의 6할가량이
'나병환자수용소'를 위해서 소비됐다는 점을 지적하고 이러
한 현상은 오로지 '우생 정책'으로서만이 해결해야 할 것이라
고 하면서 오늘날 나병환자가 날로 늘어가고 있음을 개탄해
마지않는다.

　이갑수는 1924년 독일 베를린대학교 의학과를 졸업한 엘
리트 의사였는데, 유학 중 당시 독일에서 유행했던 우생학의
영향을 강하게 받았다. 귀국해서는 식민지 조선에 우생학을 뿌
리내리기 위해 활발하게 활동했다. 1933년 설립된 조선우생
협회의 주요 창립자였으며, 광복 이후에도 한국민족우생협회
의 창립에 개입했고, 한국에 국민우생법 도입을 추진하기도 했
다.¹⁰ 1949년부터 6월 11일부터 1950년 2월 18일까지 보건부
차관을 역임하는 동안에는 한센병 정책 등을 비롯해 주요 보건
정책을 수립하는 데 중추적인 역할을 했다.
　위의 인터뷰를 통해 알 수 있듯이 이갑수 등 보건부 고위
관료 집단의 인식 속에 한센병 환자는 국가 예산을 낭비하게 만
드는 대상이자 민족의 발전을 방해하는 장애물이었다. 이러한

사고는 20세기 초부터 일본이 자국 한센병 환자를 바라보는 시
각과 유사했다. 결국 이에 근거해 국가와 사회는 모든 한센병
환자를 강제격리해야 할 뿐 아니라 시설에서 단종수술을 시행
해 절멸시켜야만 한다고 여겼다. 그리고 정부의 우생학적 태도
는 공포라는 감정을 통해 일반 사회에 전염됐다.

한센병 환자 마을의 등장

1955년 5월 말부터 6월 초까지 한국민사원조사령부의 스미스
M. L. Smith 보건담당관은 경상남도의 한센병 환자 마을들을 방문
했고, 그 결과를 국제한센병 학술지인 『나병 리뷰』Leprosy Review
에 실었다.[11] 이 보고에 따르면, 1955년경 경상남도 도청은 시
골에 위치한 한센병 환자 마을을 모두 없애고 수용소 한 곳에
환자들을 격리할 계획이었다. 당시 경상남도에는 부산의 나병
원인 상애원을 포함해 22개의 한센병 환자 마을이 존재했으며,
대개 한센병 환자 마을은 정부의 통제를 받지 않았고, 환자 중
상당수는 환자 마을에 거주하면서 번화가로 나와 구걸을 하기
도 했다고 한다.

    또한 스미스의 보고서에는 시골의 한센병 환자 마을의 거
주자 중 3분의 1에서 3분의 2가 해당 지역의 지역민으로, 당시
경상남도에서는 마을에 한센병 환자가 생길 경우 근처의 한센
병 환자 마을에 거주하게 했다는 점이 기록된다. 즉 한센병 환
자들은 가족과 관계를 맺고 있었던 것이다. 당시는 상당히 많

스미스의 논문에 실린 1955년 경상남도 한센병 환자 마을 배치 지도

스미스는 1955년 상애원을 제외한 경상남도에 있는 모든 한센병 환자 마을을 방문하고 그 결과를 논문으로 발표했다. 논문에는 당시 정부의 한센병 환자 마을에 대한 정책과 이들 마을의 상황을 묘사하고 정책 방향을 제시했다. 또한 당시 한센병 환자 마을의 위치를 보여주는 지도를 수록하고 있는데 여기에는 다른 한국 자료에는 기록되지 않은 한센병 환자 마을도 담겨 있어서 관련 연구를 하는 데 있어 가치가 높다.

은 한센병 환자가 도시에서 부랑인으로 전락하는 경향이 있었
으나, 다른 한편으로는 적지 않은 한센병 환자가 도시로 나가
지 않고 자신의 거주지와 멀리 떨어져 있지 않은 한센병 환자
마을에서 생활하는 상황이었다.

  그러나 한센병 환자 마을은 정부의 압력과 지역민의 반감
에 의해 언제든 해체 가능성이 있었다. 지역민은 한센병 환자
마을에 대한 불만을 청원의 형식으로 지방 정부를 통해 보건사
회부에 전달했다. 불만의 형태는 다양했지만 가장 일반적으로
한센병 환자 마을에서 생산한 농작물 등이 시장에서 유통되고
이들이 오염시킨 물 때문에 지역민이 전염 위험에 처한다는 게
주였다. 어촌의 경우는 한센병 환자 마을의 주민들이 잡은 물
고기를 판매하는 것에 불만을 품었다. 지역민의 또 다른 원성
은 마을의 환자들이 정부나 외원단체로부터 개인당 3홉의 곡
식 등을 배급받는다는 것이었다. 스미스는 마산, 통영, 울산 등
의 한센병 환자 마을을 제외하고는 마을의 경제 수준이 대도
시 난민의 삶보다 더 높았다고 보고했다. 이는 실제로 많은 한
센병 환자들이 구걸 등을 통해 상대적으로 난민에 비해 나았다
는 것이지 경제 수준이 높았음을 의미하지는 않는다. 그럼에도
인근 마을에서는 한센병 환자 마을이 자신보다 더 많은 지원을
받고 때때로 경제 수준이 높은 것에 대해 반감을 품기도 했다.
지역민의 불만은 정부의 한센병 환자 마을을 해체시키는 것으
로 이어지기도 했다. 스미스는 그 사례로 1953년 10월 울산에
있던 한센병 환자 마을 전체가 소록도로 이송됐던 사건을 들었
다. 또한 정부가 소유하던 적산 중 빈 땅에 만들어진 마산의 한

센병 환자 마을의 경우 정부가 소유권을 주장하는 퇴거를 요구하기도 했다.

한센병 환자 마을에는 한센병 환자뿐만 아니라 건강인도 함께 거주했는데, 남성 환자와 결혼한 여성 건강인이 가장 많았고, 그 다음으로 전쟁 중 경찰에 의한 군징집을 피해 한센병 환자 마을로 피신한 젊은 남성이 있었으며, 마지막으로 오래된 상처나 화상에 의한 흉터를 한센병의 병변으로 오해받고 마을로 들어온 건강인이 있었다. 건강인들은 항상 환영받을 수밖에 없었다. 건강한 노동력을 갖고 있었을 뿐 아니라 농작물 판매나 물물교환 시 외부의 건강인과 교섭을 할 수 있었기 때문이다.

한센병 환자 마을은 고립되어 있지만 지역의 다양한 자원과 연결됐으며, 대부분 마을에 있던 교회를 통해 원조물자를 지원받았다. 원조물자에는 치료제와 치료에 필요한 연고, 붕대 등의 구급물자도 포함됐다. 창녕군에 있던 한센병 환자 마을은 교회 인사를 통해 정부로부터 직접 DDS제Diaminodiphenly Sulfone•를 배급받았다. 상애원은 지역 미육군과 공군 그리고 한국민간구호계획Civil Relief in Korea의 물자를 지원받았다. 이렇듯 한센병 환자 마을은 원조물자를 지원받았지만 스미스는 공중보건학적

관점에서 여러 문제가 있다고 생각했다. 특히 스미스는 한센병 마을의 가장 큰 문제는 전염 위험성이라고 여겼다. 이는 무엇보다 한센병에 전염 가능성이 있다고 생각했기 때문이다. 한센병 환자 마을의 거주자들은 빈번하게 외부로 나와 구걸 행위 등을 했는데 이것이 건강인이나 환자의 건강한 자녀를 전염에 노출시킨다고 여겼다. 전염 위험성은 지역민의 불만 중 가장 중요한 근거였다.

이에 따라 정부는 한센병 환자 마을을 전부 폐쇄하고 사천과 같은 고립된 지역에 전원 수용할 계획을 세웠다. 그러나 이 계획은 한센병 환자 마을 주민의 반대와 예산 등의 문제로 실현되지 못했다. 대신 정부는 상황이 열악하고 관리가 어려운 일부 한센병 환자 마을을 해체하고 관리가 용이한 한센병 환자 마을을 인정한 후 정부의 한센병 관리체계에 포함시켰다.

민족적 수치와 학살

앞서 언급했듯이 일제강점기 조선사회에 세균설과 강제격리 정책을 도입한 일은 조선사회의 한센병 환자에 대한 낙인과 차별을 강화시켰다. 조선사회는 한센병 환자에 대한 위생과 치안 문제 그리고 우생학을 서로 결합시키며 한센병 환자를 극도로 위험한 존재이자 민족의 수치로 만들었다. 이는 광복 이후에도 한국 정부의 무리한 강제격리 정책과 결합하면서 더욱 강화됐다. 그 결과 1940년대 중반부터 1950년대 후반까지 대한민국 곳곳에서 한센병 환자를 학살하는 사건이 발생했다. 보건당국 내부에 존재하던 한센병 환자에 대한 우생학적 태도가 국민에게도 팽배했음을 보여준다.

앞서 살펴본 것처럼 보건당국은 강제격리를 하는 데 여러 가지 어려움을 겪었고, 이를 해결하기 위해 환자 마을을 전국 곳곳에 세워 부랑 한센병 환자들을 수용하기 시작했다. 이 시기 한센병 환자 마을은 자연발생적으로 형성되기도 했지만, 정부 당국이나 민간단체와 종교단체 등에 의한 경우도 있었다. 전자는 대개 그 지역의 주민이었던 환자들이 모여 살았으나 후자는 부랑하던 외지의 한센병 환자가 이주해서 꾸려진 것으로 보인다. 이에 지역민이었던 환자를 중심으로 형성된 한센병 환자 마을은 주변과 긴장관계 속에 있더라도 폭력사태로까지 발전하는 일이 드물었으나, 공권력이나 민간단체에 의해 외부에서 이주해 들어왔던 한센병 환자에 대해서는 지역민의 반감이 매우 높을 수밖에 없었다.

지역민의 반감은 보건당국이 추진하는 한센병 환자의 정착을 통한 격리사업에 큰 걸림돌이어서 실제로 정부의 지시대로 정부 소유의 공유지에 한센병 환자가 이주해도 인근 지역민이 극렬히 반대하면 다시 다른 곳으로 이주하는 일이 비일비재했다. 가령 광복 직후 전북 김제군 월촌면에 만들어졌던 160명 규모의 한센병 환자 마을은 지역민의 반발로 결국 1947년 3월 완주군으로 이주해야만 했다. 그러나 완주군 주민들의 반발과 전라북도지사의 요구에 따라 1948년 다시 익산군으로 떠났다. 심지어 익산으로 갈 때는 지역민의 반발에 대비해 무장경찰의 호위를 받으면서 이주를 완료했다.[12] 한센병 환자의 정착에 대한 지역민의 반발은 관공서 앞에서 시위하는 일부터 죽창 등으로 무장해 마을을 습격하는 방식까지 다양했다. 대부분의 습격은 다수의 지역민이 압도적인 무력으로 환자들을 굴복시키고 쫓아내는 정도로 끝났지만, 이러한 일이 몇 번 반복되면서 환자들도 지역민의 습격을 막아내기 시작했다.

보건당국의 강제격리 정책의 일환이었던 한센병 환자 마을의 설립은 지역민과 한센병 환자 사이에 심각한 갈등을 낳았음에도, 이 둘을 화해시키기 위한 정부의 개입은 소극적이거나 제대로 시행되지 않는 경우가 대부분이었다. 오히려 중앙 정부는 지역민의 반발에 신경질적인 반응을 보였다. 1950년 2월 구영숙 보건부장관은 정부의 한센병 환자 마을 신설 사업은 국민의 보건 수준을 향상하기 위해 진행되는데, 해당 지역이 무지해 지장이 생긴다며 지역민을 비난했다. 이렇게 반대가 거셌음에도 정부는 한센병 환자 마을 신설 사업을 "확고부동하게" 실현하겠다고 발표했다.[13] 광복 직후 발생했던 소록도 84인 학살 사건은 표면적으로 직원과 환자 사이의 갈등에 의해 발생한 것처럼 보인다. 그러나 실제로는 환자들에 대한 고흥 지역민의 반감이 중요한 원인 중 하나였음에도 지역민의 반감이 정부에게는 고려사항이 되지 못했다.

격리시설 외부에서 발생한 최초의 학살사건은 1947년 6월경 안동에서 일어났다. 당시 안동에 있던 한센병 환자 마을 근처에서 한 어린이가 실종되자, 지역민은 한센병 환자를 의심하기 시작했다. 별다른 증거도 없이 한센병 환자가 치료를 위해 어린이를 잡아갔다고 여긴 것이다. 이에 지역민은 경찰과 공모해 환자 3명을 낙동강변 공동묘지로 데려가 총살했다. 그리고 한센병 환자 마을을 습격해 환자들을 포박하고 구타했다.[14] 당시 비극을 목격했던 한센인은 다음과 같이 증언했다.[15]

1947년 [안동] 인근 주민이 아이를 잃어버린 사건이 있었어요. 나중에 밝혀졌지만 그 아이는 자기 고모네 집에 갔는데, 그걸 모르고 아이를 잃어버린 줄로 알고 환자 집단을 의심했어요. 경찰이 아이를 찾아달라는 요청을 받고, 환자 집단의 한 아이를 회유했어요. 그 아이가 밥을 얻어먹으러 갔는데. 경찰이 그 아이를 구슬려서 솔직히 말하면 밥을 많이 사주겠다고 꼬드겼고. 아이는 배고픈 상태에서 밥을 많이 사준다는 말에 넘어가서 손가락질로 세 사람을 지적했어요. 경찰들이 평복을 하고 왔는데, 지적된 세 사람을 공동묘지로 데리고 가서 쏴 죽였어요. 1947년의 상황이었는데 그 사람들은 안동 경찰들이었어요. 그때 죽은 사람 이름은 이천복, 최영술, 박만수. 이천복은 등신이지만 성한 사람이었고, 다른 사람들은 같이 구걸 다니던 사람이었어요. 사건이 일어난 때는 보리타작할 무렵이니까. 6월 달인 것으로 짐작되는데, 우리 동네 사람이 밥 얻으러 가면, 보리타작 하던 사람이 도리깨로 환자들을 때렸어요. 우리 동네 주위에서 죽이면, 피가 흐르니까. 공동묘지가 하나 있어서, 장사 지내기 좋으라고 여기서 쏴 죽였지. [거짓으로 지목한] 그 아이 환자는 죽었더라고. 그 아이 열일곱 살 때인데. 지가 한 짓이 있어서. [양심의 가책으로]

죽었을 것이요. "그놈아가 그랬어. 지가 한 예가 있으니, 약도 없고, 니 하나 때문에 억울한 사람이 죽었다"는 말에 괴로워하면서 죽었지.

이 사건은 지역사회와 지역 공권력이 공모해 한센병 환자에 대한 편견에 근거해 증거 없이 적법한 절차도 거치지 않고 의심되는 환자를 처형 및 폭행했다는 점에서 이후 일어난 학살사건과 성격이 비슷하다. 1949년 9월 14일 목포에서도 비슷한 사건이 발생했다.[16] 목포 형무소에서 일단의 죄수들이 탈출했는데, 이들은 인근 무안군 연동에 있던 한센병 환자 마을에 들어가 환자들과 옷을 바꿔 입었다. 죄수들을 추적하던 목포 경찰서 수색대원들은 죄수복을 입고 있던 환자들을 발견하고, 환자 마을에 무차별적으로 사격을 가했다. 당시 이 마을에는 어린이를 포함해서 40여 명의 환자와 그들 가족이 거주했던 것으로 알려졌는데 모두 사망했다고 한다. 경찰들이 지역민에게 구덩이를 파게 한 후, 환자를 모두 구덩이에 몰아넣고 총격을 가해 살해했다는 증언도 있다. 한센병으로 인한 외모 변형이 뚜렷하고, 가족이 함께 마을을 이뤄 거주했기에 죄수복을 입더라도 경찰이 오해했을 가능성은 매우 낮다. 지역 경찰은 대부분 지역민으로 구성되어 있어 지역 정서가 지역 공권력의 행동에 상당한 영향을 줄 수밖에 없다. 즉 평소 자신의 주거지에 거주하던 한센병 환자에 대해 강한 불만을 품고 있던 지역민의 정서가 이 학살사건의 배경이 됐을 것이다.

1950년 7월 함안군 물문리에서도 한센병 환자 마을 환자

소록도의 만령당 외부와 내부
'2021년 소록도 합동추도식'을 위해 쓰인 추모사 중에서

제 나이 갓 스물, 소록도에서 성경학교에 다닐 때였습니다. 모든 학생들이 화장터로 이동을 하여 한쪽 켠 선반에 모셔져 있던 유골상자를 만령당으로 옮기는 일을 하였습니다. 유골상자를 싼 누런 광목의 아래쪽에는 얼룩이 져 있었던 기억이 생생합니다. 그 유골함을 안고 만령당에 들어섰을 때 서늘하고 퀘퀘한 곰팡이 냄새가 호흡을 통하여 저의 폐부 속 깊이 스며들어왔습니다. 갓 스물의 나이로는 감내하기 힘들었던 소록도에서의 경험이 한편으로는 트라우마였고, 또 다른 한편으로는 지금껏 소록도와 뗄래야 뗄 수 없는 인연의 고리이기도 합니다.

(…)

동일한 이유(한센병)로 동일한 장소(소록도)에서 일만 일천 일백여 명이 쓸쓸하게 숨져간 소록도 만령당은 한센병의 슬픈 사회사의 한 현장입니다. 어떤 죽음은 태산처럼 무겁고, 또 어떤 죽음은 새털처럼 가볍다고 말하지만, 죽음만큼 공정과 정의가 극명하게 구현되는 현장 또한 없는 것 같다는 생각을 이 새벽 해봅니다. 한센병이라는 질병의 멍에를 짊어지고 고달프기 이를 데 없는 삶을 살다 한 줌 흙으로, 한 줄기 연기로 이 세상을 하직한 모든 분들에게 삼가 추모의 마음을 가득 담아 추도하는 바입니다.

2021년 10월 15일
이세용

들이 학살당한 사건이 발생했다. 함안의 유지들이 물문리에 있던 환자 마을의 환자들을 빨갱이로 몰아 국군을 사주해 환자 28명을 총살시켜 매장한 것이다.[17] 이 사건은 지역 보도연맹원이 학살되고 일주일이 지난 장날에 발생했는데, 인근의 정치적 사건과 환자들을 연결시켜 학살했다는 점에서 1949년 무안에서 일어난 학살사건과 유사하다. 다음은 당시 외출해서 사건을 피할 수 있었던 생존자의 증언이다.[18]

내가 인민군 진주 점령했다는 소리를 듣고 점령당하기 전에 내가 어머니한테 가본다고 그래서 간 거거든요. 진주와 우리 동네가 한 70리나 되거든요. 가만있으니까, 그 뒤에 성한 사람, 동네 계아제라고 나이 많은 노인이 괭이 들고 논에 가면서, 나를 보고 깜짝 놀래요. "너는 어디 갔다 왔냐?" 이래서 "내가 어디 볼일 좀 보고 왔습니다." 집에 갔단 소리는 안 하고, "볼일 보고 왔습니다" 이러니까, "느그 동무, 어제 오후에 전부 저, 저쪽에 구덩이 파서 총 쏴서 다 죽였으니, 얄궂게 묻어 놨으니 느그 동무, 좀, 좋은 시대 오거든 너희 동무 데리고 와서 더 좋게 묻어 줘라." 이러고 가는 거예요. 그래서 내 마음에 아, 이게 꿈인가 생신가 무슨 저런 소리를 하는가 싶어서 그때는 내가 이제 방방이 문을 열어 봤어요. 보니까 바느질하다가 마구 널어놓고, 성경책 보다가 펴 논 그대로, 또 냄비를 걸어놓고 밥하다가 불이 타다 나온 그대로, 문가에 보니 신도 벗겨져 있고, 막 굿을 한 모양이라. 그때 내가 조사를 해봤지. 거기는 이렇게 산이 높고, 그러니까 거기에 막을 지어놓고 있으니까, 그 밑에는 물이 내려가거든요. 그 물 내려가는 그 앞에 거기는 넓은 도랑이 있는데, 가운데가 좀 높은 데가 있어요. 높은데 거기다가 구덩이를, 며칠 전에 와서, 사람들이, 거기 와서 삽 가지고 팠지만, 자기들은 거기 들어갈 줄 모르고 거기 있었던 거라요. 알았더라면 도망을 했을 텐데. 몰랐으니까 거기 있었고. 나도 몰랐으니까 동생 놔두고, "집에 갔다 오마, 어머니한테 갔다 오마, 거기 있으라" 하고 간 것이고. 나는 어머니한테 간 바람에 나는 그것을 피했지, 하루라도 당겨 왔으면 나도 거기 들어갔어요. 그랬는데 내가 오자마자 그 이튿날, 그 영감이 그러는데, 어제, 네 동무들, 저기, 다 죽였다고 …….

그러니까 물문에서 죽은 사람이 28명이예요. 내가 지금 오래 돼서 이름은 다 기억은 못하지만 성은 대략 기억하지요. 어쨌거나 전부 28명이라요. 28명인데 내가 거기 있으면 29명이 되고, 내가 혼자 딱 어머니한테 가서 빠지고, 하루라도 당겨 왔으면 [죽었을 텐데], 내가 어머니 곁에 붙어 있어서 내가 살았는데. 아무도 유가족은 없고, 유가족 박태영군, 살아남은 그건 죽어버렸고, 내뿐인데, 아무도 여기에 대해서 뭐니 뭐니 할 사람도 없고. 나중에 알고 보니 우리나라 군인이라. 그것을 본 사람이 다 가르쳐 줍디다.

이외에도 비슷한 시기에 강릉 등 전국의 여러 곳에서 발생한 환자 학살에 관한 이야기들이 한센인 공동체에 전해지지만 시간이 너무 지났고 이를 증언해줄 사람도 없는 경우가 많아서 사실 여부를 확인하기란 불가능하다. 가령 전남 옥과에서 16명, 한국전쟁 중에 거창, 함안, 강릉, 주문진 등지에서 수백 명이 학살됐다는 이야기가 전해지며 불확실한 증언도 함께 남아있다.

가장 큰 규모의 한센인 학살사건은 1957년 8월 사천군의 비토리섬에서 발생했다. 삼천포 영복원에 살던 한센병 환자들이 심각한 식량난에 시달리자 지역 정치인에게 도움을 청했다. 이들은 비토리섬의 유휴지를 개간해 살라는 답을 듣고 비토리섬에 이주하기 시작했다. 그러나 이 사실을 알게 된 지역민 100여 명이 개간하던 환자를 습격했고, 이에 환자 26명이 사망하고 70여 명이 중경상을 입는 사건이 발생했다. 이 사건은 규모가 너무 컸고, 공권력과 결합한 형태가 아닌 지역민에 의한 것이어서 이후 주모자들이 체포되고 처벌받았다. 당시 주모자들의 증언에 의하면 인근 지역민은 굴과 조개 등의 해산물 채취를 주요 생계로 삼고 있는데, 환자들이 거주하면 식수가 오염되고 해산물 판로가 막히기에 일을 저질렀다고 한다.[19] 당시에도 한센병이 전염병이라는 점은 상식으로 받아들여졌지만 여전히 어떠한 경로를 통해 전염되는지에 대해서는 밝혀진 바가 없었기에 환자들이 만진 물건 등을 두려워했던 것이다. 다음은 사건에서 생존한 한센인의 증언이다.[20]

오후 점심 먹고 3시경쯤 됐는데. 꽹과리 치고, 징치고 하면서 300명이 다시 돌아와 우리를 다시 덮쳤어요. 점령이 되면 모두 죽게 생겼지요. 죽창 들고 맞섰어요. 석전이 벌어졌어요. 돌을 던진다고 했지만 제대로 가지도 않았어. 결사적으로 석전을 했어요. 석전이 벌어지다가 힘이 모자라니까 한 사람 두 사람 천막 안으로 쏙 들어와서 피하는데, 주민들이 천막 끝을 잘라 버리고 죽창으로 천막 안을 찔러대기 시작했어요. 귀가 떨려 간 사람도 있고, 피가 나고 난리였어요. 나는 한가운데 서 여기 밀리고, 저기 밀렸어요. 아수라장이고 아비규환이었어요. 여기 안에 있던 사람이 전부 다 죽고 병신이 다 됐어요. 이 사람 다 죽었어요. 가운데 있으니까 밑에 깔려 죽겠다 싶어서 군중들 힘에 압사될 지경이어서 텐트 주위에 붙었어요. 텐트 북쪽, 서쪽으로 기었는데, 나중에 조용히 죽은 듯이 있으면 다 죽었다고 주민들이 갈 거라고 생각하고 숨죽이고 한가운데에 있었어요.

그런데 가해자들이 텐트를 둘러서 휘발유를 뿌렸어요. 불을 지르니 뜨거우니까 살아 있던 사람들이 튀어나와 전부 물로 뛰어 들어갔어요. 전부 휩쓸려 나갔기 때문에 텐트 주위에는 사람이 없었어요. 나는 지금 내가 나가면 죽는다는 생각이 들었어요. 끝까지 텐트 구석에 있었어요. 불이 타오르는데, 구석에 있었어요. 바람이 시에서 섬 쪽으로 불어오니까 까만 연기가 능선을 타고 일어났어요. 산에 여기까지 소나무까지 있었어요. 연기를 타고 바닷가에서 죽고, 비명소리, 한마디로 생지옥이었어요. 삼백 명이 이놈 잡아라, 여기 간다 등등. 다 죽이고 다녔어요. 몽둥이로 쌔리면 어구 죽겠다고 하고, 몽둥이 소리만 턱턱 났어요. 개를 잡을 때처럼 몽둥이 소리만 툭툭 났어요. 여기서 내가 나 혼자 살고 다 죽었어요. 태양이 빨개 가지고 있는데, 태양이 빨리 졌으면 좋겠다고 태양이 빨리 넘

어갔음 좋겠다고, 내 몸이 개미만 해졌으면 좋겠다고 생각했
어요. 밤이 되도록 까지, 하나하나 남김없이, 깨볶는 소리. 활
객 활객. 이놈 잡아라, 아고 죽겠다는 소리. 못 견디겠더라고.

무엇보다 지역민 입장에서 자신의 거주 지역에 한센병 환
자 마을이 들어선다는 것은 지역 전체가 낙인찍힐 수 있는 문제
로 여겨졌다. 가령 지역 해산물이 오염됐다고 소문이 나면, 당
연히 이는 판매 부진으로 이어질 것이고 결국 지역민의 생계를
위협하기 때문이다. 비토리섬에 살던 사람들이 한센병 환자 마
을에 대해 가졌던 두려움은 스미스의 보고서에 담긴 내용과 유
사한 측면이 있다. 스미스는 지역민이 가진 가장 일반적인 불
만은 한센병이 전염될지도 모른다는 공포에 기초한 것이었다
고 적었다. 구체적으로는 한센병 환자들과 공유할 수밖에 없는
식수와 한센병 환자 마을에서 생산한 농작물 등이 시장에서 유
통된다는 점 그리고 한센병 환자 마을의 주민들이 잡은 물고기
가 판매되고 있다는 점이 그것이다.

일제강점기부터 형성되던 한센병 환자 혐오는 광복 이후
한국 정부의 과도한 강제격리 정책과 한센병의 전염성에 대한
거듭된 강조, 환자가 위험하다고 알리는 캠페인 등에 의해 걷
잡을 수 없이 강화됐다. 그러면서 한센병 환자는 민족의 발전
을 저해하고 국가와 사회에 부담되는 존재이자, 위험하므로 사
라져야 할 그리고 죽어서 없애야 할 존재로 격하됐다. 그 결과
광복 직후부터 1957년까지 수많은 환자가 억울하게 죽임을 당
했으나, 이에 대해 제대로 진상이 밝혀지거나 관련자가 적합한

처벌을 받은 경우는 매우 드물었다. 사회에 뿌리박힌 한센병 환자 혐오가 적절한 사법체계를 작동하지 못하도록 했기 때문이다.

8

—

강제격리 폐지라는 희망

1945년 8월 15일 광복 이후에도 한동안 한국의 한센인들은 일제강점기와 크게 다르지 않은 삶을 살았다. 오히려 한센인을 혐오하는 문제가 더욱 심각해졌고 학살사건이 줄지어 발생했다. 이는 안타깝게도 한센인을 더욱 엄격한 강제격리 정책에 묶어두는 쪽으로 이어지게 했다. 그렇다면 광복 이후에도 조선총독부의 한센병 통제 정책은 더욱 강화됐다고 볼 수 있다. 하지만 변화의 조짐 역시 광복 직후부터 조금씩 나타났다. 국내에 소록도의 르네상스라 불리는 시기가 시작되면서 미약하지만 한센인들이 자치를 요구한 것이다. 더 큰 변화는 국외에서 일어났다. 국제적으로 강제격리 제도가 실패했다는 평가에 더 많은 전문가가 동의하면서 반격리주의적 흐름이 강화됐다. 강제격리 정책은 한센인의 인권에 치명적인 피해를 입히는 동시에 한센병 통제에 효과적이지도 않으며 심지어 방해가 된다는 결론으로 기운 것이다.

여기에 대풍자유보다 훨씬 효과적인 치료제가 개발되고 한센병은 치료 가능하다는 것이 누구나 인정할 만한 과학적 사실로 자리 잡으면서 강제격리 정책은 국제사회에서 폐기되는 데 이르렀다. 강제격리 정책은 과학적으로 보였지만 한센병을 통제하는 데 효과가 있다는 점에 대해서는 근거가 없으며, 잘못된 믿음이라는 점이 점점 밝혀지는 상황이었다. 이 와중에도 일본 등의 국가는 여전히 강제격리 정책을 옹호하면서 국제사회의 흐름에 역행했다. 문제는 한국이 일본의 움직임에 따라갔다는 점이다.

그럼에도 국제사회의 흐름은 국제기구와 한센병 전문가를 통해 한국에 영향을 줄 수밖에 없었다. 한국사회는 여전히 한센인에 대한 낙인과 차별이 심하고 한센병 전문가와 보건 공무원도 차별의식을 공유하고 있었는데, 과학적이고 합리적인 지식과 이론으로 무장한 전문가들이 국제기구와 다양한 원조기구의 지원을 받고 들어와 한센병 상황을 조사하면서 변화를 맞았던 것이다. 국제 한센병 전문가들은 과학적인 방법론과 반격리주의적 입장에 근거해 한국의 한센병 상황을 분석했고, 그 결과는 보고서로 남겨져 한국 정부에 전달됐다. 이들은 한국 정부에 과학적이고 합리적인 한센병 통제 정책을 수립하라고 촉구했다. 이러한 권고에는 한센병 환자를 무조건 강제격리하는 정책을 폐지하라는 내용이 포함됐다. 즉 광복 이후 한센병과 관련해 한국사회는 여전히 일제의 영향권 아래에 있었지만, 지식과 이론의 차원에서는 미국을 중심으로 한 국제보건기구들의 영향을 강하게 받는 중이었다. 특히 WHO 등의 국제기구는 기술력과 막대한 보건예산을 무기로 한국에 어렵지 않게 진입할 수 있었다.

이러한 상황은 한국의 한센병 정책을 근본적으로 변화시킬 수 있는 절호의 기회이자 한국에서 살아가던 한센인에게는 낙인과 차별에서 벗어날 수 있는 새로운 기회였다. 뿐만 아니라 한국사회, 한센병 전문가, 보건 공무원, 한센병 사회사업가 역시 과거의 낡은 강제격리에 대한 믿음에서 벗어날 수 있는 계기였다.

8장에서는 한센병을 치료하는 획기적인 신약이 개발되고 그것이 국내에 도입한 과정, 국제사회의 반격리주의 흐름 그리고 국제보건기구를 통해 과학적이고 합리적인 한센병 지식과 이론이 들어온 과정 등에 대해 이야기해보려고 한다.

신약의 개발과 도입

1910년대부터 본격적으로 사용됐던 대풍자유 혼합제는 전통 치료제보다 효과가 월등히 뛰어났다. 대풍자유가 도입된 이후 소록도 및 서양 나병원에서 한센병 환자 사망률은 극적으로 감소했으며, 심지어 '완치' 환자도 등장했다. 그러나 대풍자유에는 여러 단점이 있었다. 대표적으로 다음과 같다.

첫째, 순수한 대풍자유는 자극이 너무 강해서 환자가 내복할 경우 구토를 유발했고, 주사로 투여하면 염증과 통증 등 다양한 부작용을 일으켰다. 둘째, 한센병이 어느 정도 진행된 환자에게 대풍자유는 큰 효과를 얻기 힘들었다. 한센병 환자들은 낙인찍힐지도 모른다는 두려움 때문에 초기에는 자신의 병을 숨기기 마련이다. 대개 병이 상당히 진행된 후에 치료를 받기 시작하는데 이 경우 대풍자유는 잘 들지 않았다. 셋째, 한센병의 경우 초기 단계더라도 완치까지 최소 2~3년이 필요했다. 그런데 환자들은 대풍자유 투여가 고통스러운 나머지 치료를 게을리 하거나 포기하는 경우가 많았다. 넷째, 대풍자유로 완치된 환자 중 상당히 높은 비율로 재발이 나타났다. 대풍자유는 한센병균을 살균하는 것이 아니라 정균, 즉 활동을 최대한 중지시키는 역할을 했기에 치료 이후 건강이 안 좋아지면 재발하기가 쉬웠다.

　　이러한 이유로 한쪽에서는 기존의 대풍자유 혼합제제를 더욱 발전시키려는 노력이 있었고, 다른 한쪽에서는 완전히 새로운 방식의 치료제를 개발하려는 시도가 이어졌다. 한센병에 대한 사회적 효과가 작지 않았기에 새로운 치료제가 등장하거나 새로운 연구결과가 나올 때마다 언론은 적극적으로 이를 소개했다. 그러나 당시 일본과 조선에서는 대풍자유를 뛰어넘는 효과적인 치료제를 개발하는 데 실패했다.

　　흥미롭게도 치료제 개발의 실마리는 염료산업을 연구하는 중에 등장했다. 1908년 독일의 프라이부르대학교에 재직 중이던 화학자 에릭 프롬Eric Fromm 박사와 위트만J. Wittmann 박사가 새로운 화학물질인 DDS를 합성했다. DDS는 곧바로 독일의 염료산업에 사용됐는데, 1930년대 중반 의학계는 DDS가 살균제로 쓰일 수 있다는 가능성에 주목했다.[1] DDS는 동물실험 단계에서는 치료제로 그 가능성을 인정받았지만, 발견된 혈액학적 부작용이 인간에게는 너무 치명적이어서 바로 환자에게 사용하지는 못했다.[2] 1937년 8월 6일, 미국 루이지애나주의 카빌Carville 국립나요양소의 가이 패짓Guy Paget 박사가 부작용을 최소화하는 DDS 유도제 프로민을 개발했다. 패짓은 꾸준히 연구를 이어가 1941년 3월 카빌 나요양소 환자를 대상으로 약제 임상시험을 시작했고, 1943년 프로민이 심각한 부작용 없이 환자에게 탁월한 효과를 낸다고 보고했다. 이후 전 세계 여러 나요양소에서 프로민 등 새로운 치료제가 대풍자유보다 효과가 높다는 연구결과가 나왔다. 1948년 쿠바에서 열린 제5차 국제나회의에서는 프로민 등 DDS제가 한센병에 대한 표준 치료

미국 루이지애나주에 위치한 카빌 국립나요양소의 모습, 1936년

미국 루이지애나주는 미국 다른 지역보다 한센병 유병률이 높아, 스페인령 시절부터 알몬네스터 나병원(Almonester leper Hospital)과 자선병원(Charity Hospital)에서 한센병 환자를 치료하거나 수용했다. 이 지역이 한센병 환자에 대한 관심이 본격적으로 높아진 시기는 1889년 하와이 몰로카이섬에서 사망한 다미앵 신부의 소식이 퍼진 후였다. 1894년 루이지애나주의회는 한센병 환자 요양소를 만들기 위해 한센병 환자 요양소 관리 위원회(Board of Control for the Leper Home)를 꾸렸고, 이 위원회는 주도인 바톤 루즈(Baton Rouge)에서 40km 떨어진 카빌에 나요양소를 설립했다. 이 나요양소는 1921년 국립나병원으로 승격했고, 한센병 환자에 대한 강제격리와 치료의 장소뿐만 아니라 한센병과 치료제 연구의 중심을 이루는 역할을 했다.

제로 인정받았다.[3] DDS제의 등장으로 이제 한센병이 완치될 수 있는 시대가 열린 것이다.

그러나 DDS제는 태평양전쟁으로 인해 일본과 한반도에는 수입되지 못하다가 광복과 함께 미군을 통해 한국과 소록도에 들어왔다. 1946년 여수 애양원 원장 재직 중 일제에 의해 추방됐다가 미군정에 의해 나병근절자문관으로 임명되어 다시 한국에 돌아온 윌슨과 그의 아들 존 윌슨John Wilson이 처음으로 한반도에 프로민을 가지고 왔다.* 윌슨 부자가 처음 가져온 프로민의 양은 겨우 40명 분이었는데, 이들은 먼저 이 프로민이 한국인 환자에게도 효과가 있는지 임상시험을 했다. 윌슨 부자는 증상이 심각한 어른 환자 20명과 증상이 심하지 않은 어린이 환자 20명을 택해 프로민을 투여했는데 윌슨은 이 두 집단에서 모두 좋은 효과가 나왔다고 보고했다.[4]

한편 미군정은 1947년 민간물자 배급 계획안에 의해 프로민 125상자를 비롯해 다이아손Diasone정을 대량으로 한국에 들여왔고, 군정청 보건후생부를 통해 소록도로 보냈다.[5] 다음 해인 1948년 1월에는 2,700상자가 미군정을 통해 한국에 들어와 소록도에 1,800상자, 대구 나병원에 270상자, 부산 나병원에 180상자, 여수 애양원에 360상자, 기타 외래 환자 진료소에 90상자가 배급됐다.[6] 또한 미군정은 대풍자유도 한국에 들여왔

• **DDS제가 한국에 처음 들어온 때** 김계한 등은 프로민이 처음 한국에 도입된 것이 1948년이라고 주장했다(김계한·유준 등, 1968). 그러나 존 윌슨의 증언에 의하면 부자가 처음 프로민을 한국에 들여온 것은 1946년이다. 오중근·유준의 논문과 존 윌슨의 증언을 토대로 본다면 DDS제가 들어온 연도는 1946년이라고 판단된다.

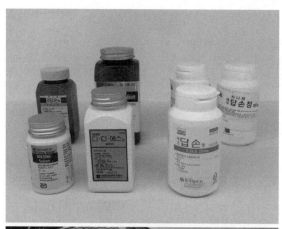

DDS제, 댑손 등이 담긴 약병들과 1958년 환자들에게 투약하는 모습

소록도 당국은 마을 치료소 등에서 환자들에게 DDS제를 투약했을 뿐 아니라, 제대로 약을 먹고 있는지 확인하기 위해 의료진이 직접 복약지도를 하기도 했다. 환자들은 차례대로 줄지어 DDS제 를 받은 후 의료진이 보는 앞에서 약을 삼켜야 했다.

다.[7] 한국전쟁 중에는 UNCAGK와 한국민사원조사령부[KCAC] 등에서 다이아손 등의 치료제를, 한국전쟁 이후에는 국제연합민사원조사령부United Nation Civil Assistance Command, 이하 UNCAC에서 프로민과 다이아손을 공급했다.[8]

소록도에서 프로민은 처음에 증상이 심하지 않은 환자를 치료하는 데 쓰이다가 1956년 결핵양형나tuberculoid leprosy 환자에게 투여하는 것으로 확대했고, 다음 해인 1957년에는 나종형나lepromtous leprosy 환자에게까지 사용했다.* 다이아손 역시 처음에는 증상이 심하지 않은 환자에게만 투여하다가 공급 부족으로 소아 환자에게만 투여했다. 다이아손은 프로민의 단점을 보완했기에 부작용이 더 적었으므로 소아 환자 및 프로민에 부작용이 있는 환자에게 사용했던 것이다. 프로민 등 DDS제가 소록도에 도입되어 사용된 지 7년이 지난 1953년 한국에서도 DDS제가 대풍자유보다 치료에 월등한 효과가 있다는 것이 증명됐다.[9]

1951년에는 인도에서 주로 활동했던 세계적인 한센병 전문가 로버트 코크레인Robert Cochrane 박사가 개발한 댑손이 한국에 수입됐다. 댑손은 1953년에 전국적으로 보급되기 시작했는데, 소록도에 들어온 것은 1955년이었다.[10] 댑손은 DDS제에 비해 월등한 장점이 있었다.

• **마드리드 분류법** 한센병은 한센병균의 침범 부위, 정도, 환자의 상태에 따라 다양한 형태로 발병되는데, 치료와 후유증 관리를 위해 이를 몇 가지 병형으로 구분한다. 식민지 시기에는 결절나, 반문나, 신경나, 혼합나로 구분했다. 나종형나, 결핵양형나의 구분법은 1953년 마드리드에서 열린 제6차 국제나회의에서 결정된 병형구분법이다. 마드리드 분류법은 1957년부터 소록도병원에서 사용됐다.

첫째, 경구용이었기 때문에 주사제보다 사용이 훨씬 간편했다. 주사제를 사용하려면 주사뿐 아니라 주사를 투여하는 의료진 등 훨씬 더 많은 자원이 필요하지만 경구제는 환자가 직접 내복하면 되므로 예산이 절약됐다. 둘째, 다른 약제보다 월등한 혈장 수준을 제공했기에 효과가 훨씬 더 좋았다. 더군다나 댑손을 복용한 환자는 피부의 나병변이 더는 발생하지 않았고, 신경통 역시 예방되는 효과가 있었다. 신경통은 한센병 증상 중 하나로 환자들에게 엄청난 고통을 안겼으며, 이를 이기지 못한 나머지 자살한 환자가 있을 정도로 심각한 증상이었다는 점에서 댑손에는 큰 장점이 있었다. 셋째, 이전의 DDS제와 비교할 수 없을 정도로 약값이 저렴했다.[11] 이러한 이유에서 댑손은 소록도뿐만 아니라 전국의 나요양소에서 가장 중요한 치료제로 자리 잡을 수밖에 없었다.

완치되는 질병

소록도에서는 1957년부터 부작용이 나타나던 소수를 제외한 대다수 환자에게 DDS제를 투여해 치료하기 시작했다. 그리고 같은 해 7월부터 소록도는 모든 재원 환자를 대상으로 정기적으로 한센병균을 검사한 결과로 통계를 냈다. 그리고 한센병균이 검출되는 사람을 '균양성자'로 일정 기간 검출되지 않은 사람을 '균음성자'로 구분했다. 치료 효과나 재발 유무를 파악하기 위해 균양성자는 3개월당 1회, 균음성자는 6개월당 1회씩

검사를 받았다. 1957년부터 1960년까지 4년 동안 세균검사 결과는 극적인 변화를 보이지는 않았지만 소록도 내 한센병균의 음성율이 31%에서 37.2%로 천천히 증가한 것만은 확실했다. 이러한 성적은 다른 국가에서 발표한 결과보다 상당히 저조했다. 같은 약제를 사용하는데 한국만 성적이 양호하지 않은 이유를 시급히 찾지 않으면 한센병 통제가 미뤄질 수밖에 없고, 이는 곧 예산의 낭비를 의미했기에 보건당국은 한국 내 DDS제 사용법에 대해 조사할 필요가 있었다.

이러한 이유로 한국에서 DDS제에 관한 연구가 보건사회부 소속 세계보건기구Health Organization, 이하 WHO 고문관실과 연세대학교 미생물학교실에 의해 소록도갱생원에서 실시됐다.[12] 두 곳이 주체가 됐던 이유는 WHO는 전 세계의 한센병 치료에 대한 정보를 축적하고 있었고, 연세대학교 미생물학교실에는 유준 및 한센병 전문가들이 포진해 있었기 때문이다. 1957년부터 1961년까지 총 5회에 걸쳐 소록도갱생원 재원 환자 중 일부를 대상으로 실시한 이 조사의 목적은 DDS제를 환자가 직접 투여하는 방식과 의료요원이 복용시키는 방식의 차이가 한센병이 양성에서 음성으로 전환되는 비율(음전율)에 미치는 영향을 확인해보려는 것이었다.

연구자들은 음전율 저조 이유를 의료진의 복약지도 등 없이 환자들이 스스로 댑손제를 복용하고 있기 때문이라고 결론 내렸다. 그래서 1960년부터는 교육받은 의무요원에 의해 실제로 환자들이 복약하는지 확인하도록 했다. 그 결과 음성율은 급격히 증가했는데, 1957년 7월에 36.5%, 1958년 5월에

42.85%, 1959년 5월에 44.9%, 1960년 6월에 45.2%에 불과했던 균음성자의 비율이, 1961년 10월 72.6%까지 올랐다. 이러한 조사결과는 DDS제를 규칙적이고 알맞게만 사용한다면 그 치료 효과가 매우 크다는 것을 의미했다. 반대로 DDS제 복용을 환자들에게 맡겨 놓으면 한센병 치료는 실패로 돌아간다고 해석될 수도 있었다. 하지만 외국의 사례에서 볼 수 있듯이 DDS제 복용과 관련해 환자들에게 적절한 교육을 할 경우 충분히 한센병을 치료하고 통제하는 게 가능했다. 1967년에는 소록도병원 환자의 87%가 음전환됐고, 12.9%인 505명만이 여전히 균양성자로서 치료받는다고 나왔다. 소록도갱생원 당국의 전체 환자를 대상으로 한 조사 그리고 WHO 고문관실과 연세대학교의 조사결과 DDS제가 지닌 한센병에 대한 뛰어난 효과가 공식적으로 검증되면서 한센병은 이제 불치병이 아닌 치료 가능한 질병으로 인정받았다.

사실 새로운 화학제제인 DDS제에 대한 기대는 이미 프로민이 들어온 1946년부터 언론에 등장했다. 광복 이후 카빌 국립나요양소에서 프로민이 한센병 치료에 성공했다는 소식이 언론에 전해지면서 한국사회는 이 신약에 상당한 관심을 보였다.[13] 프로민이 들어온 지 얼마 되지 않은 1949년 미군정청 보건후생부장을 역임하고 당시 세브란스 의과대학장에 있던 이용설 박사는 『동아일보』와 진행한 인터뷰에서 프로민과 다이아손은 한센병 치료 효과가 매우 크기 때문에 가격이 비싸더라도 충분히 수입해 쓰인다면 한센병 문제도 해결될 것이라는 기대 섞인 의견을 제시했다.[14] 당시 소록도에서 실시된 DDS제 효

과를 검증한 유준은 한국에서도 DDS제가 긍정적인 효과가 있
다고 1958년 도쿄에서 열린 제7차 국제나회의에서 발표했다.[15]

국내외 전문가들이 공통적으로 DDS제에 대해 긍정적으
로 보고하자 한국 정부도 한센병에 대한 인식이 조금씩 변했
다. 불치병이라 간주했던 한센병이 이제 치료도 가능할 뿐 아
니라 심지어 완치도 가능하다는 생각이 한국 정부 내부에 나타
났다. 1959년 손창환 장관은 DDS제를 꾸준히 복용하면 한센
병을 근절시킬 수 있다고 발표하면서, 한센병 환자들이 불필
요하게 사회에서 냉대받아야 할 이유가 없다고 지적하기도 했
다.[16] 1950년대 후반에 이르러 DDS제 덕분에 이제 한센병은
완치 가능한 질병이라는 인식이 전문가들 사이에서 자리한 것
이다. 그러나 불행히도 한국사회는 한센병을 완치 가능한 질병
으로 받아들이지 못했다. DDS제의 불확실성에 초점을 맞추며,
그 장점과 효과적인 성적을 애써 외면했다.

국제사회의 반격리주의 부상

1947년 창설된 WHO는 설립 초기부터 한센병 통제를 매우 중
요한 국제 공중보건 문제로 간주했다. WHO는 처음부터 강제
격리 정책에 꽤 비판적이었는데, 이는 WHO가 한센병 환자를
격리하는 것에 반대하는 흐름을 이어받았기 때문이다. 전 세계
적으로 한센병 환자에 대한 강제격리가 본격적으로 시작된 것

은 1897년 국제나회의에서 강제격리가 권고된 이후였다. 그러

나 시간이 흐르면서 강제격리의 문제점이 점차 분명해졌고, 격리에 반대하는 측의 발언권이 점차 거세졌다. 이러한 목소리는 점차 국제나회의에 반영되기 시작했다.

1923년 프랑스 스트라스부르에서 열린 제3차 국제나회의에서는 전염성이 있는 환자만 강제격리하되 가능한 인도주의적인 방식을 취하라고 권고했다. 1938년 이집트 카이로에서 열린 제4차 국제나회의에서도 전염성 환자만 격리해야 하며, 환자의 자발적 입원을 장려하고 퇴소 시기를 설정하라고 했다. 이 중 퇴소 시기를 설정하라고 한 것은 시설에서의 영구적인 격리를 막기 위해서였다. 비전염성 환자를 격리하는 일은 불필요하다고 간주했기에, 격리가 아닌 자택에 머무는 환자에 대한 관리가 한센병을 통제하는 데 있어 새로운 의제로 떠올랐다. 더욱 중요한 것은 치료된 환자는 퇴원하도록 했기 때문에, 퇴원한 환자들의 취업 등 사회복귀를 위한 지원이 권고됐다는 점이다. 이처럼 한센병 환자에 대해 가졌던 기존의 엄격한 강제격리에 대한 국제나회의의 태도는 시간이 지나면서 점차 상대적인 격리를 지지하는 입장으로 변화했고, 환자의 인권도 더욱 고려했다.

반격리주의적 입장은 국제연맹League of Nations의 보건기구 Health Organization에 영향을 미쳤다. 국제연맹은 1923년부터 헌장 제23조(질병의 예방과 통제)에 근거해 산하에 보건기구Health Organization를 설립했다. 이 보건기구는 원래 건강과사회문제부 Health and Social Questions Section 소속이었으나, 무역과 식민지 경영으로 점차 전 세계가 밀접해질수록 더욱 빈번해지고 빨라지는 전염병 확산의 통제를 위한 국제 공조를 강화하려는 목적으로 분리됐다.[17] 국제연맹의 보건기구는 산하에 보건위원회Health Committee, 일반보건자문위원회General Advisory Health Council 그리고 자문위원회Advisory Committee를 뒀다. 보건기구는 주로 질병의 예방과 통제, 전염병 감시, 혈청·백신·생물학적 제품의 표준화, 건강 전문가 및 위생 조직 등의 교류, 농촌 위생, 영양 문제, 도시와 농촌의 주거 등의 문제를 다루는 활동을 펼쳤다.[18] 1925년 브라질의 저명한 세균학자인 카를로스 샤가스Carlos Chagas는 국제연맹에 한센병 예방위원회Leprosy Prevention Commission를 설치하자고 건의했고, 곧 샤가스를 위원장으로 한 한센병 위원회Leprosy Commission가 탄생했다.[19] 즉 국제연맹 보건기구의 설립 초기부터 한센병은 중요한 국제보건 문제로 인식됐던 것이다.

이후 1928년 한센병 전문가인 에티네 버넷Etienne Burnet이 한센병 위원회 위원장으로 임명됐는데, 그는 효과적인 한센병 치료 및 통제 방법을 표준화하기 위해 전 세계의 중요한 한센병 시설과 연구소 등을 다녔다. 1929년 1월에는 런던과 발틱, 같은 해 3월부터 10월에는 미국, 12월에는 남미, 1930년 1월부터 6월까지는 인도, 말레이시아, 자바, 필리핀, 광동성, 상하이, 일본, 호놀룰루를 방문하고 조사했다. 그리고 1930년 조사결과와 모든 나라에 보낸 설문의 응답을 분석한 결과를 정리해 한센병 보고서를 작성했다. 이 보고서는 이후 국제연맹 보건기구에서 한센병 정책을 정립하는 데 기반이 됐다.[20] 이에 따르면 국제연맹의 보건기구는 한센병 위원회에 독일, 브라질, 미국, 영국, 인도, 일본, 남아프리카의 대표자를 위촉하여 전 세계 한센병

카를로스 샤가스(좌)와 로버트 코크레인(우)

샤가스는 브라질 출신의 의사, 과학자, 세균학자다. 그는 아마존 밀림에서 기생충의 일종인 크루스
파동편무충(Trypanosoma cruzi)에 감염되어 발생하는 질병을 발견하고 이를 자신의 이름을 따
'샤가스병'(Chagas disease)라고 이름 붙였다. 샤가스는 이 질병의 메커니즘을 발견한 공로를 인
정받아 전 세계적으로 명성을 얻기도 했다. 1920년부터 1924년까지 브라질의 보건부 장관을 역
임하는 중에는 스페인독감, 성병, 한센병, 소아마비, 결핵 등 다양한 전염병 예방 정책을 개발하고
실행하는 데 힘을 쏟았다. 이러한 그의 노력은 국제적으로 알려졌고 그 결과 국제연맹의 한센병
위원회의 초대 위원장이 되는 것으로 이어졌다.

영국의 한센병 연구자인 로버트 코크레인은 중국에서 선교사 부모로부터 태어났는데 이후 영국으
로 돌아가 의사가 됐으며, 곧 TLM에 고용됐다. 그는 인도의 켈커타에서 저명한 한센병 의사 뮤어
박사 밑에서 한센병 치료와 연구를 시작했으며, 이후 벵갈의 한센병 요양소를 스스로 설립하기도
했다. 그 역시 한센병 치료와 연구에서 명성을 얻었고 1931년에는 국제 한센병 협회(International
Leprosy Association)의 초대 재무위원장을 맡기도 했다. 코크레인은 1935년부터 1944년까지 마
드라스의 한센병 요양소에서 의료 원장으로 활동했고, 1945년부터는 DDS제를 본격적으로 연구
하기 시작했으며 댑손을 최적으로 복용하는 법을 개발하는 공로를 남겼다.

상황에 대한 정보를 수집하고 각 지역의 한센병 치료 및 통제에 관한 지식과 의견을 수집했다. 버넷은 한센병 통제에 있어 가장 중요한 이슈인 격리와 치료에 관해 전문가들의 의견이 나뉜다고 지적했다. 나요양소에 환자들을 수용하는 것이 한센병 예방에 가장 중요한 요소라고 믿는 측이 있는 반면, 강제격리가 환자를 숨게 만들어 초기 치료의 기회를 놓치게 할 뿐만 아니라 전염을 더욱 확산시킨다고 보는 측이 있다고 주장했다. 버넷은 강제격리를 반대하는 측에 서 있었다.

또한 버넷은 보고서에서 인도의 P.T.S Propaganda-Treatment-Survey 시스템을 유용한 한센병 통제 모델로 소개했다. P.T.S는 1917년 프랑스의 식민지 의사들이 '자유치료'free treatment라고 불렀던 것으로, 환자들이 자유롭게 치료받도록 하는 방법을 발전시킨 것이었다. 다시 말해 P.T.S는 한센병과 관련된 지식을 널리 알리고(P), 자유롭게 치료받게 함으로써 초기 치료를 가능하게 하며(T), 역학조사를 통해 정확한 한센병 상황을 알고 대처(S)하는 방법을 의미했다.[21] 또한 버넷은 오래된 용어인 '격리'segregation를 폐기하고 더욱 자유주의적이고 의료적인 의미를 담은 '고립'isolation을 사용하자고 제안하는 등 강제격리 정책에 비판적인 태도를 보였다. 국제연맹의 한센병 위원회가 보였던 강제격리에 대한 비판적 태도는 1938년 태국 방콕에서 열린 회의를 통해 다시 확인됐다. 전염성 환자에 한정해서만 고립시켜야 하며, 질병 그 자체를 치료하는 것과 더불어 환자를 둘러싸고 있는 사회조건을 발전시키는 일이 치료에 중요하다는 권고를 채택했다.

국제연맹 보건기구를 이어받아 1947년 창설된 WHO 역시 한센병 위원회의 강제격리에 대한 비판적인 태도를 받아들였다. 1952년 브라질 리우데자네이로와 상파울로에서 열린 제1회 WHO 한센병 전문위원회Expert Committee on Leprosy 회의를 통해 모든 국가에서 강제격리 정책을 재검토할 것이 권고됐다. 또한 한센병 전문위원회는 첫 번째 보고서를 통해 기존에 시행되던 관행을 바꿔야 한다고 강하게 주장했다. 특히 낙인과 차별을 발생시키는 엄격한 강제격리법을 수정해야만 환자가 초기에 적극적이고 자발적으로 치료에 참여할 수 있다고 설명했다. 또한 보고서는 전염성이 사라질 때 환자를 신속히 퇴원시키는 일은 치료에 있어 매우 중요한 요소라고 덧붙였다. 치료 후 퇴원이 가능해야만 환자는 적극적으로 치료에 임하기 때문이었다.

더 나아가 몇십 년에 걸친 역학조사결과, 기본적인 위생 규칙이 지켜지는 나요양소에서 직원은 대부분 감염의 위험 없이 일하며, 환자의 배우자 역시 거의 감염되지 않았다는 점을 근거로 한센병은 결핵보다 전염성이 훨씬 낮다고 설명했다. 실험을 통해서도 한센병은 다른 질병과 다르게 백신 개발에 성공하지 못했는데, 이 역시 한센병의 전염성이 극히 약하다는 것을 증명한 셈이라고 주장했다. 또한 여러 국가에서 시행된 강제격리법의 효과에 대한 과학적인 평가에서도 강제격리 정책이 실패했음이 증명됐다. 강제격리법이 있더라도 더욱 자유주의적인 방식으로 실행되는 지역에서 한센병은 점차 감소하거나 거의 사라진 반면, 오히려 극단적인 정책을 취한 지역에서는 한센병 유병률이 변화하지 않았다. 노르웨이의 경우 강제격

리법이 있었지만, 거의 적용되지 않았음에도 불구하고 한센병 환자는 극적으로 감소했다.[22]

이러한 국제사회의 강제격리에 대한 비판적 태도는 점차 강해져 결국 1958년 도쿄에서 개최된 제7차 국제나회의에서는 모든 강제격리 정책을 폐지하고 재택 및 외래 치료를 기본으로 하라고 권고됐다. 이는 DDS제의 효과가 입증된 상황에서 격리가 더는 필요 없음을 확인했기 때문이다. 이어 1959년의 WHO 한센병 전문가위원회 회의에서도 요양소 중심주의를 폐지해 요양소는 나반응이나 후유증 등을 치료하는 장소로 전환하며, 격리 환자는 사회로 복귀시킬 것을 권고했다.

국제기구의 개입

오랫동안 강제격리에 비판적이었던 WHO가 광복 이후 한반도의 한센병 정책에 개입하기 시작했다. 먼저 미국의 보건 및 한센병 관련 인사들이 남한에 방문해 남한의 한센병 상황을 시찰하고, 한센병 정책을 위한 지원을 약속했다. 1947년 10월 22일에는 미국 나협회American Leprosy Missions 간사인 케라스바카 박사가 남조선 각지의 한센병 요양소를 시찰했다.[23] 1949년 11월 22일에는 미국 보건후생부 극동 책임자 스미스 박사(군의 준장)가 보건부를 방문해 구영숙 장관과 면담을 했는데, 이 자리에서 스미스는 지난 십년 간 필리핀에서 발전시킨 보건행정을 소개하고, 특히 필리핀의 결핵, 말라리아, 한센병과 관련된 성공적인 정책을 설명했다.

그리고 그는 WHO와 국제아동구호재단UNICEF, 이하 UNICEF 을 통해 보건원조할 계획이 있음을 밝혔다.[24] 즉 미국은 남한 의 보건 정책의 수립과 실행에 있어 새롭게 만들어진 WHO나 UNICEF를 통해 지원하기로 했다.[25] WHO는 초창기부터 유엔 식량농업기구FAO, 국제민간항공기구ICAO, 국제노동기구ILO, 유 네스코UNESCO 그리고 UNICEF 등의 국제기구와 다양한 공동 사업을 진행해왔다. 특히 WHO는 설립 준비 단계에서부터 의 료·보건·통계·마약 등과 같은 문제에 있어 UNICEF와 밀접한 관계를 유지했고, UNICEF는 사업 활동의 일환으로 WHO 사 업에 예산을 지원했다. 이러한 관계 속에서 한국의 보건사업 에 WHO는 기술 원조를 그리고 UNICEF는 물질적 원조를 약 속한 것이다. 이 계획은 1950년에 더욱 구체화되어 구영숙은 1950년 1월 12일 WHO와 UNICEF의 한국 보건지원 사업에 대한 내용을 발표했다. 보건지원 사업의 내용을 보면 UNICEF 는 기술이나 자재 등을 지원하고, 기술적 원조는 WHO에서 담 당하며 사업에 필요한 인건비, 서무비 등의 사업추진 부대경비 는 한국 정부에서 부담하는 것으로 되어 있었다.[26]

그러나 당시 UNICEF의 원조 계획에는 결핵, 성병, 모자보 건에 관한 것만 포함됐고, 한센병은 제외됐다. UNICEF 등 국 제기구에서는 한국의 한센병 상황을 다른 국가에 비해 심각하 다고 인식하지 않았던 것이다. 이 때문에 한국 정부는 한센병 과 관련해 원조를 요청할 계획을 다시 세워야만 했다.[27] 당시 보 건부 차관이었던 이갑수 등이 1950년 5월 스위스 제네바에서 개최하는 WHO 총회에 참석해 한국의 말라리아, 아편, 기생충병, 한센병 등에 대한 대책을 강구하는 데 있어 기술적 또는 물질적 원조를 요청하려 했으나,[28] 결국 이갑수는 참석을 못하고 대신 최영태 방역국장이 총회에 참석해 한국의 한센병 상황을 설명하고 필요한 원조를 요청했다.[29] 최영태는 출발에 앞서 "이번 WHO 총회는 한국이 정식 회원국으로서 처음 참가하게 된 회합이므로 최선을 다하여 한국의 여러 가지 어려운 보건 문제를 해결하는 데 필요한 국제적 원조를 획득할 수 있도록 노력할 각오"임을 밝히고 "특히 총회에 호소하여 나병, 마약, 말라리아 등의 한국의 곤란한 지방병의 실정을 소개하고 이에 대한 기술적 또는 필요한 자재의 원조를 얻을 수 있도록 힘쓰겠다"라고 밝혔다. 즉 한국이 최초로 참석한 WHO 총회에서 한국 정부는 한센병 통제를 위한 지원을 요구했던 것이다.

그러나 WHO의 한센병 지원 사업은 한국전쟁의 발발로 미뤄졌고, 실제 지원은 그로부터 10년이 지난 1961년부터 시작됐다. 대신 WHO는 유엔한국재건단United Nations Korean Reconstruction Agency과 협력하여 1952년 8월 7일부터 10월 11일 사이에 한국의 보건 상태를 진단하고 적절한 보건 정책을 수립하기 위한 조사사업을 했는데, 이 과정에서 한국 한센병 상황에 대한 조사가 부분적으로 진행됐다.[30] 조사단은 1952년 6월 30일 한국에 총 13개의 한센병 요양소가 있다고 파악했고, 이 중 소록도 갱생원을 제외하고는 대부분 방문해 조사했다. 조사단은 요양소 대부분이 효과적인 치료를 위한 장소가 아니라 단순히 격리를 위한 수용소라고 보고했다. 의사가 상주하는 곳은 거의 없

녹산의학강습소

광복 이후 소록도는 급증하는 한센병 환자에 비해 의료 인력은 턱없이 부족했다. 이를 해결하고자 정부와 소록도 당국은 환자들에게 의학지식과 치료기술을 가르쳐 보조 의료 인력으로 활용하고자 했다. 환자를 교육시켜 치료에 투입하는 모델은 앞서 여수 애양원에서 윌슨 원장이 시행한 적이 있기도 했다. 1949년 소록도갱생원에 녹산의학강습소가 설립됐고, 시험을 통해 학생을 선발하여 소록도갱생원 의사들에게 교육과 훈련을 받았다. 2년간의 교육을 수료하면 학생들은 바로 소록도 갱생원 내의 여러 부서에 배치됐는데 워낙 많은 환자를 치료해야 했기 때문에 치료 실력이 빠르게 늘었다고 한다. 이들은 일상적인 한센병 치료뿐만 아니라 일반 질환에 대한 치료, 치과 처치 그리고 맹장수술이나 낙태 등 비교적 간단한 수술까지 도맡았다.

1958년 녹산의학강습소에서 강의가 열린 모습(위)과 1960년 강습소 출신으로 추정되는 의사가 약제실에서 약을 살피는 모습(중간) 그리고 1960년 3월 19일 의학강습소의 졸업 사진(아래)이다.

266

었으며, 한센병 치료는 거의 이루어지지 않은 상황이었다. 한센병 치료도 의사가 맡은 것이 아니라 기초 교육을 수료한 환자가 담당했으며, 환자 기록도 제대로 작성되지 않았다. 그럼에도 한센병 관리 정책에 보건 예산이 절반 가까이 쓰이고 있었다. 즉 앞에서 살펴본 것처럼 당시 전국의 한센병 요양소는 대부분 수용소에 지나지 않았다. 하지만 조사단은 도립인 대전애경원은 관리가 잘 되어 있다고 보고했는데, 다른 곳과 다르게 이곳은 한센병 환자인 원장의 지도하에 환자들이 운영한다는 특징이 있었다.[31] 조사단은 요양소가 수용소에 머무는 문제를 보완하기 위한 정책권고를 제시했으나 한국 정부는 아직 이를 받아드릴 의지나 여력이 없었던 것으로 보인다. 한국 한센병 정책의 문제점은 1953년 3월과 8월 두 차례에 걸친 한미재단American-Korean Foundation 사절단의 한국 조사 보고서에서도 지적됐다.[32]

한미재단의 러스크 이사장은 조사에 근거해 1953년 8월 23일 한국 정부에 정부 내 한센병 관리기구를 설치할 것과 한센병 전문가를 6개월간 하와이에서 훈련시킬 것을 권고했다.[33] 주무의무관이었던 윤유선이 하와이에서 한센병 예방과 치료에 대해 훈련받고 돌아왔고 한미재단은 한센병 사업에 필요한 자금을 지원하기도 했다.

한편 한국민사원조처Korean Civil Assistance Command, KCAC는 한미재단의 지원을 받아 1954년 세계적인 한센병 전문가 코크레인을 한국에 초청했다. 코크레인은 1955년 3월에 한국에 도착해 한센병 시설들을 조사했으며, 관련 전문가 및 공무원과 한국의 한센병 상황에 대해 논의했다. 또한 한센병 환자 수, 한센병 정책, 치료상황, 시설 등과 관련한 이전의 조사 보고서를 검토한 결과를 1955년 4월 21일에 열린 '나병집단학술강연회'에서 발표하고 보고서를 한국 정부에 제출했으며,[34] 이후 다시 이 내용을 국제 한센병 학술잡지에 발표했다.[35] 수집하고 분석한 한국의 한센병 상황에 근거해 한센병 정책의 방향을 제시하기도 했다. 그의 제언은 이후 WHO의 한국에 대한 기술지원에 바탕이 됐을 뿐 아니라 한국의 한센병 정책을 수립하는 데 중요한 근거로 작용했다.

코크레인 보고서의 내용은 크게 네 가지였다. 첫째, 한국이 효과적인 한센병 정책을 수립하기 위해서는 먼저 보건부에서 한국의 한센병 상황을 정확히 이해하는 데 근거가 되는 정보를 수집하고 정리할 업무를 담당할 수 있는 담당자를 임명해야 한다는 것이었다. 둘째, 당시 존재하던 한센병 시설들의 상황을 파악하고 특히 지방 당국, 선교사업가 등과 협력해 학생들에게 한센병 검사를 실시해야 한다. 셋째, 전체 인구의 샘플을 선정해 조사한 후 한국의 한센병 유병률을 추산해야 한다. 넷째, 한센병 전문가들을 훈련시킬 수 있는 훈련센터가 필요하다. 다섯째, 비전염성인 결핵형tuberculosis 환자가 일반 병원에서 치료받을 수 있도록 준비해야 한다. 특히 마지막 조언은 WHO를 비롯한 국제 한센병 학계가 당시 공유하던 훨씬 완화된 격리 정책에 대한 생각에 근거했다.[36]

이후 WHO에서 1957년부터 한국의 한센병 정책의 수립과 실행을 위해 한센병 고문관실을 서울에 설치하고 단기 및 장기 고문관을 주재시켰다. 1957년에는 필리핀의 한센병 전문가인 로드리게즈Rodriguez가, 1961년부터 1965년까지는 루돌프 트랩만Rudolf Trappmann이, 1966년에는 다멘드라Dharmendra가 그리고 1968년에는 와데카Wardekar가 고문관으로 내한해 한센병 관련 정책과 연구, 치료에 대한 기술 지원을 했다. 한편 한국 정부가 WHO에 보건사업에 필요한 원조를 지속적으로 요청한 결과, 1961년 10월 WHO로부터 결핵과 한센병 퇴치사업에 필요한 20만 불을 원조받기로 했다.[37]

WHO는 한국에 과학적인 한센병 정책이 만들어져야 한다고 판단하고, 이를 위해 한센병 유병률 조사를 실시했다. 만성병이라는 질병 자체의 특성과 환자에 대한 낙인과 차별 때문에 정확한 한센병 환자 수를 알기란 쉽지 않았다. 이러한 이유에서 그전까지는 정부에 등록된 환자의 두세 배 정도를 전체 환자로 추정했다. WHO 및 UNICEF는 공동으로 한국의 한센병 상황을 정확히 파악하기 위해 경상북도 월성군에서 1963년 4월부터 시범사업을 시행하기로 결정하고, 이 지역을 표본조사구역으로 선정 후 전 주민을 일제히 검진했다.[38] 이 사업은 WHO에서 파견한 한센병 고문관인 트랩만 박사의 기술적 조언 아래 진행됐다. 조사결과 한국에서의 한센병 유병률이 1,000명 중 2명으로 밝혀졌는데, 여기에 근거해 당시 한국에는 약 8만 명의 한센병 환자가 있다고 추산했다.[39] '8만'이라는 숫자는 이후 한센병 관리 정책을 수립하는 기준이 됐다.

9

———

다
양
해
진
강
제
격
리

1960년대 이후 한국의 한센병 및 한센인 통제의 성격을 규정하는 가장 중요한 기준 중 하나는 강제격리와 관련이 있다. 신약 개발과 강제격리를 위한 막대한 예산 부담 그리고 국제사회의 강제격리 폐지 압력에 의해 한국 정부는 1963년 「전염병예방법」을 개정했다. 하지만 한국사회와 정부, 전문가 사이에 여전했던 격리주의에 대한 믿음은 개정된 법에 그대로 남아 유지됐다. 개정에 한센병 환자에 대한 강제격리 조항이 유지됐는가 폐지됐는가 하는 문제는 한센인 인권과 관련해 매우 중요한 쟁점이기에 지금까지도 핵심 사안으로 남아 있다. 게다가 2005년 이후 한국사회에서 본격적으로 발전한 한센인 인권운동의 한계와 근본적으로 연결되는 문제이기도 하다.

그러나 조사해보니 「전염병예방법」 개정으로 한센병 환자에 대한 강제격리 조항이 빠진 것은 맞지만, 주무부서인 보건사회부에서 정하면 격리수용이 가능하도록 만드는 조항이 신설됐고, 이후 만들어진 「전염병예방법 시행령」과 「전염병예방법 시행규칙」에도 한센병 환자에 대한 격리를 명시했다. 게다가 한센병 전문가들역시 이 법 개정을 환자에 대한 강제격리를 폐지한다는 의미보다는, 완치된 사람의 퇴원과 집에서 치료가 가능한 환자를 위한 조치로 인식했다. 실제로 1963년 이후에도 환자에 대한 강제격리는 폐지되지 않았으며, 심지어 완치됐더라도 국가와 병원에서 허가해주지 않으면 퇴원할 수 없었다. 즉 「전염병예방법」 개정으로 완치된 이들 중 일부는 퇴원이 가능했지만, 환자들 대부분은 퇴원할 수 없었다. 게다가 국가는 한센인에 대해 더욱 정교한 강제격리 제도를 만들었다. 2005년 국가인권위원회에서 실시한 조사가 남긴 한계는 한국의 강제격리 제도가 전통적인 의미의 시설뿐만 아니라 정착마을 등으로 다양하고 복잡하게 발전했으나, 조사를 위한 시간과 예산의 한계로 더욱 깊숙이 추적하지 못해 발생한 결과였다.

'한센인 인권 실태조사'는 이후 한센인 인권과 관련된 입법 과정에서 중요한 근거가 됐으며, 동시에 강제격리와 관련한 잘못된 평가는 이후 과거사 문제를 해결하는 데 여러 한계를 갖는 계기가 됐다. 가장 큰 문제는 2007년 제정된 「한센인 피해사건의 진상규명 및 피해자생활지원 등에 관한 법률」에서 한센인 피해사건을 규정할 때 1963년 이후 한센인에 대한 강제격리 문제가 삭제됐다는 것이다. 즉 치료제가 발달하면서 한센병을 치료할 수 있게 되자 강제격리 없이 한센병 통제가 가능해진 시점에서 한센병 환자뿐만 아니라 이미 완치된 사람까지 모두 강제격리 대상이 된 것은 심각한 인권침해였지만, 강제격리가 폐지됐다는 잘못된 인식으로 한센인 과거사 문제가 제대로 해결되지 못한 것이다. 2001년 한센인 차별에 대한 국가의 책임과 보상을 규정한 일본의 「보상법」과 비교했을 때 한국의 한센인 과거사 문제의 한계는 더욱 분명해진다. 일본은 한센인 강제격리에 대한 국가의 책임을 명시했으며, 더 나아가 사회에서 발생한 한센인에 대한 낙인과 차별 역시 국가의 잘못된 정책인 강제격리에서 비롯된 것으로 보고 국가의 책임을 분명히 했다. 하지만 한국은 강제격리 문제가 해결됐다고 여겼기에 강제격리로 인권침해를 당한 한센인을 비가시화했으며, 국가가 이들에 대해 책임이 있음을 명시하지 못하게 했다. 더 나아가 사회에서 발생한 수많은 낙인과 차별 등에 대해서도 책임지려고 하지 않았다.

9장에서는 1963년 「전염병예방법」의 개정 의미와 개정 이후 더욱 복잡해진 한센인 강제격리 제도의 문제를 살펴보겠다.

「전염병예방법」 개정에 대한 오해

DDS제가 대풍자유에 비해 치료 효과가 월등하다는 것이 여러 조사를 통해 확인되자 1959년 손창환 보건사회부 장관은 한센병이 치료 가능하다고 공식화했다.[1] 이에 한센병 환자를 요양소에 수용하는 것은 재정상 큰 부담이라는 이유에서 이미 완치된 한센병 환자를 퇴원시켰고, 이들의 사회복귀가 현실화됐다.

한편 당시는 국제사회에서 반격리주의가 팽배해지면서 국제 한센병 전문가와 국제기구를 통해 한국 정부에도 격리 정책을 폐지하거나 완화하라고 권고하는 중이었다. 하지만 DDS제의 효과가 월등함에도 완치율은 여전히 높지 않았고, 의사들은 완치 이후 재발에 대해 우려하는 상황이었다. 게다가 한국사회에서는 여전히 한센병 환자에 대한 낙인과 차별이 큰 문제였으며, 정부 내부에 한센병에 대한 우생학적 태도를 견지하는 이들도 많았다. 특히 여러 전문가들이 한센병 환자를 영구적으로 시설에 수용하길 원했다. 1950년대는 이렇듯 격리주의와 반격리주의가 치료제, 격리, 전염병 통제 정책을 둘러싸고 조용히 충돌하는 시기였다.

한국사회에 여전히 격리주의적 태도가 팽배했지만, 한센병을 둘러싼 내외부적 상황의 변화를 고려해 한국 정부는 한센병 관리체계를 수정하기로 결정했다. 이는 국가재건회의 의결에 따라 1963년 2월 9일 개정되고 3월 12일부터 시행된「전염병예방법」에 반영됐다. 1954년 제정된「전염병예방법」에 따르면, 한센병은 제3종 전염병이지만 다른 제3종 전염병과 달리 환자를 제1종 전염병과 비슷하게 매우 엄격히 통제 및 격리하도록 되어 있었다. 하지만 1963년 개정으로 한센병은 제1종 전염병과 같은 지위를 상실한 것처럼 보이도록 했다. 구체적으로 제1종 전염병에 대한 의사의 신고(제4조 제1항), 한센병 환자에 대한 전귀신고(제6조), 시체이동금지(제34조), 환자 시체의 화장(제35조), 강제처분(제42조 1항) 조항이 삭제됐다. 이것은 진단 이후부터 죽음 이후까지 통제받던 삶에서 벗어날 수 있음을 의미했다. 특히 한센병 관리에 있어 가장 중요했던 제29조(격리수용해야 할 환자) 1항에 "제1종 전염병 환자와 한센병 환자는 전염병원, 격리병사, 격리소, 요양소 혹은 특별시장 또는 시, 읍, 면장이 지정한 장소에 격리수용되어 치료를 받아야 한다"고 했던 조항이 삭제된 것은 국가 한센병 정책에 일대 변화가 있었음을 보여준다.

이렇게 본다면「전염병예방법」개정 결과 한센병 환자에 대한 엄격한 통제와 강제격리는 폐지된 것처럼 보인다.[2] 이러한 이유로 한국에서는 강제격리가 1963년에 폐지됐다는 평가가 오랫동안 이어졌다.[3] 그러나「전염병예방법」에 신설된 조항과 1969년 11월 제정된「전염병예방법 시행령」, 1977년 8월 제정된「전염병예방법 시행규칙」의 내용 그리고 실제로 한센병 관리가 운영되는 방식을 보면 이러한 평가는 사실과 많이 다르다.

개정된 「전염병예방법」에서 한센병 환자에 대한 강제격리 규정은 삭제됐지만, "제3종 전염병 환자 중 주무부령으로 정하는 자는 격리수용되어 치료를 받아야 한다"는 조항이 신설돼 국가가 지정하면 한센병 환자를 계속 격리할 수 있는 법률적 근거를 세웠다. 게다가 「전염병예방법 시행령」과 「전염병예방법 시행규칙」에는 명시적으로 한센병 환자에 대한 격리조항이 포함됐다. 1969년 시행된 「전염병예방법 시행령」은 제5조 격리수용의 기간에서 "격리수용은 그 발견 시로부터 이를 실시하되, 각 질병의 주요 증상 소퇴 시로부터 다음의 기간까지로 한다. 다만, 나병에 있어서는 전염성이 없어질 때까지 실시해야 한다"고 규정했다. 즉 다른 전염병의 경우 환자에게 주요 증상이 사라지면 퇴원이 가능했지만, 한센병은 전염성이 사라질 때까지 격리수용하도록 한 것이다. 여기서 전염성이 사라진다는 것은 세균검사를 통해 혈액에 한센병균이 발견되지 않음을 의미한다.

또한 「전염병예방법 시행규칙」 제16조에는 제3종 전염병 환자 중 격리수용되어 치료받아야 할 자의 범위를 "자가치료함으로써 타인에게 전염시킬 우려가 있다고 서울특별시장·부산시장 또는 시장·군수가 인정한 자" 그리고 "부랑·걸식 등으로 타인에게 전염시킬 우려가 있어 전염병 예방상 격리 수용해 치료함이 필요하다고 서울특별시장·부산시장 또는 시장·군수가 인정한 자"로 전염병 격리수용 환자의 범위를 규정했다.[4] 실제로 이를 근거로 한센병 환자에 대한 격리가 지속됐다.

그렇다면 「전염병예방법」 개정으로 달라진 것은 무엇일

까? 가장 큰 변화는 완치 환자가 법적으로 퇴원이 가능해졌다는 점이다. 1954년 「전염병예방법」에서 한센병과 관련된 내용은 조선총독부에서 제정한 「조선나예방령」에서 대부분 가져왔는데 핵심은 한센병 환자는 죽을 때까지 격리한다는 것으로 퇴원에 관한 내용은 전무했다. 이는 한센병 치료가 쉽지 않아서이기도 했지만, 우생학적 견지에서 모든 한센병 환자를 절멸시키는 데 목적이 있었으므로 특별히 퇴원과 관련한 조항을 만들 필요가 없었기 때문이다. DDS제 도입으로 치료가 가능해지면서 완치 환자를 퇴원시켜 막대한 한센병 환자 격리 비용을 줄일 필요성이 생겼고, 이러한 변화가 법에 반영된 결과가 「전염병예방법」 개정이었다. 그러나 완치로 건강해진 사람들이 모두 퇴원 대상자가 된 것은 아니었다.

입소 기준에도 변화가 생겼다. 1963년 이전 모든 한센병 환자는 단속과 격리의 대상이었다. 그러다 법 개정을 계기로 격리수용 대상을 제한하려는 노력을 시작했다. 1963년 연세대학교 의과대학 최대경 교수는 「전염병예방법」 개정 후 격리수용 대상의 기준을 다음과 같이 정하자고 건의했다.[5]

첫째, 세균검사 결과 균의 양성도가 높아 한센병의 전염성이 높은 환자들, 둘째, 비전염성이더라도 정부의 방침대로 규칙적인 치료를 받지 않는 환자들, 셋째, 전염성이 약하거나 비전염성이더라도 가정 형편상 집에 머무를 수 없고 거리를 부랑해 사회에 물의를 일으키는 자들, 마지막으로 한센병균의 양성, 음성을 불문하고 한센병을 빙자해 유리걸식함으로서 사회의 안전과 질서를 교란시키는 자들을 격리시키자는 것이다. 최대

경의 제안은 한센병 전문가들의 의견을 대표했다. 1963년 3월 30일에 열린 나관리협의회에서 전문가들은 '주치의가 지정하는 치료일자에 3회 이상 불참'하거나 '부랑'하거나 '주치의의 지시에 불복하거나 비협조적인 자'를 격리해야 한다고 보건사회부에 건의했다.[6] 이러한 주장은 격리할 환자를 결정하는 기준이 단순히 의학적 근거에 의한 것이 아니라 '사회적 물의'라고 하는 사회적이고 정치적인 면까지 포함하고 있으며, 보건당국과 의사의 권력 강화 및 유지 역시 중요한 고려 요인이었음을 보여준다.

긍정적으로 생각하면 1963년 개정으로, 한센병에서 완치되어 더는 환자가 아닌 사람과 전염성이 없고, 정부의 방침을 잘 따르며, 머무를 집이 있어 사회적 물의를 일으키지 않은 환자는 강제격리 대상에서 벗어날 수 있었다. 그러나 당시 전반적인 사회 분위기 속에서 이러한 기준에 맞는 환자는 많지 않았을 것이다. 게다가 최종 판단하는 의사의 주관적인 의견이 개입할 여지가 컸기에 한센병 환자는 여전히 누구든 강제격리의 공포에서 자유로울 수 없었다.

떠나는 사람과 남는 사람

앞서 언급했듯이 1963년 개정 전까지 법적으로 한센병 치료가 끝나 퇴원하는 사람은 없었고, 타 시설이나 나환자촌으로 전출되는 환자들만 있었을 뿐이었으나 이제 일부였지만 완치 판정을 받으면 퇴원이 가능해졌다. 1964년 소록도병원에서 퇴원한 사람은 총 198명으로, 이들은 집으로 돌아갔거나 한센인 정착 마을로 이주했다고 추정된다. 반면 이들 중 부랑생활로 돌아간 사람들은 거의 없었다고 보인다. 왜냐하면 돌아갈 곳이 있고 사회적으로 문제를 일으키지 않을 것으로 판단되는 사람만 시설 당국의 철저한 심사를 통해 퇴원할 수 있었기 때문이다. 가령 다시 거리에서 부랑생활을 할 가능성이 있는 자들은 퇴원 심사에서 탈락했던 것이다.[7]

퇴원 기준은 입소 기준보다 더욱 복잡했다. 노동력 및 장애 여부, 사회경제적 위치 등 여러 요소가 복합적으로 작용했다. 대체로 일정 기간 여러 번 시행된 세균검사에서 한센병균이 더 이상 검출되지 않은 사람 중 노동력을 지녀 자립할 수 있거나 돌아갈 집이 있는 자들만 퇴원했다. 반면 한센병균이 계속 검출되는 환자, 한센병 후유증으로 신체에 장애가 생겨 노동력을 상실한 환자, 외모 변형이 심한 환자, 부랑할 가능성이 높은 환자는 탈락했다.

이로써 소록도병원에서는 소록도를 떠날 수 있는 사람과 계속 남아야 하는 사람을 분류하는 새로운 인구 분할 정치가 시작된 것이다. 한센병 전문가들은 분할을 위한 객관적인 기준을 만들기 위해 노력했다. 1959년 10월부터 12월까지 국립칠곡병원에서 격리환자와 외래환자를 대상으로 장애 여부와 관련된 조사를 시작했다.[8] 그리고 1961년 〈불구도 분류 기준표〉가 만들어졌다(〈표2〉).[9] 한센인 시설에 입소할 수 있는 사람과 퇴원할 수 있는 사람, 정착마을에 이주할 수 있는 사람을 분류한 것이다.

이 표에 근거해 1961년 한센인 시설에서 격리되던 '음성 환자' 1만 1,615명을 조사한 결과, 불구도 Ⅰ도인 사람은 3,646명, Ⅱ도인 사람은 2,800명, Ⅲ도인 사람은 2,169명, Ⅳ도인 사람은 2,091명, Ⅴ도인 사람은 909명으로 나왔다. 보건당국은 이 중 불구도 Ⅰ, Ⅱ, Ⅲ도인 사람을 정착마을에 이주할 대상자로 분류했고 Ⅳ, Ⅴ도인 사람은 정착대상에서 제외했다. Ⅴ도인 사람은 다른 사람의 도움이 없으면 일상생활을 하기 힘들었기에 시설에서 관리할 수밖에 없지만, Ⅳ도인 사람은 가벼운 노동과 독립생활이 가능하더라도 한센병 후유증으로 외모에 심각한 정도의 변형이 있으면 퇴원에서 배제했다.

입원 기준도 더욱 세분화됐다. 1974년 국립나병원 운영규정 제2조는 입원 기준을 명시했다. 이에 따르면 다음 6개 범주에 포함되는 사람은 강제격리 대상이었다. 첫째, 전염성이 큰 사람, 둘째, 증상이 심해 집에서 치료하기 어려운 사람, 셋째, 후유증으로 성형수술이나 정형수술이 필요한 사람, 넷째, 불구도가 Ⅲ도 이상이며 돌봐줄 사람이 없는 사람, 다섯째, 60세 이상 고령으로 자활능력을 상실했으며 돌봐줄 사람이 없는 사람, 마지막으로 사회 기풍을 해치고, 한센병 통제 사업에 방해가 되는 사람. 퇴원 기준은 노동력이 있어 독립적인 생활을 할 수 있거나, 노동력이 없더라도 돌봐줄 사람이 있는 경우였다.

한편 정부는 장애 환자의 정확한 실태를 파악하기 위해 한센병 시설에 격리된 환자의 장애 상황을 지속적으로 조사하기도 했다. 1969년에는 보건사회부 만성병과와 연세대 미세물

		노동력	외모
I		정상인과 같음	거의 정상
II	1	정상인과 같음	환자로 의심할 정도
	2	정상인과 비슷함	거의 정상
III	1	정상인과 같음	확연한 환자로 보일 정도
	2	경노동 가능	거의 정상
	3	경노동 가능	환자로 의심할 정도
	4	자력기거 가능	정상
IV	1	경노동 가능	확연한 환자로 보일 정도
	2	경노동 가능	추함
	3	자력기거 가능	확연한 환자로 보일 정도
	4	자력기거 가능	추함
V	1	부첨인 요	확연한 환자로 보일 정도
	2	부첨인 요	추함

〈표2〉 불구도 분류 기준표, 1961년.

학교실이 공동으로 조사를 실시하기도 했다.[10] 1970년에는 보건사회부에서 각계 전문가들을 초청해 국가 한센병관리 정책이 나아갈 방향에 대해 세미나를 진행했는데, 이 자리에서 다미앵재단Damien Foundation Belgium의 반드로겐브룩Van Droogenbroeck 박사는 자신이 1967년 한국의 한센병 상황에 대한 조사를 6개월에 걸쳐 진행한 결과, 724명의 환자는 의학적으로 재정착이 가능한 상태이고, 661명의 환자는 추가적인 의학적 치료와 수술

이후에 정착할 수 있는 상태, 그리고 2,854명은 장애를 갖고 있기 때문에 장애시설이나 가족과 함께 살아야 하는 상태라는 결과를 발표했다.[11] 이에 근거해 1970년 조창원 소록도병원장은 소록도 시설을 한센병 환자 수용시설에서 불구자, 고령의 한센병 환자, 정신이상자, 결핵환자 등 일반 병원에서 '처치 곤란한 자'를 수용하는 시설로 전환시키자고 주장했다.[12]

이 세미나에서 김대발 안동 성좌원 원장은 퇴원이 진행되고 한센병 시설에 남은 환자들을 '불구나환자'라고 칭하면서 이들을 다음과 같이 정의했다. 불구나환자란 한센병으로 인해 신체장애를 얻어 '폐질불구'가 되어 노동력을 상실한 자로 첫째, 두 눈이 실명됐거나 극도의 약시가 된 자, 둘째, 팔다리가 절단됐거나 처져 노동을 할 수 없는 자, 셋째, 신체가 전반적으로 마비되어 움직임이 부자유한 자, 넷째, 돌봐줄 사람이 없는 60대 이상의 고령자, 다섯째, 신체적 후유증이 극히 '추악해 사회환경에 혐오감'을 주는 자라는 것이다. 김대발은 노동력 등의 상실로 사회복귀가 불가능한 자들에게 사회보장적 혜택을 주는 견지에서 시설에서 이들을 수용하고 인간다운 삶을 제공해야 한다고 주장했다.

이 세미나에서 논의됐던 사항은 이후 「나병관리사업지침」에 수용됐다. 그 결과 소록도병원은 주로 한센병 환자를 수용 및 치료하는 역할을 담당하고, 민간 한센병 시설은 '불구나환자' 요양을 맡는 역할을 담당하는 것으로 나뉘었다.[13] 「나병관리사업지침」에 따르면 "사회에서 낙오되는 불구 무의무탁 환자를 입원, 보호해 사회의 명랑화를 기하고 사회보장책의 일

환으로 대구 애락보건병원, 여수 애양재활병원, 산청 성심인애
병원, 안동 성좌원 및 시흥 성나자로원 등 사설 나요양 시설을
운영케하고 급식비, 의료비, 피복비 등을 보건사회부에서 보조
하"기로 했다. 하지만 소록도병원 역시 남은 환자가 계속 늘어
나면서 장애가 있거나 고령인 완치자를 수용하고 돌보는 역할
이 더욱 중요한 과제가 됐다.

　1974년에 발간된 소록도병원 연보의 서문에서 신정식 원
장이 "정착사업이 개시되면서 전국 방방곡곡에 음성 치유자를
진출시켜 그들 마을의 기간을 이루고 있어서 한편 큰 보람을 느
끼"지만, "불구 무능한 환자는 시대의 진운에 반해 오히려 점차
그 수가 늘어 실로 전환자의 3분의 2를 점하고 있으니 당무자
로서 당혹하고 부끄"럽다고 밝힌 것도 이러한 맥락에서다.[14] 소
록도병원은 정부 및 외국원조단체의 지원을 받아 1975년경부
터 소록도병원 내 시설 중 일부를 장애가 있거나 고령인 환자를
위한 시설로 변경하는 사업에 착수했다. 또한 소록도병원의 역
할에 '불구나환자 보호'를 추가함으로써 본격적으로 장애 환
자를 관리하는 데 힘썼다. 그리고 1975년 3월 4일 당시 대통령
이었던 박정희가 소록도병원에 1억 2,000만 원을 지원하면서
1975년 6월 16일 '노령 불구나환자'를 수용할 수 있는 병동을
착공해 같은 해 11월 14일에 완공했다. 이 병동은 병실 21실과
오락실, 취사장, 식당과 난방시설을 완비해 고령의 환자와 장
애 환자 210명을 수용했다.[15]

　이와 같이 전국의 한센병 시설은 한센병 환자들과 병균이
더 이상 검출되지 않은 환자 중 장애가 심하거나 외모 변형이

심한 사람만 주로 남는 곳이 되어갔다. 일부 한센병 시설을 운영하는 데 필요한 노동력을 가진 소수만 남았을 뿐이다. 결국 장애가 심하거나 외모가 변형된 사람들은 치료가 끝나도 사회복귀 대상에서 애초에 배제된 것이다.

치료에서 장애 예방 및 재활로

소록도병원 등 한센병 시설은 오랫동안 한센병 치료에 집중했고 질병으로 인한 후유증인 외모 변형에 대한 치료는 상대적으로 소홀했다. 장애로 발전될 가능성이 큰 팔다리의 궤양에 대한 치료만 주로 이어졌다. DDS제로 인해 한센병 치료가 가능해지면서 후유증으로 발생한 장애를 재활치료해야 한다는 목소리가 높아졌다. 노동력 회복과 혐오를 줄이기 위한 노력도 시작된 것이다.

　한센병은 신체에 여러 가지 후유증을 남긴다. 가장 흔한 후유증이 팔다리에 나타나는 갈고리손, 수하수(손이 축 처지는 것), 족하수(발이 축 처지는 것)와 안면마비였다. 장애에 대한 정형외과수술과 외모 변형에 따른 성형외과수술은 한센병 환자의 사회복귀와 관련이 있기도 했기에 더욱 중요할 수밖에 없다.

　소록도병원은 1958년도부터 한센병으로 변형된 손발의 기능을 회복하는 '기능복구사업'을 시작했다. 1958년 소록도병원 연보에 의하면 이 사업은 환자에게 노동력을 제공해 자활의 길을 개척하는 데 중요한 요소가 됐다고 밝힌다.[16] 당시 소록도에서 시행한 치료법은 오일마사지, 파라핀 목욕, 국소운동, 전기자극요법 등이었다. 오일마사지는 오그라들어 갈고리처럼 된 손발에 바세린과 올리브유 등을 바른 후 마사지하는 방법이었고, 파라핀 목욕은 연파라핀을 56도 정도로 가열한 후 여기에 오그라든 손발을 담그고 그 두께가 2~3mm가 될 때까지 놔둔 후 빼내어 이를 보호하고 마사지하는 방법이었다. 국소운동은 다양한 기구를 이용해 기능회복을 위한 운동을 반복하는 것이었고, 전기자극요법은 근육자극기를 사용해 근육을 자극하면서 회복시키는 방법이었다. 장애에 대한 강조는 WHO 나병전문위원회에서 작성된 「나병관리지침」 그리고 한센병 사업에서도 반복됐다. 이에 따라 기능복구사업은 한센병 사업에서 매우 중요한 위치로 등극했다.[17]

한편 전통적인 궤양 치료도 장애 예방을 위해 계속 진행했다. 소록도갱생원은 1960년대 초반까지 매 주 3회씩 각 마을 치료소에서 궤양 치료와 붕대교환 그리고 연고류 등 처방을 실시했는데, 장애 예방이 중요해지면서 1960년대 중반부터는 궤양 치료 등을 매일 실시했다. 그리고 조금 심각한 궤양의 경우 의사, 간호사, 의료조무원과 다미앵재단의 의사 및 간호사가 합동으로 매 주 월수금 오후 외과에서 특수 치료로 실시했다. 한센병균은 주로 손발의 신경을 공격하기에 피부의 감각이 무뎌지고 한 번 상처가 나면 잘 낫지 않는다. 궤양은 치료하지 않을 경우 계속 커져서 나중에는 절단되는 상황까지 이를 수 있는 심각한 증상이었지만 예방만 잘하면 충분히 막을 수 있기도 했다. 그러나 당시 소록도는 궤양을 예방하는 데 적절한 조건을 갖추지 못했다. 소록도에서 환자들은 단순히 치료받는 환자가 아니라 시설에 필요한 다양한 노동과 작업을 수행해야만 하는 노동자이자, 부족한 식량을 생산해야 하는 거주민이었기 때문이다.

당시 소록도의 식량 사정은 양호한 편이 아니었기에 환자들은 끊임없이 논밭을 경작하거나 바다에 나가 물고기를 잡거나 해산물을 수집하는 등 식량을 생산하기 위한 노동을 해야 했다. 농사 등의 작업은 상처에 둔감하거나 궤양 발생이 쉬운 환자들의 손발에 끊임없이 상처를 냈다. 심지어 1960년대 초반 소록도병원에서는 고흥의 오마도를 간척하려는 사업을 시작했다. 오마도를 간척해 만든 땅을 퇴원한 환자들에게 불하해 정착하도록 하려는 목적이었기에 다수의 환자들은 적극적으로 사업에 참여했다. 그런데 이로 인해 궤양과 장애에 큰 문제가 생기기도 했다. 퇴원해서 정착마을에서 황무지를 개간하던 사람들도 손발에 많은 상처가 났는데, 이 상처가 궤양으로 발전했던 것이다.

그러는 중에도 장애 등의 재활을 위한 정형수술과 성형수술에 대한 기술은 계속 발전했다. 1962년부터 국립의료원(현 국립중앙의료원)에서는 소록도병원, 성라자로원, 국립부평병원과 원주분원 등에서 사회복귀를 앞둔 200여 명에게 장애 입은 손의 기능을 회복시키는 정형수술과 후유증으로 빠진 눈썹을 이식하는 성형수술을 진행했다.[18] 1964년에는 소록도병원에서 국립의료원에 의뢰해 환자 20명이 성형수술을 받도록 하기도 했다. 국립의료원은 한국전쟁에 참전했던 스칸디나비아 3국(덴마크, 노르웨이, 스웨덴)이 힘을 모아 1958년에 설립된 병원으로 당시 이곳의 정형외과술은 최고 수준이었다. 1962년 에는 심지어 국립의료원의 정형외과 과장인 덴마크 의사 스킬 보와 안겸훈은 최초로 한센병 환자의 손 장애 기능회복 수술에 성공하기도 했다.[19] 국립의료원에서 진행한 한센병 환자에 대 한 정형수술의 성과가 좋은 것을 보고 소록도병원에서는 환자 들로 구성된 의료조무원 중 물리치료 담당자 네 사람을 국립의 료원에 파견했다. 이들은 전문지식을 배운 후 소록도로 돌아와 환자에 대한 정형수술 및 관리를 책임졌다.[20]

한센병 환자에 대한 정형수술은 벨기에의 다미앵재단에 서 전문의 및 간호사를 소록도병원에 파견하면서부터 더욱 발 전했다. 다미앵재단은 하와이의 몰로카이섬에서 한센병 환자 들을 돌보다 사망한 벨기에 출신 다미앵 신부 서거 75주년인 1964년에 만들어진 한센병 지원 단체였다.[21] 당시 차윤근 보건 사회부 보건국장이 1964년 WHO 총회에 참석했다가 우연히 막 만들어진 다미앵재단의 프랑스 이머레이크Frans Hemerijckx 박 사를 만나 한국의 한센병 상황이 심각하다는 것을 설명하고 지 원을 약속받았다고 한다.[22] 차윤근은 WHO에서 이머레이크를 만나 한국의 한센병 관리사업에 있어 정형수술과 성형수술이 시급하다고 설명하면서 다미앵재단에 지원을 요청했다. 이머 레이크는 이를 받아들여 1964년 10월 한국을 방문해 한센병 상황을 시찰하고, 소록도 환자의 정형수술과 성형수술 그리고 전라남도 지역의 이동진료 사업을 지원하겠다고 약속했다.

앞서 다미앵재단은 1964년 9월에 소록도병원에 재단 소속 간호사인 이다 클라센Ida Claessens과 안 마리 가이Annc Mare Gailly를 파견했고, 1966년 4월 15일에는 한국 정부와 다미앵재단 사이에 협정서가 만들어졌다. 협정서의 주요 내용은 다미앵재단이 5년간 한센병 환자에 대한 정형수술과 성형수술, 재활훈련, 이동진료를 위한 시설을 건축하고 인원 및 경비를 제공하겠다는 내용이었다. 이 협정서에 근거해 다미앵재단에서는 1966년 3명의 간호사와 대표인 존 반드로겐부록 John van Droogenbroeck 박사를 보냈고, 1967년 8월에는 나베즈 차리Navez Charies 박사를 추가로 보냈다. 다미앵재단은 협정서에 따라 소록도병원 치료본관 2층에 수술실과 물리치료실 그리고 50병상 규모의 회복실을 설치했다. 1967년 후반부터 본격적으로 정형수술과 성형수술을 시작했으며, 수술받은 환자는 점차 늘어났다.[23] 다미앵재단은 소록도에 현대적인 수술실을 마련한 후 정형수술을 하기 전과 후에 필요한 물리요법을 위해 물리요법실도 만들었다. 물리요법은 정형수술의 효과를 극대화하기 위함으로, 수술 전후 손발 기능을 회복하는 데 꼭 필요했다. 다미앵재단 의료진들은 물리요법실에서 오일마사지, 왁스테라피, 전기자극 등의 요법을 환자들에게 실시했으며, 한국인 의료진과 의료조무원에게 물리요법을 교육했다.[24]

한편 반드로겐부록은 환자들의 '미모 재건술(눈썹 재건술)'에 특히 관심을 가졌다. 눈썹 빠짐은 외모에 나타나는 한센병의 주요 증상 중 하나로, 병이 낫더라도 눈썹이 자라지 않기에 완치 후 사회복귀를 막는 낙인을 불러일으켰다. 특히 아시아 지역에서 그 문제가 심각했다. 예를 들어 대구 지역에서 한센병에서 완치된 네 사람이 한센병 관리사업의 의료보조원에 지원했는데, 이 중 두 사람이 눈썹을 이유로 불합격 통보를 받았다. 불합격 이유는 눈썹이 없다는 것이 일반인에게 전염의 두려움을 불러일으켜 한센병 관리사업에 지장을 가져올지도 모른다는 우려 때문이었다. 이에 반드로겐부록은 미모 재건술을 낙인과 차별을 의료적으로 해결하려는 목적으로 도입했다. 그가 고안한 방법은 이후 지속적으로 발전해 한국의 미모 이식에 큰 공헌을 했다.[25] 특히 그는 기존 방법에다 일본의 아라카와I. Arakawa의 단모이식single hair transplant과 카나자시M. Kanazashi의 벼심기식rice planting을 더해 한국인에게 최적화시킨 방법을 고안했다. 그의 미모이식법은 소록도에서 2년간 의학강습소 교육을 받은 백정기 등에 의해 정착마을로 퍼졌고, 외래 환자나 정착마을 주민들도 '음성환자증'을 제시하면 미모이식을 받을 수 있었다.

반드로겐부록은 한센병에서 완치됐더라도 눈썹이 없으면 일반인뿐만 아니라 전문가에게도 여전히 전염성을 갖고 있을지도 모른다는 공포감을 불러일으킨다고 여겼다. 한센병의 후유증으로 신체 외부에 남겨진 장애나 변형은 신체 내부에 병균이 있다는 근거로 여겨졌고, 심지어 병균이 검출되지 않는 음성환자에게도 신체 변형은 보균이 있다는 가능성으로 받아들여졌기 때문이다. 결국 외모에 나타난 시각적 어색함은 불편한 감정을 넘어 전염에 대한 경계심을 불러일으키고 만다.

정형외과 기술은 여수 애양병원에서도 발전했다. 애양병

원의 10대 원장이었던 미국인 의사 스탠리 토플Stanley C. Topple이 일등공신이었다. 토플은 정형외과를 전공한 데다 한센병 환자에게 재활수술이 어떤 의미인지 잘 알고 있었으며, 미국과 인도에서 새로운 수술법을 배우기도 했다. 1959년 애양병원에 부임한 이후 한센병 환자뿐만 아니라 소아마비 환자에게도 재활수술을 하면서 애양병원은 곧 전국적으로 유명한 정형외과병원으로 알려졌다. 후에 애양병원의 원장이 된 유경운 의사는 1960년대 중반 소록도병원에서 외과부장 등으로 약 6년간 근무했는데, 이 당시 다미앵재단의 의료진에게 한센병 환자에 대한 정형외과 수술법 등을 전수받았다. 또한 다미앵재단이 떠난 1971년부터 애양병원으로 옮겨 부원장을 맡으면서 토플과 함께 한센병 환자와 소아마비 환자에 대한 정형외과수술을 시행했다. 1972년 말레이시아 국립나병관리센터에서 7년간 관리 의사로 근무하고 귀국한 김도일 박사도 그곳에서 배운 성형수술을 선명회 피부진료소에서 시작했다.[26]

실제로 많은 환자가 정형수술로 손발의 기능을 어느 정도 회복했으며, 성형수술로 어느 정도 외모가 회복됐지만, 이러한 수술이 실제로 사회적 낙인과 차별을 줄였는지는 아직 정확히 평가된 적이 없다.

눈썹 빠짐에 부착된 낙인과 차별의 사례에서 볼 수 있듯이 낙인과 차별은 신체 변형 자체로부터 발생하는 것이 아니라, 신체 변형이 의미하는 전염의 가능성에서 비롯된다. 그래서 한센병의 전염성이 낮거나 거의 없고, 영양 상태가 좋은 건강인의 경우 발병 가능성이 극히 낮다는 인식이 보편화되지 않는다면 낙인과 차별은 사라지기 어려웠다. 그러나 1960년대와 1970년대에 환자들의 사회복귀를 위한 정부의 노력은 몸의 정 상화에 맞춰져 있었다.

격리시설 속 격리시설

환자들을 통치하는 의료적 지식권력은 단순히 신체적 특징으 로 집단을 분류하는 데 그치지 않고 시설 내 질서를 유지시키기 위해 위험한 집단과 그렇지 않은 집단을 분류하는 여러 기준과 기술을 발전시키는 것으로 이어졌다. 가령 소록도에는 폐쇄적 인 공간에 격리되어 생활하는 일반 한센병 환자 중에서도 다시 별도의 시설에 격리되는 환자들이 있었다. 격리시설 속에 또 다른 격리시설이 존재했던 것이다.

소록도 내 별도의 격리시설 중 가장 먼저 생긴 것은 일제강 점기 소록도 내부 규정을 지키지 않는 환자를 징벌하기 위해 만 들어진 감금실이었다. 감금실은 1935년 조선나예방령이 공포 된 후 설치되어 소록도에 격리수용된 한센병 환자를 통제해 질 서를 유지하는 데 활용됐다. 소록도갱생원은 1934년에 만들어 진 「조선총독부 나요양소 징계검속규정」에 의거해 도주나 도 주미수, 타인의 물건이나 공여물의 무단 사용, 여러 명이 취합 해 진정하거나 청원하는 행위, 직원이나 타인에 대한 폭행이 나 위협 그리고 원내 질서를 해치는 행위를 하는 환자를 감금 했다. 원장은 자신에게 부여된 징계검속권을 이용해 환자들을

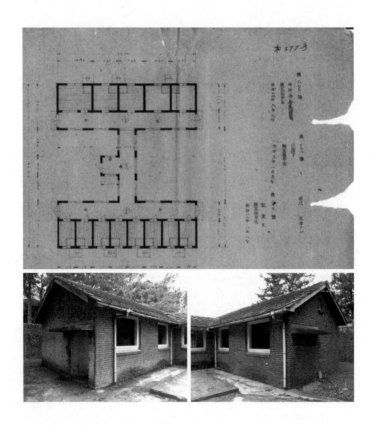

감금실 도면 그리고 감금실의 좌측과 우측

1935년 「조선나예방령」이 제정된 이후 같은 해 소록도에는 환자를 처벌할 수 있는 감금실이 설치됐다. 감금실은 붉은 벽돌로 만들어진 H형태의 감금실 건물을 붉은 벽돌담이 감싸는 구조다. 이곳에는 15개 방이 있었는데 이 중 12개가 환자를 감금하는 방으로 각 방에는 철창이 달려 있었다. 갱생원 당국의 규정이나 명령에 따르지 않는 환자들은 1934년 제정된 「조선총독부 나요양소 징계검속규정」에 근거해 감금실에 갇혀 금식 등의 처벌을 받아야 했을 뿐 아니라 구타 등 다양한 고문이 가해졌다. 겨울에는 물을 30cm 정도 채운 '물방'에 환자를 가둬 심각한 동상을 입거나 동사하게 하는 일도 있었다. 이곳에서 생체실험이 자행됐다는 소문도 퍼져 있었다.

마음대로 30일에서 60일까지 감금할 수 있었다. 감금실에서는 음식량을 줄이거나, 구타하는 등 다양한 고문이 가해졌기에 일제강점기 말기 많은 환자가 감금실에서 죽거나 불구가 되어 나왔다. 또한 출감한 환자들은 모두 단종수술을 받아야만 했다.[27]

감금실이 설치될 무렵인 1935년에는 한센병 환자만 수감되는 형무소도 만들어졌다. 조선총독부는 소록도에 형무소를 설치해 전국 형무소에 있는 수감자 중 한센병에 걸린 환자들을 모두 이곳으로 이송해 수용했다. 개소한 이래 1938년 말까지 수감자는 총 219명에 이르렀고, 형기를 마치고 출소한 자는 133명이었으며, 1938년 말 당시 수감자는 43명이었다. 수감자는 석방 이후 모두 소록도갱생원에 수용됐다.[28]

소록도에는 형벌적 성격을 지닌 시설 이외에도 의료적 외피를 띄면서 소록도의 질서를 유지하기 위한 또 다른 격리시설이 있었다. 좁은 공간에 많은 인원이 생활할 때 발생하는 여러 문제 중 하나는 전염병의 확산을 막기 힘들다는 것이다. 무엇보다 소록도에서 결핵이 계속 번졌다. 일제강점기에 결핵은 수많은 환자를 사망에 이르게 하는 무서운 질병이었다. 소록도에 근무했던 의사 오쿠라 테이지小倉貞二는 1935년 제8회 일본나학회에서 「소록도수용자의 사망에 대해」를 발표했는데, 여기서 그는 1917년부터 1935년까지 18년 동안 사망자 236명 중 가장 많은 사인은 나성쇠약(30.09%)이고, 다음으로 폐결핵(13.56%)이었다고 발표했다. 하지만 정명태후의 시의관이었던 니시카와 요시에西川義方가 1940년 소록도에서 개최된 제14회 일본나학회에서 발표한 내용에 따르면, 개원 이래 1939년까지 소록도에서 발생한 사망자의 사망 원인 중 1위가 결핵으로, 실제 267명이 사망했다.[29] 특히 1930년대 중반 소록도의 확장 공사 중 과도한 노동과 부족한 식량에 의약품의 부족까지 겹쳐 결핵으로 인한 사망자는 계속 늘어났다.[30]

결핵 문제가 심각했음에도 결핵 환자들을 격리하는 별도 시설은 광복 이후에야 만들어진 것으로 보인다. 환자 지대에 있던 환자 자녀 보육소가 직원 지대로 이전하면서 비어 있는 시설을 결핵병사로 사용하기 시작했다. 이 시설은 1947년부터 녹산중학교 교사로 이용되면서 결핵병사는 다시 구북리로 이전했는데, 이곳은 1975년 마리안느와 마가렛 간호사가 오스트리아 가톨릭부인회로부터 3,000만 원을 기증받아 결핵병동을 신축하면서 사용이 중지됐다. 새롭게 신축된 결핵병동은 40명이 수용될 수 있는 규모로, 소록도 내 모든 결핵 환자들을 수용하기에는 비좁았기 때문에 중증 환자만 입원했다. 1978년 국립소록도병원에서 개최된 '병원현대화'와 관련된 세미나에서 결핵 환자가 100여 명에 이르렀으나 시설은 불과 34명만 수용할 수 있는 크기라 증축이 필요하다는 논의가 나왔다. 증언에 따르면 소록도 내 한센병 환자 사이에서도 결핵 환자에 대한 낙인과 차별이 존재했다고 한다. 한센병을 앓고 있는 환자에게 결핵이라는 질병은 또 하나의 큰 부담이어서 결핵 환자를 기피하는 것은 당연했다. 하지만 결핵에 걸린 한센병 환자들은 소록도에서 이중의 격리생활을 해야만 했으며, 다른 환자로부터 받는 차별까지 감당해야 하는 상황이었다.

정신질환에 걸린 환자들도 마찬가지였다. 오랜 기간 부랑 경험이 있거나, 소록도라는 폐쇄된 공간에서 가족과 사회와 단절된 채 장기간에 걸쳐 수용되어온 한센병 환자들에게는 자존감 하락, 고립감 등으로 인한 우울증, 정신질환 등과 같은 다양한 심리적·정신적 문제가 자주 발생했다. 그러나 환자들이 겪는 문제들에 대해 소록도 당국은 관심을 갖지 않았다. 각종 정신질환을 앓더라도 특별한 문제를 일으키지 않는 한 병원 당국에서 방치했다는 증언도 쉽게 발견된다. 반면 문제 있는 환자가 당국의 통제에 따르지 않거나 질서를 어지럽히는 행위를 하면 감금실에 감금해 처벌하는 방식으로 처리했다. 환자들 사이에서도 정신질환을 앓는 환자는 기피 대상으로 여겨져 문제가 심각해지면 병원 당국에 이들을 별도의 공간에 격리시켜달라고 요구하기도 했다.

그러던 중에 이 문제를 심각하게 여긴 마리안느와 마가렛 간호사가 오스트리아 가톨릭부인회로부터 1,000만 원의 지원금을 기증받아 1973년 중앙리에 8실 16병상의 정신병동을 신축해 정신질환으로 문제가 생긴 한센병 환자들을 격리수용했다.[31] 그러나 1970년대 소록도에 정신질환자를 적절히 치료할 수 있는 의료 전문가가 상주했던 것은 아니었기에, 주로 이곳에 격리되는 경우는 다른 환자에게 불편함을 주는 이들이었다. 즉 환자를 정신병동에 격리하는 일은 전문가의 진단에 따른 것이 아니라 환자 공동체에 피해를 준다고 판단된 경우 환자들이 간호사들에게 요구하는 식으로 진행됐다.

실제로 우울증을 앓는 사람은 남성보다는 여성이 더 많았으며, 병으로 인해 가족 특히 자녀와 강제로 헤어지고 소록도에 격리수용된 여성 환자가 비중을 차지했다고 한다. 그러나 이들은 다른 이에게 피해를 주지 않았기에 관리 대상에서 제외되는 경우도 많았다.[32]

정신병동 설립 이후 소록도 한센병 환자의 심리적·정신적 문제에 대한 병원 당국의 관심이 높아졌다. 특히 소록도병원의 신정식 원장이 관심을 갖고 연구하기 시작했으며, 1970년대 후반부터 내과의사나 공보의들이 정신질환 문제를 담당했다. 1970년대 정신질환과 관련해 또 다른 변화는 소록도 당국이 정신질환자를 조사해 정리하기 시작한 것이다. 1976년부터 소록도병원은 연보에 '신경정신질환'이라는 항목으로 통계표를 작성했는데, 환자는 나종양형나·결핵양형나·중간군나로 한센병 병형별로만 기록했다. 1984년부터는 본격적으로 정신분열증·편집증·노인성 정신질환·우울증·정신지체·정신장애·간질·기타 등으로 나눠 기록했다. 정신분열증에 걸린 환자가 가장 많았고, 다음으로 노인성정신증이었다. 그러다 점차 정신분열증 환자는 감소하고, 노인성정신증은 증가하다가 1997년 이 둘은 역전됐다.

〈그림4〉는 1976년부터 2006년까지의 소록도 내 신경정신질환자의 추이를 보여준다. 1977년 고점을 찍었던 정신질환자는 점차 감소하다가, 1988년부터 다시 점차 증가해 1990년대 후반부터 급격히 늘었고, 2005년에는 194명에 이른다. 이 현상은 1990년대 후반부터 소록도에서 발생한 급격한 환자 고령화와 같이 살펴봐야 한다. 소록도 입소 전 장기간의 부랑 경험과 입소 후 오랜 격리 생활로 심리적·정신적 문제를 겪는 환

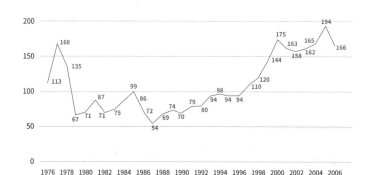

<그림4> 1976년부터 2006년까지, 소록도병원의 신경정신질환 환자 변화 추이

자들이 점차 감소하다가, 1990년대부터 진행된 고령화로 다양
한 노인성 질환과 함께 정신질환을 앓는 환자가 증가했다. 이
에 따라 소록도병원 당국은 1990년에 지하 1층, 지하 2층, 80병
상 규모의 노인성 질환자 병동을 준공했다. 이 병동 1층에는 새
마을에 살던 치매 환자 35명이 입소했고, 2층에는 중앙리 정신
병동에 있던 환자 40명이 입소했다. 그리고 새마을과 중앙리에
있던 정신병동은 폐쇄됐다.[33]

　앞서 확인할 수 있듯이 소록도는 한센병 환자를 격리수용
하는 공간이었지만, 그 내부에는 문제를 처리하고 질서를 유지
하기 위해 다시 격리시설 내 격리시설이 마련됐다. 소록도병원
의 엄격한 규정을 따르지 않는 환자들은 감금실에 갇혔고, 심
지어 결핵에 걸린 환자들은 적절하게 관리되지 않는 폐쇄된 공
간에 격리됐다. 부랑과 격리 중에 심리적·정신적 문제가 생긴
환자들은 정신병동에 수용됐다. 소록도는 한센병을 해결하기

위해 만들어진 공간이지만, 그 안에서는 또 다른 문제가 지속적으로 발생했던 것이다. 그러나 다시 말하지만 소록도라는 수용시설은 한센병 환자를 격리하는 것이 1차 목적이었기에 그 외의 문제는 부차적이고 때로는 무시할 수 있다고 여겼다. 오랫동안 결핵 환자나 정신질환자는 제대로 된 치료나 관리를 받지 못한 채 방치됐으며, 관심 대상이 된 이후에도 소록도의 질서유지를 위해 또 다시 통제하고 격리시켜야 할 대상이 됐다. 이렇듯 소록도 내부에서 개인의 복지는 부차적인 문제였고, 한센병이든, 결핵이든, 정신질환이든 병을 앓는 환자는 관리하고 통제해야 하는 대상에 불과했다. 이러한 상황 속에서 소록도의 한센병 환자들은 때로는 감금실에, 때로는 결핵병동에 또 때로는 정신병동 등의 또 다른 격리시설에 수용되어 이중 격리를 경험했다.

실험대상이 되는 어린이들

이외에도 소록도에는 또 다른 격리시설이 존재했다. 바로 격리된 환자들의 자녀들을 격리수용하는 미감아未感兒 보육원이다. '미감아'는 아직 한센병에 걸리지 않은 어린이라는 의미지만 동시에 언제든 발병할 가능성이 있는 아이를 뜻했다. 일제강점기 소록도에서는 제1차 확장 공사 중 환자 부모를 따라 입소한 건강한 자녀를 분리 수용하기 위해 1935년 아동수용소를 신축했다. 아동수용소는 소록도 병사 지대와 직원 지대의 중간에 위치했는데, 이는 이들의 처지를 반영하는 것으로 아직 환자는 아니지만 발병 위험이 있어 직원 지대에 들어올 수 없는 존재로 여겨졌던 것이다.

아동수용소는 벽돌 기와로 지어졌으며, 영유아실, 학습실, 창고 및 목재기와의 욕실 등으로 구성됐다.[34] 어린이와 청소년들은 이곳에서 매월 1회 검진을 받았다. 1941년에는 9세 이상 16세 미만인 26명이 격리됐는데 성비로 보면 남자 13명, 여자 14명이었다.[35] 소록도병원에서는 결혼과 출산이 금지되어 있었기에 주로 환자 부모를 따라 들어온 경우였다.

그러나 1945년 8월부터 1948년 4월 15일 김상태가 취임해 단종수술이 재개되기 전까지 200명 가량이 태어나면서 소록도에 환자 자녀가 급증했다. 1949년에도 출생아는 45명에 이르렀고, 본격적으로 산아제한이 이루어졌던 1950년부터 1953년 사이에도 12명이 소록도병원에서 태어났다. 즉 병원에서 감시했음에도 출산에 성공한 여성이 소수지만 존재했던 것이다. 1954년 김상태가 전보되고 손수경이 원장으로 부임하면서 산아제한 정책이 조금 유연해지자 1956년까지 총 79명이 태어났으나, 1957년부터 다시 엄격하게 관리하면서 1957년 출생아는 4명으로 감소했다.

환자들이 소록도에 입소할 때 자녀를 데리고 들어오는 일도 있었다. 부모가 소록도에 입소할 때 같이 들어온 자녀는 식민지기부터 존재했다. 자녀가 있는 부랑 한센병 환자를 단속해 시설에 입소시키는 경우 대부분 함께 수용됐던 것이다. 그러다 1952년부터 소록도병원에서는 신입 환자 입소 시 부득이한 사

자녀를 바라보고 있는 한센인 부모

1959년 환자자치회에서 발간했던 잡지 『성하』(星河) 가을호에 실린 시 「경계선」은 한센인의 심정을 짐작할 수 있게 한다.

경계선

천벌이라면 가혹하오, 인위라면 가증스럽소/누가 만든 죄이길래 사할 길 없어/ 눈물이 자욱자욱 맺어진 선을 두고/ 몇천 번 울고 울어도 지울 수 없어/ 조상도 없는 이방인이 되어

혈육도 모른다고 처절한 가슴도/ 태양 같은 붉은 정열도 거기에 묻어두고…/ 전염이냐?/ 유전이냐?/ 인과응보이냐? 불가사의는 흘러

인권도 존엄성도 짓밟힌 채/ 이심전심도 할 수 없는/ 지적도에도 없는/ 아이로니의 선을 두고….

정을 제외하고는 자녀가 건강할 경우 받지 않기로 방침을 정했다.[36] 이후 소록도병원에서 얼마나 엄격히 환자 자녀의 동반 입소를 금지했는지는 정확히 알기 힘들지만, 낙인과 차별이 심했던 시기 환자가 자신의 자녀를 돌봐줄 사람을 구하기 어려웠다는 점은 짐작할 수 있다. 특히 부랑 한센병 환자의 경우 사정이 더 여의치 않아 많은 자녀가 부모와 같이 소록도로 들어왔을 것이다.

환자 자녀의 입소는 한센병 관리를 하는 보건당국과 의료 전문가 입장에서 매우 골치 아픈 문제였다. 실제로 1960년 전국 조사결과에 따르면 총 환자 수를 10만 명으로 추산할 때 이는 전체 인구 2,200만 명 중 0.45%에 해당하는데, 한센병 환자가 출산한 자녀 중 7.4%에서 한센병균이 검출된다는 결과가 나왔다. 이것은 한센병 환자 부모로부터 자녀에게 전염되는 일이 매우 심각함을 의미했다.[37] 앞서 여러 번 언급한 것처럼 환자가 있는 가족 내에서 한센병이 연장자로부터 연하자로 전염되는 현상은 오래 전부터 빈번했고, 이로 인해 중국과 조선, 심지어 서양에서도 한센병은 유전병이라고 오해받았다. 인도의 경우 1920년 켈커타에서 열린 한센병 요양소 관리자를 위한 TLM 회의에서 결혼한 환자들은 아기가 태어나면 가능한 어린 나이에 부모로부터 분리시킨다는 것을 받아들인 후에 동거를 허락하도록 하는 정책을 만장일치로 결정했다.

하지만 '어린 나이'가 정확히 몇 살인지에 대한 동의는 없었기에 국가별로 다른 기준이 적용됐다. 필리핀에서는 출생 후 6개월이 지난 다음 환자 부모와 분리시켜도 한센병의 징후가 보이기 때문에 태어난 즉시 부모와 떨어트린 시설에서 양육했다. 대영구라회Mission to Lepers의 로저스Rogers는 환자 자녀의 출생과 감염은 비극이라고 묘사하기도 했다.[38] 인도에서 활동했으며 한국에 한센병고문관으로 방문했던 코크레인 박사 역시 전염병 확산을 막기 위해 환자와 그 자녀를 분리시키는 것을 필수로 여겼고, 관련 정책을 개발했다.[39] 그러나 필리핀의 사례에서는 산모로부터 너무 일찍 아기를 분리할 경우 유아사망률이 높아지는 일도 있었다.[40] 쿨리온의 요양소에서 1930년대 한센병 환자 자녀의 1,000명당 사망률은 348.48명인 것으로 기록된다. 즉 10명 중 3.5명가량이 사망했다는 뜻이다. 한센병으로부터 환자 자녀를 보호하기 위해 부모와 분리시킨 결과 유아사망률이 높아진 것이다. 물론 유아사망률이 높아진 원인은 모유 공급의 부족 때문일 때도 있었고, 모유 공급이 충분하더라도 다른 영양소 또는 보살핌과 관련된 조건의 문제 때문이기도 했다. 그럼에도 1950년대 중반에 이르면서 환자 자녀 분리 정책이 비판받기 시작했다. 1956년 4월 16일부터 19일까지 이탈리아 로마에서 개최된 '한센병으로 고통받는 이들의 구제와 사회재활을 위한 국제회의'The International Congress for the Relief and Social Rehabilitation of Persons suffering from Leprosy에서는 환자 자녀들은 모든 승인된 생물학적 수단에 의해 감염에서 보호해야 하지만 그들을 보호소에 보내는 일은 고통스러운 낙인을 불러일으킬 수 있으므로 완전히 필요한 경우에만 한정해야 한다고 권고했다.

이러한 이유에서 광복 이후 1949년 「중앙나요양소 수용 환자 준수사항」을 제정했는데, 제21조인 미감아동은 절대로 환자와 동거를 엄금한다는 조항에 따라 환자 자녀의 분리 수용을 명시했다. 소록도병원은 1948년 6월부터 미감아동 보육소를 보수 및 확장해 어린이들을 수용하기 시작했고 점차 수용인원을 증원해 1952년에는 96명의 환자 자녀를 수용했다. 그러나 1952년에는 분리 수용되지 않고 환자 부모와 같이 사는 자녀가 여전히 216명이나 있었다. 이러한 문제를 해결하기 위해 소록도병원은 15세 이상인 자녀는 소록도 외부에 있는 국립삼육학원 또는 그 친척에게 연락해 사회진출을 도모하며 분리 수용인원을 점차 늘려갔다.[41]

국립삼육학원은 환자 자녀를 격리수용하기 위해 별도로 정부에서 만든 보육 및 수용시설이다. 정부는 1949년 11월 21일 대통령령 제215호로「삼육학원직제」를 제정 및 시행했다. 이 법의 제1조에 의하면 삼육학원은 "나환자의 미감자녀의 의료 및 양도교도에 관한 사항을 장려하기 위"해서 설립됐다. 1952년에는 소록도병원에서 15세 이상의 환자 자녀 중 건강한 자녀 총 10명이 삼육학원으로 전출됐다. 삼육학원은 수용시설이자 교육시설이었는데 시설 내에 국민학교와 중학교가 있어 아동이 교육받을 수 있었다. 소록도병원에서 삼육학원으로 환자 자녀들을 보낼 때 그 기준 연령은 15세 이상이었지만, 1976년 2월 7일 제정·시행된 보건사회부령 제511조「국립삼육학원운영규칙」제4조에 학원에 입원할 수 있는 자는 "6세 이상의 나환자의 미감자녀"라고 규정되어 있는 것으로 보아 6세부터 입소가 가능했을 것이다. 1930년대 쿨리온에서 환자인 산모가 출산한 직후 신생아를 분리하는 것과 다르게 한국에서

1960년대 소록도 보육소와 어린이들
소록도에서는 한센병 환자 자녀를 수용하는 보육소를 설립했다. 환자 자녀는 태어난 후 5세까지
는 부모와 살다가 6세가 되는 해부터 보육소에 분리 수용됐다. 1962년에는 「보육원 운영협약」을
체결해 천주교에서 보육소의 운영권을 병원으로 넘겨받았다. 당시 보육소에는 약 230명의 환자
자녀가 수용됐으며 소록도 내에 분원으로 들어선 까리타스 수녀회 소속 4명의 수녀가 돌봤다. 보
육소 내 학령기에 있는 어린이들은 보육소 내에 있는 소록도국민학교 갱생분교에서 담당했다. 갱
생분교는 1959년에 정식 인가를 받았고, 이곳을 졸업한 어린이들은 대부분 국립삼육학원에 진학
했다.

는 그 기준을 6세 이상으로 설정했다. 소록도에서도 5세까지는 부모와 함께 생활하도록 했고, 6세가 되는 해부터 분리 수용하도록 했다.[42]

그러나 환자 부모와 5세까지 살게 된 자녀에 대한 의료계의 우려가 등장하기 시작했다. 연세대학교 미생물학교실에 있던 이강순 박사는 1960년 전국에 격리된 한센병 환자의 자녀가 총 2,000여 명에 달하며, 이들은 대부분 격리 양육 중이라고 보고했다. 그러나 격리되지 않는 환자의 자녀는 부모와 동거하기에 전염병에 노출되어 있다고 주장했으며, 격리된 환자 자녀의 경우도 대부분 5세 이후에 분리 수용되는데 5세는 부모로부터 감염될 수 있는 충분한 기간이 지난 나이이므로 너무 늦다고 주장했다.[43] 이러한 생각을 이강순만 했던 것은 아니었다. 천주교 광주교구는 1962년 6월 20일에 소록도병원과「보육원 운영협약」을 체결해 약 230명의 환자 자녀가 수용되어 있는 보육소의 운영권을 넘겨받았다. 한편 오스트리아 그리스도 왕 시녀회의 지원을 받아 마리안느 간호사가 간호사 1명과 이외 내국인 종사원(보모) 10명을 채용하고, 40만 원의 경비를 들여 특수 육아원인 '영아원'을 설립해 환자가 출산하면 그 즉시 자녀를 영아원으로 데려와 만 3세까지 양육한 후 보육소로 보냈다. 1963년 이 영아원에 총 31명의 영아가 격리수용되어 있었다고 한다.[44]

한편 삼육학원에서는 6세 이상의 한센병 환자 자녀를 받았기에 이들 중 한센병이 발병할지도 모른다는 우려가 나왔던 것으로 보인다. 그래서 원생은 매년 정기적으로 실시하는 검진을 통해 한센병 증상이 없음을 확인받아야만 했다. 만약 발병했다고 판명되면 그 학생은 바로 퇴원해야 했고, 원장은 그 사실을 바로 보건사회부 장관에게 보고해야만 했다.[45]

소록도병원에서도 이미 보육소에 분리 수용된 환자 자녀에 대한 검사를 진행했는데, 삼육학원에서보다 더욱 철저하게 매월 1회씩 이뤄졌다.[46] 시설에서뿐만 아니라 정착마을이나 일반 사회에 거주하는 환자 자녀도 검진을 받았다. 각 보건소에 주재하는 나관리요원이나 이동진료팀이 이를 맡았다. 환자 자녀에게 한센병균이 잠복되어 있을 것이라는 인식이 보편적으로 퍼지자 이들에게 BCG 예방접종을 하기 시작했다. 소록도병원은 환자 자녀를 대상으로 미츠다씨 검사*를 실시해 음성인 경우 BCG를 접종했다.[47] BCG는 1954년 「전염병예방법」 제정으로 의무접종이 명시되면서 환자 자녀에게 시행된 것이기도 하지만, BCG가 결핵뿐만 아니라 한센병의 예방에도 도움이 된다는 주장이 있었기 때문이다.

소록도 연보에는 1956년 BCG를 1회 접종했던 환자 자녀 1명에게서 한센병이 발병했다는 기록이 있다. 이로 짐작컨대 BCG가 어느 정도 효과가 있더라도 완벽하지는 않았던 것으로 여겨진다. 1956년 BCG 접종 이후에도 소록도병원에서 환자

• **미츠다씨 검사** 미츠다 겐스케(光田健輔)가 1919년 개발한 반응법으로, '레프로민 검사'(lepromin test)라고 부르기도 한다. 미츠다는 한센병의 병형을 판별하기 위해 한센병균을 항원으로 반응을 검사하며 자신의 이름을 딴 검사법을 만들었다. 한편 미츠다는 일본의 한센병 정책을 세워가는 데 있어 핵심 인물이자, 한센병 연구에서도 국제적인 명성을 갖고 있었다. 미츠다는 1933년 조선에 있는 여러 한센병 시설을 방문한 후 환자에 대한 단종수술을 제안했다.

자녀의 한센병 발병률은 떨어지지 않았다. BCG가 한센병 예방에 도움이 된다는 학자들의 주장은 국제적으로 많이 발표됐을 뿐 아니라 국제 학술지에도 자주 등장했으나 지금까지도 유의미한 결과를 내지는 못했다. 결국 WHO는 증거가 부족하다며 관련이 없다고 결론 내렸다. 실제로 1956년 BCG 접종을 시작한 이후에도 소록도병원에서 환자 자녀의 한센병 발병률은 감소하지 않았다.

DDS제 도입 이후에는 여기에 관심이 쏠리면서 한센병 예방에 도움될 것이라는 의견이 나왔다. 이강순, 유준 및 김영수 등이 관련해 연구를 진행했다.[48] 그 결과 상당한 효과가 있다고 밝혀졌고, 이에 DDS제를 환자 자녀에게 복용시켰다. 그러나 DDS제는 앞서 살펴봤듯이 상당히 독한 약제로, 성인이 복용했을 때도 빈혈이나 위장장애 등 다양한 부작용이 빈번히 발생했다. 흥미로운 점은 환자 자녀가 DDS제를 복용한 결과에 관한 연구는 있지만, DDS제의 정기적인 복용이 가져온 부작용에 관한 연구는 이뤄지지 않았다는 것이다. 애초 전문가의 관심이 DDS제에 있었고, 환자 자녀에게 한센병을 예방하는 데 중점을 뒀기 때문에, 이 약이 가져올 부작용에 대해서는 관심이 없었던 것으로 보인다.

환자 자녀에 대한 보건당국의 조처는 철저히 한센병 관리에 맞춰져 있었다. 한센병에 걸리지 않는 게 환자 자녀의 복지에 일차적 목표라는 생각이 정부와 의료진 사이에 합의가 됐던 것이다. 게다가 환자 자녀는 한센병균이 잠복할 가능성이 있는 위험군으로 여겨졌다. 이들은 보건당국에 의해 철저히 관리당하고 감시당했다. 보건당국에게 미감아는 환자는 아니지만 환자에 준해서 관리해야 할 대상이었다. 보건당국은 이들이 태어날 때부터 일정한 나이에 이를 때까지 철저히 감시하고 통제했으며, 부작용이 심한 약을 의무적으로 복용하도록 했다. 이러한 정부의 태도는 사회가 미감아를 바라보는 관점에 영향을 미친 것으로 보인다.

한센병 환자를 철저히 통제한 이유는 앞서 설명한 것처럼 전염병 관리에 있었지만, 또 다른 목적도 존재했다. 거의 고아와 다름없는 이들이 질병을 이해하고 여러 치료제의 효과를 시험하는 데 최적의 연구대상이었기 때문이다. 국제연맹 나위원회의 에티네 버넷Etienne Burnet 박사는 1928년 한센병과 관련된 대규모의 실험을 조직해야 한다고 역설하면서 한센병 환자의 자녀는 한센병 연구에 있어 "특히 가치 있는 재료"라고 주장했다.[49] 그의 주장대로 쿨리온 요양소에서는 환자 자녀에 대한 다양한 실험이 진행됐다. 쿨리온에서 발표한 1945년 보고서에 따르면, 1932년 이전에 쿨리온에서 태어난 모든 어린이들은 13년 동안 규칙적인 관찰과 초기 한센병에 대한 특별 연구 대상이었다. 환자 자녀를 관찰하는 일은 출생 이후 두 달마다 반복됐고, 특별한 경우에는 더욱 자주 시행됐다.[50] 국제연맹의 나위원회에서는 1929년 설문지「나병에 관한 조사」Enquire concerning leprosy를 전 세계 한센병 시설에 보냈는데, 여기에는 한센병 환자 자녀를 위한 제도와 시설regime and institutions for the children of lepers에 대한 질문이 포함됐다. 설문결과는 수리남, 피지, 마카오 그리고 말레이시아의 환자 자녀 수용시설에서 건강한 어린이들에

게 예방의 효과를 보기 위해 대풍자유를 투약하는 임상시험이 시행됐음을 보여준다.[51]

한국에서도 환자 자녀는 한센병을 이해하고 치료제의 효과를 알아보는 데 좋은 연구 대상이었다. 이강순은 DDS제 가 한센병을 예방에 효과가 있는지 확인하기 위해 1959년 환 자 자녀 760명을 선정해 두 집단으로 구분한 후 435명에게는 DDS제를 투약하지 않고, 나머지 325명에게는 7개월에서 5년 간 DDS제를 투약했다. 그 결과 전자에서는 31명(7.8%)에게 한 센병이 발병했으나 후자에게서는 한 사람도 발병하지 않았다 는 결과를 얻었다.[52] 또한 유준과 김영수 역시 한센병 환자와 접 촉이 빈번한 가족 구성원에게 DDS제가 한센병을 예방하는 효 과가 있는지 조사했다.[53] 이들은 환자 자녀 보육시설에 있는 자 녀 가운데 18세 미만의 1,752명 중 1,195명을 실험군으로, 557 명을 대조군으로 구분해 전자에게는 DDS제를 대조군에게는 플라시보를 투여하고 6개월마다 정기적으로 7개월에서 5년에 걸쳐 관찰했다. 그 결과 실험군에서는 2명(0.2%), 대조군에서 는 33명(5.9%)에서 한센병이 발병했다. 환자 자녀에 관한 연구 는 한센병의 특성과 치료제 효과 등의 지식을 만드는 데 중요한 역할을 했지만, 여러 윤리적 문제가 있는 조사였다.

연구윤리는 한국의 경우 근래에 제도화됐기에 당시 연구 를 지금의 기준으로 비난하기는 어렵지만, 윤리적 문제에 대한 평가는 필요하다. 가장 중요한 점은 환자가 아닌 환자 자녀에 관한 연구가 동의 없이 이루어졌다는 것이다. 연구대상이 된 환자 자녀는 한센병에 걸린 적이 없음에도 연구대상이 됐고,

더군다나 연구 참여 동의 절차도 생략됐는데 이는 이들이 사회적으로 목소리를 낼 수 없는 집단이었기 때문이다. 부모는 한센인이기 때문에 사회적으로 배제됐고, 자신도 사회적 낙인과 차별 때문에 시설에 갇혀 있거나 목소리를 내지 못하는 처지여서 연구를 거부하기가 쉽지 않았다.

DDS제 연구가 자녀들에게 문제가 되는 이유는 이 약제가 부작용이 너무 심하다는 데 있었다. 부작용이 강한 약제를 단순히 예방 효과를 시험해본다는 목적으로 동의 없이 사용한 것은 그 자체만으로도 연구윤리에 심각한 문제라고 평가할 수 있다. 이는 소록도에서 발생한 흉골골수천자 문제와 일맥상통한다. 이렇게 환자 자녀는 한센병 통제뿐만 아니라 연구 목적으로도 국가와 전문가들에 의한 격리와 관리의 대상이 됐던 것이다.

10

———

음성나환자촌

한센인 문제에 처음 관심을 가졌을 때 이해가 잘 가지 않았던 것 중 하나가 환자를 지칭하는 이름이 너무 많다는 점이었다. 이름의 다양성은 한센병과 한센인에 대한 지식과 사회적 인식이 매우 복잡하게 변화해왔음을 의미한다. 조선 중기까지는 '대풍질'大風疾로 불렸다가 전염·유전·풍수 등 새로운 지식이 도입되고, 진단에 있어 증상이 중요해지자 『동의보감』에서 '대풍창'大風瘡으로 기록했다. 일제강점기에 들어서면서 병명은 일본식인 '나병'으로, 환자는 '나병환자' 또는 '나환자'라고 불렸는데, 이는 통치자의 교체에 따른 변화였다. 최근에는 인권의 측면이 부각되면서 '한센병'으로 통용된다. 한센병의 복잡다단한 증상도 이름에 혼란을 더했는데, 한센병 전문가들은 한센병의 다양한 병형을 구분하기 위해 각 병형마다 다른 이름을 부여했다. 가령 조선시대에는 병형에 따라 '백라'白癩와 '오라'烏癩로, 근대 의학이 들어온 이후에는 '나종형나'와 '결핵형나'로 구분했으며, 이에 따라 환자를 지칭하는 이름도 달라졌다. 민간에서 질병과 환자를 부르는 명칭 역시 조선 중기까지는 '용병'이었으며, 후기부터는 '문둥이'를 사용했다. 일제강점기에 이들이 사회문제가 되자 '부랑나환자'도 쓰였다.

여러 이름 중 가장 이해가 쉽지 않았던 것이 '음성나환자'였다. 일반적으로 질병에 걸린 사람을 환자라 부르고 치료받고 질병에서 나으면 환자라 부르지 않는다. 그러나 한센병의 경우는 완치해도 환자로 불렸다. 왜 유독 한센병만 완치자에게도 '환자'라는 꼬리표를 달았을까? 나는 이들에게 붙는 '환자'가 한센인에 대한 낙인과 차별의 증거인 동시에 낙인과 차별의 이유라고 생각한다. 국가와 전문가들은 신약이 개발됐으므로 한센병은 치료 가능하다고 주장했고, 이에 근거해 완치 환자는 퇴원이 가능해졌지만 여전히 양성환자나 장애가 있는 경우, 퇴원 후 머무를 곳이 없는 경우는 퇴원할 수 없었다. 그렇다면 퇴원자는 국가의 통제로부터 벗어날 수 있었을까?

퇴원자는 더는 환자가 아니었다. 하지만 국가와 전문가들은 퇴원자가 환자일 수 있다고 여전히 의심했다. 여기에는 세균검사라는 진단기술의 한계가 중심에 있었다. 물론 진단기술의 한계는 어느 질병에서든 항상 존재한다. 가령 코로나19는 확진이나 완치 여부를 판별하기 위해 검사할 때 진단기술의 정확도를 항상 100%로 볼 수 없기에 어떠한 진단기술을 사용하고 진단기술의 한계를 어떠한 방역제도로 메울 수 있는지가 중요한 사안이다. 의학은 기술에 존재하는 불확실성을 다른 제도를 통해 보완하거나 그 불확실성이 매우 낮은 경우 그것을 무시하기도 한다. 한센병의 경우 국가와 전문가들은 체내 한센병균이 존재할 수 있는 가능성을 이유로 이미 세균검사에서 균이 검출되지 않아 완치 판정을 받은 이들을 '음성나환자'라는 새로운 범주를 만들어 관리와 통제를 지속했다. 문제는 잔존하는 체내 한센병균이 존재하는지, 만약 존재한다면 그것이 실제 질병으로 발전되는지에 대한 충분한 과학적 증거가 없었다는 점이다. 심지어 음성 판정이 나오려면 몇 개월간 주기적으로 세균 검사를 해 일정 기간 체내에 균이 발견되지 않아야 하는, 매우 철저하고 까다로운 절차가 있었음에도 한센병만 유독 추가적으로 통제했다.

이러한 특수 상황은 국가가 한센병을 여느 질병과 달리 사회에서 반드시 제거해야 하는 질병으로 여긴 데서 기인한다. 한센인들은 이미 사회적으로 자신의 목소리를 제대로 낼 수 없도록 배제된 집단이었기에 통제하더라도 저항할 수 있는 힘이 없었다. 여기에다 국가는 사회적 낙인과 차별을 근거로 이들을 정착마을이라고 하는 새로운 격리 공간에 이주시켰다. 황무지로 이주한 한센인은 맨손으로 생존해야만 했으며 지역사회의 폭력에도 그대로 노출됐다. 많은 이들이 정착마을을 한센인에 대한 격리가 폐지된 근거로 말하지만, 정착마을은 다른 형태의 격리 제도였던 셈이다.

10장은 1960년대부터 변화된 국가 한센병 정책의 모습을 추적해 한센인에 대한 국가의 통제와 강제격리가 형태를 달리하며 계속 이어졌고, 이것이 한국사회에서 한센인에 대한 낙인과 차별이 지속된 이유임을 설명해보려고 한다.

완치의 의미

정부가 강제격리하는 방식이 다양해지고, 이에 따라 한센인들이 재배치되면서 세균검사가 그 어느 때보다 중요해졌다. 세균검사에서 완치판정을 받는 것이 시설에 계속 있어야 하는지 혹은 사회나 정착마을로 나갈 수 있는지를 가르는 중요한 기준이 됐기 때문이다. 또한 세균검사는 한센병을 진단하는 데도 필요했다. 한센병균이 검출되면 다른 임상적 증상이 없더라도 법적으로 한센병 환자가 됐던 것이다. 당시 한센병 환자로 판명받는다는 것은 사회적 사형선고와 비슷했기에, 세균검사는 환자에게도 매우 중요했다. 반대로 한센병균이 검출되지 않는다는 것은 격리가 끝나고 사회로 돌아갈 수 있음을 의미했다. 세균검사는 확진뿐만 아니라 병형을 분류하고, 전염성 정도와 환자의 예후판정, 치료 효과 판정 및 병의 예방에도 중요한 판단 기준이 됐다.[1] 세균 여부를 제대로 검사하기 위해서는 특별한 장비와 훈련이 필요했고, 세균검사법 자체가 갖는 기술적 한계도 있어서 검사의 불확실성을 어떻게 대처할 것인지에 대한 전문가들의 고민이 지속됐다.

앞서 언급했듯이 오랫동안 사용됐던 세균검사법은 웨이드법이었다. 웨이드법 외에 절단법, 천공법, 절단 압천법 등이 있었으나, 1950년대에 이르면 거의 다 사라지고 유일하게 웨이드법만 남았다. 그러나 세균검사법은 검사자의 숙련도에 따라 그 결과가 다르게 나온다는 문제가 있었다. 당시 세균검사 담당자에 따르면 어떠한 신체 부위에서 균을 검출하는지에 따라, 균 염색 시 시약 사용의 능숙도에 따라, 현미경으로 균을 관찰하는 능숙도에 따라 균을 놓칠 수도, 다른 물질을 균으로 오해할 수도 있었다.[2] 즉 환자마다 한센병균이 존재하는 위치가 다를 수도 있으며, 제대로 채취하더라도 검사원의 숙련도에 따라 결과가 달라졌던 것이다.

세균검사의 어려움은 치료를 마친 후 완치를 결정하는 일의 어려움으로 이어졌다. 일반적으로 한센병균이 가장 많이 발견되는 곳은 병변이 있는 피부나 콧구멍이며, 일반적으로 장기나 체내에는 잘 존재하지 않는다고 알려졌다. 이러한 이유로 의심 환자의 병변이나 콧구멍의 피부를 절개해 세균검사를 하는데, 한센병 전문가들은 검사하지 않은 부분의 피부나 체내에 한센병균이 존재할 수 있다고 의심했다. 이때 체내에 계속 살아남아 있는 균을 '유존균'persisting germ이라 불렀으며, 이것은 음성으로 판정된 환자들에게 재발relapse을 일으킬 수 있는 위험한 것으로 여겨졌다.

이러한 상황은 세균검사법을 개발하기 위한 노력으로 이어졌다. 먼저 유준이 1960년대 기존의 웨이드법보다 월등하게 개선된 '트립신 소화법'을 개발했다는 논문을 발표했다.[3] 트립신 소화법은 병변이 있는 피부를 절개해 끓인 후 분말화해 트립신 용액으로 소화시켜 세균검사를 하는 것이다. 트립신 소화법은 국제나학회지에도 소개됐으나 널리 사용되지는 않은 것으로 보인다.[4] 6장에서 언급한 최시룡의 흉골골수천자법도 이 무렵 등장했다. 하지만 웨이드법보다 더 나은 방법은 오랫동안 개발되지 못했다.

DDS제로 치료받은 후 임상적 증상도 사라지고 세균검사에서 한센병균이 발견되지 않았다면 '건강인'이었지만, 의사에게 이들은 잠재적 위험요소일 뿐이었다. 그런 점에서 완치됐지만 여전히 안심할 수 없는, 건강인과 환자 사이에 존재하는 자들에 대한 새로운 범주가 필요했다. 실제로 1920년대부터 1930년대까지 완치 판정을 받은 환자를 어떻게 부를 것이냐를 두고 논쟁이 일었다. 세균검사에서 한센병균이 발견되지 않은 환자는 일반적으로 '음성환자'라 불렀다. 세균검사가 갖는 한계 때문에 음성환자로 분류해도 병원 당국은 보통 몇 개월에 한 번씩 여러 차례 검사를 진행한 후 한센병균이 발견되지 않아야만 퇴원을 위한 최소한의 자격을 부여했다. 음성환자가 반드시 완치를 의미하지는 않았던 것이다.

필리핀 쿨리온에서 활동했던 저명한 한센병 의사 카시미로 라라Casimiro B. Lara는 음성환자를 다음과 같이 정의했다. 음성환자는 첫째, 질병이 중단arrested됐거나, 외모가 충분히 말끔해진cleared up well enough 사람이다. 즉 질병 종료가 아니라 '중단된' 상태로, 이는 재발 가능성이 있음을 의미했다. 둘째, 음성환자는 질병을 전염시킬 심각한 위험이 없는 환자로 석방됐거나released, 퇴원돼discharged 건강한 공동체로 돌아갈 수 있는 허가를 받은 사람이다. 여기서 확인되듯 음성환자라는 용어의 정의도 상당히 혼란스러웠다.[5]

일제강점기 소록도나 한국에 있던 서양 나병원에서는 음성환자라는 용어가 쓰이지 않았다. 광복 이후 소록도에서 DDS제로 치료를 시작한 후 세균검사에서 병균이 발견되지 않은 사람을 '음성자'라고 부르기는 했다. 그러나 음성자가 전염성이 사라졌다거나, 치료가 끝났다는 의미를 갖기까지는 시간이 필요했다. 그 사이에 환자의 전염성 등을 기준으로 새로운 용어가 생기기도 했다. 전염성이 있는 환자를 '개방성 환자'와 전염성이 없는 환자를 '폐쇄성 환자'로 구분하기도 했고, 1964년부터는 병형을 기준으로 전염성을 구분하기도 했다. 예를 들어 '나종형나 환자'는 전염성으로, 반대로 '결핵양형나 환자'는 비전염성으로 간주했다. 한국에서 음성나환자라는 건강인과 환자 사이에 있는 새로운 범주는 1960년대 초에 생겼다고 여겨진다. 음성나환자는 임상적 증상이 없으며, 세균검사에서 일정 기간 한센병균이 확인되지 않기에 현재 전염성이 없지만, 재발 가능성이 있어 이후 다른 사람들에게 전염시킬 수 있는 집단을 지칭했다. 한센병 통제의 관점에서 음성나환자는 치료됐지만 언제든 재발할 수 있는 가능성을 지닌, 항상 감시하고 통제해야 하는 집단이었던 것이다.

그렇다면 DDS제 치료를 받은 음성나환자의 재발률은 어느 정도였을까? 1966년 9월 말 5개 국립나병원 환자 6,928명 중 84명(1.2%) 그리고 정착 및 안착지 주민 9,322명 중 153명(1.6%)이 재발했다는 기록이 있다.[6] 1.2~1.6%의 재발률이 한센병을 통제하는 데 얼마나 심각한 사안인지에 관해서는 여러 해석이 가능하다. 한편 남미의 가이아나Guyana 마하이카Mahaica

병원에서 1973년 3월부터 1974년 11월까지 21개월 동안 완치 환자를 연구한 결과 재발률이 23.2%로 나왔다. 재발률이 높은 이유는 환자들이 완치 이후 치료제를 불규칙적으로 복약했을 뿐 아니라 치료를 중단했기 때문으로 추정한다. 다시 말해 한센병의 경우 완치 후에도 복약과 치료가 규칙적으로 지속돼야 하는데 한국의 국립나병원과 정착마을에서는 이것이 잘 지켜졌다고 볼 수 있다.

그러나 음성나환자의 등장은 일반인에게 혼란을 불러일으켰다. 일반인에게 질병과 치료에 대한 감각은 흔히 '병을 앓거나' 또는 '병이 치료됐거나'라는 이분법으로 구분됐다. 질병과 완치라는 두 범주 사이에 다양한 형태가 존재할 수 있다는 인식이 없었기에 '환자'라는 단어 역시 오해를 불러왔다. 하지만 오늘날뿐만 아니라 당시에도 치료로 임상적 증상이 사라지고 세균검사에서 균이 발견되지 않은 사람은 재발 가능성이 있다는 이유로 영구히 환자라고 부르지 않는다. 그럼에도 보건당국은 이 새로운 집단에게 음성나환자라를 부여함으로써, 이들을 아직 완치되지 않았으며 여전히 전염성을 가진 집단으로 규정했다. 여기에 더해 병을 앓던 시기 몸에 새겨진 한센병의 흔적은 이러한 편견과 결합하면서 음성나환자에 대한 불필요한 차별을 더해왔다.

닭과 돼지를 키우며 모여 사는 사람들

음성나환자의 사회복귀를 위한 정착사업은 1961년도부터 시작됐다.[7] 1961년 8월 대한나관리협회와 대한나협회는 공동으로 전국의 등록 한센병 환자 1만 9,980명을 대상으로 기초조사를 실시했는데, 그 결과 균양성자 6,104명(30.6%), 균음성자 1만 1,615명(58%), 환자 자녀 1,883명(9.2%)으로 나왔다. 특이한 점은 등록 환자 중 한센병에 걸리지 않는 사람도 428명(2.1%)에 달했다는 것이다.[8] 균음성자 중 노동력을 갖췄으며 외모 변형이 심하지 않아 정착이 가능한 8,615명(43.1%)이 선정됐고, 이를 근거로 정부는 정착사업을 준비했다. 그리고 그 결과로 1961년 10월 보건사회부 보건국은 다음과 같은 내용을 포함하는 「제1차 나관리 5개년 계획」을 수립했다. 이 계획의 주요 내용은 한센병 치료기관을 다각화하고, 균음성자 정착사업 및 직업보도를 실시하며, 학교와 민간에서 한센병과 관련한 계몽활동을 하고, 균양성 기간에는 산아제한을 강화하고 출생아를 즉시 격리하며, 부랑 한센병 환자를 단속하고 충분한 의료 인력을 확보하는 것이었다. 정부는 이 중 정착사업을 중점적으로 실시했다.[9]

1961년 10월부터 12월 30일 사이 인천, 전북 김제, 경북 월성에 각각 청천농장, 비룡농원, 희망농원을 세워 정착 시범 사업이 시행됐다. 청천농장에는 국립부평병원 퇴원자 154명이, 비룡농원에는 국립익산병원 퇴원자 246명이, 희망농원에는 국립칠곡병원 퇴원자 240명이 이주했다.[10] 다음 해에는 정부

용호농장

1909년 부산 감만동에 설립된 나병원은 태평양전쟁이 발발하고 매켄지 원장이 스파이 혐의로 추방당하자 1941년 폐쇄됐다. 광복 이후 1945년 10월, 부산 영도에 부산 나병원을 잇는 박애원이 설립됐는데 주민들이 거듭 반대 입장을 드러냈다. 결국 여수 애양원의 윌슨 원장에게 도움받아 1946년 3월 부산시 용호동으로 이주했고, 이름도 '상애원'이라 붙여졌다. 상애원은 이후 '국립용호병원'이 됐다가, 1968년 국립소록도병원의 분원으로 편입됐으며 결국 1975년 폐쇄되고 음성나환자들의 정착마을인 용호농장체제로 전환됐다. 병원 시설은 용호의원으로 남아 있다가 1983년 12월 31일 폐쇄됐다.

용호농장의 한센인들은 주로 양계와 양돈을 하며 생활했는데 부산시에서 접근이 쉽지 않은 외딴 곳에 위치했기에 인근 주민과 긴장관계 속에 있더라도 큰 충돌은 일어나지 않았다. 그러다 2000년대 들어 이 지역에 재개발 압력이 들어오면서 정착마을은 해체됐고, 이곳에 살던 한센인들은 여러 곳으로 흩어졌다. 현재 이 지역은 고층 건물이 들어서고 관광 명소로 변화해 용호농장의 흔적은 찾아볼 수 없다.

와 대한나관리협회가 공동으로 정착사업을 실시해 22개 마을에 총 4,645명의 국립 시설 퇴원자를 정착시켰다.

민간 시설 퇴원자에 대한 정착사업도 이어졌는데 1962년 성라자로원에서는 퇴원자 82명을 경기도 의왕농장에, 여수 애양원에서는 96명을 전라남도 여천농장에, 131명을 전라북도 보성농장에 정착시켰다. 이후에도 국립부평병원, 대구 애락원, 안동 성좌원, 국립용호병원 등 전국의 한센병 시설에서 퇴원자를 정착시키는 사업이 이어졌다. 정부는 정착사업으로 세워진 마을을 '정착마을(정착촌)' 또는 '음성나환자촌'이라 불렀는데, 음성나환자촌이 더 일반적으로 쓰였다.

정부는 정착사업이 어느 정도 성공했다고 평가하고 이에 근거해 법적 근거를 정비했다. 즉 1963년 「전염병예방법」 개정은 단순히 DDS제 덕분에 한센병 치료가 가능해졌다는 배경에서 기인한 것이 아니라 음성나환자의 사회복귀 사업을 계획한 대로 시행할 수 있다는 자신감에 근거했다.[11] 1964년 9월 16일에는 차윤근 보건국장의 주재하에 WHO 한센병고문관 트랩만, 5개 국립병원장, 유준과 하용마 등 한센병 전문가와 단체장 그리고 이동진료반 반장 등으로 구성된 '나병관리협의회'를 만들어 한센병 관리사업을 어떻게 효율적으로 운용할 것인지에 대해 논의했다. 협의회에서는 병력지의 통일, 세균검사 성적 판정법의 통일, 규칙적인 치료, 신환자 발견 방법의 개발, 보건교육 및 계몽 활동, 나병의날 제정, 환자의 가족계획 등을 다뤘다. 격리 제도의 변화와 정착사업 실시에 맞춰 한센병 관리사업을 어떻게 변화시킬 것인지가 주요 내용이었다.[12]

오마도 간척사업

소록도병원은 1962년 소록도에서 얼마 떨어지지 않은 고흥군 도양면의 봉암반도, 풍양반도 그리고 그 사이에 있는 오마도와 오동도를 잇는 2,754m의 제방을 쌓아 약 330만 평의 농토를 만들기로 결정했다. 이는 소록도 음성나환자의 사회복귀에 필요한 토지를 개간하기 위함이었다. 당시 소록도병원의 조창원 원장은 개간 공사에 회의적인 한센인들에게 공사가 마무리되면 보상하기로 약속하고 공사 참여를 약속받았다. 1962년 7월 10일 시작된 간척 공사는 예산과 장비가 부족했을 뿐 아니라 이에 적대적이었던 지역민의 반대 때문에 어려움을 겪었다. 게다가 부족한 장비와 기술력으로 인해 사상자가 계속 발생했고, 공사에 참여한 한센인들이 파업을 벌이기도 했다. 또한 소록도 학생들을 공사에 동원하기 시작하면서 학생 중 일부는 교육권을 침해했다는 이유로 항의 시위를 벌이기도 했다. 이처럼 오마도 간척사업은 한센인들의 사회복귀를 목적으로 시작됐지만 모든 한센인이 이에 적극적으로 동참하지는 않았다. 게다가 1963년 국회의원 선거 과정에서 오마도 간척사업에 적대적이던 지역민의 표를 의식한 지역 정치인의 활동으로 조창원은 1964년 3월 7일 소록도 원장에서 물러나야 했다. 또 같은 해 7월 25일 오마도 간척사업 자체가 전라남도로 이관되면서 소록도 한센인의 사회복귀를 위한 꿈은 물거품으로 돌아갔다. 오마도 간척사업은 1988년 12월 30일에 마무리됐고, 1993년에 개간된 땅이 인근 주민에게 매각됐다.

오마도 간척사업은 음성나환자의 사회복귀에 집중했던 국가와 이를 믿고 따랐던 한센인 그리고 이에 반대하는 지역민이 팽팽하게 맞선 가운데 벌어진 '사건'이다. 조선일보 이규태 기자에 의해 1966년 『사상계』에 '소록도의 반란'이라는 제목으로 르포 형식의 글이 실렸고, 이청준 작가가 이 사건을 모티브로 삼아 1976년 소설 『당신들의 천국』을 발표하기도 했다.

또한 보건사회부는 1967년 「병원운영 종합계획」을 수립해 소록도병원을 제외한 국립나병원을 연차적으로 폐쇄하고 수용됐던 음성나환자를 모두 정착시킨 후, 양성환자와 장애가 있는 음성나환자를 소록도병원에 이송하기로 했다.[13] 이를 위해 소록도의 수용시설을 최대 6,000명까지 수용할 수 있도록 증설하는 동시에 의료 및 주거 등의 시설을 개선하는 사업이 시행됐다. 종합계획에 따라 1968년 11월 8일 국립소록도병원에서 '국립나병원'으로 직제개편이 이뤄져 부산에 있는 국립용호병원과 국립칠곡병원이 개칭된 국립나병원의 분원으로 흡수됐다. 보건사회부는 장기적으로 경북 칠곡병원, 전북 익산병원, 부산 용호병원, 경기 부평병원에 있던 환자들을 소록도의 국립나병원에 수용하기로 계획하고 소록도의 병동을 신설했으며, 음성나환자에게 1인당 8만 원의 정착금을 지급하는 사업도 추진했다.[14]

이에 따라 1969년에는 국립칠곡분원이 폐쇄돼 '칠곡농원'으로 전환됐고, 1975년에는 국립용호분원이 폐쇄돼 '용호농장'으로 전환돼 음성나환자들이 정착했다. 그리고 양성 판정을 받은 환자들은 소록도로 이송됐다. 1960년대 정착사업으로 정착하게 된 음성나환자는 총 1만 1,901명으로 기록된다.

한편 소록도병원에서도 소록도 음성나환자의 정착을 위해 오마도 간척사업을 계획했다. 당시 소록도병원 원장이었던 조창원의 계획과 지도 아래 1962년 7월부터 소록도병원에서 멀리 떨어져 있지 않은 오마도에 간척공사가 시작됐다. 조창원은 정착사업에 소극적이었던 환자들을 설득하기 위해 간척공사가 완료되면 환자 1인당 약 1,000m²의 땅을 분배하고 공사 기간 중 매일 쌀 2홉, 보리 2홉과 30원의 노임을 지급하기로 약속했다. 그리고 개간된 농지에서 곡식을 수확하기 전까지 근로 구호 양곡을 지급하기로 했다.[15] 이렇게 시작된 사업은 환자들의 노력으로 상당 부분 진척됐으나, 지역민의 반대에 직면했다. 인근 주민들은 오마도 간척사업이 성공할 경우 환자들이 그곳에 정착할 것을 우려해 반발했고, 심지어 공사장을 습격하기도 했다. 지역민이 가졌던 이러한 반대 정서는 정치적인 공격으로까지 확대됐다. 1963년 11월 국회의원 선거에서 민주공화당의 신형식이 당선됐는데, 그는 오마도 간척사업을 반대하고 원장 교체까지 주장했다. 그 결과 1964년 소록도병원의 원장이 교체됐으며 간척사업 공사의 주체가 소록도병원에서 전라남도로 이관됐다.[16]

정착마을의 토지는 국유지를 불하받거나, 종교재단에서 구입해 사용할 수 있도록 내주거나, 음성나환자가 구입하거나, 사유지를 점거하는 등 소유 방식이 다양했다. 정착마을은 대개 일반인의 눈에 띄지 않는 한적하고 미개간된 땅에 들어가 그곳을 개간하는 방식으로 형성됐다. 정부는 정착사업 과정 중에 가끔 국유지를 불하해주거나 소액의 정착금을 주는 것 외에는 특별히 지원하지 않았기에 한센인은 자립해서 살아가야 했고, 네트워크가 있는 경우에만 종교단체나 외원단체 등을 통해 지원받았다.[17] 그럼에도 한센인은 정착 후 특별한 지원이 없으면 식량을 구하는 것조차 힘든 상황이라 많은 정착마을의 한센인은 때때로 구걸을 나가기도 했다. 일부 정착마을의 경우

1980년대에도 구걸을 해야만 생존할 수 있을 정도로 상황이 열악했다.

1970년대 초반부터 정착마을은 전업형 축산을 통해 소득 기반을 갖추기 시작했고, 1980년 전후에는 대다수 마을이 축산업을 통해 일반 농가보다 우월한 경제력을 확보하기도 했다.[18] 그러나 대개의 정착마을이 축산업에 종사하게 된 것은 이들이 다른 산업에 종사하거나 다른 직업을 구하는 데 어려움을 겪었기 때문이다. 축산업은 일반 농가와 경쟁을 피하는 게 가능했을 뿐 아니라 정부 지원에 의존할 경우 경쟁력도 갖출 수 있었다. 게다가 일반적으로 정착마을은 산골짜기 같은 입지가 좁은 곳에 만들어졌기에 농사지을 정도로 충분한 토지를 확보하기 어렵다는 한계도 있었다. 정착마을에서 비좁게 살아야만 했던 한센인은 자신의 집 앞 조그만 공간에서 닭과 돼지를 키우는 일을 택했다. 즉 한센인 정착마을의 특수한 상황이 거의 모든 정착마을에 축산업을 하도록 만든 것이다.

결국 DDS제로 한센병 치료가 가능해지자 세균검사에서 한센병균이 검출되지 않은 환자를 퇴원시켜야 했고, 이에 정부는 크게 세 가지 목적 아래 정착마을 사업을 시행한 것으로 보인다. 첫째, 음성나환자를 퇴원시킴으로써 강제격리 정책에 들어가는 보건예산을 줄이기 위해서였다. 둘째, 퇴원한 음성나환자 중 돌아갈 곳 없는 환자가 다시 거리에서 부랑하지 않고 정착하도록 돕기 위해서였다. 마지막으로 정착마을에 음성나환자가 모여 있으면 퇴원 이후에도 보건당국이 관리하기가 수월했기 때문이었다.

한센병을 둘러싼 생명정치

정착사업은 예산이나 사전 준비 없이 임기응변식으로 진행됐기에 여러 문제가 발생할 수밖에 없었다. 그중 가장 큰 문제가 정착마을 주변 지역민의 반발이었다. 정부는 한센병은 전염성이 낮고 치료 가능한 질병이라고 홍보했지만, 실제로는 정착마을 거주 한센인에 대한 관리 및 통제를 강화함으로써 낙인과 차별의 근거를 만들었다. 그리고 정착마을 주변 지역민을 충분히 설득하지 않은 채 무리하게 사업을 추진하면서 한센인과 지역민 사이에 갈등을 양산했다. 지역민을 설득하는 데 충분히 노력을 들이지 않았던 이유는 당시 한국사회에 한센병 환자에 대한 편견이 뿌리 깊게 박혀 있어 설득이 불가능하다는 판단이 먼저 내려졌기 때문일 것이다. 정착마을 이전에 존재했던 '나환자촌'에 대해서도 지역민의 불만과 저항이 상당히 강했기에, 정부는 충분한 설득 과정을 거치지 않고 심지어 지역민 몰래 한센인을 정착마을에 이주시키기도 했다.

더군다나 정부는 정착마을이 만들어진 이후에도 지역민에게 상황을 설명하는 일을 소홀히 했고, 정착마을 한센인과 지역민 사이의 갈등에도 개입하지 않았다. 이는 정착마을이 형성되던 시기뿐만 아니라 이후 오랫동안 지역민이 정착마을에 강한 반감을 이어가게 한 이유가 됐다. 소록도병원 원장을 두 차례나 역임했던 조창원은 1970년 나병관리세미나에서 이 점을 지적하며 정착사업을 국가가 일방적으로 추진했기 때문에 반대가 극에 달한 것이라고 주장했다.[19] 정착사업의 진행 과정을 보면, 정부는 한센인이 정상적으로 사회에 복귀하는 데 큰 관심이 없었고 질병 관리, 즉 한센병균을 통제하는 일만 중시했다. 지역민 입장에서 '무서운 전염병'을 갖고 있는 음성나환자가 집단으로 거주하는 음성나환자촌이 자신의 생활공간에 들어오는 것은 매우 우려할 만한 사안이었다. 1961년 정부의 정착사업이 본격적으로 시작되기 전 이미 자연스럽게 형성된 '나환자촌'뿐만 아니라 음성나환자촌과 지역민 사이에서도 충돌은 곳곳에서 벌어졌고, 이 과정에서 많은 음성나환자가 폭행당했다.

한국전쟁을 전후해 전국에서 한센인 학살사건이 벌어졌음에도 정부는 별다른 조치 없이 음성나환자들을 무리하게 정착시키는 사업을 진행했고, 그 결과 한센병 환자들은 이전과 유사한 피해를 거듭 입었다. 국립부평병원 원주분원인 대명구호병원은 1964년 4월 초부터 보건사회부 및 한구사(천주교 구라회)의 지원 아래 30~40명의 음성나환자를 양평 양수리 일대에 정착시키기 위해 7개월 동안 가옥 40여 동을 건축하는 사업을 진행했다. 그러나 음성나환자의 정착을 반대하는 인근 주민 천여 명이 몽둥이, 곡괭이, 낫 등으로 무장한 후 1964년 12월 19일 정착마을을 건설하던 한센인을 습격해 폭행하고, 건축한 모든 가옥을 완전히 파괴했다.[20] 정착마을 대부분은 이처럼 시작부터 인근 지역민과 갈등과 투쟁을 겪으면서 설립됐다. 정착마을 주변 지역민이 음성나환자에 대해 가졌던 우려는 주로 전염의 통로가 될지도 모르는 두려움과 자신들 역시 타 지역으로부터 낙인과 차별의 대상이 될 수 있다는 걱정에서 비롯됐다.

예를 들어 지역민은 식수원지를 한센인과 공유하는 것, 더 나아가 자신들이 생산한 농산물에도 낙인찍혀 타지역에 판매하기가 어려워질까 봐 염려했다. 즉 한센병균을 둘러싼 생명정치 bio-politics가 음성나환자촌을 둘러싸고 벌어졌다.

폭력사건이 언제든 벌어질 수 있었음에도 경찰 등의 공권력은 적절히 개입하지 않거나, 사건이 벌어진 다음에야 움직였다. 게다가 몇몇 음성나환자촌 피해사건에서는 지역의 유지나 정치인이 오히려 지역민을 부추겨 정착마을 한센인을 습격하게 하기도 했다. 정부는 겉으로는 한센병에 대한 계몽활동을 벌인다고 이야기했으나, 매우 소극적이었다. 정부의 이러한 무책임한 정착사업의 결과는 음성나환자촌과 인근 주변 마을에 모두 피해를 남겼다. 즉 정부의 예산을 줄이면서 음성나환자를 계속 관리하고자 하는 의도에서 수립되고 실행됐던 정착사업은 그 부담을 음성나환자와 정착마을 인근의 주민에게 떠넘겼다. 음성나환자촌 설립 초기에 발생한 이러한 갈등과 그로 인한 한센인에 대한 낙인과 차별은 영속화됐다.

'한센인 인권실태조사'에 실려 있는 정착마을 한센인들을 대상으로 실시한 일상 차별에 대해 설문조사결과를 보자.[21] 정착마을 대표에게 설문지를 보내 대표가 그에 응답하는 방식이었다. 이에 따르면 공용버스를 자유롭게 이용할 수 있느냐는 문항에 "자유롭다"라고 응답한 마을이 1곳, "대체로 자유롭다"고 응답한 마을이 16곳, 보통이 16곳, "그다지 자유롭지 못하다"가 10곳, "전혀 자유롭지 못하다"가 6곳이었다. 총 50곳의 정착마을 중 16곳이 2005년도에도 여전히 공용버스를 이용하는 데 어려움을 겪었던 것이다. 이웃 마을과의 왕래 정도를 묻는 문항에는 "그다지 자유롭지 못하다"가 15곳, "전혀 자유롭지 못하다"가 9곳으로, 50곳 중 24곳이나 해당됐다. 목욕탕이나 이발소와 같은 공공시설 이용과 관련해서는 더욱 심각했는데, 총 50개 중 43곳이 불편하다고 응했고 "자유롭다"고 답한 마을은 1곳에 불과했다.

설문조사결과를 종합해보면, 정착마을에 살던 한센인 차별은 일반인과 한센인 간에 신체 접촉도가 높을수록 심각했다고 해석할 수 있다. 즉 신체를 밀착하거나 물이나 이발도구를 공유할 수 있는 목욕탕이나 이발소 등에서 차별이 가장 두드러졌고, 이웃 마을과 대면 접촉을 하게 되는 왕래 상황이 그 다음을 차지했으며, 신체 접촉이 가장 낮은 공용버스의 경우 상대적으로 낮았다. 즉 정착마을에서 생활하는 한센인에 가해진 차별은 외모 변형이나 장애 때문이라기보다는 접촉했다가 한센병균에 감염될지도 모른다는 두려움과 타 지역의 사람들에게 자신도 낙인찍히고 차별받을 수 있다는 걱정의 결과로 보는 게 마땅하다.

한국은 1996년까지 강제격리 정책을 유지해온 일본과 비교했을 때 상대적으로 일찍 강제격리 정책을 폐지한 국가로 평가받았다. 그러나 국가 한센병 관리체계를 깊숙이 들여다보면 상당히 다양한 기구로 구성된 복잡한 체계 속에서 한센인은 여전히 배제됐음을 알 수 있다. 한국 한센병 사업에서 가장 큰 성과 중 하나라고 평가받는 정착마을 제도는 음성나환자의 경제적 자립이라는 결과를 가져왔지만, 이는 한센인의 사회적 고립

속에서 이뤄진 것이다. 격리시설 외부에 전국적으로 산재해 있던 음성나환자촌은 100여 개에 이르는 강제격리 공간이었으며, 정착마을과 일반 마을 사이에는 낙인과 차별이라는 비가시적이면서 가시적인 장벽이 가로막고 있었다. 이 장벽을 넘어 일반사회로 들어가는 음성나환자에게는 가차 없는 언어적·물리적 폭력이 가해졌다.

벗어날 수 없는 '환자'의 굴레

효과적인 치료제가 등장하면서 음성나환자가 증가하고 양성 환자가 감소하자 정부는 본격적으로 사회에서 한센병을 박멸할 장기 프로젝트에 돌입했다. 이를 위해 한센병 환자가 정확히 얼마나 되는지 추정하는 작업이 선행돼야 했다. 먼저 정부는 한센병 시설과 나환자촌에 거주하는 환자를 파악하고, 이들을 철저히 관리하기 위해 한센병 환자 등록제도를 신설했다. 한센병 환자가 발견되면 해당 환자의 정보는 각 수용기관 및 보건소 등을 경유해 중앙(보건사회부 등)에 등록됐다. 한센병 환자 등록제도는 1949년 소록도병원 및 민간나병원 세 곳에 수용돼 있는 환자 8,018명을 등록한 것을 시작으로, 1955년부터는 시설 바깥에 거주하는 재가 환자 5,325명을 등록하는 것으로 이어졌다. 이로써 정부는 시설뿐만 아니라 사회에 거주하는 한센병 환자를 모두 파악하고 관리할 수 있으리라 기대했다.

하지만 한센병의 잠복기는 3년에서 5년 정도로 매우 길어서 정부와 의사들은 사회에 훨씬 더 많은 잠복 환자가 있으리라 추정했다. 이는 당시 한센병 관리 업무에 종사하는 의사 및 공무원에게 상식으로 받아들여졌다. 잠복 환자 및 은닉 환자를 정확히 파악하기 위해 대한민국 국민을 전수조사하는 것은 불가능한 일이었으므로 이들을 포함하는 총 환자를 추산하려고 노력했다. 1950년대 국내에서 추정한 한국의 한센병 환자는 4만 명이었지만, 앞서 언급했듯이 1963년에 WHO의 재정과 기술지원을 받아 실시된 조사사업 결과, 한국에는 약 8만 명의 환자가 있다고 추산했고 이것이 중요한 기준점이 됐다. 예를 들어 1970년 등록 환자는 3만 7,601명이었는데, 총 환자가 8만 명일 것으로 추산한다면 잠복 및 은닉 환자는 4만 명이 넘는 것으로 여전히 한센병이 확산 중에 있다고 판단할 수 있었다.[22] 그러나 등록 환자보다 훨씬 많은 4만 명의 발견되지 않은 환자가 있다는 판단은 다소 무리라는 반론도 있었다. 유준의 경우 1968년 말 전국 나환자를 6만에서 6만 4,000명으로 추산하고 미발견 환자는 약 2만 3,000명이라고 추정했다.[23] 추산치에 차이가 있었지만, 등록 환자의 거의 배에 가까운 미발견 환자가 있을 것이라는 결론은 크게 다르지 않았고 결국 신환자 발견을 강조하는 방향으로 정책이 흘러가게 했다.

신환자를 발견하는 일의 중요성은 치료제가 발전한 결과로 강조된 것이기도 했다. DDS제로 인해 치료가 가능해지면서 한센병이 진단될 때부터 사회복귀를 고려하기 시작했다. 한센병은 병이 진행될수록 다양한 신체 변형이 수반되는데 이 때문에 치료가 완료된 후 사회로 복귀하는 데도 심각한 어려움을 가져오는 요인이 된다. 장애는 노동력의 상실로 이어져 자립하는 데 어려움을 낳고 한센병을 앓았다는 표식으로 작용해 낙인과 차별을 불러일으키기 때문이다. 장애가 심할 경우에는 사회복귀 자체가 어려워 완치 이후에도 시설에 남아야 하는데, 이것은 개인의 불행기도 하지만 정부에게는 재정 부담으로 작용하기도 했다. 이러한 이유에서 되도록 한센병 초기에 환자를 발견해 최대한 빨리 치료하는 것이 한센병 관리사업에서 매우 중요해졌다.

앞서 언급한 것처럼 의료적으로는 더욱 정확한 세균검사 기술을 개발함으로써 신환자 발견에 공헌하려 했고, 제도 면에서 두 가지 방법으로 더 많은 신환자를 발견하고자 했다. 첫 번째는 일반 보건의료망을 통해 환자를 조기발견한 것이고, 두 번째는 이동진료사업을 통해 신환자를 발견한 것이다. 첫 번째를 위해 보건소 제도를 이용했다. 보건사회부는 전국 보건소에 양성 및 음성나환자를 등록시키고, 이곳에서 치료약을 공급한 후 치료를 지도하도록 하는 동시에 이들과 접촉하는 이들에 대한 예방사업도 진행했다. 특히 음성나환자가 접촉하는 사람들을 관리해서 혹시라도 있을 신환자를 발견하는 데 힘썼다.[24] 이에 정부는 1967년 5월부터 각도 99개 군의 보건소에 훈련받은 한센병 관리요원을 주재시켰다.

또한 정부는 1955년에 세브란스병원에 처음으로 시작된 한센병 환자 외래진찰사업을 긍정적으로 평가해 1963년부터 대학병원이나 민간 한센병연구기관 등에 특수피부진료소를 설치하고 일반 보건체계 일부를 나병관리사업에 편입시켰다.

이동진료사업을 통해 신환자를 발견하는 일에는 전국에 있던 정부 나이동진료반 9개 및 민간 나이동진료반 3개가 투입됐다. 나이동진료반은 1956년에 처음으로 경상북도에서 해외원조 자금을 지원받아 재가 환자 치료와 지방민에 대한 한센병 보건 교육을 위해 정부에서 설치했다.[25]

민간에서는 1956년 천주교구라회의 로버트 스위니Robert Peter Sweeney 신부가, 1959년 대영구나회의 로이드Lloyd 선교사가 각각 민간 나이동진료반을 경상북도에 설치해 환자발견과 진료사업을 시작했다. 정부에서도 1958년에 경상남도에 나이동 진료반을 증설했고, 1966년 1월부터는 WHO와 UNICEF의 지원을 받아 기존에 2개였던 나이동진료반을 9개로 대폭 증설해 전라남북도, 경상남북도 그리고 충청남북도 일부 등 한센병의 유병률이 높은 지역을 담당하도록 했다.[26]

그러나 이러한 정부의 신환자 발견사업은 효과 면에서 비판을 받았다. 예를 들어 1970년 한국에 단기로 방문한 WHO 한센병 고문관인 페르난도 노시토Fernando Noussitou 박사는 시설 바깥의 보건소와 이동진료사업을 통한 한센병 관리사업에 문제가 많다고 지적했다.[27] 그는 먼저 한센병 관리사업에 사용되는 예산배분 문제를 언급했는데 1970년 당시 한센병 예산의 80%를 시설 운영에 사용하고, 나머지 예산으로 시설 바깥에 있는 등록 환자를 치료했기 때문에 은닉된 것으로 추정된 3만 6,000명의 환자들을 발견하는 데 예산이 거의 쓰이지 못한다는 것이다(당시 보건사회부는 추산 환자 8만 명, 등록 환자 3만 7,601명, 미발견 환자 4만 명으로 추정했다).[28] 즉 신환자를 발견하기 위해 다양한 제도를 활용하려 했던 정부의 의도와 달리 예산이 충분히 할당되지 않아 효과를 보기 어려웠다는 의견이 었다.

월성군의 경우 담당자 1명이 473명의 환자를 담당했는데, 그의 업무는 주기적으로 이들을 검진하고 세균검사를 하며, 접촉한 이들을 조사하고, 이를 매월 그리고 분기별로 보고하는 동시에 정착마을도 관리하는 일이었다. WHO 기준으로 담당자 1명이 2만~5만 명의 지역민이 있는 지역에서 200~250명의 환자를 담당하는 것을 평균으로 보았다는 점에 비춰볼 때 한국의 경우 업무량 면에서 담당자가 한 달에 한 번 보건소에 오는 환자에게 약제를 주는 일만 처리하는 정도에 그칠 수밖에 없는 게 현실이었다. 또한 보건소 및 이동진료팀 담당자들이 받는 교육이 불충분해 피부학적·신경학적 검사가 제대로 실시되지 않는 문제점도 지적됐다(WHO는 이미 1959년 제2차 나전문위원회에서 요양소 중심주의의 폐지를 권고했고, 더 나아가 한센병 관리를 한센병 특수 보건체계에서 일반 보건체계로 포함시킬 것을 권고했다. 1963년 브라질에서 열린 제8차 국제나회의에서는 한센병 관리를 수용소나 특수시설이 아닌 지역의 진료소에서 담당하도록 하고 이동진료반을 이용하도록 권고했다).

시설 중심의 한센병 관리체계가 지닌 여러 문제점은 일반 의료체계와 나이동진료반을 활용하라는 WHO의 권고를 받아들이면서 점차 개선됐다. 관리 정책의 변화는 치료제가 발전하면서 음성나환자가 늘어난 것에 따랐다. 음성나환자의 증가는

강제격리 정책을 일부 폐지하는 것으로 이어졌으며, 이 때문에
시설 외부의 환자를 관리하고 새로운 환자를 발견하는 사업에
예산을 사용할 수 있게 됐다. 그 결과 1970년대에는 여러 한계
가 있지만 형식적으로는 외부 환자를 관리할 수 있는 제도가 만
들어졌고, 이를 통해 새로운 환자들을 발견할 수 있는 플랫폼
도 세웠다.

그러나 보건소와 나이동진료반을 통해 시설 외부에 있는
음성나환자를 관리하는 일은 다른 문제를 불러일으켰다. 이 사
업에 종사하는 나관리요원은 잠복 및 은닉 환자를 발견하고 새
로운 환자를 발견할 임무가 있었다. 연간 3,000명의 신환자를
발견하는 게 목표였는데 결과적으로 1970년 1월부터 8월까지
발견된 신환자는 990명에 불과했다.[29] 당연히 충분한 예산과
지원이 뒷받침되지 않는 상황에서 기존의 등록 환자 주변을 조
사하는 데 집중할 수밖에 없었다. 결국 음성나환자 가족을 비
롯해 주변 사람들은 주기적으로 관리를 받았다. 정착마을이 있
거나 유병률이 높은 지역에 사는 지역민 역시 주기적으로 조사
받았다.

이러한 사업방식은 한센병의 전염성이 매우 낮고, 음성나
환자의 경우 전염성이 없음에도 음성나환자 주변이나 유병률
이 높은 지역의 지역민에게 한센병의 전염성을 우려하게 했다.
또한 한 번 등록된 환자는 음성화 이후에도 국가 등록제도에서
퇴록되기가 매우 어려웠다. WHO는 일정 기준에 맞는 환자를
반드시 퇴록시키라고 권고했다. 임상적 증상이 사라지고 세균
이 검출되지 않는 환자의 경우 월 1회 6개월 연속 웨이드법으

애경원

애경원은 1947년 7월 19일 대전광역시의 끝자리에 있는 용전동에 설립됐다. 용전동은 과거에는 시내에서 너무 멀지 않은 적당한 곳에 위치했고 근방에 공동묘지가 있어 인적이 드물다는 점에서 한센인 마을에 적합한 곳이었다. 처음에는 환자 30명으로 이뤄진 작은 마을이었으나 이후 정부의 정책에 의해 양성환자를 소록도로 보내고 음성나환자촌으로 전환됐다. 1970년대 중반에는 41가구의 154명 한센인이 거주했다고 기록된다.

이후 대전시가 확장되면서 이곳이 새로운 버스터미널 부지로 선정됐다. 1974년에는 공동묘지와 화장터가 이전했고, 애경원은 인근의 한국전력공사 건물의 뒤편으로 이전했다가, 2000년대 들어 완전히 해체되면서 주민들은 전국으로 뿔뿔이 흩어졌다. 위 사진이 담고 있는 애경원은 한센인 정착마을의 일반적인 구조를 보여준다. 마을 중심에 있는 교회(왼쪽 위)에서 종교와 공동체 생활을 했음을 알 수 있고, 거주지, 양계장, 축사의 구분이 없는 점도 보인다. 참고로 당시 대전에서 소비하는 달걀 대부분은 애경원에서 생산한 것이었다고 한다.

로 세균검사를 진행해 연속으로 음성이 나올 때, 한센병이 정지됐다arrested고 정의했던 것이다. 한센병이 정지된 환자, 즉 음성나환자는 병형에 따라 일정 기간 연속치료를 받은 후 반드시 퇴록해야 했다. 즉 나종형나는 10년 그리고 결핵양형나는 1.5년 연속 치료가 완료된 후 재발되지 않으면 퇴록위원회에서 검토해 퇴록시키고 퇴록증명서를 교부하게 했다.[30]

그러나 한국의 경우 한 번 등록된 환자는 음성환자가 된 후 거의 평생 동안 퇴록되지 않고 계속 '환자'로 남았다. 등록의 영속화는 퇴록이 힘들기 때문이기도 했지만, 다른 한편 환자로 등록될 경우 국가로부터 복지 등의 혜택을 받을 수 있었기 때문이기도 했다. 등록의 장기화 및 영속화는 일반사회에서 한센병이 낫지 않는 병 또는 평생 앓고 관리받아야 하는 질병으로 잘못 인식하게 했고, 이 역시 환자에 대한 편견과 차별을 강화시키는 요인으로 작동했다. 사회에서 여전히 환자로 인식되는 음성나환자가 모여 사는 음성나환자촌은 일반인에게 격리장소로 여겨졌으며, 여전히 환자인 음성나환자가 격리장소를 벗어나 자신의 생활공간으로 들어온다는 것이 일반인에게 공포였다. 제도를 통해 강화된 음성나환자에 대한 낙인은 사회와 음성나환자촌 사이에 놓인 벽을 강화시키고 지속시켰다.

한편 정착마을 인근 주민의 전염에 대한 두려움은 음성나환자뿐만 아니라 그들 자녀에 대한 차별로 확장됐다. 앞서 여러 번 언급한 것처럼 음성나환자 자녀는 한센병이 발병되지 않더라도 한센병균이 잠복해 있을 가능성이 있는 존재로 여겨져 보건당국으로부터 관리받았다. 정부와 의료계가 음성나환자 자녀에 대해 가졌던 이러한 인식과 태도는 사회 전반에 공유됐다. 대표적으로 음성나환자 자녀의 공학반대운동 과정에서 볼 수 있다.

음성나환자 자녀의 공학반대운동은 1960년대 중후반 전국적으로 일어났다. 의성에 위치한 경애농원의 음성환자의 자녀 6명이 1965년 인근에 위치한 금성국민학교에 입학해 부모와 자녀가 입학식에 참석한 일이 있었다. 입학식에서 음성환자의 자녀가 학교에 입학했다는 사실을 알게 된 건강인 학부모들은 다음날부터 음성환자 자녀의 등교를 반대하는 동시에 폭행을 가했다.[31] 함양에 위치한 여명원의 경우 1963년 인근 지역의 학부모의 반대로 자녀를 초등학교에 보내지 못하자 고아로 위장해 인근 고아원에 수용토록 해서 교육받게 하기도 했다. 이것도 흔한 일은 아니어서 고아원에서 교육받는 아동은 14명에 불과했고 아예 교육받지 못하는 아동이 30여 명이나 있었다. 이후 독지가들의 도움으로 정착마을 내에서 초등교육을 받을 수 있게 됐으나 상황은 여의치 않았다.[32]

심지어 공학반대운동은 전국적으로 확산됐다. 1964년 3월부터 전남 여천군의 동, 전남 나주군의 산포, 경기도 용인군의 어정, 경북 울산군의 농남, 전북 남원군의 왕치, 경북 상주군의 승덕, 경남 진양군의 원당, 경북 월성군의 물천, 충북 청원군의 북일, 충남 연기군의 송성, 서울 내곡동의 대왕 초등학교로 퍼졌다. 이는 1970년대에도 계속 이어져 전북 김제 용지중학교, 전남 나주의 남평중학교, 전남 장성의 광암국민학교, 부산의 용산국민학교, 승주의 외서국민학교에서도 비슷한 분위기가

나타났다.[33]

정부나 학교는 음성나환자의 자녀는 한센병 환자가 아니라고 거듭 설득하려 했으나 실패했다. 물론 교육청의 중재로 등교가 가능했던 일부 사례도 있으나, 대다수는 쉽지 않아 정착마을 내에 분교를 설립하는 식으로 문제를 해결했다. 공학에 성공하더라도 음성나환자 자녀가 교내에서 따돌림과 괴롭힘을 당하는 건 부지기수였다. 1969년 5월 정부에서 파악한 음성나환자 자녀 중 국민학교에 취학한 아동은 모두 2,096명이었다.[34] 이 중 1,836명이 32개교(본교 6개교, 분교 26개교)에서 분리수업을 받았으며, 195명은 9개교에서 공학을 했다. 나머지 65명은 등교를 못한 것으로 보인다. 주로 서울과 경상남도에서는 공학이 가능했으나, 나머지 지역에서는 분리 수업만 했다.

음성나환자 자녀에 대한 낙인과 차별은 졸업 후 사회에 진출한 이후에도 달라지지 않았다. '한센인 인권 실태조사'는 한센병 환자 자녀가 겪은 폭력에 대한 조사를 담고 있다. 이에 따르면 9.2%가 육체적 폭력 경험이 있으며, 17%가 언어적 폭력의 경험이 있다고 응답했다.[35] 직접 경험이 없는 음성나환자 자녀라도 사회적 낙인과 차별 때문에 위축된 채로 살아갔다. 자녀의 증언을 보자.

1968년 이후 여기 사는 사람이 자식을 불러들였는데, 따라온 어린 자식들, 손주들. 어떻게 어떻게 해서 시내에서 학교를 마치고 취직을 했다. 공단에 취직을 하니까. 삼거리 산다. 조장 비슷한 사람이 미행해서, 여기 들어오니까. 직장에서 퇴사를 당하게 됐다. 몇 사람이 쫓아가서, 이런 저런 이야기를 하게 됐다. 70년대의 일이다. 지금도 상처를 받아서 사회생활을 못하고 이 동네에서 맴돌게 됐다. 그 충격에 의해서 자녀가 사회에 못 나가게 됐다. 노이로제, 우울증에 걸려버렸다. 국민들 전체 인식의 차이가 있다. 일반들이 인식을 그렇게 했다. 정착시켰을 때 홍보를 잘 시켰으면 그렇지 않았을 텐데. 일반들까지 인식이 잘 되지 않았다. 나가서 여기에 사는 것을 자랑을 못한다. 누구 원망할 수는 없다. 피해도 있고, 피해의식 속에 살고 있다.

한센병균을 관리하고 통제하기 위한 국가의 한센병 관리사업으로 피해 입은 사람은 한센병 환자에 그치지 않았다. 환자의 가족, 특히 자녀에게도 피해가 돌아갔으며, 피해는 강제격리가 폐지되고 사회로 복귀한 이후에도 계속됐다. 그 결과정착마을 음성나환자와 그 가족뿐만 아니라 지역민 역시 피해의식을 갖게 돼, 두 집단 사이에 갈등이 지속됐다. 물론 가장 큰피해를 입은 것은 음성나환자이지만 지역민 역시 전염의 두려움에 떨었다. 피해와 갈등의 원인은 정부의 한센병 관리 정책에 있었다. 정부는 한센병균의 관리와 제거에만 초점을 뒀고, 질병의 매개체 또는 매개의 가능성이 있는 집단으로서만 음성나환자를 관리했다. 이 과정에서 비용절감을 위해 별다른 준비없이 음성환자에 대한 정착사업을 진행했고, 신환자 발견사업을 정착마을과 인근 지역에 집중한 결과 음성나환자에 대한 사회적 편견과 차별은 더욱 강화되는 결과를 가져왔다.

음성나환자 단체 설립

시간이 흐르면서 음성나환자촌에 정착한 음성나환자는 점차 증가하다가 1969년 1만 6,771명으로 정점을 찍고 이후 계속 감소해갔다(음성나환자촌의 거주자는 등록 음성나환자보다 훨씬 더 많았는데, 등록 음성나환자의 가족 등 한센병에 걸리지 않은 이들도 음성나환자촌에 거주하고 있었기 때문이다. 일반인의 음성나환자촌 거주 비중은 2000년대 들어 급격히 늘어났다). 그러나 음성나환자촌은 계속 증가해 1983년에는 101개가 됐다.[36] 정착마을이 증가한 이유는 나중에 시설에서 퇴원한 음성나환자의 경우 기존의 비좁은 정착마을에 진입하는 게 어려웠기에 또 다른 정착마을을 필요로 했고, 기존의 정착마을에서 발생한 분란 등의 이유로 분리됐기 때문이다. 〈그림5〉는 1968년부터 1982년 사이 등록된 한센인 거주지 비중이 변화했음을 보여준다.

  1969년까지만 해도 전체 등록 환자 중 음성나환자촌에 거주하는 사람들이 한센병 시설이나 재가(일반 사회)에 거주하는 사람보다 더 많았으나, 1970년부터는 재가에 거주하는 사람이 음성나환자촌에 거주하는 사람보다 많아졌고 이러한 추세는 계속 이어졌다. 흥미로운 것은 1969년부터 1982년까지 13년간 정착마을의 등록 환자는 6,914명 감소했는데 이는 매년 약 530명가량 줄었다는 의미다. 반면 같은 기간 재가 등록 환자는 1,278명만 감소했는데, 이는 매년 평균 약 98명이 줄어든 것으로 볼 수 있다. 해마다 상당히 많은 음성나환자가 마을

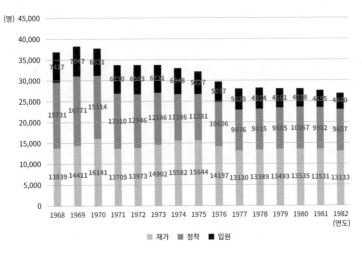

〈그림5〉 1968년부터 1982년까지, 등록 음성나환자 거주지 비중 변화

을 떠난다는 뜻으로, 마을의 생활환경이 상당히 좋지 않았음을
반증한다. 또한 시설에서 퇴원하는 더 많은 음성나환자가 마을
이 아닌 사회로 곧바로 복귀하는 경향도 알 수 있다. 그럼에도
불구하고 국가의 한센병 관리체계는 재가 중심이 아닌 시설 또
는 마을 중심으로 설계돼 있었다. 재가에 거주하는 음성나환자
는 자신의 병력을 최대한 숨기고 살았기에 음성나환자로서의
정체성을 거의 드러내지 않았다. 반면 음성나환자촌에 거주하
는 음성나환자는 공간의 특수성 속에서 집단적 정체성이 드러
나는 환경 속에 있었다.

　'질병공동체'로서 음성나환자촌은 몇 가지 특징을 지녔
다. 가장 대표적으로 행정상 '특수지역'으로 분류돼 '비공식
적'인 자치권이 부여된 나머지 외부의 행정력이나 사법권이 크
게 영향을 미치지 않았다는 점이다.[37] 정착마을에서 음성나환

자는 축산업에 집중했고, 1980년대에 이르면 잠시나마 경제적으로 인근 농촌에 뒤지지 않거나 더 잘 사는 마을로 성장하기도 했다. 정착마을 외부의 낙인과 차별로 인해 고립돼 있으면서도, 외부의 일반적인 국가권력에 영향을 크게 받지 않는 공간에서 살아가며 자신만의 정체성을 형성해가기도 했다. 이는 정착마을 내부의 권력이 '농장집행부'·'축산조합'·'교회'라는 3원적 구성을 이룬 점에서 확인할 수 있다.[38] 농장집행부는 외부에서 들어오는 자원을 배분하고, 내부 질서를 규율했다. 축산조합은 경제활동의 중심지였으며, 교회는 정신세계의 규율 권력이자 외부세계와 이어주는 유일한 통로였다. 즉 정착촌의 음성나환자는 질병과 질병을 관리하려는 보건당국에 영향받았으며, 기독교의 세계관으로 무장돼 있고, 축산업계 등에 종사하는 농민이라는 질병·종교·경제의 3요소로 정체성을 구성했다.

식민지 시기부터 광복 후 1950년대 후반까지 대표 부랑 집단이었던 한센인이 1960년대 정부의 정착사업을 거치면서 근면한 주체로서 변화하고 성장하는 과정은 매우 흥미로운 연구 주제다. 이 과정을 더욱 잘 이해하기 위해서는 한센병이라는 질병을 중심으로 환자에 대한 규율과 재배치뿐만 아니라 1950년대와 1960년대 초반에 걸친 국가의 규율화와 하층민 재배치 사업 속에서 정착사업을 살펴볼 필요가 있다.

한국전쟁 중 정부와 유엔민간원조사령부UNCACK는 1952년 3월 한미합동난민정착위원회를 결성하고 '난민정착사업'을 시작해 휴전 성립기에 약 280만 명의 난민을 정착시키는 사

성좌회

1920년대 대구, 부산, 여수 등에서 만들어졌던 한센인단체는 1930년대 중반 이후 그 맥이 끊겼다가, 광복 이후 1948년 3월 '성좌회'라는 이름으로 새롭게 창설됐다. 그러나 성좌회는 일부 지역의 한센인이 중심을 이루고 있었고 당시 낙인과 차별이 심해 별다른 활동을 하지는 못했다. 위 사진은 1948년 3월 20일 여수 애양원에서 개최된 성좌회 창립기념식 후 촬영한 단체사진이다.

업을 1960년대 전반까지 지속했다.[39] 이는 1961년 쿠데타 이후 도시민을 대상으로 하는 '귀농정착사업'과 고아 및 부랑아, 음성나환자를 대상으로 하는 '자활정착사업'로 확대·분화됐다.[40] 초기에는 구호적 성격을 가졌으나, 점차 경제개발사업의 성격으로 변화했다. 때문에 음성나환자촌의 형성과 발전과정을 논하려면 질병공동체가 갖는 독특한 성격 이외에 당시 국가 정착사업의 경제개발적 성격을 동시에 살펴봐야 한다. 즉 정착마을의 형성과 발전은 한센병 관리 정책하에서 공중보건학적 목적에 따라 진행된 것이기도 했지만, 국가의 하층민 재배치를 통한 경제개발 정책에 지속적으로 영향받은 것이기도 했다. 그런 점에서 '질병관리'와 '경제개발' 아래 음성나환자촌에서 살아갔던 음성나환자의 정체성이 형성되는 과정과 이들이 만든 단체를 살펴보는 일도 필요하다.

광복 이후 1948년 3월 19일 최초로 만들어진 한센병 환자 단체인 성좌회는 소록도, 대구 애락원, 경상지구의 상조회와 박애회, 서울·경기지구의 친목회, 강원지구의 영복회, 충청지구의 애경회, 전라지구의 평화회와 애조회 등 전국의 한센병 환자들이 모여서 결성했다. 주요 지도자로는 초대회장에 심승이 선출됐으며, 전주의 유춘원, 경상도의 김상태, 충청도의 김영근, 서울의 윤항용 등이 참여했다. 이 단체는 편견 해소를 위한 자정 활동과 권익옹호 활동을 시작했으나, 큰 성과 없이 1949년 4월 9일 제3회 총회를 끝으로 해체됐다.[41] 1954년 6월 대한한센총연맹을 결성해 권익 수호와 자체 정화 등을 하려고 했지만 조직 운영에 필요한 재정 문제로 이어가지 못했다.[42]

그러다 정부의 정착사업으로 음성나환자촌이 어느 정도 안정화되고, 1968년 말 여러 국립나병원이 폐쇄되면서 정착마을의 음성나환자 사이에 전국 단위의 조직이 필요하다는 논의가 대두됐다. 또한 국가나 민간나단체 사이에서는 부랑 한센병 환자를 단속하고 선도하는 일을 환자들에게 맡기는 게 효율적이라는 의견이 나왔다. 그 결과 1969년 10월 13일 '한국한센연합회'가 결성됐다.[43] 한국한센연합회는 한편으로는 정부의 부랑 한센병 환자 단속 및 선도계몽, 이송 사업을 위임받았고 다른 한편으로는 음성나환자촌에서 생산한 달걀을 판매하기 위한 공판장 등을 개설하는 활동을 벌였다.

한국한센연합회는 1971년 4월 20일 제3차 정기총회에서 '한성협회'로 개칭했다. 이 총회에는 정희섭 보건사회부장관, 유준 나학회장 등과 전국 각지에서 대의원 170여 명이 참석했으며 아래와 같은 선언문도 발표했다.[44]

선언문

우리는 자유민임을 선언한다.

1. 오랜 질곡과 암흑에서 벗어나 이제 타고난 천부의 자세를 되찾으려 한다. 조상이 물려준 형체를 좀먹고 생의 근원에서 뒤흔들렸던 병마! 그 병마는 이제 극복됐다.

2. 이제 우리는 사회인이다.

   비나의 나인*이란 있을 수 없고 미감의 아동이란 있을 수 없다. 인내와 용기로써 이 부조리를 타파하고 성실과 근면

으로 생업을 개척해 스스로 품위를 높여 유위한 사회의 일
원이 될 것임을 선언한다.

3. 오늘을 위해 생애를 바친 과학자의 힘 그리고 이를 뒷받침
한 인류문명의 무한한 가능성 앞에 경건히 머리 숙이며 우
리는 이에 협동단결해 인류공영에 이바지할 것을 다짐한
다.

이 선언문은 한성협회의 성격과 당시 음성나환자의 정체
성을 잘 드러낸다. 치료를 통해 한센병이라는 질병을 극복했기
에 더는 환자가 아니라는 선언과 함께, 부랑인이라는 사회적
낙인 역시 벗어버리기 위해 경제적 자립을 목표로 삼아야 한다
는 점도 명확히 명시했다. 한센병을 극복할 수 있도록 도와준
과학에 대한 존경도 표했다. '질병 극복', '경제적 자립'이라는
커다란 두 요소로 구성된 음성나환자의 정체성과 환자 단체의
성격을 분명히 드러낸 것이다. 그러나 자신의 몸을 의료 전문
가나 관리 주체를 통해 회복하려는 모습은 찾을 수 없다.

한센협회는 1974년 '한성협동회'로 이름을 바꿨고, 1975년
에는 사회단체로 그리고 1989년에는 사단법인으로 등록했
다.[45] 한성협동회는 국가 한센병 관리체계에 완전히 편입돼 하
나의 역할을 담당하는 단체가 됐다. 즉 한성협동회는 만성병과
의 관리하에 부랑 한센병 환자 선도 및 단속 그리고 정착농원
지도계몽의 업무를 담당한 것이다. 한성협동회의 중앙회가 담

• 비나의 나인 '나병'이 안 걸린 '나환자'란 존재할 수 없다는 의미다.

한국한센연합회

1948년 여수 애양원을 중심으로 성좌회가 결성됐고, 1954년에는 한하운 시인이 대한한센총연맹을 설립됐다. 정착마을이 성장하면서 정착마을 지도자급 인사들 사이에 보다 적극적이고 조직적인 네트워크가 필요하다는 뜻에 공감하는 한센인들이 1969년 10월 13일 전북 익산에서 결성한 것이 '한국한센연합회'다. 정착마을이 큰 문제없이 자율적으로 운영되기를 바라는 정부의 요청도 한국한센연합회를 결성하게 된 주요 요인 중 하나였다.

한국한센연합회의 주목할 만한 업적 중 하나는 계란공판장 개설이다. 정착마을의 주요 생계 수단인 양돈이나 양계가 유통까지 원활하기 위해서는 한센인이 운영하는 공판장이 필요했다. 이에 1970년 서울역 부근의 염천교 옆에 계란공판장을 세웠고, 종로구 효자동에도 육계직매장이 연이어 들어섰다.

당하는 업무는 첫째, 정착마을의 정화 및 자활기반 조성, 둘째, 중앙 또는 시·도사업의 위임에 따른 부랑 한센병 환자의 예방 및 선도사업, 셋째, 환자가 진료에 참여하도록 적극적인 지원, 넷째, 선도요원에게 각 나정착장의 자립기반사업 독려 및 정착 저해자 선도 또는 이송, 다섯째, 정착민의 의식개혁 추진 및 지도계몽이었다. 이하 내용으로 봤을 때 국가기구로서 한센협동회의 주된 역할은 '문제' 있는 한센인을 단속해 시설로 보내 한센인 정착마을을 통제하는 데 있었다.

한성협동회는 환자를 단속 및 시설로 이송할 수 있는 권한을 국가로부터 이임받은 선도요원을 관리함으로써 정착마을의 음성나환자를 통제할 수 있었다. 더불어 한성협동회중앙회는 재가 양성환자뿐만 아니라 음성환자 모두에게 막강한 권력을 행사하는 것도 가능했다. 즉 국가는「나정착장관리지침」의 세밀한 규정에 근거해 '환자 단체'인 한성협동회를 통해 정착마을의 음성나환자를 철저하게 관리했던 것이다. 이러한 관리체계에 불만을 갖거나 저항하는 정착마을의 음성나환자는 마을에서 쫓겨나거나 소록도에 다시 보내져 격리당했다. 당연히 정착마을은 정부가 요구하는 역할에 철저히 복종할 수밖에 없었다.

한편 국가는 정착마을의 음성나환자에게 통제 일변도의 태도만 취한 것이 아니라 다양한 경제 혜택도 제공했다. 특히 국가는「나정착촌자립기반사업관리지침」에 근거해 정착마을의 축산업을 지원했는데, 여기에는 정착마을 한센인의 소득 증가, 지원자금의 효율적 운용, 나정착자의 자활 능력 보유 등과 같은 목표가 자리했다. 정부는 주로 자립의욕과 능력이 있으며, 부랑자가 발생하지 않고 주민의 동원을 최대화할 수 있는 정착마을, 즉 정부의 시책에 잘 따르는 곳에 지원했던 것이다. 한편 정착마을의 음성나환자는 다양한 경로를 통해 지원받았다. 1976년 가톨릭나사업가연합회는 서독 정부와 서독 구라회, 미제리오 재단 등에서 보내온 1억 3,000만 원을 한국가톨릭자조협회에 가입한 32개 회원 정착장에 자활사업 기금으로 전달했다. 또한 서울 중림동 약현성당에서도 자선음악회 수익금으로 경기도 양주군 천성농장을 지원했으며, 한국십자군연맹도 전국의 여러 정착마을의 1,600명에게 자활기금을 지급했다. 뿐만 아니라 기독교선명회는 1977년부터 1978년에만 정착마을 구호 및 개발사업으로 3억 2,000만 원의 예산을 사용했다. 이는 기독교선명회의 질병 치료, 장학금 지급, 기술교육과 취업알선, 소득증대사업지원 등에 사용됐는데, 소득증대사업 지원에 쓰이는 비중이 가장 높았다.[46]

기독교계에서 지속적이고 상당한 규모로 정착마을에 지원했던 이유는 대부분의 음성나환자가 기독교인이라는 점과 관련이 있었다.[47] 2005년에 진행한 한 설문조사에 따르면 한센인 중 대다수인 97.5%가 기독교인(개신교: 64.9%, 가톨릭: 32.6%)이었다.[48] 이는 먼저 한국의 한센병 사업 역사에서 그 주축이 한국과 외국의 기독교계 단체였다는 점에서 비롯된다. 관련해 가장 중요한 한센인단체가 한국한성장로연합회(이하 한성장로회)다. 한성장로회는 1966년 국립소록도병원 내 7개 교회의 헌당식에 참석했던 정착마을 교회의 70여 장로들이 모여서 결성한 것으로 신앙교류 및 친목도모라는 목적과 함께 정착 촌의 신앙적인 지도력 강화를 위한 상호 정보교환은 물론 한센 인의 권익보호에 앞장서자는 취지를 갖고 있었다. 40여 년이 흐른 2006년에도 250여 명의 장로가 회원으로 있는 한성장로 회는 종교적 모임이지만, 한센인사회의 지위가 교회에서의 지 위와 상당 부분 일치하기 때문에 한센인사회에서 발언권이 높 았다. 한성협동회가 정착마을의 경제적·정치적 사업을 담당했 다면, 한성장로회는 정착마을 내부에 기독교 문화가 정착되는 데 힘쓰며 신앙 지도를 하는 사업을 담당했다.[49] 한성장로회는 환자들이 소록도나 정착마을 이외의 공간을 다니기 어려운 시 기에 공식적으로 다른 지역을 방문하고 전국의 한센인과 만나 소통하며 정보를 공유할 수 있는 장소를 제공했다.

한성협동회와 한성장로회는 사업 내용은 달랐으나 그 구 성원이 상당히 겹쳤다. 단체 회장을 소수의 한센인이 순차적으 로 맡거나 겸직하기도 했다. 국가의 한센병 관리체계 안에서 보자면 두 단체는 음성나환자가 정착마을에서 별다른 잡음 없 이 생활하며 경제적 자립을 이루고 병이 재발하지 않도록 지속 적으로 치료제를 복용하게 하는 데 중요한 역할을 한 것이다. 한국 한센인단체는 정착마을을 중심으로 형성됐고, 시설이나 재가의 한센인은 이들 단체에서 소외당했으며, 국가의 지원은 정착마을에 집중됐다. 한성협동회는 국가의 지원을 받는 대가 로 국가를 대신해 정착마을의 음성나환자를 강하게 통제했다. 이러한 상황에서 음성나환자는 자신에게 가해진 낙인과 차별 의 원인이 되는 구조적 문제에 대한 비판의식을 형성할 기회를 박탈당했다. 구조에 대한 비판은 정착마을의 질서를 어지럽힌다고 여겨져 극단적일 경우 소록도로 강제송환(강송)당했기 때문이다. 한편 교회에서 활동하며 낙인과 차별에서 오는 울분과 서러움을 극복하고 승화시키려는 환자도 있었다. 그러나 한센인의 종교 생활 역시 낙인과 차별에 적극적으로 저항하는 쪽보다는 체제 순응적인 성향을 갖는 데 큰 영향을 미쳤다.

11

치료를 향한 전 세계의 노력

한센인에 대한 낙인과 차별은 1916년 소록도자혜의원 설립 이후 크게 세 가지 방향에서 강화됐다고 할 수 있다. 첫째, 외모 변형이 발생시키는 일차적 혐오감. 둘째, 세균설에 근거한 전염에 대한 공포. 마지막으로 거리로 쫓겨나야 했던 한센인에게 부착된 부랑인이라는 이미지가 재생산하는 낙인과 차별. 그리고 이 세 가지는 상호작용하며 더욱 공고화됐다. 여기에는 한센인을 단속하고 시설에 격리시킨 국가와 의료전문가 집단이 그 핵심 역할을 했다.

한센인은 이에 맞서 낙인과 차별의 굴레를 벗어나기 위해 최선을 다했다. 환자들에게 무엇보다 중요한 것은 완치였다. 병이 나아야 외모 변형도 더 일어나지 않거나 중단될 수 있을 뿐 아니라 전염성도 사라질 수 있다. 이에 적극적으로 치료에 참여했고, 그 결과 효과적인 치료제가 등장하면서 완치자도 지속적으로 나왔다.

또한 한센인은 부랑인 이미지를 불식시키기 위해 정착마을에서 황무지를 가꿔 경제적으로 독립하기 시작했다. 부정적인 편견을 갖게 하는 요인을 제거하기 위한 일환으로 자신을 스스로 단속하며 소록도에 들어가려고 하기도 했다.

그러나 한센인에 대한 낙인과 차별은 쉽게 사라지지 않았다. 치료되지 않았거나 충분히 노력하지 않아서가 아니라 국가와 사회가 이들에게 불신의 눈초리를 거두지 않은 채 지속적으로 제도적으로 통제하고 사회적으로 배제했기 때문이었다. 심지어 치료제가 있음에도 국가와 의료전문가들은 매우 낮은 재발률의 원인을 아직 증명되지 않은 이론에 기대면서 음성판정을 받은 이들까지 계속 감시했다. 몇 개월에 걸쳐 반복적으로 시행되는 세균검사에서도 병균이 검출되지 않는 이들을 음성나환자로 규정했을 뿐 아니라 이들 주변에서 신환자가 있지 않은지 조사해 의심의 눈초리를 계속 보냈다. 의료 기술이 지닌 매우 낮은 불확실성에 대한 부담조차 한센인에게 떠넘긴 것이다.

다행히 1970년대 후반 WHO는 일말의 의심도 들지 않을 만큼 강력한 치료제인 MDT를 개발했고, 한국은 1980년대 초 이를 도입했다. MDT는 댑손 단독치료가 지닌 한계를 완전히 극복했고, 매우 낮은 재발의 가능성마저도 없애는 데 성공했다. 시간이 흐르면서 양성환자뿐만 아니라 음성나환자도 급감하기 시작했으며, 그 결과 1992년 한국은 공중보건 문제로서 한센병 문제를 극복하는 게 가능해졌다.

한국의 많은 의료 전문가는 한국이 한센병 문제를 해결할 수 있었던 이유는 국가와 사회가 한센인을 격리 등으로 엄격히 통제한 덕분이라 생각한다. 특히 한센병 관리에 여전히 어려움을 겪는 필리핀이나 브라질의 사례를 들며 한센인 통제를 정당화하기도 한다. 하지만 한센병의 치료와 관리의 역사, 특히 MDT가 등장한 이후 일어난 변화를 보면 강제격리 등을 통한 환자 통제 정책보다는 치료제를 개발하고 약제를 안정적으로 투요한 것이 질병 통제에 더욱 효과적이었음을 알 수 있다. 환자를 엄격히 통제하는 일은 결국 낙인과 차별을 유발해 오히려 질병 통제에 어려움을 가져오기 때문이다.

11장은 MDT가 개발된 과정과 한국이 이를 도입해 사용하면서 한센병 환자가 급감하는 과정을 보여주려고 한다. 한센인을 옥죄었던 의료지식에 근거가 없다는 것이 드러났지만, 국가와 사회는 자신의 행위에 대한 일말의 반성과 성찰 없이 한센인에 대한 기존의 강력한 통제를 계속했음을 확인할 수 있을 것이다.

유존균과 약제내성균

1950년대 초 DDS제는 전 세계적으로 한센병 치료제로서 그 능력을 인정받았다. 특히 댑손제가 등장하면서 경구 투약이 가능해지자 치료가 훨씬 수월해졌고, 의사가 부재하더라도 투약을 지도할 수 있는 의료요원과 댑손을 공급할 체계만 있으면 전 세계 어디에서든 치료가 어느 정도 이뤄졌다. 그런 점에서 1950년대와 1960년대는 전 세계적으로 한센병 문제를 해결할 수 있다는 희망이 넘치던 시기였다.[1] 1963년 브라질 리우데자네이루에서 개최된 제8차 국제나회의 참석자들은 "DDS제로 일정하고 지속적으로 치료한다면 대다수의 환자에게서 전염성은 사라진다. 만약 세균학적으로 양성환자 대다수가 치료된다면 이 질병은 감소할 것"이라는 데 동의했다. 물론 댑손에는 몇 가지 단점도 존재했다.

첫째, 세균검사에서 음성 판정을 받는 데 평균 3년에서 5년이 걸렸고, 나종형나 환자는 더 오래 걸렸다. 둘째, 댑손은 부작용이 심한 약제였다.[2] 가장 흔한 것이 빈혈, 심각한 정신병, 박리성 피부염 등이었다.[3] 댑손 치료 초기에는 나반응도 자주 나왔다. 나반응이란 염증으로 신경이 붓고 굵어져 극심한 통증이 발생하고 운동 장애로 이어지는 등의 증상을 말한다. 이러한 부작용을 예방하기 위해 댑손은 초기에 적은 양을 사용하다

362

가 수개월에 걸쳐 점차 그 복용량을 늘렸다. 이 방법으로 어느 정도 해결할 수 있었으나, 나종형나 환자 치료가 장기화되는 일은 오랫동안 큰 문제로 남아 있었다. 심지어 일부 나종형나 환자는 댑손 치료를 10년을 넘게 받아도 음성 판정을 받지 못하기도 했다.

국제적인 한센병 전문가 코크레인은 1959년 "대부분 정부에서 한센병에서 내성균이 나타날 수 있다는 것을 인정하지 않지만, 항생제와 화학제제에 저항하는 한센병균이 언젠가 나타나리라는 것을 믿지 않기는 어렵다"고 주장했다.[4] 그의 말처럼 1960년대 중반 댑손 내성균의 발견이 보고됐다. 1964년 말레이시아에서 10년 이상 주의 깊은 감시 아래 고용량 댑손 치료를 받았던 환자들 일부에서 댑손의 내성균이 처음으로 발견된 것이다.[5] 불규칙적인 복용, 화학요법의 중단, 저용량에서 고용량으로 늘리는 복용법 등이 내성균이 등장한 원인으로 지목됐다.[6] 결국 점차 재발이 증가했으며, 내성균에 감염된 신환자도 나오기 시작했다. 약 내성에는 두 종류가 있는데, 부적절한 댑손 복용으로 인한 2차 내성과 2차 내성에 의해 재발한 다른 환자로부터 감염된 환자에게 나타나는 1차 내성이 그것이다.[7] 저용량에서 고용량으로 늘리는 복용법은 댑손의 부작용에 대처하기 위해 개발됐으나, 결과적으로 내성균이 발생하도록 했다. 2차 내성이 치료된 환자의 재발 증가를 의미했다면, 1차 내성에 따라 신환자가 늘어났다는 점은 완전히 새로운 종류의 대처가 필요하다는 것을 의미했다. 댑손에 대한 1차 내성이 처음으로 보고된 것은 1977년이었다.[8]

1964년 말레이시아에서 내성균이 발견되자 다음 해인 1965년 제3차 WHO 나전문위원회 회의에서 내성균의 이론 가능성에 대해 논의했다.[9] 하지만 이 회의에서는 DDS제에 대한 약제내성 문제가 중요한 것이 아니라고 결론 내렸다. 약제내성은 치료 중에 있는 매우 소수의 환자에게서만 발견됐다는 게 근거였다. 그 결과 당시 보편적으로 사용되던 저용량에서 고용량으로 증가시키는 복용법에 대한 비판이 있었으나, 여기에 대해서는 충분히 논의되지 않았다. 이후 전 세계적으로 2차 내성에 대한 보고가 지속됐다.[10] 1968년 제9회 국제나회에서도 저용량 투약법을 지지했으며,[11] 1970년 제4차 WHO 나전문위원회 회의에서도 이는 변함없었다. 특히 1970년 회의에서는 저용량 투약법이 약제내성균 발견으로 이어질 수 있다는 점이 거론됐고 이를 지속적으로 연구하는 것과 더 나은 치료법을 개발할 필요가 있다는 권고도 나왔다.[12]

이러한 상황에서 결핵 치료에 쓰이던 치료제를 한센병 치료에도 사용하려는 시도가 등장했다. 1962년 클로파지민 clfazimine, B663, Lamprene과 리미노피나진riminophenazine을 한센병 치료에 써보니 좋은 성적을 얻었다는 연구결과가 보고됐던 것이다.[13] 1967년에는 리팜피신이 댑손 내성균에도 효과가 있다고 밝혔다.[14] 그러나 초기에 클로파지민과 리팜피신은 주로 댑손 치료에 효과가 없는 환자나 재발 및 나반응을 겪는 환자에 투여했다. 여러 치료제를 동시에 사용하면 독성이 생길 수 있어 더욱 위험할 것이라 판단했기 때문이었다.[15]

한편 클로파지민과 리팜피신은 댑손과는 다른 방법으로

발전했다.[16] 프로민을 비롯한 DDS제는 애초에 한센병 환자를 대상으로 한 임상시험을 통해 개발됐다. 독성이 강한 화학제제와 적절한 투약법을 바탕으로 환자에게 직접 투여하고, 그 결과를 측정하면서 다시 개발하는 방식은 현재의 의료윤리적 관점에서 보면 문제가 많았다. 그럼에도 새로운 약제는 육체적 고통뿐만 아니라 사회적 낙인과 차별에 지쳐가던 환자들에게 한 줄기 희망이었을 것이다.

미국 한센인운동의 지도자였던 스탠리 스테인Stanly Stein은 프로민 치료의 첫 번째 임상시험을 묘사했다. 임상시험에 자원한 환자들은 처음에 회의적이다가 곧 새로운 약의 효과에 열광했다고 한다.[17] 오랫동안 한센병균은 실험실에서 배양이 불가능했다. 이 때문에 새로운 화학제제인 DDS제의 효능을 밝히기 위해서는 환자가 필요했던 것이다. 그러나 1960년 찰스 쉐퍼드Charles Shepard가 환자의 피부에서 추출한 한센병균을 쥐의 발바닥에 배양하는 데 성공하면서 새로운 가능성이 생겼다.[18] 쥐의 발바닥에 배양하는 한센병균을 '서라균'M.leprae in the foot pads of mice이라 불렀다. 이는 한센병 연구가 획기적인 진전을 하게 하는 계기였다. 반면 클로파지민과 리팜피신은 DDS제의 경우와 달리 실험실에서 시험을 통해 개발됐다.[19]

약재내성균이 등장하면서 생긴 또 하나의 문제는 유존균persistent M. leprae이 발견된다는 점이었다. 내성균이 등장하기 전 치료된 음성환자의 재발 원인 중 하나가 신체 내부에 살아남은 한센병균이었다. 세균검사에 의해 검출되지는 않지만 생존해 있다가 댑손 치료가 중지되면 증식해 재발을 일으키는 유존균에 대해 한센병 전문가는 서로 공유하고 있었고, 이것은 음성나환자에 대한 관리 정책의 기반이 되기도 했다. 결국 1977년 제5차 WHO 나전문위원회에서[20] 예상대로 수년에 걸쳐 댑손이나 리팜피신을 적절히 사용해 완치된 나종형나 환자에게도 매우 적은 수의 유존균이 발견된 것이 확인됐다.

그러나 화학요법으로 유존균을 완전히 제거하기란 매우 어려웠다. 말레이시아와 말타의 실험결과는 나종형나 환자가 유존균에 의해 재발하는 일은 걱정할 사안이 아님을 증명했다.[21] 오랫동안 한센병 전문가, 특히 세균학자들이 걱정했던 유존균 존재 여부는 증명했지만, 연구결과 오히려 유존균에 의한 재발은 우려할 사안이 아님을 밝혀냈다. 즉 이것은 유존균에 의한 재발과 그로 인한 질병의 확산에 대한 우려에 근거해 퇴원 이후에도 음성나환자로 규정하고 엄격히 관리했던 방식이 틀렸음을 의미한다. 하지만 한국의 한센병 전문가들은 이러한 과학적 사실을 심각하게 받아들이지 않았고, 음성나환자에 대한 관리 역시 변화하지 않았다.

한센병의 재발은 여전히 한센병을 통제하는 데 있어 중요한 사안이었다. 특히 재발과 관련해 유존균과 비교할 수 없을 정도로 큰 문제는 댑손에 대한 약제내성균이었다. 약제내성균은 그동안 들였던 한센병 관리 노력을 완전히 무너뜨릴 위험이 있었다. 이에 제5차 WHO 나전문위원회는 댑손 내성의 문제를 해결하기 위해 몇 가지 화학제제를 병용하는 방법을 권고했다. 앞에서 언급한 것처럼 여러 화학제제를 병용하는 것은 부작용의 우려 때문에 당시 일반적으로 쓰이지 않았다. 그러나 댑손 내성균의 위협에 맞설 수 있는 새로운 방법의 실험이 시급한 시점이었다.[22] WHO와 사사카와 기념 재단Sasakawa Memorial Health Foundation, 국제나예방협회International Federation of Anti-Leprosy Associations, ILEP 등의 국제단체들은 화학제제 병용 연구를 지원했다. 새로운 복합화학요법Multi Drug Therapy, MDT에 시험된 치료제는 리팜피신, 클로파지민, 댑손 등이었고, 티오아미드Thioamides 등이 교환 가능한 약제로 발표됐다. 특히 이 약제들의 적절한 배합량을 결정하고, 독성을 어떻게 제어할 것인지를 중점에 뒀다. 실험에서 긍정적인 결과가 나오자, 이후 1979년 3월 임상시험을 결정했다.

병용요법에 대한 임상시험이 제대로 된 결과를 내려면, 최소 2년에서 5년이 필요했다. 그러나 1970년대 후반에 들어 댑손뿐 아니라 리팜피신에 의한 내성균의 등장 가능성이 제기됐다. 1970년대 중반 리팜피신은 가장 강력한 한센병 치료제로 여러 국가에서 널리 사용됐으나 부작용 때문에 감독하에 복용해야 하기도 했고 가격도 비쌌다. 더 큰 문제는 단독으로 사용할 경우 내성균이 등장할 가능성이 높아진다는 점이었다. 내성균의 위험성은 일선 의료요원에게는 잘 알려지지 않았다. 결국 WHO는 병용요법에 대한 최종 결과를 기다릴 수 없다는 결정을 내렸다. 이러한 문제점에 대해 1980년 WHO 동남아시아 지역 회의와 1981년 WHO 태평양 지역 회의에서는 복합요법의 사용이 시급하다고 판단했다. 1981년 WHO는 연구위원회 THELEP와 협력해 한센병 통제 프로그램을 위한 화학요법에 관한 연구 집단Study Group on Chemotherapy of Leprosy for Control Program 회의를 개

MDT

다국적제약회사인 노바티스(Novartis)에서 생산하는 MDT 표준 세트의 모습이다. 왼쪽 큰 세트는 다균나 환자를 위한 한 달분의 약이다. 위에 있는 알약은 각 달 첫째 날 복용해야 할 알약으로 댑손(100mg) 1알, 리팜피신(300mg) 2알, 클로파지민(100mg) 3알로 구성된다. 둘째 날부터 28일까지는 매일 댑손(100mg) 1알과 클로파지민(50mg) 1알을 복용하면 된다.

오른쪽 작은 세트는 희균나 환자를 위한 한 달분의 약이다. 가장 위에는 첫째 날 복용해야 하는 댑손(100mg) 1알과 리팜피신(300mg) 2알이, 그 밑에는 둘째 날부터 28일까지 복용해야 할 댑손(100mg) 27알이 있다. 1980년대에 개발된 MDT는 많은 국가에서 한센병을 통제하는 데 중요한 역할을 했으며, 현재까지 큰 변화 없이 그대로 사용되고 있다.

최했다.[23]

논의 끝에 추가 연구의 필요성을 인정하면서도 MDT의 권고와 용법이 포함된 최종 보고서가 채택됐고, 곧 전 세계에 배포됐다. MDT 권고는 1982년 5월 17일 WHO 총회에서 사후 승인받았다. 그만큼 약제내성균을 해결하는 문제가 다급했던 것이다. MDT는 치료법 면에서 이전과 상당히 달랐다. 이전에는 병형을 한센병의 증상에 따라 나종형나 또는 결핵형나, 중간형나 등으로 구분했다면 MDT에서는 균의 많고 적음을 기준으로 구분했다. 즉 균이 기준보다 많으면 다균나[multibacillary leprosy], 균이 기준보다 적으면 희균나[paucibacillary leprosy]였다. 1982년 WHO의 MDT 권고사항을 보면 다균나 환자에게는 최소 2년 동안 리팜피신은 월 1회 600mg, 댑손은 매일 100mg, 클로파지민은 월 1회 300mg 그리고 매일 50mg씩 복용하도록 했다. 반면 희균나 환자에게는 6개월 동안 리팜피신은 월 1회 600mg, 댑손은 매일 100mg씩 복용하도록 했다. WHO의 MDT 표준용법은 이후에 계속 변화했으나, 기본적으로 이 틀에서 크게 변화하지는 않았다.

한국의 치료법 발전과 MDT 도입

앞서 언급한 것처럼 한국의 한센병 전문가와 한센병 사업 종사자는 음성나환자의 재발 위험에 대해 오랫동안 걱정해왔다. DDS제로 인한 내성균의 존재가 알려지기 전 이들은 재발 이유

시설 \ 균동태	음성	양성	재발	계
재가 환자	8,432	890	154	9,352
	90.5%	9.5%	1.6%	
시설 환자	4,829	2,097	84	6,956
	69.7%	30.8%	1.2%	

〈표3〉 재가 환자와 시설 환자 균동태표(1962년~1966년 9월)

로 음전화 이후 세균검사에도 검출되지 않고 여전히 체내에 존재하는 유존균을 지목했다. 이러한 생각은 유존균이 발견되기 전부터 오랫동안 세균학자들 사이에서 존재했고, DDS제 덕분에 완치자가 등장했음에도 보건당국과 의사들은 이들을 여전히 음성나환자로 분류하며 지속적으로 관리했다. 하지만 의사들의 염려와 달리 다른 국가와 비교했을 때 한국에서 댑손으로 치료된 사람의 재발률은 낮은 편이었다. 〈표3〉은 1962년부터 1966년 9월 사이의 음성환자, 양성환자 그리고 재발 환자의 수를 보여준다.

〈표3〉에 의하면 시설에 격리된 음성환자 6,956명 중 재발환자는 총 84명으로 전체의 1.2%에 불과했고, 정착마을 등에 거주하고 있는 음성환자 중 재발 환자는 총 154명으로 전체의 1.6%였다. 조제 로드리게즈José Rodríguez는 1958년 필리핀에서 음성환자 중 4.4%가 재발했고, 스탠리 브라운Stanley Browne은 1965년 동부 나이지리아에서 음성환자 중 6%가 재발했다고 보고했다. 이 때문에 한국의 음성환자 관리체계가 다른 나라에

비해 매우 잘 되어 있다고 평가하기도 했다.[24] 한국나병연구원의 김도일 원장도 1981년 발표한 논문에서 1976년까지 재발에 대한 보고가 거의 없었으며, 1977년 한국나학회에서 처음으로 재발 문제를 논의했다고 기록했다.[25] 실제로 1970년 「나관리세미나」, 1973년 「나병관리사업지침」에도 재발 관리 문제는 전혀 언급되지 않았다.

그러나 한국의 낮은 재발률은 1970년대 후반으로 가면서 상황이 바뀌었다. 김도일은 서울에 거주하던 음성나환자를 대상으로 조사한 결과 1976년에는 309명 중 34명(11%)이, 1977년에는 344명 중 43명(12.5%)이 재발 환자였다고 기록했다. 한편 대구시 사설나 기관에서 1977년에 보고한 바에 따르면 음성나환자 186명 중 17명(9.1%)이 재발 환자였고, 1979년 한국나병연구원에서 정착 환자, 재가 환자 및 입원 환자 중 무작위로 선택한 1,256명의 음성나환자 중 121명(9.6%)에서 재발 환자가 발견됐다. 이 결과에 따르면 1960년대 중반 재발률이 불과 1.2~1.6%에 불과했던 것이, 1976년과 1979년 사이에 재발률이 무려 9.1~12.5%로 거의 10%가량 증가한 것이다. 김도일은 재발 환자가 늘어난 이유가 유존균이 아닌 DDS제의 내성균 때문이라고 지적했다. 그러면서 DDS제 내성균을 해결하기 위해 WHO 등에서 시도하고 있는 병용요법을 사용해야 한다고 지적했다.

한국에서는 1970년대 중반부터 새로운 화학제제를 사용한 것으로 보인다. 한센병의 재발 문제는 일부 전문가들에 의해 일찍이 지적됐지만, 실제로는 재발보다 장기적으로 DDS제를 써서 치료함에도 나종형나 환자 중 적지 않은 경우 한센병 균이 사라지지 않는 문제가 더 중요하다고 봤다. 소록도병원의 경우 1974년에는 전체 환자 중 425명(12.3%)이 여전히 양성 환자였다. 15년 이상 DDS제를 투약해도 음전화되지 않는 양성환자가 32명(0.09%)이나 있었던 것이다. 또한 DDS제 치료에 의해 균음전화가 되는 시기는 평균 3~5년이었으나, 1970년대 들어오면서 그 기간 역시 길어졌다.[26] 이를 해결하기 위해 소록도병원은 환자가 제대로 복약하지 않는다고 보고 일차적으로 DDS제 분배와 투약을 더욱 철저히 관리했다. 각 마을 담당 의사의 감독하에 간호 인력이 직접 마을에 나가 양성환자에게 일대일로 투약하는 일도 있었다.

소록도병원에서도 DDS제의 한계를 극복하기 위해 한센병 신약을 도입했다. 1974년경 소록도에 리팜피신이 처음 들어와 사용된 것으로 보이고, 1976년에는 람프렌과 이소프로디안isoprodian이 쓰였다. 리팜피신이나 람프렌은 고가였기에 병원 예산으로는 구입이 불가능했다. 오스트리아 가톨릭부인회로부터 전략 기증받아 사용하는 상황이었던 것이다. 예를 들어 담당의사가 환자에게 리팜피신이나 람프렌 처방을 내리면, 환자는 병원에서 약을 받는 것이 아니라 오스트리아 출신 간호사들이 운영하는 본관에 위치한 아동실 내 '약국'에 가야 했다. 이 약국에서 오스트리아 출신 간호사들이 의사의 처방전을 보고 환자에게 약을 내줬고 환자가 약을 복용했는지까지도 직접 확인했다.[27]

1976년에는 일시적으로 2개 이상의 치료제를 동시에 사

용하는 병용요법을 시도했다. 이는 1977년의 WHO 나전문위
원회에서 병용요법을 권고하기 1년 전 소록도병원에서는 병용
요법이 시도됐음을 의미한다. 그리고 1977년 WHO 나전문위
원회의 병용요법 권고가 있자, 그 이듬해인 1978년 9월 9일 보
건사회부는 나관리세미나를 개최하고 병용요법을 공식 채택
하기로 결정했다.[28]

1978년의 병용요법은 1982년 WHO의 MDT 권고사항
과 크게 다르다. 이는 처음 병용요법을 채택한 한국의 경우 참
고할 만한 것이 없었기 때문으로 보인다.[29] 보건당국과 소록도
병원은 최적의 방법을 찾기 위해 복약방식을 매년 조금씩 수정
했다. 한편 1976년부터 소록도병원은 댑손의 사용법도 수정했
다.[30] 당시 국내에서는 음성환자의 재발 문제가 크게 논의되지
않았으나 댑손 내성균 출현을 두고 국제적인 우려가 나온 것을
적극 반영했다고 보인다. 1976년 소록도병원의 댑손 사용법은
다음과 같이 변경됐다.

첫째, 이전에는 댑손의 부작용을 피하기 위해 소량을 투여
하고 점차 증량해갔으나, 이제는 발병 초기부터 최대 용량으
로 투여했다. 댑손의 최대 용량은 1주일에 6~10mg/kg이므로
60kg 성인의 1일 용량은 50~100mg이다. 이전에는 최대 용량
의 투약으로 말소신경 손상 등 역반응을 우려했지만, 일단 최
대 용량을 투약하고 만약 반응이 나타나면 곧바로 입원 조치 후
적절한 치료를 했다. 둘째, 가능한 병용요법을 실시했다. 이는
댑손을 단독으로 쓰는 것보다 살아 있는 한센병균을 빨리 감소
시켜 치료기간을 단축시켰다. 복합 약제는 라팜피신과 크로파

지민이며, 기타 치아세타존, 에치온아마이드 등도 쓰였다. 셋째, 환자가 반드시 약을 규칙적으로 복용하도록 지도·관리했다. 세균학적으로 한센병균은 증식이 계속되는 경향이 있으므로 이를 예방해야만 했기 때문이다. 이 원칙들은 1977년부터 적용된 것으로 보인다.

1970년대 후반으로 들어오면서 한센병 치료법이 다각화됐고, 최적의 치료법을 찾고 개발하기 위해 국내의 연구자와 의사들은 다양한 방법을 시도했다. 소록도병원의 경우 1976년경부터 매년 표준 치료법을 변경했다. 환자 분류법도 기존에 양성환자와 음성환자로 분류했던 것에서 나반응환자와 재발환자라는 새로운 분류를 만들어 관리 및 기록했고, 각 범주의 환자마다 다른 치료법을 적용했다. 하지만 이 기간 동안 이뤄진 급격한 치료방법의 변화가 실제로 모든 환자에게 적용됐는지는 확실하지 않다. 기존의 치료법에 익숙해진 환자들이 매년 급격히 변화하는 치료법을 받아들이는 일도 결코 쉽지 않았을 것이다. 이렇게 변화하는 치료법이 실제로 적용됐는가의 문제와 무관하게, 병용요법의 변화는 보건당국과 소록도병원에서 기존의 댑손 단독요법에 문제가 있음을 인식하고, 국제적인 치료법의 변화 흐름을 적극적으로 받아들이며 대안을 모색했다는 증거로 해석할 수 있다.

이 시기 특이한 점은 보건당국에서 채택한 치료법과 소록도병원에서 사용한 치료법 사이에 차이가 있다는 것이다. 이는 소록도병원과 보건당국이 각자 자체적으로 치료법을 개발하기 위해 노력을 경주했기 때문으로 보인다. 국내 한센병 관리

종사자들의 노력 덕분에 1982년 WHO에서 MDT를 권고하자마자 한국 보건당국과 소록도병원은 이 권고안을 신속히 받아들였다.[31] 그러나 모든 국가가 한국처럼 신속했던 것은 아니었다. 예를 들어 브라질의 보건당국은 권고안에 대한 연구가 아직 부족하기에 독성, 내성균, 유존균의 문제가 남아 있다고 판단하고 도입을 늦췄다.[32] 그러나 한국은 소록도병원은 1983년, 나관리협회는 1985년 권고를 받아들였으며, 각자의 경험에 따라 변용해 썼다.

급격하게 줄어든 환자들

DDS제가 도입되면서 한센병 환자는 감소하기 시작하다가 1983년 MDT 도입 이후 급격히 감소했다. 더욱 중요한 점은 오랫동안 DDS제 치료를 받아도 치료되지 않던 환자가 드디어 효과를 봤다는 것이다. 소록도병원에 거주하는 양성환자는 정착촌이나 사회에 거주하는 재가 환자보다 복약지도 등에서 훨씬 엄격하고 철저하게 관리받았기에 장기간 치료했음에도 음전환이 되지 않는 경우 치료제에 효과가 없기 때문이라고 추측하는 상황이었다.

1974년 소록도병원에는 425명의 양성환자가 있었는데, 이들은 대부분 장기간 치료를 받았어도 음전환되지 않는 경우였다. 이 중 세균검사에서 음성 판정을 받은 사람들은 57명으로, 1974년 전체 양성환자 중 13.4%에 불과했다. 1960년대는

순바구길 기념비

1978년 소록도에는 박순암의 업적을 기리는 기념비가 건립되었다. 일제강점기 스물여덟의 나이로 소록도에 입소한 박순암의 삶은 굴곡진 소록도의 역사만큼이나 파란만장했다. 일제강점기에는 온갖 강제노동에 동원됐으며, 광복 이후 84인 학살사건 당시에는 바다에서 구사일생으로 생존했다. 이후 박순암은 산업부장 직책을 맡아 소록도의 각종 공사에 한센인들로 구성된 건설대를 이끌었다. 소록도 당국의 입장에서는 박순암이 건물, 도로 등을 건설하는 데 있어 중요한 역할을 담당했다는 점에서 매우 귀중한 인재였다.

1978년 신정식 소록도 원장은 그의 업적을 기리기 위해 그가 만든 길을 그의 이름을 따 '순바구길'이라 이름 붙이고 그 옆에 순바구길 기념비를 세웠다. 박순암의 삶은 그 자체로 의미가 있고 기념해야 하지만, 순바구길 기념비는 소록도 당국이 바라는 순종적인 소록도 한센인 모습을 비추고 있다는 점에서 한계가 있다.

댑손 치료로 인해 음전환률이 매우 높았는데, 1970년대 중반
에 이르면 장기간 치료해도 음전환되지 않은 환자들이 주로 소
록도병원에 머물면서 음전환률이 상당히 낮아진 것이다. 그러
다 1983년 소록도병원에 MDT가 도입되자 양성환자의 음전환
률은 극적으로 증가했다. MDT를 도입한 다음 해인 1984년에
는 양성환자 203명 중 72명이 음전환되고 음전환률은 35.4%
에 이르러 1974년과 비교했을 때 3배 가까이 증가했다. 이후 소
록도에 양성환자는 급격히 감소하기 시작해 1994년에 이르면
28명에 불과했다.[33]

더군다나 MDT가 도입되면서 1970년대 후반부터 조금씩
증가하던 재발 환자 역시 거의 사라졌다. MDT에 포함된 리팜
피신, 클로파지민, 댑손을 동시에 사용할 때 약제내성균이 발
생하게 될 가능성은 이론상 $1/10^{19}$로, 내성균으로 인한 재발 가
능성은 극히 희박하기에 사실상 문제가 해결됐다고 할 수 있
다.[34] 실제로 소록도병원에서 MDT를 도입하자 재발률에서도
변화가 나왔다. 1974년 3,355명의 음성나환자 중 재발해 양성
환자가 된 환자는 24명으로 양전환률, 즉 재발률은 0.71%였다.
이것은 김도일이 1977년 서울에 거주하는 음성나환자를 조사
했을 때 재발률이 12.5%에 이른 것에 비교하면 매우 낮았다.
심지어 1970년대 소록도병원의 재발률은 1960년대보다 훨씬
낮았다. 이후에도 소록도병원에서 재발률은 1975년 0.34%,
1982년 0.04%에 불과했다. MDT가 도입된 1983년에는 재발
환자가 1명도 나오지 않았고, 1985년과 1986년에도 재발 환자
는 발생하지 않았다.[35]

구라탑

1962년 시작된 오마도 간척공사에는 소록도 한센인뿐만 아니라 전국의 음성나환자 마을의 환자들도 동참했다. 또한 1963년 8월 1일에는 국제워크캠프(International Work Camp)에서 남녀 대학생 133명이 25일간 간척공사에 참여했는데 이를 기념하기 위해 소록도 중앙공원에 기념탑을 세웠다. 높이 2.9m의 탑에 쓰인 '救癩塔(구라탑)'은 소록도에서 살던 한센인 심전황의 글씨다. 그 밑에는 '나병은 낫는다'는 구호를 새겼는데 현재는 '한센병은 낫는다'로 바뀌었다. 탑의 옆면에는 국제워크캠프 참가자 133명(한국인 117명, 미국인 1명, 일본인 12명, 대만인 2명, 말레이시아인 1명)의 명단을, 뒷면에는 탑의 유래를 새겼다. 탑 위에는 3.2m 높이의 성미카엘 대천사상을 세웠는데, 이는 한센병을 무찌르고 정복하는 현대의학을 의미했다.

　　또한 MDT가 도입되면서 전국의 한센병 양성환자도 극적

으로 감소했다. 1974년 정부에 등록된 양성환자와 음성나환자

를 포함한 한센인은 총 3만 3,116명이었는데, 이 중 양성환자

는 2,894명으로 전체의 8.8%를 차지했다. 전체 등록 한센인은

매년 감소한 반면 양성환자는 점차 증가해 1980년에는 2,933

명에 이르렀다. 전체 등록 한센인이 줄어드는 경향은 한편으로

는 고령으로 인한 사망자가 증가했고, 다른 한편으로는 새로

발견된 신환자가 점차 감소했기 때문이다. 1969년 한 해 361명

의 등록 한센인이 사망했는데, 이는 점차 증가해 1974년에는

410명, 1976년에는 768명에 이르렀다. 반면 신환자는 1969년

한 해 1,891명이었는데 1974년에는 1,167명, 그리고 1976년에

는 782명, 1983년에는 362명으로 매년 감소했다. 1981년부터

는 신환자보다 사망 환자가 더 많아져 등록 한센인은 더욱 급감

했다.

　　그런데 눈여겨봐야 할 점은 신환자에 양성환자와 음성환

자가 모두 포함된다는 것이다. 즉 현재 세균검사에서 음성판

정을 받았으나 이전에 한센병에 걸렸던 흔적이 발견되면 신환

자로 등록되어, 국가의 관리 대상이 됐다. 1976년 전체 신환자

782명 중 양성환자는 285명으로 36.5%를, 음성환자는 497명

으로 63.5%나 차지했다. 즉 전체 신환자 중 양성환자보다 음성

환자가 약 2배 더 많았다. 하지만 시간이 지나면서 전체 신환자

중 양성환자가 차지하는 비중이 점차 증가해 1987년에 이르면

전체 신환자 131명 중 양성환자는 67명으로 51.1%, 음성환자

는 64명으로 48.9%로 음성환자보다 양성환자가 조금 더 많아

졌다. 이러한 상황에서 전체 등록 한센인 중 양성환자가 차지하는 비중은 1981년까지 계속 늘어났다. 1974년 전체 등록 한센인 중 양성환자가 8.8%였던 것이 점차 증가해 1981년에는 10.6%에 이르렀다.

그러나 1982년부터 전체 등록 한센인 중 양성환자 비중은 점차 감소하다가 MDT가 도입된 1983년경부터 급감하기 시작했다. 1987년에는 7.2%였던 것이 1990년에는 5.9%, 1995년에는 4.3%, 1999년에 이르면 2.8%까지 감소했다.[36] 이로 인해 한센병 유병률 역시 급속히 낮아졌고, 국제나회의는 1992년 서울총회에서 한국의 경우 한센병은 공중보건 문제로서 종료 elimination됐다고 선언했다. 전염병의 종료란 유병률이 만 명 당 1명 이하임을 의미한다. 즉 MDT 도입으로 댑손 단독 치료로 음전환이 어렵던 양성환자까지 치료가 가능해지고, 재발이 거의 사라지면서 한반도에서 수세기 동안 환자들을 괴롭히던 질병으로서 한센병 문제는 종료됐다.[37]

12

———

지 금 한 센 인 은 어 디 에 있 는 가 ?

한센인 정착마을에 처음 방문했을 때 받았던 충격이 아직도 잊히지 않는다. 정착마을은 대개 외진 곳에 위치했는데, 들어가기 전부터 가축 분뇨에서 나오는 악취로 제대로 숨 쉴 수조차 없었다. 축사와 거주 공간이 제대로 분리되지 않은 그곳에 사람들이 모여 살고 있었다. 내가 그때 처음으로 정착마을의 주민들을 만나 이야기를 들었듯이, 그분들도 아마 처음으로 오랫동안 속으로 삭여야 했던 자신의 이야기를 외부에 꺼낸 상황이었을 것이다. 인터뷰가 끝나고 나오는 길, 거듭 허리를 굽히며 '잘 부탁드린다'라고 말씀하시던 분들을 보며 마음이 먹먹했다.

　　한센인을 철저히 사회적으로 배제하고 격리했던 한국사회는 2000년대 들어와서야 이들의 고통에 귀 기울이기 시작했는데, 이는 일본에서 시작된 한센인 소송 사건으로부터 비롯됐다. 일본은 1996년까지 한센인을 강제격리시켰다가 국가를 상대로 진행한 일본 한센인의 소송 결과, 일본 정부로부터 사과와 보상을 받았다. 일본 한센인과 소송 변호단 그리고 시민단체는 거기서 그치지 않고, 식민지 조선과 대만에서 행해졌던 한센인 강제격리 문제에 대한 일본의 책임까지 물었다. 일본, 한국, 대만의 연대 속에서 일본 정부를 상대로 한 소송이 시작된 것이다. 가해자인 일본 시민이 먼저 식민지기 일본의 책임을 묻기 위해 한국 시민사회에 손을 내미는 장면은 다른 과거사 사건을 해결하려는 노력과 비교해봤을 때 분명

달랐다. 한센인 연구를 하는 내내 한센인 문제를 해결하기 위해 헌신하는 일본 변호단과 시민사회의 모습은 내게 지금까지도 큰 울림으로 남아 있다.

내가 참여했던 연구팀은 최선을 다해 전국의 한센인 정착마을과 시설을 방문해 피해사건을 발굴하고, 한센인을 사회적으로 배제하는 구조에 대해 연구했다. 그 결과 나온 보고서는 이후 「한센인사건법」이 만들어지고 진상조사가 진행되는 데 중요한 자료가 됐다고 자부한다. 또한 이를 바탕으로 한센인에 대한 생활지원도 시작됐다. 개인적으로도 이 경험은 내 인생에 영향을 남겨 사회적으로 배제된 집단에 대한 낙인과 차별, 격리 문제에 지속적으로 관심을 갖게 하는 계기가 됐다.

그러나 한센인과 관련된 연구를 할수록 국가인권위원회에서 발표한 2005년 보고서, 2006년에 만들어진 「한센인사건법」과 진상조사위원회의 조사보고서의 한계가 자꾸 눈에 밟혔다. 특히 일본과 대만의 한센인 문제 해결 방식과 비교했을 때 상대적으로 한국은 문제가 제대로 해결되지 않았다고 느꼈다. 가장 큰 이유는 일본과 대만은 한센인에 대한 강제격리뿐만 아니라 사회적 낙인과 차별역시 국가의 잘못된 정책에서 비롯된 것임을 국가가 인정했지만, 한국은 국가가 강제격리에 대한 책임도 제대로 인정하지 않았고, 사회적 낙인과 차별에 대한 성찰도 제대로 이뤄지지 않았기 때문이었다. 그럼에도 한국사회는 한센인 인권차별이 해결됐다고 여겼고 한센인 문제는 다시 대중의 관심 속에서 사라졌다. 그렇다면 지금 한국사회에서 한센인은 어디에 있는 것일까?

　12장은 2004년부터 시작된 한국사회의 한센인에 대한 과거사가 해결되는 과정에 대한 이야기를 담고 있다. 더불어 그 과정 속에서 나온 「한센인사건법」의 의의와 한계에 대해 묘사해보려고 한다.

사라지지 않는 낙인과 차별

MDT 덕분에 양성환자가 급감하면서 신환자도 점차 감소했다. 그 결과 1990년대에 이르면 공중보건 문제로서 한센병 문제는 해결됐다고 할 수 있다. 그러나 제도적으로 한센인을 통제하는 방식은 2000년대 중반까지 1970년대 만들어진 틀을 변함없이 유지했다. 한센병으로 진단받으면 여전히 소록도 등 시설에 격리되는 이들이 있었고, 한 번 시설에 입소하면 퇴원이 자유롭지 않았다. 시설에서는 많은 규제와 억압적인 분위기 아래 생활해야만 했다. 일단 양성환자와 음성환자를 포함하는 한센인으로 등록되면 퇴록까지 오랜 시간이 걸렸고, 그 기간 동안 보건당국의 감시와 통제를 받았다. 촘촘히 짜인 감시체계 속에서 한센인에 대한 정보는 철저히 보호되지 않아, 의도치 않게 병력이 드러나 사회적으로 배제되는 일도 있었다. 이러한 상황에서 한센인에 대한 사회적 낙인과 차별이 줄어들기란 쉽지 않았다. 사회 속에서 생활하는 한센인은 의도치 않게 병력이 드러날까 봐 항상 숨죽이며 살아야만 했고, 정착마을의 한센인은 지역민에게 일상적 차별을 받는 일이 잦았다.

한센인에 대한 낙인과 차별 및 배제가 공론화된 시점은 한국사회의 민주화가 어느 정도 진행된 2000년대 중반에 이르러서다. 이전에 한센인 문제를 해결하려는 노력이 없지는 않았으나 2000년대 중반의 상황은 그것과 달랐다. 1960년대 국가에서 한센인의 정착마을을 확장할 때 한센인의 '인간성 회복'을 내걸었는데, 이때 인간성 회복은 한센인이 부랑하지 않고 스스로 노력해 경제적으로 자립하는 것을 의미했다. 이후 1960년대와 1970년대 전국 곳곳에서 한센인 자녀의 등교반대운동이 일어나자 교육 당국은 한센인과 그들 자녀에 대한 사회적 낙인과 차별이 비합리적인 편견에 근거한다고 주장하며 비한센인 부모를 설득하려 했다. 그러나 한센인을 강압적으로 통제하는 제도가 있는 상황에서 당국자의 주장은 공허할 뿐이었고 설득력도 떨어졌다. 결국 정부는 한센인 자녀에게 가해지는 사회적 편견을 타파하거나 제도를 개혁하기보다는 정착마을에 분교를 세우는 식으로 문제를 수습했다. 한센인들 역시 자신과 가족에 대한 편견에서 비롯된 개별 사건에 간혹 대응할 뿐 국가의 한센병 정책을 직접적으로 비판하지는 못했다. 한센인 당사자 단체도 경제적 자립을 목표로 삼았지 한센인에 대한 제도에 문제제기를 하지 않았고, 심지어 스스로 한센인을 단속해 시설에 보내는 역할까지 맡았다.

그 결과 치료제의 발전으로 한센병 완치가 가능해졌음에도 한센인에 대한 낙인과 차별은 전혀 사라지지 않았다. 대표적인 사례가 1991년 3월 대구에서 발생한 초등학생 실종 사건 당시 인근 한센인 정착마을에서 벌어진 일이다. 한센인 정착마을 주민이 이들을 납치해 지하실에 가뒀다는 근거 없는 제보에 경찰이 마을을 강압적으로 조사하고 언론사도 무차별적으로 취재 및 보도를 진행하면서 마을이 큰 피해를 입었던 것이다.

마을 주민들은 대부분 축산업에 종사하며 이를 통해 생계를 이어가고 있었는데 잘못된 보도 이후 지탄을 받으며 마을에서 생산된 제품들이 더는 판매되지 않자 어려움에 봉착했다. 또한 다른 지역에서 직장을 다니던 이 마을 출신 자녀들이 직장에서 차별당하거나 쫓겨나는 일도 있었다. 조사결과 이 마을에는 지하실이 없을뿐더러 어린이들을 납치했다는 어떠한 증거도 발견되지 않았지만, 국가나 언론 중 그 누구도 이 사건에 대해 사과하거나 책임지지 않았다.

1990년대 한센인에게 인권보호보다 중요했던 것은 이전에 음성나환자촌이라 불렸던 한센인 정착마을의 재정비였다. 1950년대와 1960년대 법적 근거 없이 공유지 등에 만들어졌던 정착마을은 세월이 지나면서 여러 문제를 마주했다. 정착마을은 축산업으로 1980년대 초중반 높은 소득을 구가하기도 했으나 1980년대 후반 시장 개방과 뒤이은 축산업의 기업화로 인해 점차 내리막을 걷기 시작했다. 대도시 인근에 위치한 정착마을은 가구공장 등의 임대사업으로 전환하면서 살아남았지만 농촌의 정착마을은 경제적으로 큰 어려움을 겪었다.[1] 도시가 점차 확장되면서 예전에 외딴곳에 있었던 정착마을이 도시 내부나 외곽에 위치하게 됐고, 그 결과 축산업이나 가구공장 등에서 배출되는 오폐수가 환경오염 문제로 제기되기도 했다. 애초 예외적인 경로로 형성된 정착마을은 초기에 토지와 건물에 대한 정상적인 법적 요건을 갖추지 못했기에 주택 및 축산 시설 역시 무허가였다. 그 결과 인근 지역으로부터 지탄이 쏟아졌다. 이를 해결하기 위해 정착마을에 살던 한센인들은 **388**

정착마을에 대한 법률적·제도적 개선 방안을 정부에 요구하기 시작했다.[2] 여기에다 새로 유입되는 한센인이 거의 없었기에 한센인사회는 급격히 고령화되는 문제도 생겼다. 정착마을은 한편으로는 낙인과 차별뿐만 아니라 도시화로 인한 해체의 압력을 받았으며, 다른 한편으로는 경제 불안과 고령화로 인해 활기를 잃어가면서 해체 위기에 직면했다. 이 시기 한센인 정착마을에 중요한 것은 경제적 어려움을 극복함으로써 공동체를 유지하는 일이었다.

공론화된 한센인 문제

한센인 문제가 본격적으로 공론화됐던 계기는 2004년 8월 23일 한국 한센인권변호단이 일본 정부를 상대로 일제강점기 소록도갱생원(자혜의원)에 강제격리당한 한국인의 피해에 대한 보상청구 거부처분 취소 소송을 도쿄지방재판소에 제기하면서부터다. 이 소송을 이해하기 위해서는 1990년대 중반 일본에서 벌어진 한센인을 둘러싼 일련의 사건들을 살펴봐야 한다.

일본은 1996년에서야 한센인 강제격리가 폐지됐다. 1994년 전국국립한센병요양소 소장연맹 총회에서 「나예방법」 폐지가 필요하다는 논의가 제기된 것을 계기로, 일본의 한센인 단체인 전국환자협의회에서 강제격리를 규정한 나예방법 폐지를 요구하면서 드디어 결실을 맺은 것이다. 나예방법 폐지로 강제격리 제도가 막을 내렸음에도 요양소에 머물던 한

마석 성생마을의 가구공장과 김천 삼애마을의 새 건물 전경

한센인 정착마을 중 일부는 시간이 흘러 주변 환경이 달라지면서 변화를 맞았다. 대표적으로 경기도 남양주 마석에 위치한 성생마을은 1980년대에 축산업을 하다가 가구공장 임대업으로 업종을 바꿨다. 이에 따라 성생마을의 외관은 가구공단의 모습을 하고 있지만, 대부분 가구공장이 허가를 받지 않은 무허가 건물이고 무계획적으로 만들어졌기 때문에 마을 내부의 도로는 좁고 복잡하다. 성생마을 주변이 개발되어 신규 아파트 단지가 계속 들어오고 있는데 이곳 주민들이 가구공장에서 배출되는 오염물질에 대한 환경 민원은 지속적으로 제기하고 있다.

김천 삼애마을은 지자체의 지원을 받아 현대식의 아파트를 설립했고, 한센인 자녀를 고용해 거주민에 대한 복지서비스를 제공한다. 이 건물은 김천시 소유로 한센인들이 모두 사망할 경우 김천시에서 다른 용도로 사용할 예정이다. 특별한 점은 삼애마을 한센인뿐만 아니라 경북에 거주하는 모든 한센인이 거주할 수 있다는 것이다. 김천 삼애마을은 다른 정착마을에게도 좋은 모델이 될 수 있다고 생각한다.

환경오염이나 축산업 등으로 인한 악취와 건강 문제 그리고 노후 관리가 되지 않아 무너져가는 한센인 정착마을은 지역사회의 문제이기도 하다. 지방자치단체와 지역사회는 한센인 정착마을을 해체시켜 쫓아내기보다는 이들의 어려움에 공감하고 거주지를 현대화시키는 방안도 모색할 필요가 있다.

센인의 삶에는 큰 변화가 없었다. 오랫동안 한센인을 격리했던 것에 대한 국가의 사과나 피해보상도 이뤄지지 않았다. 또한 90년 가까이 지속된 강제격리 정책이 낳은 각종 사회적 낙인과 차별뿐 아니라 수용소 외에는 주거 선택지가 없는 고령 한센인이 처한 어려움 등은 폐지 이후에도 강제격리가 지속되는 효과를 가져왔다. 그러다 「나예방법」이 폐지된 지 2년 후인 1998년, 일본 규슈 지역의 한센병 요양소인 혜풍원과 가고시마 경애원의 입소자 13명이 「나예방법」의 위법성과 이에 따라 한센인이 입은 피해에 대한 위헌국가 배상청구 소송을 구마모토지방재판소에 제기했다.

구마모토 소송은 경애원에 격리됐던 한센인 작가 시마 히로시島比呂志가 규슈변호사협회에 편지를 보내면서 시작됐다. 시마는 한센인이 오랫동안 격리된 것은 국가뿐 아니라 부당한 법률과 제도에 대해 침묵했던 일본의 사회 및 인권과 관련된 변호사단체의 책임이라고 주장했다.[3] 시마의 편지는 오랫동안 이 지역의 환경문제였던 미나마타병과 관련해 활동하던 규슈 지역 변호사와 시민사회가 한센인 문제에 관심을 갖는 계기가 되면서, 소송 역시 한센인만의 일이 아닌 변호사단체와 시민단체가 결합한 사회운동의 성격으로 확장됐다.[4] 소송은 한센병과 관련한 의학지식과 치료법의 발전으로 강제격리가 필요 없음에도 국가가 한센인의 기본권을 과도하게 침해했다는 점과 관련해 전문가들의 공방으로 진행됐다.

또한 사회적으로는 잘못된 정책에 의해 큰 피해를 입은 한센인의 모습이 부각되면서 한센인을 지지하는 여론이 거세졌다.[5] 3년여 간 이어진 정부와 한센인 사이의 공방 끝에 구마모토지방재판소는 2001년 5월 11일 피고인 국가(후생성)의 책임을 인정하고 원고인 한센인에게 피해에 대한 위자료를 지급하라고 판결했다.

당초 후생성은 패소할 경우 잘못된 정책을 시행했다는 이유로 국가가 불리해질 것을 우려해 항소할 계획을 세웠으나, 시민단체와 여론의 압력으로 고이즈미 준이치로小泉純一郎 총리가 항소 포기 결정을 발표했다. 곧바로 일본 의회는 시기를 막론하고 일본에 있는 모든 한센병 요양소에 입소한 적이 있는 사람에게 보상금을 지급하는 「한센병요양소 입소자 등에 대한 보상금 지급 등에 관한 법률」(이하 「보상법」)을 통과시켰다. 이 법에 근거해 일본 국적을 소유하거나 거주지 상관없이 일본 내 한센병 요양소에 입소한 모든 한센인이 보상받았다.

하지만 국가 배상청구 소송이 승소한 후 일본 변호단은 일본의 한센인 소송운동이 자민족 중심주의라는 비판에 직면했다. 일본의 한센인 소송과 구마모토 판결에 일본 제국주의 시기 조선과 대만에 설립됐던 한센병 요양소에 강제격리됐던 한센인은 완전히 빠져 있다는 주장이 나온 것이다. 이에 일본 변호단은 2003년 12월 25일 식민지기 조선의 소록도갱생원(자혜의원)과 대만의 낙생원에 수용됐던 한센인도 「보상법」에 근거해 보상받을 수 있도록 후생성에 청구했다. 동시에 일본 변호단은 보상 청구가 기각될 것을 대비해 소송도 준비했다.[6]

일본 변호단은 2004년 2월 대한변호사협회를 방문해 한국 변호사들도 참여할 것을 권유했다.[7] 그러나 일본 후생노동성은 2004년 8월 16일 한국의 한센인이 일본의 보상 지급 대상이 되지 않는다고 결정했다. 이에 2004년 8월 23일 일본과 한국 변호단은 소록도에 격리됐던 한센인 117명에 대한 보상 청구 거부처분 취소 소송을 도쿄지방재판소에 제기했다. 2005년 10월 25일 도쿄지방재판소는 이 소송에 대해 한국 한센인은 패소, 대만 한센인은 승소라는 정반대의 판결을 내렸다. 일본 시민단체는 한국의 판결에 대해 항의하고 대만의 판결에 대해서는 일본 정부가 항소하지 말 것을 요구하는 대대적인 시위를 벌였다. 그 결과 11월 8일 일본 후생노동성은 일제강점기 소록도와 낙생원에 격리됐던 모든 한센인이 보상받을 수 있도록 「보상법」을 개정하기로 결정했다. 이후 2006년 2월 3일 개정되면서 5월까지 총 590명의 한국 한센인들이 보상금을 받았다.

일본 정부를 상대로 한 한센인의 소송은 일제강점기에 발생한 과거사 문제의 해결방식과 다르게 시작되고 진행됐다. 한국사회에 한센인의 낙인, 차별, 배제 문제가 공론화되지 않은 상황에서 일본 시민사회가 먼저 일본법에 근거해 피해보상을 위한 노력을 기울인 것이다. 이 소송을 계기로 한국도 처음으로 한센인에 대한 인권침해 문제가 사회적으로 알려졌다. 한국사회는 이에 대해 크게 두 가지 방식으로 접근했다. 먼저 일제강점기에 있었던 과거사 문제와 비슷하게 민족주의적 관점에서 한센인 문제를 인식했다. 즉 한센인을 일본 제국주의에 의해 부당하게 피해 입은 조선인으로서 간주했다. 마치 일본군 '위안부'의 경우처럼 일본 경찰에 의해 무단으로 소록도에 끌려가는 한센인의 이미지가 언론을 통해 만들어진 것이다. 물론

이를 통해 시민들에게 한센인 문제를 알리는 계기가 됐지만 이러한 접근은 식민지기 한센병 환자에 대한 조선사회의 태도뿐 아니라 광복 이후 한국 정부와 사회에 의해 발생한 한센인 인권 침해에 대한 부분을 보지 못하게 하는 한계가 있었다.

또 하나는 한국사회에 점차 보편화되던 인권의 관점에서 한센인 문제를 접근하는 방식이었다. 특히 2001년 출범한 국가인권위원회가 한센인 문제를 인권 문제로 정의 내리고 관심을 기울였다. 앞서 여러 번 언급했던 2005년에 실시한 조사도 이 맥락에 있다. 당시 진행된 조사를 통해 강제격리 문제, 사회적 낙인과 차별, 단종수술과 낙태수술, 한센인 학살사건 등이 최초로 공식 확인됐고 한센병 관리 제도의 구조적 문제도 지적됐다.

무엇보다 이 소송은 한센인사회에 변화를 가져왔다. 이전에 경제적 자립에만 초점을 맞추면서, 심지어 스스로 인권침해의 주체가 됐던 한센인단체인 한빛복지협회(현 한센총연합회)가 이 소송에 참여하면서 인권침해에 관해 목소리를 내기 시작한 것이다. 2004년 10월 11일 개최된 한센병 인권보고대회에서는 전국 한센인들이 처음으로 국회에 모여 자신의 피해를 증언했다. 오랫동안 일반인과의 접촉을 기피하던 한센인이 사회 밖으로 나와 자신의 경험을 증언하면서 "역사의 전면에 나"선 것이다.[8] 이후 한센인은 점차 언론을 통해 자신의 모습을 드러냈고, 소송에서 패소한 뒤에는 일본 대사관 앞에서 위안부 피해자들과 수요집회를 같이 갖기도 했다. 이를 두고 조지워싱턴대학의 설레스트 애링턴Celeste Arringtong 교수는 한국의 한센인이 스스로를 피해자화 victimization 했다고 평가했다.[9] 지금까지 한센인이 경제적 자립의 주체로 자신을 위치 지었다면 이제 사회적 낙인과 차별의 피해자로서 자신의 정체성을 재구축하기 시작했다는 것이다. 실제로 한센인단체는 국가와의 관계에서 경제적 자립의 주체가 되어야만 시혜받을 수 있는 위치에 있다가, 소송을 통해 시민사회의 일원으로서 연대의 관계를 경험하기도 했다. 이 과정에서 한센인단체는 인권의 언어로 자신의 경험을 이야기하는 법을 배웠으며, 적지 않은 한센인이 개별적으로 사회와 교류를 맺었다. 예를 들어 전 한성협동회 회장이었던 정모 씨는 자신이 임원으로 소속되어 있던 종교단체에서 한센인임을 처음으로 커밍아웃하기도 했으며, 한센인사회의 엘리트였던 한 한센인은 사돈에게 자신의 병력을 공개하기도 했다. 즉 일본을 상대로 한 소송은 한센인사회가 한국사회에서 처음으로 자신을 드러낸 계기가 된 역사적 사건이었다. 그런 점에서 일본의 경우 한센인에 대한 강제격리가 1996년에 종료됐다면, 한국은 실질적으로는 2005년에 이르러서야 종료했다고 할 수 있다.

「한센인사건법」 제정과 한계

국가인권위원회는 2005년 보고서에 근거해 2006년 한국 정부에 한센인 인권을 개선할 수 있는 조치를 취하고 한센인이 그동안 받았던 인권침해에 대한 보상을 포함하는 한센인피해

목소리를 내는 한센인
일제강점기 소록도갱생원에서 강제격리 및 다양한 인권침해를 경험한 한국과 대만의 한센인들이
일본 정부를 상대로 제기한 보상청구 소송 과정에서 그동안 숨죽이고 살았던 자신의 모습을 공개
하고 스스로의 목소리를 내기 시작했다. 위 사진은 2005년 5월 29일 일본에서 열린 소송에서 자
신의 피해를 증언하고 있는 고령 한센인의 모습이다. 아래 사진은 보상청구 소송이 패소하자 일본
대사관 앞에서 한센인들이 항의집회를 하는 모습이다.

자법을 제정할 것을 권고했다. 또한 2005년 9월 16일 17대 국회에서도 김춘진 의원이 「한센인 피해사건의 진상규명 및 피해자 생활지원 등에 관한 법률」(이하 「한센인사건법」)을 발의하기도 했다. 이 발의안은 국회와 사회에서 여러 논의를 거쳐 2009년 9월 20일 통과됐고, 10월 17일 법률 제8644호로 공포됐다.

「한센인사건법」의 주요 내용은 기록해둘 필요가 있다. 첫째, 한센인 피해사건의 진상을 규명하고 이 법에 따른 피해자 등의 결정을 심의·결정하기 위해 국무총리 산하에 한센인피해사건진상규명위원회(이하 진상규명위원회)를 두도록 했고(제3조), 진상조사보고서의 작성을 완료해야 했다(제6조). 둘째, 국가 및 지방자치단체는 한센인 피해사건의 피해자를 위령하고 평화와 인권을 위한 교육의 장으로 활용하기 위해 기념관 건립 등의 사업을 수행해야 했다(제8조). 셋째, 피해자로 결정된 한센인에 대해 의료지원금과 생활지원금(위로지원금)을 지급할 수 있도록 하되, 다른 국가나 지방자치단체로부터 받는 지원금과 이중 지급을 금지했다(제9조). 「한센인사건법」에 근거해 2009년 3월 1일 진상규명위원회가 출범해 2011년 7월 한센인 피해사건 진상조사 보고서를 보건복지부에 제출했다.

진상규명위원회는 「한센인사건법」에 명시한 한센인 격리 및 격리시설에서의 폭행사건, 소록도에서 발생한 84인 학살사건과 오마도 간척사업사건뿐만 아니라 명시되지 않은 인권침해도 피해사건으로 추가했다. 이에 사천 비토리에서 발생했던 한센인 학살사건, 소록도에서 발생한 홍골골수천자 사건 등 총

14건을 새로 인정했다. 이로써 한센인 총 1,066명이 피해자로 인정받았다. 관련 피해자에게는 국가가 의료지원금과 생활지원금을 지급했다.「한센인사건법」은 국가가 한센인 피해사건을 공식적으로 인정하고, 의료 및 생활지원을 제공했다는 점에서 의의가 있다.

하지만 일본과 대만의 관련법과 비교했을 때 여러 부분에서 아쉬운 측면이 있다. 일본과 대만의 한센인 보상법은 한센인이 국가에 의해 일정 기간 강제격리됐다는 것이 인정되면 일괄 보상하도록 명시한 반면, 한국의「한센인사건법」은 조사결과 인정받은 사건 피해자에게만 생활지원을 하게 되어 있다. 진상규명위원회는「한센인사건법」이 처음 명시한 사건 외의 사건들도 발굴해 피해에 대한 위로를 했다는 점에서 의의가 있지만, 강제격리가 1963년 폐지됐다고 규정함으로써 이후의 강제격리 문제를 비가시화한 점 그리고 이 강제격리 때문에 발생했던 피해를 온전히 규명하지 못했다는 한계가 있다. 또한 피해 대상을 한센인으로 제한함으로써 한센인 가족이 입은 피해에 대한 조사는 제대로 이루어지지 못했다. 게다가 2017~2018년 보건복지부의「한센병관리 개선방안 마련」연구조사와 2019년 국가인권위원회의「고령화 측면에서 본 한센인 인권상황 실태조사」를 통해「한센인사건법」이 충분히 알려지지 않아 많은 한센인이 자신의 피해를 신고하지 못했다는 것이 드러났다. 결국 2021년 현재 추가 한센인 피해사건에 대한 추가 조사가 준비 중이다.

「한센인사건법」에서 피해사건에서 제외된 강제격리, 한

센인 자녀의 분리 양육 및 격리 문제는 국가나 사회의 물리적인 폭력과는 성격이 다른, 의료적 목적에 따른 조치로 받아들여졌다. 즉 의료적 목적에 의한 강제격리와 자녀 관리, 단종수술은 국가가 정당하게 시행한 '정책'으로 여겨졌던 것이다. 또한 한센인 학살사건 역시 국가의 실책이자 보건의료 정책이 실행되는 과정에서 발생한 복잡한 사회구조적인 현상임에도 불구하고 진상규명위원회에서는 피해자 여부만 가려내는 데 중점을 뒀다.

소송이 남긴 것들

「한센인사건법」을 근거로 한센인권변호단과 환자 단체는 한국 정부가 책임져야 할 부분을 공론화시키고 피해자에 대한 실질적인 보상을 받을 필요가 있다는 문제의식을 공유하기 시작했다. 한센인 피해사건 진상조사 보고서가 제출된 지 약 3개월 후인 2011년 10월, 대한민국 정부를 피고로 한센인 시설에서 강제적으로 단종수술이나 낙태수술을 당한 한센인에 대한 국가의 책임 인정과 배상을 요구하는 청구 소송을 제기했다. 한센인권변호단은 2011년 11월 17일부터 2015년 1월 14일까지 총 여섯 건의 소송을 제기했는데, 참여한 한센인이 561명에 달했다. 앞서 언급한 것처럼 국가의 잘못된 정책으로 인해 소록도병원뿐만 아니라 여러 한센인 시설에 격리되어 있던 한센인은 강제 수술을 받아야만 했다. 이렇게 진행된 상당수는 심지어 의료 전문가가 아니라 직원이나 의료 훈련을 받은 다른 한센인에 의해서였다.

재판 과정에는 여러 법정 쟁점이 있었는데, 중요한 것은 두 가지였다. 첫째, 시설에서 정관수술이나 낙태수술의 법적 근거가 존재했는가의 여부. 둘째, 이 수술에 대한 한센인의 자유의사에 의한 동의가 있었는지의 여부였다.

첫 번째 쟁점의 경우 국가는 한센인 관리 시설 내의 운영규칙 및 준수사항 등의 규정과 「모자보건법」 및 「전염병예방법」 등을 언급하며, 이에 따라 단종수술을 시행했다고 주장했다. 특히 국가는 「전염병예방법」에 규정하는 격리수용 및 치료, 임의퇴원 금지 등의 조치는 병의 효과적인 치료와 사회적인 확산 금지를 위해 불가피했다고 주장하면서, 같은 법에 명시된 가족 동거 금지 조항에 근거해 단종을 정당화했다.[10]

이러한 국가의 주장은 일관된 것으로, 한센인에 대한 격리를 비롯해 단종은 사회를 전염병으로부터 보호하기 위한 조치였다는 주장과 일맥상통한다. 하지만 재판부는 국가의 주장을 받아들이지 않았다. 단종수술과 낙태수술은 개인의 기본권을 심각하게 침해하는 행위이기에 꼭 필요한 경우 해당 법률적 근거가 적절하고 범위가 명확해야 함에도 국가가 언급하는 각종 규칙 등은 합당하지 않다고 판단했다. 또한 정부가 주장하는 「전염병예방법」의 "요양소 내에서 가족이 동거하는 것을 제한(제41조 제3항)"하는 조항 역시 동거를 금지하는 의미일 뿐 수술의 근거가 될 수 없음을 명확히 했다. 이러한 이유에서 강제로 시행된 수술은 불법적으로 행해졌다고 볼 수 있다.

다만 재판부는 1973년 5월 10일 제정된 「모자보건법」의 인공임신중절수술의 허용한계 조항(제8조)은 낙태수술의 법적 근거가 될 수도 있다고 보았다. 이 법의 제8조는 당사자의 동의를 얻은 낙태수술은 가능하다고 명시하는데, 이 조항의 2항에 의해 본인 또는 배우자가 대통령령으로 정하는 전염성 질환이 있는 경우 본인의 동의가 있으면 낙태수술을 받을 수 있었던 것이다. 즉 「모자보건법」을 시행한 이후에는 한센병 환자의 경우 당사자가 동의하면 합법적으로 낙태수술을 받을 수 있었다. 재판의 두 번째 쟁점은 수술에 대한 환자의 자유로운 의사에 의한 동의가 있었느냐와 관련됐다. 정부는 「전염병예방법」 개정 이후 한센병 환자는 자유롭게 입퇴원이 가능했기에 수술에 동의하지 않는다면 언제든지 퇴원할 수 있다고 주장했다.

그러나 이 책에서 일관되게 언급한 것처럼 퇴원이 자유로웠던 사람은 돌아갈 곳이 확실하다고 인정받은 음성나환자뿐이었고, 양성환자나 음성나환자 중에서도 돌아갈 곳이 확실하지 않거나 후유증으로 외모 변형이 심각하고 노동력을 상실한 이들은 퇴원할 수 없었다. 더군다나 퇴원이 가능한 이들 역시 당시 사회에 만연했던 차별로 인해 퇴원을 결정하는 게 그리 쉬운 문제가 아니었다. 이러한 이유로 재판부는 정부가 주장하는 동의의 자발성을 인정하지 않았고, 단종수술이나 낙태수술이 강제 시행됐다고 판단했다.

결국 2014년 4월 19일 광주지방법원 순천지원 제2민사부에서는 국가의 책임을 인정하고, 단종수술 피해자에게 각 3,000만 원, 낙태수술 피해자에게는 각 4,000만 원을 지급하라고 판결했다. 이후 다른 재판부에서도 이 판결을 인용해 피해 한센인에게 승소판결을 내렸고, 2017년 2월 15일 대법원에서 최종적으로 원고의 승소를 판결한 원심을 확정했다. 대법원 판결은 2005년경부터 한국사회에서 시작된 한센인 인권 문제 해결을 위한 일련의 노력의 결과였다. 특히 「한센인사건법」은 한센인에게 폭력을 가한 국가의 책임을 명확히 하지 않은 반면, 대법원의 판결은 단종수술과 낙태수술에 한정했지만 국가의 책임과 피해에 대한 보상을 명확히 했다는 점에서 의의가 크다고 할 수 있다.

하지만 이 소송은 일부 승소 판결이었다는 점에서 한계도 지닌다. 즉 위자료를 산정하는 데 있어 원고인 한센인 측의 요구를 완전히 받아들이지 않고, 피고인 정부의 사정을 참작 사유로 인정했는데, 재판부는 피고인 정부가 "한센인들에 대한 편견과 차별이 극심하던 시절부터 적지 않은 예산과 인력을 투입해 원고들을 비롯한 한센인들을 치료하고 보호하는 역할을 꾸준히 해왔"기 때문에 "비록 부족한 측면이 있지만 피고의 선의善意를 정당하게 평가할 필요가 있다"고 본 것이다. 고등법원은 위자료 금액을 낮추면서 이 '선의'를 더욱 적극적으로 해석했다. 선의의 수용은 여수 애양병원의 전 원장인 김씨의 전문가 증언을 받아들였기 때문이다. 김씨는 다음과 같이 증언했다. 그는 1970년대 후반 소록도에서 근무한 경험이 있었고, 이후 여수 애양병원에서 오랫동안 한센인을 치료한 전문가였다.

환자들한테 많은 피해를 준 건 사실입니다. (…) 그때는 최선이라고 판단해서 국가나 병원 등에서 그렇게 정한 일입니다. 물론 그런 정책이나 문제에 대해서 개인이 많은 피해를 받은 것은 미안하게 생각합니다. 하지만 그 환자들을 위해서 한 겁니다. 그 환자들이 정관절제수술[단종수술]을 안 하고 바깥으로 내몰렸으면, 그 당시에 외부에서 먹고사는 게 그렇게 쉽지 않았습니다.

이 증언은 정부 정책이 지닌 선의의 두 측면을 드러낸다.[11] 첫 번째는 병원의 운영과 관리의 측면에서 당시의 여건으로서는 수술로 아이를 갖지 못하게 하는 게 최선의 선택이었다는 것이고, 두 번째는 수술이 환자를 생각하는 선한 의도를 갖는다는 것이다. 그러나 앞서 살펴봤듯이 당시 국가의 한센병 정책은 한센인을 위한 것이라기보다는 사회의 강제격리 요구와 거기에 필요한 막대한 국가 재정 문제를 해결하는 데 초점이 맞춰져 있었다. 한센병 정책은 명목상으로는 환자의 병을 치료하고 통제하는 것이었지만, 실질적으로는 한센병과 균의 (잠재적) 매개체인 한센인을 사회에서 몰아내려는 사회적 욕망의 결과였다. 이러한 강제격리를 둘러싼 역사적 의미가 충분히 논의되지 않았기 때문에 한국 재판부는 원고의 손을 들어주면서도, 국가의 선의 주장을 받아들인 것이다. 이러한 측면에서 한국에서 한센인 문제는 아직 해결되지 않았다고 볼 수 있다.

소록대교와 소록도의 모습

1

지난 100년 넘게 이어져온 한센병 관리 정책의 역사는 곧 인간
의 신체 그리고 한 사회에서 병균을 제거했던 역사이자, 한센
병에 걸린 이들의 시민권을 박탈하고 사회에서 배제하며 종국
에는 격리했던 역사라고 할 수 있다.

　일제강점기 내내 한센병 환자들은 질병에 걸렸다는 이유
만으로 사회적·경제적 관계가 끊어진 채 가족과 공동체로부터
쫓겨나 거리를 떠돌거나 시설과 병원에서 살아가야 했다. 모욕
과 비난은 일상적이었고, 주체적으로 경제활동을 할 수도 없었
기에 생존 자체가 쉽지 않았다. 벼랑 끝에 몰려 쫓겨 들어간 소
록도라는 공간 역시 치료의 공간이라기보다는 고통과 죽음의
공간에 가까웠다. 이러한 상황은 광복 이후 지속되다가 치료제
가 등장하면서 조금씩 나아지기 시작했다. 특히 DDS제는 수천
년 동안 끈질기게 인류를 괴롭혔던 한 질병을 통제하는 게 가능
하다는 희망을 갖게 했고, 더 나아가 한센인을 둘러싼 불합리
한 정책을 끝장낼 수 있다는 의미도 가져다줬다. 그러나 보건
당국과 의료 전문가들은 이미 음성 판정을 받은 이들을 통제의

손아귀에서 놓지 않았다. '병균'을 중심에 두고 세상을 바라보던 이들에게 눈에 보이지 않는 균은 사회 어디에나, 심지어 건강해 보이는 이들의 신체 어디에나 존재할 수 있는 것으로 그 균을 박멸하는 일을 자신의 의무로 받아들였다. 균이 존재하는 '사람의 삶'은 부차적이 됐고, 균을 제거하면 모든 문제가 해결되리라 여겼다. 균에 대한 집착으로 가득한 보건의료제도에서는 그 누구든 '환자'였을 뿐이다. 실제로 과거 한센병 연구에 참여한 한 학자는 '국민 대다수'를 한센병 보균자인 '환자'로 여겼다고 내게 말하기도 했다. 균에 대한 편집증적인 집착이 극도로 심해진 상황에서 발생한 '환상'의 결과였던 것이다.

한국사회에서 한센인의 인권을 거론한 때는 1990년대에 들어와서다. 민주화 이후 소수자에 대한 사회적 관심이 높아지면서 한센인의 삶에 대해서도 돌아보게 됐다. 2004년 있었던 일본 정부를 상대로 한 보상 소송은 보다 직접적인 계기가 됐다. 이 소송 과정에서 내면화된 낙인 때문에 얼굴을 드러내지 않았던 한센인들이 거의 최초로 밖으로 나와 자신의 목소리를 내기 시작했다. 이 무렵 국가인권위회에서 실시한 조사를 통해 전설, 괴담처럼 떠돌던 학살 및 단종수술과 같은 비극이 사실로 밝혀졌고, 2007년 「한센인사건법」이 통과되면서 그 피해를 공식화할 수 있게 됐으며, 미약하지만 피해자들에게 보상이 돌아갔다.

이제 남은 일은 짧지 않은 시간 동안 있었던 한센인에 대한 낙인과 차별의 역사를 기록하고 기념하고 기억하는 일일 것이다. 실제로 일제강점기에 건축된 소록도의 여러 건물들이 문화재로 등재됐고, 한센인이 일상생활에 사용했던 물건 역시 유물로 지정되어 문화재로 보존할 수 있게 됐다. 의학강습소에서 썼던 교재와 청진기, 과정을 마치면 발급했던 수료증 그리고 1947년 소록도의 한센인들이 발표했던 성명서와 진정서 등이 대표적이다. 이는 한센인을 통제하기 위해 쓰인 것들이 문화재로 인정받다가 점차 한센인의 주체적인 삶과 저항을 담긴 것들이 공식적으로 인정받는 식으로 변화했던 점에서 의의가 있다.

한편 현재 한센인이 급속도로 줄어드는 상황에서 소록도 등의 한센인 시설과 정착마을을 어떻게 관리할 것인가에 대한 고민이 남아 있다. 소록도를 사적으로 지정하자는 최근의 움직임도 그 결과다. 말레이시아 순가이부로, 필리핀 쿨리온, 노르웨이 베르겐 등 세계 각국의 한센인 시설과 그곳의 자료들이 유네스코 세계문화유산으로 등재되어가고 있는 상황에서 소록도 역시 세계문화유산으로 등재해야 한다는 주장도 보인다.

한센인과 관련한 역사화 움직임은 그 자체로 의미가 있지만, 나는 두 가지 점에서 우려한다. 첫째, 과연 한센인 문제가 해결됐는지에 대해 의문이 든다. 나는 2017년과 2018년에 각각 보건복지부 연구과제인 '한센병관리 미래발전방안 개발' 사업과 국가인권위원회 조사사업이었던 '고령한센인 인권 실태

조사'에 참여한 적이 있다. 이 두 조사에서 2007년 「한센사업법」에 근거해 한센인 지원사업이 시행됐음에도 고령화와 정착마을 해체 압력 아래 대다수 정착마을의 한센인들이 극심한 경제적 빈곤과 고립을 경험하고 있다는 것이 밝혀졌다. 더군다나 많은 고령의 한센인들이 낙인과 차별의 대물림을 피하고자 자녀들과 관계가 끊어지거나 소원해져 있기 때문에 빈곤과 고립의 상황은 더욱 심각했다. 또한 자녀와 관계가 있으면 국가로부터 지원을 받기 힘들기 때문에 생활지원을 받기 위해 의도적으로 자녀와 왕래를 끊는 경우도 있었다. 시간이 지나면서 낙인과 차별은 사라진 것처럼 보였지만, 과거 낙인과 차별의 영향력은 현재까지 지속되고 있으며, 한센인 자녀에게까지 여전히 부정적 영향력을 미치고 있는 것이다. 내가 조사한 바에 따르면 많은 한센인 자녀들이 지금도 부모의 질병 경험을 숨기고 있으며, 한센인 자녀인 것이 알려졌을 때 직장에서 소외당하거나 결혼한 자녀의 경우 이혼을 경험한 사례도 많다. 또한 시설에 있다가 해외 입양을 보낸 자녀들도 적지 않았다.

2019년 일본 구마모토 재판부는 한센인 가족이 국가를 상대로 한 보상 소송에서 국가의 잘못된 정책으로 인해 받은 피해는 한센인 당사자뿐만 아니라 한센인 가족 역시 마찬가지라는 취지의 원고 승소 판결을 내렸다. 그 결과 일본 정부는 법을 개정해 한센인 가족에게도 보상했고, 현재는 일제강점기 대만과 조선에서 격리됐던 한센인의 가족들까지 보상 여부를 두고 논의 중이다. 이렇게 본다면 낙인과 차별의 구조는 한센인 당사자뿐 아니라 그들 가족까지 대를 이은 고통 속에 있는 것인데,

한국사회는 이를 해결하기 위한 제대로 된 고민조차 시작하지 못한 상황이다. 낙인과 차별은 전염성을 갖고 있기에 당사자의 가족뿐 아니라 주변인 누구나 함께 경험할 가능성이 높다. 문제가 심각한 경우 피해 당사자와 가족이 관계를 끊는 일도 생기며, 주변인들은 낙인과 차별의 피해자이자 가해자라는 이중적 위치에 놓이고 만다. 또한 한센인의 사회적 회복이라는 측면에서도 그들 가족이 입은 피해에 대한 회복과 보상이 요구된다. 고령 한센인의 빈곤과 고립의 원인 중 하나가 가족과의 관계 단절이라는 점도 이와 관련해 시사하는 바가 크다.

둘째, 한센인의 역사 속에서 무엇을 기억하고 기념할 것인가의 문제가 있다. 다행히 많은 한센인, 연구자, 활동가들의 노력으로 한센인의 역사는 갈수록 풍성해지는 중이다. 단순히 폭력과 차별에 집중하는 것에서 벗어나 한센인의 삶을 복원하고 여기서 더 나아가 그들을 부당함에 적극적으로 맞서 싸운 행위자로 묘사하려는 노력이 보인다. 가장 최근인 2021년 가을에는 소록도갱생원 원장을 살해한 이춘상 의사를 기념하기 위한 이춘상기념사업회를 재조직해 기념사업을 진행했다. 그 결과의 일환으로 10월에는 소록도 중앙공원 한쪽에 기념조형물도 설립됐다. 소록도 중앙공원은 스오 원장이 조성하고 자신의 업적을 기념하기 위해 자신의 동상을 설립한 장소라는 점에서 의의가 더 크다. 이춘상 기념조형물은 억압적인 소록도에 저항한 한센인을 기념하는 세계 최초의 조형물이 될 것이다. 또한 이춘상기념사업회는 이춘상 의사가 행한 독립운동적 성격을 강조하며 독립유공자 서훈을 위한 활동을 전개하고 있기도 하다. **410**

1930년대 일제는 전쟁을 무리 없이 수행하는 데 있어 식민지 내부 질서를 다잡기 위한 한 방편으로 한센인을 철저히 격리해 절멸시키려 했는데, 이러한 관점에서 스오는 일본 제국의 파시즘체제를 조선에 구현한 인물이라 할 수 있고, 이춘상은 그를 살해한 독립운동가로 볼 수 있다는 게 그들의 근거다.

3

한센인의 역사를 기록하고 기억하는 이유는 너무나 자명하게도 현재와 미래를 위해서다. 다시는 한센인이 당했던 부당한 일이 발생하지 않기를 바라기 때문이다. 그러한 점에서 한센인의 삶을 역사화하는 작업이 여전히 피해와 저항에 대한 서사가 중심이라는 점을 마지막으로 언급하고 싶다. 좀 더 정확히 말하면, 한센인의 낙인과 차별을 발생시켰던 근대 의학이 내재하고 있는 폭력성에 대한 비판의 목소리가 드물다. 그 결과 우리는 한센인이 당한 피해에 대해서는 쉽게 공감할 수 있지만 가령 AIDS/HIV 감염인이 겪는 제도적 낙인과 차별의 메커니즘에 대해서는 침묵해버리고 만다. 감염인을 사회적 위험요소로 여기며 그들의 시민권을 박탈할 뿐 아니라 경제적·사회적 관계조차 끊어내 종국에는 사회적으로 배제시키는 구조는 한센인과 AIDS/HIV 감염인에게서 동일하게 나타난다. 코로나19에 감염된 사람들에게 국가와 우리 사회가 보인 태도와 반응도 한센인의 경우와 크게 다르지 않다. 감염인을 사회의 위험요소로 격하시키고 조롱하고 비난하며 시민권을 빼앗고 관계를 단절시키는 일이 반성 없이 반복되는 것이다. 한국사회에서 한센인이 살아온 역사를 통해 사회의 안전과 보건의료라는 공공선이라는, 즉 명목하에 성찰 없이 동료 시민을 병균의 매개체로 격하시켜 사회에서 배제하려는 태도와 인식을 성찰하는 일, 책을 마무리 지으며 반복해 전달하는 싶은 내용이다.

4

마지막으로 이 책이 나올 때까지 여러분께 진 빚에 관해 이야기하고자 한다. 먼저 무한한 지지와 도움을 준 아내 임성아에게 감사의 말을 전한다. 결혼 전 한센인단체에 간사로 일했던 아내는 내가 연구를 진행하고 책을 집필하는 데 있어 중요한 조언을 해줬다. 다음으로 필자의 연구는 은사이신 정근식 선생님께 많은 도움을 받았다. 정근식 선생님은 한국사회가 한센인에 대해 거의 관심을 갖지 않던 1990년대부터 관련 조사를 시작했으며, 그 연구결과는 이후 한센인 인권 문제를 해결하는 과정에서 매우 중대한 역할을 했다. 선생님의 연구뿐 아니라 인권문제에 대한 성찰과 실천은 나의 연구에 매우 큰 부분을 차지하고 있다.

또한 이 책은 박영립, 조영선 변호사님을 비롯한 대한민국 한센인권변호단의 헌신적인 한센인 인권운동 및 소송, 조사의 결과에 빚지고 있다. 한센인권변호단은 2004년부터 일본 정부를 상대로 한 보상 소송에서 한국 한센인을 대리한 것을 시작으로 한국 정부를 상대로 한 단종수술과 낙태수술 소송에서도 한센인을 대리해 소송을 승리로 이끌었다. 이 과정을 옆에서 관찰하고 또 부분적으로 참여하면서 한센인 문제에 대해 더 깊이 이해하는 계기가 됐다.

자료를 모으고 연구를 진행하는 데 있어서 소록도 한센병박물관에도 큰 도움을 받았다. 한센병박물관은 현재 한센인 문제를 역사화하는 데 있어 가장 애쓰는 곳이다. 응원의 마음을 전한다. 뿐만 아니라 이 책은 여러 관련 연구자의 연구와 조언에 빚지고 있다. 깊이 감사드린다. 또한 책이 출간되기까지 애써주신 돌베개 출판사의 여러 분들께 감사를 전한다. 특히 윤현아 편집자님이 아니었다면 이 책은 나오기 힘들었을 것이다. 마지막으로 때로는 생존을 위해, 때로는 낙인과 차별에 저항하면서 인간으로서의 존엄성을 잃지 않기 위해 투쟁해온 수많은 무명의 한센인들에게 존경과 감사의 마음을 전한다.

1. 세균설·인종주의·강제격리

1   Irgens, M. Lorentz, "Leprosy in Norway: An interplay of research and public health work", *International Journal of Leprosy*, 41(2), 1973, p. 192.

2   Irgens, Ibid, p. 194.

3   Lie, H. P., Why is Leprosy Decreasing in Norway, May 1928, the Seventh Meeting of the Scandinavian Dermatologists Society.

4   Love, Eric T., *Race Over Empire: Racism & U.S. Imperialism, 1865-1900*, The University of North Carolina Press(Chaperl Hill and London), 2004.

5   Gussow, *Leprosy, Racism and Public Health*, Westview Press, 1989.

6   Edmond, *Leprosy and Empire: A Medical and Cultural History*, Cambridge University Press, 2006, p. 9.

7   Herman, R. Douglas K, Out of Sight, Out of Mind, Out of Power: Leprosy, Race, and Colonization in Hawaii, *Journal of Historical Geography* 27(3), 2001, pp. 319~337.

8   Love, Eric T., Ibid.

9   Worth, RM, Leprosy in Hawaii: the end of an epidemic, *International Journal of Leprosy and Other Mycobacterial Disease* 64, 1996, pp. 441~447.

10   Goldschmidt, 1894, pp. 197~199.

11   Pandya, Shubhada S, The First International Leprosy Conference, Berlin, 1897: the politics of segregation, *História, ciências, saúde—Manguinhos*, 10(Suppl 1), 2003, pp. 161~177.

12   Pandya, Shubhada S, Ibid, pp. 161~177.

13   Muir, E., Leprosy Part Ⅰ, *Leprosy Review* 9(3), 1937, pp. 150~158.

14   Abraham, Leprosy in the British Empire, *Mittheilungen und verhandlungen der internationalen wissenschaftlichen lepra-conferenz zu Berlin*, vol. 2, 1897, pp. 149~192.

15   藤野豊, 日本ファシズムと優生思想, かもがわ出版, 1998.

16 藤野豊, 歴史のなかの「癩者」, ゆみる出版, 1996, 55~56쪽.

17 藤野豊, 歴史のなかの「癩者」, 57쪽.

18 松原洋子, 優生学と人間社会 生命科学の世紀はどこへ向かうのか, 講談社現代新書; 藤野豊, 日本ファシズムと優生思想, かもがわ出版, 1998·2000.

19 藤野豊, 歴史のなかの「癩者」, 59쪽.

20 廣川和花, 近代日本のハンセン病問題と地域社会, 大阪大学出版会, 2011.

21 藤野豊, 歴史のなかの「癩者」, 63~64쪽.

22 松原洋子, 優生学と人間社会 生命科学の世紀はどこへ向かうのか, 170쪽.

23 정근식, 「한국에서 근대적 나(癩)구료의 형성」, 『보건과 사회과학』, 1(1), 1997a, 15쪽.

24 栗生 樂天園 患者自治會, 1993.; 정근식, 1997a에서 재인용.

25 Miller, A. Donald, *The Mission to Lepers*, The Lancet 256(6619), 1950, p. 72.

26 부산나병원은 1915년 '대영나환자구료회조선지부재단(大英癩患者救療會朝鮮支部財團)으로 법인인가 받았다.: 김정란, 「일제강점기 부산의 「나병」과 그 대응」, 한국해양대학원 석사논문, 2006, 16쪽.

27 정근식, 앞의 논문, 7~10쪽.; 국립소록도병원, 2017, 27~29쪽.

28 Wilson, R., Report on Leper Work, *The Korea Mission Field* 10-6, 1914, p. 164.

29 小串政治, 1921. 8, 「朝鮮ニ於ケル癩患者ノ狀況」, 朝鮮衛生行政法要覽. 국립소록도병원, 31쪽에서 재인용.

30 山根正次, 1913. 9, 「朝鮮に於ける現下の衛生狀態」, 《朝鮮及滿洲》 제74호, 국립소록도병원, 31쪽에서 재인용.

31 국립소록도병원, 『한센병 그리고 백년의 성찰: 역사편』, 2017, 38~39쪽.

2. 식민지 조선과 한센병

1 「담양 괴설, 문둥병자 사천명이 돌아다닌다고 야단」, 『매일신보』, 1922. 6. 17.

2 정근식, 「한국에서 근대적 나(癩)구료의 형성」, 『보건과 사회과학』, 1(1), 1997, 8쪽.; 『한센병 그리고 백년의 성찰: 역사편』, 2017, 61쪽.

3 갈승철, 한국나병의 역사적 고찰, 대한나학회지 1(1), 1960.

4 「마산서장의 폭언 서양사람이면 위생방해이나 조선사람에게는 관계치 않다」, 『시대일보』, 1924. 6. 3.

5 「나병환자발호로 마산부민의 공황」, 『동아일보』, 1927. 6. 14.

6 「부산지방에 나병환자 격증」,『중외일보』, 1927. 6. 26.;「나병자위집 부산진
   대위협」,『동아일보』, 1927. 8. 1.;「작당출몰하는 부산나병군」,『동아일보』,
   1928. 4. 21.

7 「나병환자침입으로 김해주민공황」,『동아일보』, 1927. 7. 1.;「전염성을
   기화로 함부로 위협, 걱정꺼리 나병환자 대구부에 사백 명」,『동아일보』,
   1928. 6. 10.;「나병환자 처치에 두통, 대구서에선 원적지로 환송, 근절방침
   이 일대 문제」,『동아일보』, 1928. 6. 17.;「대구나병환자 고향으로 추송 나병
   원에도 만원 대구서에서 단행」,『매일신보』, 1928. 6. 19.;「전남관내에 나병
   환자집중」,『중외일보』, 1928. 4. 27.

8 「춘천에 문둥이」,『매일신보』, 1930. 10. 26.

9 「산자수명한 강릉에는 나병걸인이 위집」,『동아일보』, 1932. 2. 6.;「강릉읍
   내 배회하는 나병자 이송 결정」,『매일신보』, 1934. 10. 15.

10 「철원에 문둥이 소동」,『조선중앙일보』, 1936. 6. 19.

11 「평남에서도 문둥이 소동 경찰의 유언취체」,『조선중앙일보』, 1936. 7. 9.;
   「함남도내에 문둥이 증가」,『매일신보』, 1936. 7. 31.;「한남의 나병환자
   금년 들어서 점증」,『조선중앙일보』, 1936. 7. 31.

12 「연길나병환자 십이 명 철령요양소에 수송」,『만선일보』, 1940. 3. 8.

13 「예천 시내에 나병걸인운집, 27일 일제검거」,『동아일보』, 1932. 5. 31.

14 「의성에 나병자 만연 주민의 우려막심」,『동아일보』, 1932. 10. 20.

15 「나병환자가 작대해 구걸, 민심은 극도로 불안중, 해남당국의 처치기대」,
   『동아일보』, 1933. 3. 11.

16 「나병여자자살」,『동아일보』, 1926. 8. 13.

17 「나병환자의 철도자살」,『중외일보』, 1926. 11. 30.

18 「가족까지 냉대, 나병환자 자살」,『동아일보』, 1927. 8. 26.

19 「여수반도에 대규모나병원, 광주에 있는 것을 옮겨」,『매일신보』, 1927. 1.
   13.

20 「나병자액사 병으로 고통」,『동아일보』, 1927. 5. 9.

21 「나병환자가 채소를 행상 군산시내를 횡행해 경찰의 취제절망」,『매일신
   보』, 1932. 5. 14.

22 「오빠 병을 비관코 묘령부 투신자살 섬진강상에 고혼」,『동아일보』, 1937. 9.
   4.

23 「나병에 걸린 걸처를 살해」,『매일신보』, 1930. 10. 30.

24 「나병친척을 소살한 2명」,『동아일보』, 1931. 1. 18.

25 「지중에 의문의 여시, 혐의자 잡아 취조한 결과 '한센병녀라 부자로 독살」,
   『동아일보』, 1932. 6. 9.;「문둥병 걸린 딸 독살한 부모, 남편에게 이혼당하고
   와 있던 중, 각 오년 징역 구형」,『매일신보』, 1933. 5. 5.

26 「나병 걸린 숙모를 양화에 투해, 병치료하러 간다고 꼬여 갖고, 8년 전 살인 범 검거」, 『동아일보』, 1935. 4. 5.

27 「차아가 장성하면 조소를 받겠다」, 『매일신보』, 1916. 10. 4.

28 「나병자의 혈정, 그 모가 압살」, 『매일신보』, 1932. 10. 11.

29 「나병환자 내부의 내자 살해사건, 검사의 무기구형에 이 년역을 언도」, 『중 앙일보』, 1933. 1. 25.

30 경제적 여유가 있는 가족의 경우 남성 한센병 환자는 집에 머무를 가능성이 커진다. 다른 이들과 격리될 수 있는 공간이 있으며, 별다른 생산 활동을 하 지 않아도 생계를 걱정하지 않는 집의 경우 한센병에 걸린 식구를 마을 사람 들에게 들키지 않고 집에 숨길 수 있기 때문이다.

31 「나병자와 모히 중독자에 대해, 무성의한 당국의 태도」, 『동아일보』, 1923. 7. 26.

32 「위생사상과 기관」, 『동아일보』, 1927. 1. 15.

33 「부산진 일신여교생의 불평」, 『매일신보』, 1926. 6. 16.

34 「신부대에 곤봉이 현신, 장가갔다가 불의 봉변, 눈썹이 적다고 문둥이로 몰 아 쫓고 진단서 가지고 온 것을 또 몹시 때려」, 『동아일보』, 1928. 1. 25.; 「화 상당한 아이 나병환자라고 오인 타살한 자」, 『조선중앙일보』, 1936. 5. 4.

35 「아해 죽인 원수라고 나병자 합력 난타」, 『동아일보』, 1928. 6. 28.

36 「마산서장의 폭언, 서양사람이면 위생방해이나 조선사람에게는 관계치 안 타」, 『시대일보』, 1924. 6. 3.

37 「癩病患者を强制的に收容方を陳情, 釜山商議社曾部會の決議頗る注意を惹 く」, 『조선신문』, 1927. 8. 26.

38 「나병환자 구축책 당국에서 강구」, 『매일신보』, 1927. 9. 3.

39 「나병개선을 결의, 부산사회연구회에서」, 『매일신보』, 1927. 11. 17.

40 「밀양동인회 임시회준비」, 『동아일보』, 1930. 3. 13.

41 「나병환자 근본 정리로, 경남 1도는 열저불능, 수용소 확장은 대급무」, 『매 일신보』, 1930. 7. 29.

42 「나병환자수용방법 부산상의가 강구 상인칙에서 데의 호소 도지사에 진정 키를 결정」, 『매일신보』, 1930. 8. 1.

43 「동래의 문동이촌 나병자연맹제창」, 『중앙일보』, 1932. 3. 11.

44 「불쌍한 나병환자 무서운 나병독균」, 『동아일보』, 1931. 9. 10.

45 「주요도시순회좌담(47) 제10 진주편(3)」, 『동아일보』, 1930. 11. 15.; 이 기 사는 앞선 재조일본인 단체뿐만 아니라 조선인 유지들 역시 부랑 한센병 문 제를 심각한 것으로 인식하고 있으며, 이 문제의 해결을 요구하고 있음을 보 여준다.

46 「다시 나병자와 시설에 대하야」, 『동아일보』, 1925. 5. 24.

47 「목석불부의 가련한 백삼십명의 나병환자, 도청에서는 보조 무요 결정, 미국인은 요양실 확장 준비」, 『중외일보』, 1926. 12. 4.; 「癩病患者を強制的に收容方を陳情, 釜山商議社曾部會の決議頗る注意を惹く」, 『조선신문』, 1927. 8. 26.; 「전염성을 기화로 함부로 위협, 걱정꺼리 나병환자 대구부에 사백 명」, 『동아일보』, 1928. 6. 10.; 「사설, 나병환자 정리의 요」, 『중외일보』, 1930. 7. 29.

48 「한센병원을 이전하라」, 『시대일보』, 1925. 7. 26.

49 「癩病患者を強制的に收容方を陳情, 釜山商議社曾部會の決議頗る注意を惹く」, 『조선신문』, 1927. 8. 26.; 「적기에 있는 나병원 타처 이전 청원」, 『중외일보』, 1927. 8. 28.; 「나병환자 구축책 당국에서 강구」, 『매일신보』, 1927. 9. 3.; 「나병개선을 결의, 부산사회연구회에서」, 『매일신보』, 1927. 11. 17.; 「주요도시순회좌담(117) 제24 순천편(종)」, 『동아일보』, 1931. 2. 3.; 「이전은 고사 더욱 확장, 이전교섭 중의 여수나병원」, 『동아일보』, 1932. 11. 17.

50 「光州癩病院を愈麗水へ移轉」, 『조선신문』, 1927. 4. 13.

51 「여수반도에 대규모 나병원, 광주에 있는 것을 옮겨, 규모확대, 환자격리」, 『매일신보』, 1927. 1. 13.

52 「주요도시순회좌담(117) 제24 순천편(종)」, 『동아일보』, 1931. 2. 3.; 「이전은 고사 더욱 확장, 이전교섭 중의 여수한센병원」, 『중앙일보』, 1932. 11. 17.

53 「마산서장의 폭언, 서양사람이면 위생방해이나 조선사람에게는 관계치 안타」, 『시대일보』, 1924. 6. 3.

54 「다시 나병자와 시설에 대하야」, 『동아일보』, 1925. 5. 24.

55 「나환자 구제」, 『동아일보』, 1931. 9. 26.; 「사회유지의 발기로 나병구제연구회」, 『동아일보』, 1931. 9. 26.; 「나병구제회 위원회 개최」, 『동아일보』, 1931. 9. 30.; 「도처에 병균전파하는 나환자가 만팔천인」, 『동아일보』, 1931. 10. 21.; 「윤치오 씨가 솔선 이백 원을 의연, 일반위원은 감격불이하며 사회동정을 대망」, 『매일신보』, 1932. 1. 21.; 「천 원만 있으면 격리는 무난, 주제연구회에서 궐기해 일반 여론을 환기」, 『매일신보』, 1932. 1. 21.; 「나병근절회 장정과 취지」, 『동아일보』, 1932. 1. 26.

56 대한나관리협회, 『한국나병사』, 1988, 81쪽.

57 「천 원만 있으면 격리는 무난, 주제연구회에서 궐기해 일반 여론을 환기」, 『매일신보』, 1932. 1. 21.; 이 자리에서 이 단체의 위원이었던 윤치오는 솔선해서 이백 원을 기부했다. 「윤치오 씨가 솔선 이백 원을 의연, 일반위원은 감격불이하며 사회동정을 대망」, 『매일신보』, 1932. 1. 21.; 그러나 이 사업은 조선총독부의 모금활동 방해로 조선한센병근절연구회가 아닌 경성부의 예산으로 이루어지게 됐다. 「여수병원 기타지방에 부내 한센병 환자 이송, 부민의 대협위든 문제 해결, 근절연구회는 해산」, 『동아일보』, 1932. 6. 24.

58 「근절안 토의, 19일 상무위원회를 열고, 각 부서도 결정」,『동아일보』, 1932.
    1. 21.

59 「나병근절회 장정과 취지」,『동아일보』, 1932. 1. 26.

60 「나병환자에게 동정금답지, 동정금이 들어오기 시작, 구제회인사활동」,『동
    아일보』, 1932. 5. 8.

61 국립소록도병원, 소록도 100년 한센병 그리고 사람, 백년의 성찰: 의료편 ,
    2017, 90~91쪽.

62 한국나병사 , 대한나관리협회, 1988, 83~84쪽.;「여수병원 기타지방에 부
    내 나환자 이송, 부민의 대협위든 문제 해결, 근절연구회는 해산」,『동아일
    보』, 1932. 6. 24.

3. 생존과 치료를 향해

1 東醫寶鑑, 白花蛇丸: 治癩風, 白屑瘡瘁, 皮膚皴燥. 白花蛇 一條, 當歸 二兩, 川芎
   、白芷、生地黃、防風、荊芥、(酒)芍、連翹、胡麻子、何首烏、升麻、羌
   活、桔梗 各一兩.(入門).

2 김재형,「식민지기 한센병 환자를 둘러싼 죽음과 생존」,『의사학』 28(2),
   2019b, 480~490쪽.

3 Cole, Howard Irving, "Chemistry of leprosy drugs", *International
   Journal of Leprosy*, 1(2), 1933, pp. 159~194.; Skinsnes, "Notes from the
   History of Leprosy", *International Journal of Leprosy*, 41(2), 1973, pp.
   220~233.

4 Mackenzie, N., "Without Camp", 1916.; 정근식,「식민지적 근대와 신체의
   정치」,『한국사회사학회』 51, 1997b, 233쪽에서 재인용.

5 志賀潔. 나(癩)의 역사(歷史)와 나균(癩菌)의 연구, 朝鮮社會事業 9(4),
   1931.;『한센병 그리고 사람, 백년의 성찰, 국립소록도병원』, 2017. 42쪽에
   서 재인용.

6 Muir, Ernest, "Treatment of Leprosy: A Review", *International Journal
   of Leprosy*, 1(4), 1933, pp. 407~458.

7 Rose, F. G., "The incidence and treatment of leprosy in British Guiana
   and the British West Indies", *International Journal of Leprosy*, 1(3),
   1933, pp. 337~340.

8 Rodriguez, Jose, "Relapse of leprosy under controlled conditions", *In-
   ternational Journal of Leprosy*, 3(3), 1935, pp. 333~336.

9 김재형,「"부랑나환자" 문제를 둘러싼 조선총독부와 조선사회의 경쟁과 협

력」,『민주주의와 인권』 19(1), 2019a, 139쪽.

10 「나병환자시」,『매일신보』, 1930. 4. 12.

11 김재형, 앞의 글, 141~146쪽.

12 「경북달성에 나병환자상조회」,『동아일보』, 1923. 12. 31.

13 「180명의 나병환자들이 진정, 의지할 곳 없는 병자 각 관청에 진정했다」,
    『시대일보』, 1924. 12. 7.

14 「나병자상조회창립을 듣고」,『동아일보』, 1924. 3. 24.

15 「통영해동의원장 김상용씨의 특지, 대구나병자 상조회에 자진하야 이천
    원 기증」,『매일신보』, 1927. 1. 29.;「나병회사업에 찬동기부」,『중외일보』,
    1927. 1. 29.

16 「癩病者會總督に嘆願」,『朝鮮新聞』, 1927. 1. 16.

17 「나병자상조회 구제방을 진정, 도평의회에」,『매일신보』, 1927. 3. 3.

18 「나병자상조회 인가 신청 중」,『시대일보』, 1926. 7. 4.

19 「영남지방, 나병자상조회」,『동아일보』, 1927. 11. 12.

20 한국한센복지협회,『한국나병사』, 2001, 66쪽.

21 「가련한 천형병자 여수나병원에 집중, 입원거절을 당하고 공제회 조직, 경
    찰부에 주사약 청구」,『매일신보』, 1930. 5. 10.

22 「나병자연합대회 당국에 육조항진정」,『조선중앙일보』, 1933. 4. 11.

23 「나병환자대표의 격리장 지정 요망, 네곳 병원은 받지 않고 가라고만 해, 충
    북도 당국에 애원」,『매일신보』, 1930. 5. 6.

24 한센복지협회, 앞의 책, 68쪽.

25 「나병자연합대회 당국에 육조항진정」,『조선중앙일보』, 1933. 4. 11.

26 정근식,「식민지적 근대와 신체의 정치」,『사회와 역사』, 51, 1997b,
    211~265쪽.

27 「나병환자일군이 대거 광주에 쇄도, 소록도 보내달라고」,『조선중앙일보』,
    1933. 8. 18.;「이십 여명 나병환자 전남도청에 쇄도, 속히 소록도에 보내달
    라고 탄원, 색다른 진정에 도청도 두통」,『동아일보』, 1934. 5. 28.

28 「나병자성군 경찰에 또 진정, 어서 소록도에 보내달라고 광주서 일대두통」,
    『동아일보』, 1933. 9. 5.;「이십여 명 나환자 전남도청에 쇄도」,『동아일보』,
    1934. 5. 28.

29 「매일 이십 나병환자 경찰에 애원, 살수 없으니 수용해 달라고 소록도행을
    지원」,『동아일보』, 1933. 9. 10.

30 「우리의 낙천지인 소록도로 보내주」,『조선중앙일보』, 1934. 9. 11.

31 「문둥이 작대해 종로서에 출두진정」,『동아일보』, 1936. 6. 15.;「경남나병
    자상조회 무료시료를 요망, 종전대로 시료 진정」,『동아일보』, 1939. 3. 24.

4. 소록도, 절멸의 수용소

1   藤野豊, 日本ファシズムと優生思想, かもがわ出版, 1998.

2   정근식, 「차별 또는 배제의 정치와 '소수자'의 사회사 재구성」, 『경제와 사회』, 100, 2013, 183~208쪽.

3   조선나예방협회, 『조선나예방협회요람』, 1933. 4. 국립소록도병원(2017), 94쪽에서 재인용.

4   국립소록도병원, 『소록도 100년 한센병 그리고 사람, 백년의 성찰: 의료편』, 2017, 97쪽.

5   정근식·김영숙, 「일제하 소록도 자혜의원 설립 및 확장에 따른 토지수용과 주민저항에 관한 연구」, 『지방사와 지방문화』, 19(2), 2016, 219~260쪽.

6   池田清, 『朝鮮公論』, 1933. 5. 국립소록도병원(2017) 100쪽에서 재인용.

7   朝鮮癩豫防協會事業概要, 조선나예방협회, 1935. 10.

8   대한나관리협회, 『한국나병사』, 1988, 106~107쪽.

9   대한나관리협회, 앞의 책, 108쪽.

10   심전황, 『소록도반세기』, 1979, 47쪽.; 『나의 70년』, 1993, 73쪽.

11   대한나관리협회, 앞의 책, 110쪽.

12   일제강점하강제동원피해진상규명위원회, 『소록도 한센병환자의 강제노역에 관한 조사, 진상조사보고서Ⅳ-1 29의결』, 2006, ii-iii.

13   「소록도의 별천지, 문둥병환자를 수용하는 곳, 90명의 환자들은 이 부락 생활을 즐긴다」, 『매일신보』, 1917. 5. 30.; 「남해별천지 소록도자혜의원」, 『매일신보』, 1926. 8. 9.; 「나병 환자의 이상향 소록도의 근황」, 『매일신보』, 1928. 6. 6.; 「문둥병자의 낙원 소록도에 설비 완성」, 『매일신보』, 1928. 12. 20.; 「소록도로! 소록도로! 나병환자의 낙원」, 『조선중앙일보』, 1934. 10. 11.; 「발전소까지 완성되어 갱생원 시설 충실, 삼천 명의 문둥병자를 수용 중 광명 비친 소록도」, 『매일신보』, 1935. 4. 17.; 「자급자족의 별건곤」, 『동아일보』, 1935. 10. 25.; 「확장되는 소록낙원」, 『동아일보』, 1936. 2. 20.

14   「나병근절은 거세외 무도리, 거세로써 유던방지, 지하박사담」, 동아일보. 1927. 4. 15.

15   藤野豊, 「いのち」の近代史: 「民族浄化」の名のもとに迫害されたハンセン病患者, 京都: かもがわ出版, 2001.

16   「의학상으로 본 산아제한방법론」, 별건곤 제34호. 1930. 11. 1.

17   신영전, 「식민지 조선에서 우생운동의 전개와 성격: 1930년대 「우생(優生)」을 중심으로」, 의사학, 15(2), 2006, 133~155쪽.

18   「살인범과 악질자에겐 자녀생산을 금지, 매독환자도 시술 후에야 결혼, 이번 의회에 상정된 단종법안」, 동아일보, 1935. 3. 8.

1   김창원,『광야의 나그네』, 크리스챤신문출판부, 1985, 107~114쪽.; 김학수,
     '학살사건의 전말", "소록" 1(1),『소록도교회사: 소록도교회가 걸어온 지난
     100년간의 발자취』, 2019에서 재인용 67~73쪽.

2   김창원, 앞의 책, 112쪽.

3   「고흥군 내 나병환자 위집」,『중외일보』, 1928. 9. 16.;「소록도행을 거절당
     코 고흥에 주유하는 나환군」,『동아일보』, 1936. 6. 11.

4   「방임된 나환자 소록도로 호송」,『동아일보』, 1945. 12. 10.

5   「문둥이 횡행」,『대동신문』, 1946. 4. 2.

6   「문둥병환자 인천에 횡행」,『중외신보』, 1947. 5. 6.

7   「물경 나병환자 삼백명 서울시내를 배회」,『광명일보』, 1947. 5. 11.

8   「부산나요양원, 의료기관 요급」,『부산신문』, 1947. 5. 29.;「나병자수용소는
     만원, 식량배급 못 받는 부민에는 곧 배급, 펜톤씨담」,『부산신문』, 1947. 5.
     30.

9   「전남에 문둥이 사태, 식량난으로 소록도 수용불능」,『독립신보』, 1947. 9.
     29.

10   위의 글.

11   「소록도의 나병환자 탈주 속출」,『대동신문』, 1947. 12. 6.;「소록도 문둥이,
     배곪아 계속 도망」,『독립신보』, 1947. 12. 6.;「식량부족으로 나병환자 탈
     출」,『부산신문』, 1947. 12. 7.;「나병환자수용에 SOS, 소록도서도 거절」,『부
     녀일보』, 1947. 10. 17.

12   「문둥병 환자 점증」,『민보』, 1947. 6. 13.;「문둥병환자가 늘어도 시에서는
     이를 방치」,『민중일보』, 1947. 6. 12.;「문둥병 환자급증, 불안에 싸인 시민
     들」,『독립신문』, 1947. 6. 21.;「문둥병환자 점증」,『조선경제신보』, 1947. 6.
     16.;「나환자증가」,『광명일보』, 1947. 6. 21.

13   「문둥이 절도단」,『대중일보』, 1947. 7. 25.

14   「문둥이 주택된 공원」,『대중일보』, 1947. 8. 24.

15   「절도질하고 문둥이 강간」,『대중일보』, 1947. 8. 24.

16   「문둥이들은 처치해주오」,『부인신보』, 1947. 10. 4.

17   「서울에 오 백 여명, 문둥병환자 도시서 일소코저 준비 중」,『한성일보』,
     1948. 6. 6.

18   「희대의 식인귀 출현, 부호나병환자의 전율할 범행」,『조선중앙일보』,
     1948. 7. 23.;「독립신보,「범인지명수배중, 문둥이 식인사건 속보」, 1948.
     7. 27.;「범인지명수배중, 문둥이 식인사건 속보」,『조선중앙일보』, 1948.
     7. 27.;「사람고기 먹은 문둥이 갑부, 서울에서 체포」,『평화일보』, 1948. 8.

18.;「사람고기 먹은 문둥이 갑부, 대구 이정우 종로서에 피체」,『호남신문』, 1948. 8. 18.

19 「한심한 위생관념, 장안 복판에 문둥이 음식점」,『부산신문』, 1948. 8. 27.; 「문둥이가 음식점 경영 서울거리에 전율할 문둥이 홍수」,『한성일보』, 1948. 8. 27.

20 Weekly Military Occupational Activities Report(covering week ending 2400, Saturday, 17 Nov 45).

21 『경상남도 군정 역사』, 4쪽.

22 「문둥이 횡행」,『대동신문』, 1946. 4. 2.

23 「나병환자들 송환, 인천」,『동아일보』, 1946. 10. 30.

24 「나병환자 삼백 명 소록도수용소에」,『현대일보』, 1947. 1. 31.

25 「시내의 나병환자를 소록도로 수송」,『독립신보』, 1947. 2. 21.

26 「문둥병환자가 늘어도 시에서는 이를 방치」,『민중일보』, 1947. 6. 12.;「문둥병 환자 급증, 불안에 싸인 시민들」,『독립신보』, 1947. 6. 13.;「문둥병환자 격증」,『조선경제신보』, 1947. 6. 16.;「나병환자증가」,『광명일보』, 1947. 6. 21.;「문둥이를 처치해주오」,『부인신보』, 1947. 10. 4.

27 「나병자수용소는 만원」,『부산신문』, 1947. 5. 30.

28 「문둥병 만연 방지, 대구 등 3개소의 병원을 국영화」,『공업신문』, 1947. 11. 4.

29 「청주 영천 양지에 나병환자촌 신설」,『공업신문』, 1948. 2. 12.

30 「청주 영천 양지에 나병환자촌 신설」,『공업신문』, 1948. 2. 12.;「나병환자 수용촌, 남조선에 3개소 신설」,『조선중앙일보』, 1948. 2. 12.;「나병환자수 용촌, 영천 청주 등지에 신설」,『대한일보』, 1948. 2. 13.;「나병환자, 지방에 분산 수용」,『영남일보』, 1948. 2. 24.

31 「나병자격리에 서광, 추가예산통과를 기대」,『동아일보』, 1949. 7. 31.

32 「기축년의 공수표 (나병편), 격리수용도 실패, 근본시책강구가 필요」,『동 아일보』, 1949. 12. 28.

33 정근식,「질병공동체의 해체와 이주의 네트웍: 두 정착마을 사례를 중심으로」,『사회와 역사』 69, 2006, 46쪽.

34 대한나관리협회,『한국나병사』, 1988, 130쪽.

35 「일만팔천 나환자 올 겨울 안에 완전 수용, 구보건장관담」,『동아일보』, 1949. 10. 2.

36 「뢰병환자 이송, 망우리에서 부평으로」,『부인신문』, 1950. 1. 7.;「서울시 문 둥병 환자 부평으로 전부 행차」,『한성일보』, 1950. 1. 7.;「망우리나병환자 인천교외로 이백 여명을 이송」,『연합신문』, 1950. 1. 13.;「경기도내 나병환 자수용소를 준공」,『연합신문』, 1950. 1. 16.

37   「수용소신설문제로 주민 보건부 사이에 발성」,『동아일보』, 1950. 1. 19.

38   「나병환자 수용에, 구보건부 장관담화」,『부인신문』, 1950. 2. 16.

39   대한나관리협회, 앞의 책, 131쪽.

40   한국민간나사업단체협의회,『한국민간나사업편람』, 1983, 97쪽.

41   「제10회 71차 국회정기회의속기록」, 나병환자 수용대책에 관한 긴급동의
      안, 1951. 5. 2. 5쪽.

42   위의 글, 2쪽.

6. 개혁과 반동의 시간

1   한빛복지협회,『녹산의 숲속』, 2012, 28쪽.

2   김창원,『광야의 나그네』, 크리스챤신문출판부. 1985, 124쪽.

3   국립소록도병원,『소록도80년사』, 1996, 102쪽.; 국립소록도병원,『소록도
      100년 한센병 그리고 사람, 백년의 성찰: 역사편』, 2017, 153쪽.

4   심전황,『아으, 70년: 찬란한 슬픔의 소록도』, 1993, 93쪽.

5   심전황, 위의 책, 1993, 95쪽.

6   국립소록도병원,『소록도 100년 한센병 그리고 사람, 백년의 성찰: 역사편』,
      2017, 155쪽.

7   심전황, 앞의 책, 97쪽.

8   국립소록도병원,『소록도80년사』, 1996, 105쪽.

9   「전갱생원장 김형태 피검」,『대한일보』, 1948. 9. 10.; 「문둥이 골먹은 김형
      태 횡령죄로 송청」,『동광신문』, 1948. 9. 19.

10   국립소록도병원, 앞의 책, 108쪽.

11   국립소록도병원, 위의 책, 109쪽.

12   대한나관리협회,『한국나병사』, 1988, 125쪽.

13   정민,「"한센"씨병 이란 어떠한 것인가?: (2) 세균학적 검사」,『서광(Vi-
      sion)』1(2), 1963, 3·4월호, 4쪽.

14   정민, 위의 글, 5쪽.

15   유상현,「나병과 세균검사」,『서광(Vision)』1(5), 1963, 9·10월호, 15쪽.

16   유준·정민,「"트 신" 소화법에 의한 나의 조기진단과 조기증상의 재검토」,
      『나학회지』1(1), 1960, 54~61쪽.

17   최시룡,「흥골골수천자에 의한 나의 진단」,『대한나학회지』, 2(1), 57~69
      쪽.

18   국립소록도병원,『소록도 100년 한센병 그리고 사람, 백년의 성찰: 의료편』,
      2017, 182쪽.

19 국립소록도병원, 위의 책, 182~183쪽.

20 정근식 외,『국립소록도병원 100년 구술사료집 1: 또 하나의 고향, 우리들의 풍경』, 국립소록도병원, 340쪽.

21 「소록도갱생원장 (김상태)의 비행을 만천하에 공포함」,『동아일보』, 1953. 10. 23.

22 국립소록도병원, 앞의 책, 110쪽.

23 국가인권위원회,『한센인 인권 실태조사』, 2005, 80~83쪽.

24 신영전, 「식민지 조선에서 우생운동의 전개와 성격: 1930년대 「우생(優 生)」을 중심으로」,『의사학』, 15권(2호), 2006, 137쪽.

25 정준모, 「나병환자취체에 관한 건」, 보의 제2376호, 국총비제372호, 1952. 7. 11.

26 「나환자단종연구」,『동아일보』, 1959. 12. 10.

27 藤野豊,『日本ファシズムと優生思想, かもがわ出版』, 1998, p. 439.

28 Jane Buckingham, 2006, "Patient Welfare vs. the Health of the Na-tion: Governmentality and Sterilisation of Leprosy Sufferers in Early Post-Colonial India", *Social History of Medicine* ,19(3), pp. 483~499.

29 보건복지부,『한센인 피해사건 진상조사』, 2011, 185쪽.

30 대한민국 한센인권변호단,『한센인권활동백서1: 한센인권변호단 활동보고 서』, 2017, 322~323쪽.

7. 죽여도 되는, 죽여야 하는

1 오중근·유준, 「한국 나병의 관리 및 추세」,『대한나학회지』 7(1), 1970, 1~28쪽.

2 「사회부서 일억 사천만 원 예산청구 문둥이 부락 계획」,『한성일보』, 1948. 10. 24.; 강원일보, 「나병격리부락기획 일억사천만원 예산 청구」,『강원일 보』, 1948. 10. 26.

3 「나병환자 수용소 식량난」,『동아일보』, 1948. 11. 28.

4 「문둥이 재출현의 위기, 망우리수용소 경영난」,『조선중앙일보』, 1949. 1. 12.

5 「남조선에만 사만여 명, 문둥병 환자 우굴우굴」,『독립신보』, 1948. 12. 25.

6 위의 글.

7 위의 글.

8 「문둥이 수용에 신전술, 대구서 구축권을 발행」,『조선중앙일보』, 1949. 2. 15.

9 「의술은 두 분의 천생연분, 우생학계몽에 중점노력: 나병환자가 날로 늘어 감을 개탄」,『동아일보』, 1957. 4. 8.

10 신영전,「식민지 조선에서 우생운동의 전개와 성격: 1930년대 「우생(優生)」을 중심으로」,『의사학』, 15권(2호), 2006, 140~143쪽.

11 Smith(KCAC, medical officer), "Survey of leper colonies in Kyongsang Namdo province, Korea", *Leprosy Review*, 26(4) pp. 147~155.

12 대한나관리협회,『한국나병사』, 1988, 130쪽.

13 「나병환자 수용에, 구보건부 장관담화」,『부인신문』, 1950. 2. 16.

14 국가인권위원회,『한센인 인권 실태조사』, 2005, 565~566쪽.; 보건복지부,『한센인 피해사건 진상조사 보고서』, 2011, 91쪽.

15 국가인권위원회, 위의 책, 566쪽.

16 국가인권위원회, 위의 책, 571~573쪽.; 보건복지부, 위의 책, 92쪽.

17 국가인권위원회, 위의 책, 576~582쪽.; 보건복지부, 위의 책, 92쪽.

18 국가인권위원회, 위의 책, 2005, 577쪽.

19 국가인권위원회, 위의 책, 56~57쪽, 574~575쪽.; 보건복지부, 위의 책, 93~96쪽.

20 국가인권위원회, 위의 책, 595~596쪽.

8. 강제격리 폐지라는 희망

1 John E. Lesch, *The First Miracle Drugs: How the Sulfa Drugs Transformed Medicine*, Oxford: oxford University Press, 2007.

2 Gordon A. Ryrie, "A Preliminary Peport on the Action of Certain Dyes in Leprosy", *International Journal of Leprosy*, 1(4), pp. 469~475.

3 John Parascandola, 1998, "Miracle at Carville: The Introduction of Sulfones for the Treatment of Leprosy," *Pharm. Hist*, 40, pp. 59~66.

4 오중근·유준,「한국 나병의 관리 및 추세」,『대한나학회지』 7(1), 1970.

5 「나병특효약 125상자 배당」,『공업신문』, 1947. 9. 24.;「문둥병약 배급」,『대동신문』, 1947. 9. 24.;「나병특효약 프로민 입하」,『동아일보』, 1947. 9. 29.

6 「나병특효약 프로민 입하」,『동아일보』, 1947. 9. 29.;「나병치료약품을 각 요양소에 배당」,『공업신문』, 1948. 1. 27.;「나병치료약품 각지 요양소에 배당」,『대한일보』, 1948. 1. 27.;「나병환자에 복음, 미국서 약품 입하」,『독립신보』, 1948. 1. 27.;「나병치료약 입하」,『현대일보』, 1948. 1. 27.;「나병환자 복음 명약 푸로민 입하」,『한성일보』, 1948. 1. 28.

7 「나병약 입하」,『대한독립신문』, 1946. 6. 27.

8 「나병치료약 이만명분 입하」,『동아일보』, 1952. 1. 15.

9 갱생원,『갱생원연보』. 1953.

10 갱생원,『갱생원연보』, 1955.; 대한나관리협회,『한국나병사』, 1988, 151쪽.

11 H. Helber & Grosset. 2012. "The chemotherapy of leprosy: An interpretive history". Lepr Rev, 83, pp. 221~240.

12 김계한·하용마·오중근·서재주·김승엽·유준,「나환자에게 의료요원이 직접 DDS를 투여하는 방법이 세균음전화에 미치는 영향」,『대한나학회지』5(1), 1968, 67~72쪽.

13 「"푸로미졸술파" 나병에 발효: 워싱턴 11일 UP발조」,『현대일보』, 1946. 7. 12.;「나병에 특효약」,『민주중보』, 1946. 7. 13.;「프로미졸 술파 나병발효」,『공업신문』, 1946. 7. 14.;「뢰병에는 쓸포제」,『공업신문』, 1946. 12. 19.;「나병에 서광」,『독립신보』, 1946. 12. 19.;「나환자에 광명, 신치료법 발견」,『충청매일』, 1949. 8. 7.

14 「나병대책 없는가」,『동아일보』, 1949. 7. 28.

15 Lew, J. and Chung, M., 1958, "Observations of Optimum Dosages of D.D.S. in the Treatment of Leprosy in Korea", VII International Congress of Leprology, Abstract of Paper, Tokyo, Japan, November, 1958, pp. 174~175.

16 「나병은 완치할 수 있다: DDS로 치료사업 전개 중」,『의사시보』, 1959. 6. 29.

17 Archives of the League of Nations, Health Section Files, Archives of WHO, http://www.who.int/archives/fonds_collections/bytitle/fonds_3/en/(2018. 10. 30.)

18 United Nations Archives Geneva. https://biblio-archive.unog.ch/detail.aspx?ID=405(2018. 11.?.)

19 Weindling Paul, "The League of Nations Health Organization and the Rise of Latin American Participation, 1920-40", História, Ciências, Saúde-Manguinhos, 13(3), 2006. (http://dx.doi.org/10.1590/S0104-59702006000300002)

20 International leprosy Association, History of Leprosy, https://leprosy-history.org/database/archive1007(2018. 10. 30.)

21 Lowe, John., "Leprosy in India", The Indian Medical Gazette, April, 1932, pp. 208~210.

22 World Health Organization, International Digest of Health Legislation, 5(1), 1954, Geneva.

23   「미국나병협회 간사 케박사 이십일 래경」,『중앙신문』, 1947. 10. 19.;「미,
      나병협회 상무 바-카 박사래한」,『조선중앙일보』, 1947. 10. 21.

24   「보건행정에 새로운 서광, 스미스박사 미국보건부극동책임자 원조를 확
      약」,『동아일보』, 1949. 11. 23.

25   WHO, *The First Ten Years of the World Health Organization 1948-1957*,
      1958.; WHO, *The Second Ten Years of the World Health Organization
      1958-1967*, 1968.

26   「오천만원을 계상, 유니세프 원조를 받기 위해」,『동아일보』, 1950. 1. 22.

27   「세보연 삼회 총회」,『동아일보』, 1950. 3. 12.

28   「이보건차관 등 26일 출발, WHO 총회참석」,『동아일보』, 1950. 4. 9.

29   「국제보건기구 총회에 최영태 씨가 참석」,『동아일보』, 1950. 4. 29.

30   General Assembly Official Records: Eighth Session Supplement No.
      14(A/2542), "World Health Organization" in *Report of the Agent Gen-
      eral of the United Nations Korean Reconstruction Agency for the period
      15 September 1952 to 30 September 1953*, p. 7.

31   WHO/UNKRA, "Medical Care" in *Health Planning Mission in Korea
      MH/D/63*. 52, pp. 56~59.

32   "Report of the Second Mission to Korea, August 20-27, 1953", p. 2., Ei-
      senhower, Dwight D.: Records as President, WHCF(Confidential File),
      1953-1961, Official File Series, Box 869.

33   한국한센복지협회,『한국나병사』, 2001, 90쪽.

34   김원중,「한국 전쟁 이후 한센병 정책의 의학적, 제도적 전환: 코크레인 보고
      서를 중심으로」, 연세대학교 대학원 석사논문, 2019.

35   R. G. Cochrane, "Leprosy in Korea: Part 1", *Leprosy Review*, 26(4), 1955,
      pp. 141~146.

36   R. G. Cochrane, Ibid, pp. 19~28.

37   「결핵과 나병퇴치에 박차: WHO로부터 20만 불 원조받기로」,『의사시보』,
      1961. 10. 23.

38   오중근·유준,「한국 나병의 관리 및 추세」,『대한나학회지』7(1), 1970,
      1~28쪽.

39   대한나관리협회,『한국나병사』, 1988, 217~219쪽.

9. 다양해진 강제격리

1   「나병은 완치할 수 있다: DDS로 치료사업 전개 중」,『의사시보』, 1959. 6.

29.

2   오재철,「홍보를 통한 나병조기 발견 및 예방에 관한 과제」,『대한나학회
지』, 1999, 25~32쪽.; 김려실,「1970년대 생명정치와 한센병 관리정책-
김정한의 「인간단지」와 최인호의 「미개인」을 중심으로」,『상허학보』 48,
2016, 271쪽.

3   보건복지부,『한센인 피해사건 진상조사 보고서』, 2011, 51쪽.;「특집: 광기
의 역사, 그 마지막 페이지!」,『한겨레21』, 2005. 8. 31.

4   「전염병예방법시행규칙」, 1977. 8. 19. 시행, 보건사회부령 제570호, 1977.
8. 19. 제정.

5   최대경,「전염병 예방법 중 개정법률안을 보고: 특히 나병정책의 변경에 대
한 소감」,『서광(Vision)』, 1(2), 1963, 3·4월호, 3쪽.

6   대한나관리협회,『한국나병사』, 1988, 225쪽.

7   소록도병원,『연보』, 1964·1966·1967.

8   김향한·고옥정,「나병에 있어서의 신체장애자 조사성적」,『대한나학회』,
2(1), 1963, 77~82쪽.

9   한국한센복지협회,『한국나병사』, 2001, 194~196쪽.

10 김계한·고옥정·김장용·오찬영·장훈영,「나환자에 있어서의 신체장애자
조사보고」,『대한나학회』, 6(1), 1969, 51~58쪽.

11 Van Droogenbroeck J.(Legal Representative of Damien Foundation in
Korea) 1970, "Priorities of Leprosy Control in Korea",『나병관리세미나
자료』. pp. 19~30.

12 조창원,「나병수용관리에 대해」,『나병관리세미나자료』, 1970, 79~85쪽.

13 보건사회부,『나병관리사업지침』, 1973.

14 국립나병원,『연보』, 1974.

15 국립나병원,『연보』, 1974, 21~22쪽.

16 소록도갱생원,『연보』, 1958.

17 유경운,「나병의 재활의학」,『대한나학회지』, 9(1), 1960.

18 대한나관리협회,『한국나병사』, 1988, 253쪽.

19 「나병후증회복수술성공: 국립의료원 정형외과서」,『의사시보』, 1963. 3.
14.

20 국립소록도병원,『연보』, 1964.

21 Missionary, leper, hero-and not saint, Father Damien is about to make
Flemish history, http://www.flanderstory.ed/living/inspiration, 2015.
2. 12.

22 차윤근,『아쉽지만 후회없이 달려온 길』, 한국복지재단, 1966.

23 국립소록도병원,『연보』, 1967.

24 국립나병원,『연보』, 1968.

25 박향준·안성열,「나병의 미모소실증에 대한 단모 미세이식술」,『대한피부과학회지』38, 2000, 462~465쪽.

26 「나환자 기형 충분히 방지: 2차기형예방사업 1백% 성공」,『후생일보』, 1972. 12. 18.;「나환자 성형수술, 선명회피부진료소서」,『후생일보』, 1972. 12. 29.

27 정근식,「동아시아 한센병사를 위하여」,『보건과 사회과학』, 12, 2002, 29쪽.

28 국립소록도병원,『소록도 100년 한센병 그리고 사람, 백년의 성찰: 의료편』, 2017, 116~117쪽.

29 西川義方,「朝鮮小鹿島更生園を通して観たる朝鮮の救癩事業」, 1940, p. 6.;『소록도 100년 한센병 그리고 사람, 백년의 성찰: 의료편』, 2017, 133쪽에서 재인용.

30 국립소록도병원,『소록도 100년 한센병 그리고 사람, 백년의 성찰: 의료편』, 2017, 133쪽.

31 국립소록도병원, 앞의 책, 97쪽.

32 국립소록도병원, 앞의 책, 213쪽.

33 국립소록도병원, 앞의 책, 213쪽.

34 국립소록도병원, 앞의 책, 114쪽.

35 국립소록도병원, 앞의 책, 112쪽.

36 소록도갱생원,『연보』, 1952, 36쪽.

37 이강순,「나병의 가족내전염과 화학요법제 "디-디-에쓰"에 의한 예방에 관한 연구」,『나학회지』1(1), 1960, 33~50쪽.

38 Jo Robertson, "Chapter 6. The Leprosy-Affected Body as a Commodity: Autonomy and compensation", pp. 131~164, edited by Sarah Ferber & Sally Wilde, 2011, *The Body Divided: Human Beings and Human 'Material' in Modern Medical History*, ASHGATE.

39 Buckingham, "Patient Welfare vs. the Health of the Nation: Governmentality and Sterilisation of Leprosy Sufferers in Early Post-Colonial India", *Social History of Medicine* ,19(3), 2006, pp. 483~499.

40 'Annual Report of the Medical Section Culion Leper Colony for the Year ending December 31, 1930 by Casimiro B Lara, Chief Physician', p. 46, unpublished mss, Culion Archives, Culion Island, the Palawan Group, the Philippines.

41 소록도갱생원,『연보』, 1952, 36쪽.

42 소록도갱생원, 위의 책, 36쪽.

43 이강순, 앞의 글, 33~50쪽.

44 국립소록도병원, 『소록도 100년 한센병 그리고 사람, 백년의 성찰: 역사편』, 2017, 206쪽.

45 보건사회부령 제511호, 「국립삼육학원운영규칙」 (1976. 2. 7. 제정, 시행) 제14조(검진), 제16조(사고보고), 제18조(퇴원).

46 소록도갱생원, 『연보』, 1957, 23쪽.

47 소록도갱생원, 위의 책, 23~24쪽.

48 이강순, 앞의 글, 33~50쪽.; 유준·김영수, 「항나제 DDS (diamino-diphe-nyl-sulfone)에 의한 나접촉자의 나예방에 관한 연구」, 『대한나학회지』 9(1), 1975, 75~84쪽.

49 1928. On 14 May 1928, the Leprosy Commission drew up a pro-gramme, and Etienne Burnet, as Secretary for the Commission, em-barked on a study tour to the Baltic Countries, the Americas, and the Far East, including India, Malay States, Java, the Philippines, Canton, Shanghai, Japan and Honolulu. His report was published as League of Nations: Health Organisation, Report on the Study Tour of the Secre-tary of the Leprosy Commission in Europe, South America and the Far East (January 1929–June 1930), CH 887 (Geneva, 1930). League of Nations Archives, Geneva.

50 Jo Robertson. Chapter 6. The Leprosy-Affected Body as a Commodity: Autonomy and compensation. pp. 131~164, in edited by Sarah Ferber & Sally Wilde. 2011. *The Body Divided: Human Beings and Human 'Material' in Modern Medical History.* ASHGATE.

51 Jose Rodriguez, "Studies on transmission of leprosy to children were conducted at Culion", "Studies on Early Leprosy in Children of Lepers", *Philippine Journal of Science,* 31(2), 1929, pp. 115~146.; Lampe, "Fate of Children Born of Leprous Parents in the Groot-Chatillon Leprosy Asylum", *International Journal of Leprosy,* 1(1), 1933, pp. 5~15.

52 이강순, 앞의 글, 33~50쪽.

53 유준·김영수, 앞의 글, 75~84쪽.

10. 음성나환자촌

1 정민, 「나병의 조기진단에 관한 연구」, 『대한나학회지』 2(1), 1963, 4쪽.

2 유상현, 「나병과 세균검사」, 『서광(Vision)』 1(5), 9·10월호, 1963, 15쪽.

3   유준·정민, 「"트 신" 소화법에 의한 나의 조기진단과 조기증상의 재검토」, 『나학회지』1(1), 1960, 53~61쪽.

4   Lew, Joon, Min Chung, 1959, "The bacteriologic diagnosis of early leprosy by the trypsin digestion method", *International Journal of Leprosy* 27(4), pp. 360~365.

5   Lara, C.B., and Tiong, J.O., "The Problem of the Negative Inmates in the Culion Sanitarium", *International Journal of Leprosy* 23(4), 1955, pp. 361~369.

6   김도일, 「나병의 재발에 관한 연구」, 『대학나학회지』 10(1), 1976, 47~51쪽.

7   김아람은 정부의 음성나환자 정착사업을 1950년대 후반부터 이루어진 난민정착사업의 일환으로 설명하고 있다. 전쟁기에 시작된 난민정착사업은 초기에 농촌에 한정돼 있다가 1957년에는 도시로 그 범위가 확대됐고, 1961년 쿠데타 이후로는 고아 및 부랑아, '한센병환자'를 대상으로 하는 자활정착사업이 시도됐음을 근거로 음성나환자 정착사업을 난민정착사업의 하나로 파악했다. 김아람, 「1950년대 후반~60년대 전반 정착사업의 변천과정과 특징」, 『역사문제연구』, 38, 2017, 357~405쪽.

8   대한나관리협회, 『한국나병사』, 1988, 202쪽.

9   대한나관리협회, 위의 책, 202쪽.

10   대한나관리협회, 위의 책, 204쪽.

11   대한나관리협회, 위의 책, 225쪽; 국립소록도병원, 『소록도80년사』, 1996, 168쪽.

12   대한나관리협회, 위의 책, 228~229쪽; 국립소록도병원, 위의 책, 169~170쪽.

13   국립소록도병원, 『소록도 100년 한센병 그리고 사람, 백년의 성찰: 역사편』, 2017, 190쪽.

14   「칠곡 등의 나환자를 소록도병원에 수용」, 『동아일보』, 1967. 3. 29.

15   한센인피해사건진상규명위원회, 『한센인 피해사건 진상조사 보고서』, 2013, 225쪽.

16   정근식, 「오마도 간척사업의 배경, 전개과정, 의의」, 『땅을 빼앗긴게 아냐, 희망을 뺏긴 것이지』, 한성협동회. 2002.

17   국가인권위원회, 『한센인 인권 실태조사』, 2005, 234~235쪽.

18   국가인권위원회, 위의 책, 234~235쪽.

19   조창원, 「나병수용관리에 대해」, 『나병관리세미나자료』, 1970, 79~85쪽.

20   대한나관리협회, 앞의 책, 233쪽; 보건복지부, 『한센인 피해사건 진상조사 보고서』, 2011, 98~103쪽.

21 국가인권위원회, 앞의 책, 249~251쪽.

22 이학송, 「대한나병협회의 나갈 길」, 『나병관리세미나자료』, 1970, 135~142쪽.

23 오중근·유준, 「한국 나병의 관리 및 추세」, 『대한나학회지』 7(1), 1970, 1~28쪽.

24 『정부나병관리사업현황』, 1970.

25 오중근·유준, 앞의 글, 1~28쪽.

26 오중근·유준, 위의 글, 1~28쪽.

27 F. M. Noussitou, "Analysis of present organization, allocation of resources and operational achievements of the Leprosy Control Programme in Korea", 『나병관리세미나자료』, 1970, pp. 45~51.

28 이학송, 「대한나병협회의 나갈 길」, 『나병관리세미나자료』, 1970, 135~142쪽.

29 이학송, 위의 글, 135~142쪽.

30 서순봉, 「한국에 있어서 등록된 나환자의 퇴록문제」, 『나병관리세미나자료』, 1970, 145~153쪽.

31 보건복지부, 앞의 책, 105쪽.

32 보건복지부, 위의 책, 161쪽.

33 대한나관리협회, 앞의 책, 235~243쪽, 365쪽.

34 「미감아 취학… 전국에 2천 96명」, 『조선일보』, 1969. 5. 13.

35 국가인권위원회, 앞의 책, 92~94쪽.

36 국립소록도병원, 『나사업편람』, 1982, 17쪽.

37 정근식, 「질병공동체의 해체와 이주의 네트워: 두 정착마을 사례를 중심으로」, 『사회와 역사』, 69, 2006, 44쪽.

38 정근식, 위의 글, 45쪽.

39 김아람, 「1950년대 후반~60년대 전반 정착사업의 변천 과정과 특징」, 『역사문제연구』 38, 2017, 357~358쪽.

40 김아람, 위의 글, 358쪽.

41 대한나관리협회, 앞의 책, 132~133쪽; 국가인권위원회, 앞의 책, 191쪽.

42 대한나관리협회, 위의 책, 360쪽.

43 대한나관리협회, 위의 책, 360쪽; 국가인권위원회, 앞의 책, 191쪽.

44 대한나관리협회, 위의 책, 361쪽.

45 국가인권위원회, 앞의 책, 192쪽.

46 대한나관리협회, 앞의 책, 362~363쪽.

47 정근식, 위의 글, 45쪽.

48 국가인권위원회, 앞의 책, 22쪽.

49   김재형,「한국 한센인단체의 해외원조 사업모델의 형성에 관한 사회학적 연구」, 서울대학교 대학원 석사논문, 2007, 64쪽.

11. 치료를 향한 전 세계의 노력

1   Lechat, M.F., "The saga of dapsone", pp. 1~7., in World Health Organization, 2004, *Multidrug therapy against leprosy: Development and Implementation over the past 25 years*. Geneva.

2   World Health Organization, 1953, *WHO Expert Committee on Leprosy: First report*. Geneva, (WHO Technical Report Series, No. 71).

3   Lechat, M.F., "The saga of dapsone", p. 2., in World Health Organization, 2004, *Multidrug therapy against leprosy: Development and Implementation over the past 25 years*. Geneva.

4   Lechat, M.F., Ibid.

5   Pettit JHS, Rees RJW. 1964, "Sulfone resistance in leprosy. An experimental and clinical study", *Lancet*, ii, pp. 673~674.

6   Browne SG., 1968, "Some highlights of the week's work. Chemotherapy of leprosy: experimental aspects", *International Journal of Leprosy and Other Mycobacterial Diseases*, 36, pp. 566~567.

7   Ji BH., 1985, "Drug resistance in leprosy–a review", *Leprosy Review*, 56, pp. 265~278.

8   Pearson JMH., Haile GS, Rees RJW., 1977, "Primary dapsone resistant leprosy", *Leprosy Review*, 48, pp. 129~132.

9   World Health Organization, 1966, *WHO Expert Committee on Leprosy: Third report*. Geneva, (WHO Technical Report Series, No. 319).

10   Sansarricq H. 1981, "Leprosy in the world today", Leprosy Review, 52, pp. 15~31.

11   Browne SG., 1968, "Some highlights of the week's work. Chemotherapy of leprosy: experimental aspects", International Journal of Leprosy and Other Mycobacterial Diseases, 36, pp. 566~567.

12   World Health Organization, 1970, *WHO Expert Committee on Leprosy: Fourth report*. Geneva, (WHO Technical Report Series, No. 459).; World Health Organization, 1970, *A guide to leprosy control.*. Geneva,; WHO의 나관리 가이드는 한국에서도 중요한 지침으로 사용됐다.

13   Browne SG, Hogerzeil LM., 1962, "B663 in the treatment of leprosy:

preliminary report of a pilot trial", *Leprosy Review*, 33, pp. 6~10.

14   Rees RJ, Pearson JM, Waters MF., 1970, "Experimental and clinical studies on rifampicin in treatment of leprosy", *British Medical Journal*, 1, pp. 89~92.

15   Lechat, M.F., "The saga of dapsone", p.6, in World Health Organization, 2004, *Multidrug therapy against leprosy: Development and Implementation over the past 25 years*. Geneva.

16   Levy, L., "Scientific factors (1972-1981)" pp. 19~24. in Chapter 1 Preparation of the Sutdy Group on Chemotherapy of Leprosy, in World Health Organization, 2004, *Multidrug therapy against leprosy: Development and Implementation over the past 25 years*. Geneva.

17   Lechat, M.F., "The saga of dapsone", p. 1, in World Health Organization, 2004, *Multidrug therapy against leprosy: Development and Implementation over the past 25 years*. Geneva.

18   Shepard CC. 1960, "The experimental disease that follows the injection of human leprosy bacilli into foot-pads of mice", *Journal of Experimental Medicine*, 112, pp. 445~454.

19   Levy, L., Ibid.

20   World Health Organization, 1977, *WHO Expert Committee on Leprosy: Fifth report*. Geneva, (WHO Technical Report Series), No. 607.

21   H. Sansarrcq., "Chapter 2. The Study Group", p. 31, 2004, *Multidrug therapy against leprosy: Development and Implementation over the past 25 years*. Geneva.

22   World Health Organization, 1980, *Report of the third meeting of the Scientific Working Group (SWG) on the Chemotherapy of leprosy (THELEP)*. Geneva, (documentTDR/THELEP-SWG/80.3).

23   H. Sansarrcq., "Chapter 2. The Study Group", p. 35., 2004, *Multidrug therapy against leprosy: Development and Implementation over the past 25 years*. Geneva.

24   오중근·유준, 「한국 나병의 관리 및 추세」, 『대한나학회지』 7(1), 1970, 1~28쪽.

25   김도일, 「한국에서의 DDS 저항나」, 『Scientia Lepro』, 4, 1981, 1~13쪽.

26   국립나병원, 『연보』, 1974.

27   국립소록도병원, 『소록도 100년 한센병 그리고 사람, 백년의 성찰: 의료편』, 2017, 125~126쪽.

28   국립나병원, 『연보』, 1978.

29 김세종·정성덕·유준, 「Rifampicin에 의한 나종양나환자의 치료」, 『대한나학회지』, 11(1), 1978.

30 국립나병원, 『연보』, 1978.

31 국립소록도병원, 『소록도 100년 한센병 그리고 사람, 백년의 성찰: 의료편』, 2017, 128쪽.

32 V. Andrade., "Chapter 4. The role of countries", p. 69, 2004, *Multidrug therapy against leprosy: Development and Implementation over the past 25 years*. Geneva.

33 국립소록도병원, 『연보』, 1974~1994.

34 채규태, 「한국 한센병 대책의 과거, 현재와 미래에 대한 전략」, 『대한나학회지』, 33(1), 2000, 39~58쪽.

35 국립소록도병원, 『연보』, 1974~1994.

36 대한나관리협회, 『연보』, 1984.; 대한나관리협회, 『연보』, 1988.; 보건복지부, 『한센병관리사업지침』, 2000.

37 채규태, 「한센병 서비스 유지를 위한 WHO 전략회의 참가보고서」, 2004.

12. 지금 한센인은 어디에 있는가?

1 정근식, 「질병공동체의 해체와 이주의 네트웍: 두 정착마을 사례를 중심으로」, 『사회와 역사』 73, 2006, 43~81쪽.

2 위지역경제연구소, 『나환자정착촌의 법률적 제도적 개선방안에 대한 정책토론회 결과보고서』, 1993.

3 德田靖之, 「한센병 문제를 둘러싼 한일 양국 변호단의 교류를 되돌아보며」, 대한민국 한센인권변호단, 한센인권활동백서 1, 2016, 258~265쪽.; Arrington, Celeste, *Accidental Activists: Victim movements and government accountability in Japan and South Korea*, Ithaca and London: Cornell University Press, 2016, p. 79.

4 김재형·오하나, 「이행기 정의를 통해 본 일본 한센인 운동, 1946-2009」, 『사회와 역사』 121, 2019, 312쪽.

5 Arrington, Celeste, *Accidental Activists: Victim movements and government accountability in Japan and South Korea*, Ithaca and London: Cornell University Press, 2016, p. 71.

6 德田靖之, 앞의 책, 261~263쪽.

7 박영립, 「일본에서 온 편지」, 대한민국 한센인권변호단, 한센인권활동백서 1, 2017, 192쪽.

8   박찬운,「소록도의 기적: 소록도 보상소송 초기의 단상」, 대한민국 한센인권
     변호단, 한센인권활동백서 1 , 2017, 205쪽.

9   Arrington, Celeste, *Accidental Activists: Victim movements and gov-
     ernment accountability in Japan and South Korea*, Ithaca and London:
     Cornell University Press, 2016.

10   김재형·오하나,「한센인 수용시설에서의 강제적 단종·낙태에 대한 사법적
     해결과 역사적 연원」, 민주주의와 인권 16(4), 2016, 170쪽.

11   김재형·오하나, 위의 글, 176~177쪽.

시각자료 출처

※   이 책에 실린 시각자료 중 저작권자를 확인하지 못한 경우가 있습니다.
추후 정보가 확인되는 대로 적법한 절차를 밟겠습니다.

사진

ⓒ 국가기록원 - 44

ⓒ 김재형 - 24, 26(위, 아래 좌, 아래 우), 32, 92(위, 아래 좌, 아래 우), 94, 138,

ⓒ『매일신보』- 104(1933년 3월 3일)

ⓒ 문화재청 - 46(아래), 126(아래), 166(위, 중간, 아래), 192(좌), 206(아래 좌,
아래 우), 294(아래 좌, 아래 우), 378(위, 아래 좌, 아래 우)

ⓒ 소록도박물관 - 124(위, 아래), 126(위), 128, 130, 132, 146, 162(아래),
188(위, 아래), 190(위, 중간, 아래), 192(우), 236(위), 252(아래), 266(위,
중간, 아래), 302, 306, 326(좌, 우 위, 우 아래), 348, 376, 404~405

ⓒ 연합뉴스 - 176(위, 아래)

ⓒ 조명래 - 150

그림과 표

· 그림1(96쪽) - 김재형, 「한센병 치료제의 발전과 한센인 강제격리정책의 변화」,
『의료사회사연구』3, 2019.
· 그림2(197쪽) - 김재형, 『한센인의 격리와 낙인·차별에 관한 연구』, 서울대학교
박사논문, 2019.
· 그림3(198쪽) - 김재형, 『한센인의 격리와 낙인·차별에 관한 연구』, 서울대학교
박사논문, 2019.
· 그림4(299쪽) - 김재형, 『한센인의 격리와 낙인·차별에 관한 연구』, 서울대학
교 박사논문, 2019.
· 그림5(346쪽) - 보건사회부, 『만성병관리지침』, 1984, 2쪽.
· 표1(225쪽) - 오중근·유준, 「한국 나병의 관리 및 추세」, 『대한나학회지』, 7(1),
1970.
· 표2(283쪽) - 한국한센복지협회, 『한국나병사』, 2001.
· 표3(370쪽) - 오중근·유준, 「한국 나병의 관리 및 추세」, 『대한나학회지』7(1),
1970.

역사 속 한센병과 한센인

세계사		한국사
중국 전통 의학서 『황제내경』에 병명 '여풍'(癘風)과 '대풍'(大風) 등장	기원전 475~221년	
『전국책』과 『사기』에 암살자 예랑(豫讓)이 나(癩)에 걸렸다고 묘사됨	기원전 5~3세기	
프랑크의 페핀왕이 한센병 환자의 결혼을 금지하는 법령을 발표	757년	
일본의 광명황후가 한센병 환자를 치료하고 이들을 위한 병원 설립	758년	
아일랜드에 나환자 집 설립	868년	
	1231년	『향약구급방』에 병명 '대풍' 등장
노르웨이 베르겐에 성 외르겐 병원 설립	1400년	
	1428년	『세종실록』에 병명 '나질' 등장
	1433년	『향약집성방』에 병명 '대풍라', '대풍질' 등 등장
	1445년	제주에 한센병 환자들을 위한 구질막 설치
포르투갈이 브라질에 한센병 전파	16세기	
스페인이 중남미대륙과 북미대륙 남부에 한센병 전파	16-18세기	
아프리카가 중미대륙과 북미대륙 남부에 한센병 전파		

중국의 약학서 『본초강목』(本草綱目)에 치료제로 대풍자유가 기록	1518년	
멕시코에 최초의 나병원 설립	1520년	
	1527년	『훈몽자회』(訓蒙字會)에 '나'에 대응하는 조선어로 '룡병'(龍病) 제시
	1610년	『동의보감』에 병명 대풍창, 나창 등 장. 유전 및 전염, 풍수설 제시
	1612년	사간원에서 경상남북도, 강원도, 충청남북도의 대풍창 확산에 대해 보고
	1638년	한센병 환자 아버지를 산에 버림
	1685년	한센병 환자 아버지가 사망하자 불로 태우는 사건 발생
	1692년	한센병 환자가 우물에 목욕했다가 처벌받음
일본에서 대풍자씨가 한센병 치료에 사용	1716년	
캐나다 뉴부른스윅에서 환자 발생	1815년	
말레이시아 페낭섬에 나병원 설립	1845년	
하와이 의회에서 한센병 환자 격리법안 통과	1865년	
말레이시아 제레작섬에 나병원 설립	1866년	
하와이 몰로카이섬 칼라우파파에 나요양소 설립		
노르웨이에서 한센이 한센병균을 발견	1873년	
	1880년	선교사들이 집필한 『한불사전』에 '문둥이'라는 단어가 최초로 등장
노르웨이에서 『나환자 고립법』 통과	1885년	

	연도	
루이지애나주 카빌에 미국 최초의 나요양소 설립	1894년	
베를린에서 제1차 국제나회의를 개최해 한센병 환자에 대한 강제격리 권고	1897년	
영국 말레이해협의 식민지에 한센병 환자를 강제격리하는 법안 통과	1899년	
미국이 식민지 필리핀 쿨리온섬에 한센병 환자 격리시설을 설치하기로 결정	1904년	
쿨리온 요양소에 800여 명의 환자 수용 시작	1906년	
일본에서 「나예방에 관한 건」이 통과되면서 부랑 한센병 환자를 강제격리하는 5개 격리시설이 설립 필리핀에서 「나병격리법」 공포	1907년	
	1908년	부산 나병원 설립
일본에서 최초로 한센병 환자에 대한 강제격리 시작	1909년	
	1911년	광주 나병원 설립
	1913년	대구 나병원 설립
일본에서 미쓰다 겐스케에 의해 환자에 대한 단종수술 시작	1915년	광주 나병원에서 대풍자유 사용 시작
일본 한센병 요양소 원장들에게 환자를 처벌할 수 있는 징계검속권 부여	1916년	전라남도 소관인 소록도자혜의원 설립 부산 나병원에서 대풍자유를 사용하기 시작

	1917년	소록도자혜의원이 정원 100명으로 수용 시작
	1921년	소록도자혜의원에서 대풍자유 사용 시작
프랑스에서 열린 제3차 국제나회의에서 전염성이 있는 환자만 격리할 것을 권고	1923년	'대구나병환자상조회' 결성
국제연맹에 한센병 위원회 설치	1925년	부산에서 '나병환자상조회' 결성
	1927년	광주민의 요구로 광주 나병원 여수 이전
		소록도자혜의원 확장 공사로 270명이었던 환자가 1929년 811명으로 증가
대만에 한센병환자 치료 격리시설인 '낙생원' 설립		
말레이시아에 인권 친화적인 순가이부로 나병원 설립	1930년	여수에 '조선나병환자공제회' 결성
일본에서 「나예방법」이 통과되면서 모든 한센병 환자에 대한 강제격리 시작	1931년	'조선나병근절책연구회' 조직
	1932년	조선총독부 주도로 '조선나예방협회' 조직
	1933년	소록도자혜의원에 스오 마사스에 원장 취임
		소록도자혜의원 제1차 확장 공사 착공
		여수 나병원의 윌슨 원장이 「국제나학회지」에 대풍자유 치료에 대한 논문 발표
	1934년	소록도자혜의원이 '소록도갱생원'으로 개칭

	1935년	「조선나예방령」 공포로 모든 한센병 환자 강제격리 실시
		소록도갱생원에 환자 처벌을 위한 감금실 설치
		소록도갱생원 내 아동수용소 설치
일본 내무성이 '한센병 20년 근절계획' 수립 및 무라현운동 시작	1936년	소록도갱생원 제2차 확장 공사 착공
		소록도갱생원에서 단종수술 시작
	1937년	김병환 등 환자들이 소록도갱생원 직원 살해 시도
이집트에서 열린 제4차 국제나회의에서 전염성 환자만 격리하고 환자의 자발적 입원을 장려하고 퇴소 시기를 설정하라고 권고	1938년	
	1939년	소록도갱생원 제3차 확장 공사 착공
		확장 공사 완공으로 6,020명 수용
	1940년	소록도에서 제14회 일본나학회 개최
	1941년	소록도갱생원에서 환자 이길용이 친일 성향의 환자 박순주를 살해
	1942년	소록도갱생원에서 환자 이춘상이 스오 원장 살해
미국 카빌 요양소의 패짓 박사가 프로민의 한센병 치료 효과를 발표	1943년	
	1945년	광복 직후 소록도갱생원에서 84인 학살사건 발생
		소록도갱생원에 최초의 한국인 원장인 김형태 취임

	1946년	여수 나병원의 윌슨 원장이 남한에 최초로 프로민을 들여와 사용
WHO 창립	1947년	소록도갱생원 개원 이래 최대 입원자인 6,254명 기록
		소록도갱생원에서 환자자치제 허용
제5차 국제나회의에서 DDS제 인정	1948년	미군이 대량으로 DDS제를 남한에 들여옴
일본에서 5개 요양소 환자 연맹 출범		한센인단체인 '성좌회' 발족
일본에서 「우생보호법」이 제정되면서 한센병 환자와 그 배우자에 대한 단종수술 법제화		'대한나예방협회' 설립
	1949년	소록도갱생원이 '중앙나요양소'로 개칭
		소록도갱생원에 환자를 의무요원으로 훈련시키는 '녹산의학강습소' 개설
		환자 자녀 기숙학교인 '국립삼육학원' 설립
	1950년	캐롤 주교가 '성나자로 마을' 설립
일본에서 '전국국립나병요양소환자협의회(전환협)' 발족	1951년	댑손제가 한국에 최초로 들어옴
		중앙나요양소가 '갱생원'으로 개칭
		북한 한센병 요양소에 수용됐던 환자 99명이 소록도갱생원으로 이송
필리핀이 격리법을 개정해 재택치료가 가능해짐	1952년	갱생원에서 환자 가슴에서 골수를 체취하는 흉골골수천자에 의한 한센병균 검사 도입
제1회 WHO 한센병 전문위원회에서 모든 국가에 강제격리 정책을 재검토할 것을 권고		안동읍 의회가 '안동 성좌원' 설립

	연도	
일본에서 「(신)나예방법」이 제정되면서 나요양소 원장의 징계검속권 폐지	1953년	
	1954년	갱생원에서 원장의 비리와 흉골골수천자에 반대하는 환자들의 저항운동 발생(4·6 사건)
		흉골골수천자 폐지
		「전염병예방법」 공포
	1955년	한센병 전문가 코크레인 박사가 한국을 방문하고 한센병 시설을 조사한 후 보고서 작성
	1956년	대한나예방협회가 '대한나협회'로 개칭
		전국에 12개의 나이동진료반을 설치해 신환자 발견 및 재가 환자 치료
	1957년	경상남도 사천 비토리에서 한센인 학살사건 발생
		갱생원이 '소록도갱생원'으로 개칭
		WHO가 한국에 한센병 고문관실을 설치하고 고문관을 주재시킴
일본에서 열린 제7차 국제나회의에서 모든 강제격리 정책을 폐지할 것을 권고	1958년	'대한나학회' 창립
WHO 한센병 전문위원회에서 요양소 중심주의를 폐지하고 환자는 사회로 복귀시킬 것을 권고	1959년	천주교 프란치스코회 소속 신부들이 산청에 '성심원'(산청성심인애원) 설립
		한센병 전문가인 유준 박사가 서울에 선명회 특수피부진료소 설립
	1960년	『대한나학회지』 창간
		소록도갱생원이 '국립소록도병원'으로 개칭

		한센인 정착시범사업 완료
	1961년	WHO가 한국에 결핵과 한센병 퇴치사업에 자금 원조 결정
		미국 메리놀회 스위니 신부의 지원으로 가톨릭대학교 의과대학에 만성병 연구소 설치
		한센인 등록사업 전국으로 확대
	1962년	국립소록도병원에서 오마도 간척사업 시작
		한센인 정착사업 전국 확대 실시
	1963년	「전염병예방법」 개정으로 강제격리 규정 삭제(시행령과 시행규칙에는 잔존)
		WHO와 UNICEF가 경상북도 월성군에서 한센병 환자 표본조사 실시
필리핀이 「나병 해방법」을 제정해 한센병 환자의 격리수용 금지	1964년	오마도 간척사업이 고흥군으로 이관
		한국 정부가 벨기에의 다미앵재단과 한국 한센병사업 지원에 관한 지원 협정 체결
		한센병 계몽지 『서광』이 월간 『새빛』으로 재창간
	1966년	소록도병원에 다미앵재단에서 의사 2명과 간호원 5명 파견
	1967년	정부의 나병원 일원화 계획에 따른 '정원운영 종합계획' 수립
	1968년	국립소록도병원이 '국립나병원'으로 개칭

		대왕초등학교 공학반대사건
1969년		'한국한센연합회' 발족
		국립나병원 칠곡분원 폐쇄
1970년		한국한센연합회가 '한성협회'로 개칭
1971년		다미앵재단 해단 및 공적비 제막
1974년		경계선 철조망 철거, 감금실 철폐
1975년		국립나병원 용호분원 폐쇄, 용호농장 발족
		한성협회가 '한성협동회'로 개칭하고 보건사회부에 사회단체로 등록
		대한나협회가 정부 나이동진료 사업 인수
1976년		대한나협회가 계몽지 월간 『복지』 창간
1978년		국립나병원에 간호보조원 양성소 제1기 입소
1979년		국립삼육학원 직제폐지
		『소록도반세기』 발간
		한센병 계몽지 『새빛』 폐간
		국립나병원에 처음으로 공중보건의 배치
1982년	WHO가 새로운 복합화학요법인 MDT를 한센병 치료에 권고	국립나병원이 '국립소록도병원'으로 개칭
1983년		국립소록도병원에 MDT 도입

	1984년	대한나협회가 '대한나관리협회'로 개칭
		교황 요한바오로2세 소록도 방문
	1988년	대한나관리협회가 『한국나병사』 발간
	1989년	한성협동회가 사단법인으로 출범
		국립소록도병원 원생자치회 구성
	1993년	『아으, 70년』 발간
	1995년	국립소록도병원 개원 80주년 기념식
일본이 「나예방법」 폐지로 한센병 환자에 대한 강제격리 제도 종식	1996년	국립소록도병원이 『소록도 80년사』 발간
일본 나요양소 입소자 13명이 나예방법에 대한 위헌국가배상 청구소송 제기(구마모토소송)	1998년	
	2000년	대한나관리협회가 '한국한센복지협회'로 개칭
		「전염병예방법」 개정으로 나병이 '한센병'으로 개칭
일본 「나예방법」에 대한 위헌국가배상청구 소송에서 원고인 나요양소 입소자가 승소 판결을 받음	2001년	최초의 한센인 인권지원단체인 '소록도를 사랑하는 사람들의 모임'(소사모) 결성
일본 의회가 「한센병요양소 입소자 등에 대한 보상금 지급 등에 관한 법률」을 통과시키고 모든 요양소 입소자에게 피해보상금 지급		
노르웨이 베르겐의 한센병 자료가 세계기록유산에 등재		

	2002년	국립소록도병원이 간호조무사 양성소 폐지
		한성협동회가 '한빛복지협회'로 개칭
	2003년	일본 변호단이 소록도와 낙생원에 수용된 한센인을 대리해 일본 후생성에 보상청구를 제기했으나 기각
식민지기 대만 낙생원에 격리된 한센인이 대만 및 일본의 변호단과 함께 일제하 강제격리 보상소송 제기	2004년	대한민국 한센인 권변호단과 일본 변호단이 일본에 보상 소송 제기
대만 한센인이 일제하 강제격리 보상 소송에서 승소	2005년	일제하 소록도 강제격리 일본 보상 소송 패소
		국가인권위원회가 '한센인 인권 실태 조사' 실시
필리핀 쿨리온의 100주년 기념식 및 쿨리온 박물관 및 자료관 개관	2006년	
대만 낙생원의 일부가 철거되고 한센인 일부가 신축된 병원 건물로 보내짐		
말레이시아 순가이부로 중 일부가 철거되면서 요양소의 한센인 지원단체인 '희망의 계곡 연대모임' 결성	2007년	「한센인사건법」 국회 본회의 통과
일본 정부가 한센인 피해자에 대한 피해보상을 넘어 사망할 때까지 국가와 사회가 책임지는 내용 등을 포함한 「한센병 문제 기본법」 제정	2008년	
대만 정부가 「한센인 환자 보상조례」를 제정해 피해자에 대한 보상		
	2009년	소록대교 개통

좌	연도	우
	2011년	한센인 단종수술과 낙태수술에 대한 국가배상 소송 제기
일본 최고재판소에서 한센인에 대한 사법기관의 차별을 인정	2016년	국립소록도병원 개원 100주년 기념 행사 국립소록도병원의 한센병박물관 개관
	2017년	국립 소록도 병원에서 『소록도 100년, 한센병 그리고 사람, 백년의 성찰』 발간 대법원이 한센인 단종수술과 낙태수술 소송에서 원고인 한센인 승소 판결
필리핀 쿨리온의 자료들이 유네스코 아시아태평양 지역 세계기록유산으로 등재	2018년	「감염병예방법」 개정으로 한센병이 제2급 감염병이 되면서 한센병 환자에 대한 격리가 다시 가능해짐
일본 법원이 한센인 가족이 받은 차별에 대해 일본 정부가 배상하라고 판결 말레이시아 순가이부로가 유네스코 세계문화유산 잠재적 리스트에 등록	2019년	
대만의 일제하 격리된 한센인 가족이 일본 정부를 상대로 한 피해보상 청구에서 승소	2021년	일제하 격리됐던 한센인의 가족들이 일본 정부를 상대로 피해보상 청구 10월, 소록도에 이춘상 조형물 설치

참고문헌

신문기사(매체별 시간 순서대로)

『강원일보』
「나병격리부락기획 일억 사천만 원 예산 청구」, 1948. 10. 26.

『공업신문』
「프로미졸 술파 나병발효」, 1946. 7. 14.
「뢰병에는 쏠포제」, 1946. 12. 19.
「나병특효약 125상자 배당」, 1947. 9. 24.
「문둥병 만연 방지, 대구 등 3개소의 병원을 국영화」, 1947. 11. 4.
「나병치료약품을 각 요양소에 배당」, 1948. 1. 27.
「청주영천양지에 나병환자촌 신설」, 1948. 2. 12.

『광명일보』
「물경 나병환자 삼백 명 서울 시내를 배회」, 1947. 5. 11.
「나병환자증가」, 1947. 6. 21.

『대동신문』
「문둥이 횡행」, 1946. 4. 2.
「문둥병약 배급」, 1947. 9. 24.
「소록도의 나병환자 탈주 속출」, 1947. 12. 6.

『대중일보』
「문둥이 절도단」, 1947. 7. 25.
「문둥이 주택된 공원」, 1947. 8. 24.
「절도질하고 문둥이 강간」, 1947. 8. 24.

『대한독립신문』
「나병약 입하」, 1946. 6. 27.

『대한일보』
「나병치료약품 각지 요양소에 배당」, 1948. 1. 27.
「나병환자수용촌, 영천 청주 등지에 신설」, 1948. 2. 13.
「전갱생원장 김형태 피검」, 1948. 9. 10.

『독립신문』
「나병에 서광」, 1946. 12. 19.
「시내의 나병환자를 소록도로 수송」, 1947. 2. 21.
「문둥병 환자 급증, 불안에 싸인 시민들」, 1947. 6. 13.
「전남에 문둥이 사태, 식량난으로 소록도 수용불능」, 1947. 9. 29.
「소록도 문둥이, 배곱아 계속 도망」, 1947. 12. 6.
「나병환자에 복음, 미국서 약품 입하」, 1948. 1. 27.

『독립신보』
「범인지명수배중, 문둥이 식인사건 속보」, 1948. 7. 27.
「남조선에만 사만여 명, 문둥병 환자 우굴우굴」, 1948. 12. 25.

『동광신문』
「문둥이 골먹은 김형태 횡령죄로 송청」, 1948. 9. 19.

『동아일보』
「나병자와 모히 중독자에 대해, 무성의한 당국의 태도」, 1923. 7. 26.
「경북달성에 나병환자상조회」, 1923. 12. 31.
「나병자상조회창립을 듣고」, 1924. 3. 24.
「다시 나병자와 시설에 대하야」, 1925. 5. 24.
「나병여자자살」, 1926. 8. 13.
「위생사상과 기관」, 1927. 1. 15.
「나병근절은 거세외 무도리, 거세로써 유던방지, 지하박사담」, 1927. 4. 15.
「나병자액사 병으로 고통」, 1927. 5. 9.
「나병환자발호로 마산부민의 공황」, 1927. 6. 14.
「나병환자침입으로 김해주민공황」, 1927. 7. 1.
「나병자위집 부산진 대위협」, 1927. 8. 1.
「가족까지 냉대, 나병환자 자살」, 1927. 8. 26.
「영남지방, 나병자상조회」, 1927. 11. 12.
「신부대에 곤봉이 현신, 장가갔다가 불의 봉변, 눈썹이 적다고 문둥이로 몰아 쫓고 진단서 가지고 온 것을 또 몹시 때려」, 1928. 1. 25.

452

「작당출몰하는 부산나병군」, 1928. 4. 21.

「전염성을 기화로 함부로 위협, 걱정거리 나병환자 대구부에 사백 명」, 1928. 6. 10.

「아해 죽인 원수라고 나병자 합력 난타」, 1928. 6. 28.

「밀양동인회 임시회준비」, 1930. 3. 13.

「주요도시순회좌담(47) 제10 진주편(3)」, 1930. 11. 15.

「나병친척을 소살한 2명」, 1931. 1. 18.

「주요도시순회좌담(117) 제24 순천편(종)」, 1931. 2. 3.

「불쌍한 나병환자 무서운 나병독균」, 1931. 9. 10.

「나환자 구제」, 1931. 9. 26.

「사회유지의 발기로 나병구제연구회」, 1931. 9. 26.

「나병구제회 위원회 개최」, 1931. 9. 30.

「도처에 병균전파하는 나환자가 만팔천인」, 1931. 10. 21.

「근절안 토의, 19일 상무위원회를 열고, 각 부서도 결정」, 1932. 1. 21.

「나근절회 장정과 취지」, 1932. 1. 26.

「산자수명한 강릉에는 나병걸인이 위집」, 1932. 2. 6.

「나병환자에게 동정금답지, 동정금이 들어오기 시작, 구제회인사활동」, 1932. 5. 8.

「예천 시내에 나병걸인운집, 27일 일제검거」, 1932. 5. 31.

「지중에 의문의 여시, 혐의자 잡아 취조한 결과 '한센병녀라 부자로 독살」, 1932. 6. 9.

「여수병원 기타지방에 부내 나환자 이송, 부민의 대협위든 문제 해결, 근절연구회는 해산」, 1932. 6. 24.

「의성에 나병자 만연 주민의 우려막심」, 1932. 10. 20.

「나병환자가 작대해 구걸, 민심은 극도로 불안중, 해남당국의 처치기대」, 1933. 3. 11.

「나병자성군 경찰에 또 진정, 어서 소록도에 보내달라고 광주서 일대두통」, 1933. 9. 5.

「매일 이십 나병환자 경찰에 애원, 살수 없으니 수용해 달라고 소록도행을 지원」, 1933. 9. 10.

「이십 여명 나병환자 전남도청에 쇄도, 속히 소록도에 보내달라고 탄원, 색다른 진정에 도청도 두통」, 1934. 5. 28.

「살인범과 악질자에겐 자녀생산을 금지, 매독환자도 시술 후에야 결혼, 이번 의회에 상정된 단종법안」, 1935. 3. 8.

「나병 걸린 숙모를 양화에 투해, 병치료하러 간다고 꼬여 갖고, 8년 전 살인범 검거」, 1935. 4. 5.

「자급자족의 별건곤」, 1935. 10. 25.

「확장되는 소록낙원」, 1936. 2. 20.

「소록도행을 거절당코 고흥에 주유하는 나환군」, 1936. 6. 11.

「문둥이 작대해 종로서에 출두진정」, 1936. 6. 15.

「오빠 병을 비관코 묘령부 투신자살 섬진강상에 고혼」, 1937. 9. 4.

「경남나병자상조회 무료시료를 요망, 종전대로 시료 진정」, 1939. 3. 24.

「방임된 나환자 소록도로 호송」, 1945. 12. 10.

「나병환자들 송환, 인천」, 1946. 10. 30.

「나병특효약 프로민 입하」, 1947. 9. 29.

「나병환자 수용소 식량난」, 1948. 11. 28.

「나병대책 없는가」, 1949. 7. 28.

「나병자격리에 서광, 추가예산통과를 기대」, 1949. 7. 31.

「일만 팔천 나환자 올 겨울 안에 완전 수용, 구보건장관담」, 1949. 10. 2.

「보건행정에 새로운 서광, 스미스박사 미국보건부극동책임자 원조를 확약」,
     1949. 11. 23.

「기축년의 공수표 (나병편), 격리수용도 실패, 근본시책강구가 필요」, 1949. 12.
     28.

「오천만원을 계상, 유니세프 원조를 받기 위해」, 1950. 1. 22.

「수용소신설문제로 주민 보건부 사이에 발성」, 1950. 1. 19.

「세보연 삼회 총회」, 1950. 3. 12.

「이보건차관 등 26일 출발, WHO 총회참석」, 1950. 4. 9.

「국제보건기구 총회에 최영태 씨가 참석」, 1950. 4. 29.

「나병치료약 이만명분 입하」, 1952. 1. 15.

「소록도갱생원장 (김상태)의 비행을 만천하에 공포함」, 1953. 10. 23.

「의술은 두 분의 천생연분, 우생학계몽에 중점노력: 나병환자가 날로 늘어감을 개
     탄」, 1957. 4. 8.

「나환자단종연구」, 1959. 12. 10.

「칠곡 등의 나환자를 소록도병원에 수용」, 1967. 3. 29.

「나병환자 처치에 두통, 대구서에선 원적지로 환송, 근절방침이 일대 문제」(*날
     짜)

『만선일보』

「연길나병환자 십이 명 철령요양소에 수송」, 1940. 3. 8.

『매일신보』

「차아가 장성하면 조소를 받겠다」, 1916. 10. 4.   **454**

「소록도의 별천지, 문둥병환자를 수용하는 곳, 90명의 환자들은 이 부락생활을 즐긴다」, 1917. 5. 30.

「담양 괴설, 문둥병자 사천 명이 돌아다닌다고 야단」, 1922. 6. 17.

「부산진 일신여교생의 불평」, 1926. 6. 16.

「남해별천지 소록도자혜의원」, 1926. 8. 9.

「여수반도에 대규모나병원, 광주에 있는 것을 옮겨」, 1927. 1. 13.

「여수반도에 대규모 나병원, 광주에 있는 것을 옮겨, 규모확대, 환자격리」, 1927. 1. 13.

「통영해동의원장 김상용씨의 특지, 대구나병자 상조회에 자진하야 이천 원 기증」, 1927. 1. 29.

「나병자상조회 구제방을 진정, 도평의회에」, 1927. 3. 3.

「나병환자 구축책 당국에서 강구」, 1927. 9. 3.

「나병개선을 결의, 부산사회연구회에서」, 1927. 11. 17.

「나병 환자의 이상향 소록도의 근황」, 1928. 6. 6.

「대구나병환자 고향으로 추송 나병원에도 만원 대구서에서 단행」, 1928. 6. 19.

「문둥병자의 낙원 소록도에 설비 완성」, 1928. 12. 20.

「나병환자사」, 1930. 4. 12.

「나병환자대표의 격리장 지정 요망, 네 곳 병원은 받지 않고 가라고만 해, 충북도 당국에 애원」, 1930. 5. 6.

「가련한 천형병자 여수나병원에 집중, 입원거절을 당하고 공제회 조직, 경찰부에 주사약 청구」, 1930. 5. 10.

「나병환자 근본 정리로 3도 연합회의 개최, 경남 1도는 열저불능, 수용소 확장은 대급무」, 1930. 7. 29.

「나병환자수용방법, 부산상의가 강구, 상인측에서 데의 호소(상인 측에서 제의 호소), 도지사에 진정키를 결정」, 1930. 8. 1.

「춘천에 문둥이」, 1930. 10. 26.

「나병에 걸린 걸처를 살해」, 1930. 10. 30.

「윤치오 씨가 솔선 이백 원을 의연, 일반위원은 감격불이하며 사회동정을 대망」, 1932. 1. 21.

「천 원만 있으면 격리는 무난, 주제연구회에서 궐기해 일반 여론을 환기」, 1932. 1. 21.

「나병환자가 채소를 행상 군산시내를 횡행해 경찰의 취제절망」, 1932. 5. 14.

「나병자의 혈정, 그 모가 압살」, 1932. 10. 11.

「문둥병 걸린 딸 독살한 부모, 남편에게 이혼당하고 와 있던 중, 각 오년 징역 구형」, 1933. 5. 5.

「강릉읍내 배회하는 나병자 이송 결정」, 1934. 10. 15.

「발전소까지 완성되어 갱생원 시설 충실, 삼천 명의 문둥병자를 수용 중 광명 비
친 소록도」, 1935. 4. 17.
「함남도내에 문둥이 증가」, 1936. 7. 31.

『민보』
「문둥병 환자 점증」, 1947. 6. 13.

『민주중보』
「나병에 특효약」, 1946. 7. 13.

『민중일보』
「문둥병환자가 늘어도 시에서는 이를 방치」, 1947. 6. 12.

『별건곤』
「의학상으로 본 산아제한방법론」, 제34호. 1930. 11. 1.

『부녀일보』
「나병환자수용에 SOS, 소록도서도 거절」, 1947. 10. 17.

『부산신문』
「부산나요양원, 의료기관 요급」, 1947. 5. 29.
「나병자수용소는 만원, 식량배급 못 받는 부민에는 곧 배급, 펜톤씨담」, 1947. 5.
30.
「식량부족으로 나병환자 탈출」, 1947. 12. 7.
「한심한 위생관념, 장안 복판에 문둥이 음식점」, 1948. 8. 27.

『부인신문』
「뢰병환자 이송, 망우리에서 부평으로」, 1950. 1. 7.
「나병환자 수용에, 구보건부 장관담화」, 1950. 2. 16.
「문둥이들을 처치해주오」, 1947. 10. 4.

『시대일보』
「마산서장의 폭언 서양사람이면 위생방해이나 조선사람에게는 관계치 않다」,
1924. 6. 3.
「180명의 나병환자들이 진정, 의지할 곳 없는 병자 각 관청에 진정했다」, 1924.
12. 7.

「한센병원을 이전하라」, 1925. 7. 26.
「나병자상조회 인가 신청 중」, 1926. 7. 4.

『연합신문』
「망우리나병환자 인천교외로 이백 여명을 이송」, 1950. 1. 13.
「경기도내 나병환자수용소를 준공」, 1950. 1. 16.

『영남일보』
「나병환자, 지방에 분산 수용」, 1948. 2. 24.

『의사시보』
「나병은 완치할 수 있다: DDS로 치료사업 전개 중」, 1959. 6. 29.
「결핵과 나병퇴치에 박차: WHO로부터 20만 불 원조받기로」, 1961. 10. 23.
「나병후증회복수술성공: 국립의료원 정형외과서」, 1963. 3. 14.

『조선경제신보』
「문둥병환자 격증」, 1947. 6. 16.

『조선신문』
「光州癩病院を愈麗水へ移轉」, 1927. 4. 13.
「癩病患者を强制的に收容方を陳情, 釜山商議社曾部會の決議頗る注意を惹く」,
　　　　1927. 8. 26.

『조선일보』
「대왕국교분규, 부형들 방해 울어버린 등교, 교위 경찰협조 요청」, 1969. 6. 14.

『조선중앙일보』
「나병자연합대회 당국에 육조항진정」, 1933. 4. 11.
「나병환자일군이 대거 광주에 쇄도, 소록도 보내달라고」, 1933. 8. 18.
「우리의 낙천지인 소록도로 보내주」, 1934. 9. 11.
「소록도로! 소록도로! 나병환자의 낙원」, 1934. 10. 11.
「화상당한 아이 나병환자라고 오인 타살한 자」, 1936. 5. 4.
「철원에 문둥이 소동」, 1936. 6. 19.
「평남에서도 문둥이 소동 경찰의 유언취체」, 1936. 7. 9.
「한남의 나병환자 금년 들어서 점증」, 1936. 7. 31.
「미, 나병협회 상무 바-카 박사래한」, 1947. 10. 21.

「나병환자수용촌, 남조선에 3개소 신설」, 1948. 2. 12.

「희대의 식인귀 출현, 부호나병환자의 전율할 범행」, 1948. 7. 23.

「범인지명수배중, 문둥이 식인사건 속보」, 1948. 7. 27.

「문둥이 재출현의 위기, 망우리수용소 경영난」, 1949. 1. 12.

「문둥이 수용에 신전술, 대구서 구축권을 발행」, 1949. 2. 15.

『중앙신문』

「미국나병협회 간사 케박사 이십일 래경」, 1947. 10. 19.

『중앙일보』

「동래의 문둥이촌 나병자연맹제창」, 1932. 3. 11.

「이전은 고사 더욱 확장, 이전교섭 중의 여수나병원」, 1932. 11. 17.

「나병환자 내부의 내자 살해사건, 검사의 무기구형에 이 년 역을 언도」, 1933. 1.
25.

『중외신보』

「문둥병환자 인천에 횡행」, 1947. 5. 6.

『중외일보』

「나병환자의 철도자살」, 1926. 11. 30.

「목석불부의 가련한 백삼십 명의 나병환자, 도청에서는 보조 무요 결정, 미국인은
요양실 확장 준비」, 1926. 12. 4.

「나병회사업에 찬동기부」, 1927. 1. 29.

「부산지방에 나병환자 격증」, 1927. 6. 26.

「적기에 있는 나병원 타처 이전 청원」, 1927. 8. 28.

「전남관내에 나병환자집중」, 1928. 4. 27.

「고흥군 내 나병환자 위집」, 1928. 9. 16.

「사설, 나병환자 정리의 요」, 1930. 7. 29.

『충청매일』

「나환자에 광명, 신치료법 발견」, 1949. 8. 7.

『평화일보』

「사람고기 먹은 문둥이 갑부, 서울에서 체포」, 1948. 8. 18.

『한겨레21』
「특집: 광기의 역사, 그 마지막 페이지!」, 2005. 8. 31.

『한성일보』
「나병환자 복음 명약 푸로민 입하」, 1948. 1. 28.
「서울에 오백여 명, 문둥병환자 도시서 일소코저 준비 중」, 1948. 6. 6.
「문둥이가 음식점 경영 서울거리에 전율할 문둥이 홍수」, 1948. 8. 27.
「사회부서 일억 사천만 원 예산청구 문둥이 부락 계획」, 1948. 10. 24.
「서울시 문둥병 환자 부평으로 전부 행차」, 1950. 1. 7.

『현대일보』
「"푸로미졸술파" 나병에 발효: 워싱턴 11일 UP발조」, 1946. 7. 12.
「나병환자 삼백 명 소록도수용소에」, 1947. 1. 31.
「나병치료약 입하」, 1948. 1. 27.

『호남신문』
「사람고기 먹은 문둥이 갑부, 대구 이정우 종로서에 피체」, 1948. 8. 18.

『후생일보』
「나환자 기형 충분히 방지: 2차 기형예방사업 1백% 성공」, 1972. 12. 18.
「나환자 성형수술, 선명회피부진료소서」, 1972. 12. 29.

국내 자료

갈승철, 「한국나병의 역사적 고찰」, 『대한나학회지』 1(1), 1960.
갱생원, 『갱생원연보』, 1953.
_____, 『갱생원연보』, 1955.
국가인권위원회, 『한센인 인권 실태조사』, 2005.
국립나병원, 『연보』, 1964.
_____, 『연보』, 1966.
_____, 『연보』, 1967.
_____, 『연보』, 1968.
_____, 『연보』, 1974.
_____, 『연보』, 1978.
국립소록도병원, 『나사업편람』, 1982.

_____,『소록도 100년, 한센병 그리고 사람, 백년의 성찰: 역사편』, 2017.

_____,『소록도 100년, 한센병 그리고 사람, 백년의 성찰: 의료편』, 2017.

_____,『소록도 80년사』, 1996.

_____,『연보』, 1982.

김계한 고옥정 김장용 오찬영 장훈영, 「나환자에 있어서의 신체장애자 조사보고」,『대한나학회』, 6(1), 1969.

김계한 하용마 오중근 서재주 김승엽 유준, 「나환자에게 의료요원이 직접 DDS를 투여하는 방법이 세균음전화에 미치는 영향」,『대한나학회지』5(1), 1968.

김도일, 「나병의 재발에 관한 연구」,『대학나학회지』10(1), 1976.

김도일, 「한국에서의 DDS 저항나」,『Scientia Lepro』, 4, 1981.

김려실, 「1970년대 생명정치와 한센병 관리정책-김정한의「인간단지」와 최인호의「미개인」을 중심으로」,『상허학보』48, 2016.

김세종 정성덕 유준, 「Rifampicin에 의한 나종양나환자의 치료」,『대한나학회지』, 11(1), 1978.

김아람, 「1950년대 후반~60년대 전반 정착사업의 변천 과정과 특징」,『역사문제연구』38, 2017.

김원중, 「한국 전쟁 이후 한센병 정책의 의학적, 제도적 전환: 코크레인 보고서를 중심으로」, 연세대학교 대학원 석사논문, 2019.

김재형, 「"부랑나환자" 문제를 둘러싼 조선총독부와 조선사회의 경쟁과 협력」,『민주주의와 인권』19(1), 2019.

_____, 「식민지기 한센병 환자를 둘러싼 죽음과 생존」,『의사학』28(2), 2019.

_____, 「한국 한센인단체의 해외원조 사업모델의 형성에 관한 사회학적 연구」, 서울대학교 대학원 석사논문, 2007.

김재형·오하나, 「이행기 정의를 통해 본 일본 한센인 운동, 1946-2009」,『사회와 역사』121, 2019.

_____, 한센인 수용시설에서의 강제적 단종·낙태에 대한 사법적 해결과 역사적 연원」, 민주주의와 인권 16(4), 2016.

김정란, 「일제강점기 부산의「나병」과 그 대응」, 한국해양대학원 석사논문, 2006.

김창원,『광야의 나그네』, 크리스챤신문출판부, 1985.

김향한 고옥정, 「나병에 있어서의 신체장애자 조사성적」,『대한나학회』, 2(1), 1963.

대한나관리협회,『연보』, 1984.

_____,『연보』, 1988

_____,『한국나병사』, 1988.

대한민국 한센인권변호단,『한센인권활동백서1: 한센인권변호단 활동보고서』, 2017.

도쿠다 야스유키, 한센병 문제를 둘러싼 한일 양국 변호단의 교류를 되돌아보며 , 대한민국 한센인권변호단, 한센인권활동백서 1 , 2016.

박영립, 일본에서 온 편지」, 대한민국 한센인권변호단, 한센인권활동백서 1 , 2017.

박찬운, 소록도의 기적: 소록도 보상소송 초기의 단상」, 대한민국 한센인권변호단, 한센인권활동백서 1 , 2017.

박향준 안성열,「나병의 미모소실증에 대한 단모 미세이식술」,『대한피부과학회지』38, 2000.

보건사회부,『나병관리사업지침』, 1973.

_____,『한센병관리사업지침』, 2000.

_____,『한센인 피해사건 진상조사 보고서』, 2011.

서순봉,「한국에 있어서 등록된 나환자의 퇴록문제」,『나병관리세미나자료』, 1970.

西川義方,「朝鮮小鹿島更生園を通して觀たる朝鮮の救癩事業」, 1940.

소록도갱생원,『연보』, 1952.

_____,『연보』, 1957.

_____,『연보』, 1958.

소록도병원,『연보』, 1964·1966·1967.

신영전,「식민지 조선에서 우생운동의 전개와 성격: 1930년대「우생(優生)」을 중심으로」,『의사학』, 15권(2호), 2006.

심전황,『소록도반세기』, 1979.

심전황,『아으, 70년: 찬란한 슬픔의 소록도』, 1993.

오재철,「홍보를 통한 나병조기 발견 및 예방에 관한 과제」,『대한나학회지』, 1999.

오중근·유준,「한국 나병의 관리 및 추세」,『대한나학회지』7(1), 1970.

위지지역경제연구소,『나환자정착촌의 법률적 제도적 개선방안에 대한 정책토론회 결과보고서』, 1993.

유경운,「나병의 재활의학」,『대한나학회지』, 9(1), 1960.

유상현,「나병과 세균검사」,『서광(Vision)』1(5), 9·10월호, 1963.

유준 김영수,「항나제 DDS(diamino-diphenyl-sulfone)에 의한 나접촉자의 나예방에 관한 연구」,『대한나학회지』9(1), 1975.

유준 정민,「"트 신" 소화법에 의한 나의 조기진단과 조기증상의 재검토」,『나학회지』1(1), 1960.

이강순,「나병의 가족내전염과 화학요법제 "디-디-에쓰"에 의한 예방에 관한 연구」, 『나학회지』 1(1), 1960.

이학송, 「대한나병협회의 나갈 길」, 『나병관리세미나자료』, 1970.

일제강점하강제동원피해진상규명위원회, 『소록도 한센병환자의 강제노역에 관한 조사, 진상조사보고서IV-1 29의결』, 2006, ii-iii.

정근식 외, 『국립소록도병원 100년 구술사료집 1: 또 하나의 고향, 우리들의 풍경』, 국립소록도병원, 2011.

정근식, 「동아시아 한센병사를 위하여」, 『보건과 사회과학』, 12, 2002.

_____, 「식민지적 근대와 신체의 정치」, 『사회와 역사』, 51, 1997.

_____, 「오마도 간척사업의 배경, 전개과정, 의의」, 『땅을 빼앗긴 게 아냐, 희망을 뺏긴 것이지』, 한성협동회, 2002.

_____, 「질병공동체의 해체와 이주의 네트워: 두 정착마을 사례를 중심으로」, 『사회와 역사』 69, 2006.

_____, 「차별 또는 배제의 정치와 '소수자'의 사회사 재구성」, 『경제와 사회』, 100, 2013.

_____, 「한국에서 근대적 나(癩)구료의 형성」, 『보건과 사회과학』, 1(1), 1997.

정근식·김영숙, 「일제하 소록도 자혜의원 설립 및 확장에 따른 토지수용과 주민저항에 관한 연구」, 『지방사와 지방문화』, 19(2), 2016.

정민, 「"한센"씨병이란 어떠한 것인가?: (2) 세균학적 검사」, 『서광(Vision)』 1(2), 1963, 3·4월호.

____, 「나병의 조기진단에 관한 연구」, 『대한나학회지』 2(1), 1963.

정준모, 「나병환자취체에 관한 건」, 보의 제2376호, 국총비제372호, 1952. 7. 11.

조선나예방협회, 『조선나예방협회요람』, 1933.

조창원, 「나병수용관리에 대해」, 『나병관리세미나자료』, 1970.

차윤근, 『아쉽지만 후회없이 달려온 길』, 한국복지재단, 1966.

채규태, 「한국 한센병 대책의 과거, 현재와 미래에 대한 전략」, 『대한나학회지』, 33(1), 2000.

_____, 「한센병 서비스 유지를 위한 WHO 전략회의 참가보고서」, 2004.

최대경, 「전염병 예방법 중 개정법률안을 보고: 특히 나병정책의 변경에 대한 소감」, 『서광(Vision)』, 1(2), 1963, 3·4월호.

최시룡, 「흉골골수천자에 의한 나의 진단」, 『대한나학회지』, 2(1), 1963.

한국민간나사업단체협의회, 『한국민간나사업편람』, 1983.

한국한센복지협회, 『한국나병사』, 2001.

한빛복지협회, 『녹산의 숲속』, 2012.

한센인피해사건진상규명위원회, 『한센인 피해사건 진상조사 보고서』, 2013.

국외 자료

Abraham, "Leprosy in the British Empire", *Mittheilungen und verhandlun-gen der internationalen wissenschaftlichen lepra-conferenz zu Berlin*, vol. 2, 1897.

Arrington, Celeste, *Accidental Activists: Victim movements and government accountability in Japan and South Korea*, Cornell University Press, 2016.

Browne SG, Hogerzeil LM., "B663 in the treatment of leprosy: preliminary report of a pilot trial", *Leprosy Review*, 33, 1962.

Browne SG., "Some highlights of the week's work. Chemotherapy of lepro-sy: experimental aspects", *International Journal of Leprosy and Other Mycobacterial Diseases*, 36, 1968.

Buckingham, "Patient Welfare vs. the Health of the Nation: Governmentali-ty and Sterilisation of Leprosy Sufferers in Early Post-Colonial India", *Social History of Medicine*, 19(3), 2006.

Cole, Howard Irving, "Chemistry of leprosy drugs", *International Journal of Leprosy*, 1(2), 1933.

Edmond, *Leprosy and Empire: A Medical and Cultural History*, Cambridge University Press, 2006.

Gordon A. Ryrie, "A Preliminary Peport on the Action of Certain Dyes in Leprosy", *International Journal of Leprosy*, 1(4).

Gussow, *Leprosy, Racism and Public Health*, Westview Press, 1989.

H. Helber & Grosset., "The chemotherapy of leprosy: An interpretive histo-ry". *Lepr Rev*, 83, 2012.

H. Sansarrcq., "Chapter 2. The Study Group", *Multidrug therapy against lep-rosy: Development and Implementation over the past 25 years*. Gene-va, 2004.

Herman, R. Douglas K, Out of Sight, Out of Mind, "Out of Power: Leprosy, Race, and Colonization in Hawaii", *Journal of Historical Geography* 27(3), 2001.

Irgens, M. Lorentz, "Leprosy in Norway: An interplay of research and public health work", *International Journal of Leprosy*, 41(2), 1973.

Jane Buckingham, "Patient Welfare vs. the Health of the Nation: Govern-mentality and Sterilisation of Leprosy Sufferers in Early Post-Colonial India", *Social History of Medicine*, 19(3), 2006.

Ji BH., "Drug resistance in leprosy–a review", *Leprosy Review*, 56, 1985.

Jo Robertson, "Chapter 6. The Leprosy-Affected Body as a Commodity: Autonomy and compensation", edited by Sarah Ferber & Sally Wilde, *The Body Divided: Human Beings and Human 'Material' in Modern Medical History*, ASHGATE, 2011.

Sarah Ferber & Sally Wilde, *The Body Divided: Human Beings and Human 'Material' in Modern Medical History*. ASHGATE, 2011.

John E. Lesch, *The First Miracle Drugs: How the Sulfa Drugs Transformed Medicine*, Oxford: oxford University Press, 2007.

John Parascandola, "Miracle at Carville: The Introduction of Sulfones for the Treatment of Leprosy," *Pharm. Hist*, 40, 1998.

Jose Rodriguez, "Studies on transmission of leprosy to children were conducted at Culion", "Studies on Early Leprosy in Children of Lepers", *Philippine Journal of Science*, 31(2), 1929,.

Lampe, "Fate of Children Born of Leprous Parents in the Groot-Chatillon Leprosy Asylum", *International Journal of Leprosy*, 1(1), 1933.

Lara, C.B., and Tiong, J.O., "The Problem of the Negative Inmates in the Culion Sanitarium", *International Journal of Leprosy* 23(4), 1955.

Lechat, M.F., "The saga of dapsone" in World Health Organization, *Multidrug therapy against leprosy: Development and Implementation over the past 25 years*. Geneva, 2004.

Levy, L., "Scientific factors (1972-1981)" in Chapter 1 Preparation of the Sutdy Group on Chemotherapy of Leprosy, in World Health Organization, 2004, *Multidrug therapy against leprosy: Development and Implementation over the past 25 years*, Geneva, 2004.

Lew, J. and Chung, M., "Observations of Optimum Dosages of D.D.S. in the Treatment of Leprosy in Korea", *VII International Congress of Leprology*, Abstract of Paper, Tokyo, Japan, November, 1958.

Lew, Joon, Min Chung, "The bacteriologic diagnosis of early leprosy by the trypsin digestion method", *International Journal of Leprosy* 27(4), 1959.

Love, Eric T., *Race Over Empire: Racism & U.S. Imperialism, 1865-1900*, The University of North Carolina Press(Chaperl Hill and London), 2004.

Lowe, John., "Leprosy in India", *The Indian Medical Gazette*, April, 1932.

Miller, A. Donald, *The Mission to Lepers, The Lancet* 256(6619), 1950.

Missionary, leper, hero-and not saint, Father Damien is about to make Flemish history, http://www.flanderstory.ed/living/inspiration, 2015. 2. 12.

Muir, Ernest, Leprosy Part I, *Leprosy Review* 9(3), 1937.

_____, "Treatment of Leprosy: A Review", *International Journal of Leprosy*, 1(4), 1933.

Pandya, Shubhada S, The First International Leprosy Conference, Berlin, 1897: the politics of segregation, *História, ciências, saúde—Manguinhos*, 10(Suppl 1), 2003.

Pearson JMH., Haile GS, Rees RJW., "Primary dapsone resistant leprosy", *Leprosy Review*, 48, 1977.

Pettit JHS, Rees RJW, "Sulfone resistance in leprosy. An experimental and clinical study", *Lancet*, ii, 1964.

R. G. Cochrane, "Leprosy in Korea: Part 1", *Leprosy Review*, 26(4), 1955.

Rees RJ, Pearson JM, Waters MF., "Experimental and clinical studies on rifampicin in treatment of leprosy", *British Medical Journal*, 1, 1970.

Rodriguez, Jose, "Relapse of leprosy under controlled conditions", *International Journal of Leprosy*, 3(3), 1935.

Rose, F. G., "The incidence and treatment of leprosy in British Guiana and the British West Indies", *International Journal of Leprosy*, 1(3), 1933.

Sansarricq H., "Leprosy in the world today", Leprosy Review, 52, 1981.

Shapard CC, "The experimental disease that follows the injection of human leprosy bacilli into foot-pads of mice", *Journal of Experimental Medicine*, 112, 1960.

Skinsnes, "Notes from the History of Leprosy", *International Journal of Leprosy*, 41(2), 1973.

Smith(KCAC, medical officer), "Survey of leper colonies in Kyongsang Nam-do province, Korea", *Leprosy Review*, 26(4).

V. Andrade., "Chapter 4. The role of countries", *Multidrug therapy against leprosy: Development and Implementation over the past 25 years*. Geneva, 2004.

Weindling Paul, "The League of Nations Health Organization and the Rise of Latin American Participation, 1920-40", *História, Ciências, Saúde-Manguinhos*, 13(3), 2006.

WHO, *The First Ten Years of the World Health Organization 1948-1957*, 1958.

_____, *The Second Ten Years of the World Health Organization 1958-1967*, 1968.

WHO/UNKRA, "Medical Care" in *Health Planning Mission in Korea MH/D/63.* 52.

Wilson, R., Report on Leper Work, *the Korea Mission Field* 10-6, 1914, p. 164.

World Health Organization, *International Digest of Health Legislation*, 5(1), 1954, Geneva.

_____, *WHO Expert Committee on Leprosy: First report*, Geneva, 1953(WHO Technical Report Series, No. 71).

_____, *WHO Expert Committee on Leprosy: Third report*, Geneva, 1966(WHO Technical Report Series, No. 319).

_____, *WHO Expert Committee on Leprosy: Fourth report*, Geneva, 1970(WHO Technical Report Series, No. 459).

_____, *WHO Expert Committee on Leprosy: Fifth report*, Geneva, 1977 (WHO Technical Report Series), No. 607.

_____, *Report of the third meeting of the Scientific Working Group (SWG) on the Chemotherapy of leprosy (THELEP)*, Geneva, 1980, (documentTDR/THELEP-SWG/80.3).

Worth, RM, Leprosy in Hawaii: the end of an epidemic, *International Journal of Leprosy and Other Mycobacterial Disease* 64, 1996.

廣川和花, 近代日本のハンセン病問題と地域社会, 大阪大学出版会, 2011.

東醫寶鑑, 白花蛇丸: 治癩風, 白屑瘙痒, 皮膚皺燥. 白花蛇 一條, 當歸 二兩, 川芎、白芷、生地黄、防風、荊芥、(酒)芩、連翹、胡麻子、何首烏、升麻、羌活、桔梗 各一兩.(入門).

藤野豊,「いのち」の近代史:「民族浄化」の名のもとに迫害されたハンセン病患者, 京都: かもがわ出版, 2001.

藤野豊,『日本ファシズムと優生思想, かもがわ出版』, 1998.

藤野豊,『歴史のなかの「癩者」』, ゆみる出版, 1996.

찾아보기

468

386

474